발달심리학의 이해

Introduction to Developmental Psychology

김청자 · 선우현 · 유경훈 공저

동문사

Preface

머리말

발달심리학이란 인간의 생명이 시작되면서부터 죽음에 이르기까지 일생을 통해 발달적 변화과정을 연구대상으로 하는 학문이다. 즉 전 생애를 대상으로 발달단계별 특징과 발달의 영역이나 이론을 중요시하여 이들의 선천적 유전적인 변화뿐만 아니라 환경적인 영향까지를 포괄적이면서 깊이 있게 다루어야 할 연구 분야이다. 그러나 종래에는 발달심리 분야가 좁은 영역으로 다루어져 주로 태아기에서 아동기에 이르는 변화를 중점적으로 연구하는 경향이 많았으나, 근래에 와서는 보다 다양하게 다루려는 경향으로 청년기를 지나 노년기에 이르기까지의 발달단계별 양상이나 특징에 관해 연구하려는 추세이다.

더욱이 최근에는 우리나라 성인 남녀의 신체적 조건이 달라지면서 평균 신장도 매우 커졌고, 이와 함께 청소년들은 신체적 성장 · 성숙뿐만 아니라 정신적 성숙도 매우 빠르게 발달하고 있다. 또한 인간의 수명이 길어지면서 노인인구도 증가하게 되어 사회의 중대한 과제가 되면서, 이들에 대한 연구가 한층 더 필요하게 되었다.

따라서 이러한 점들을 감안하여 발달심리학을 강의하면서 또한 실제 경험하면서 느꼈던 실생활에서 나타나는 상황에 관한 자료나 내용을 다양하면서도 꼭 필요한 부분을 첨가 보완하려는 의도에서 3명이 의견을 모아 집필하게 되었다. 책의 내용은 전 생애의 발달단계의 양상이나 특징을 다루어 보려는 데 역점을 두어 실제적이고 경험적인 자료를 첨가하여 현장에서 학생지도에 도움을 주려고 하였으며, 또한 요즈음 발달심리 분야의 논쟁의 주제가 되는 내용을 첨가해보려고 노력하였으나, 여전히 부족한 부분이 있음을 시인하게 된다.

이 책의 구성은 전 생애 인간발달에 관한 것으로 총 14장으로 되어 있다. 1장에서는 인간발달을 이해하기 위한 토대로서 발달의 개념에 관한 것이고, 2장은 발달의 이론 및 연구방법, 3장에는 신체 · 운동발달 및 두뇌발달에 관한 것을 정리하였다. 4장은 정서발달, 5장은 감각과 지각발달에 대한 내용이고, 6장과 7장은 인지발달, 언어와 학습에 관한 것을 소개하고 있다. 8장과 9장에서는 지능과 창의성, 사회성 및 공격성 발달로 되어 있고, 10장은 도덕성 발달, 11장은 성 역할 발달을 다루었다. 12장은 가족발달, 13장은 또래발달 및 미디어의 환경에 대한 것을 다루었으며, 끝으로 14장은 노년기의 발달에 관한 것으로 되어 있다.

이 책의 독자로는 전 생애 인간발달심리학을 공부하는 학부생과 대학원생들, 장차 교사가 되고자 하는 교육 대학이나 사범 대학생, 교직과정을 이수하는 학생, 교육현장에서 유아 및 아동들을 포함한 학생들을 가르치는 보육 및 유치원 교사, 초 · 중등학교 교사 또는 학부모 및 다양한 계층의 일반인들을 대상으로 하였다.

책의 내용 면이나 구성 면에서 미비한 점과 부족한 면은 여전히 남아 있어 제작 후에도 계속 수정 · 보완할 것이며, 특히 독자들이 지적하는 문제점에도 관심을 갖고 참고하여 수정해 나갈 것이다.

책이 나오기까지 자료를 편집하고 교정하는 데 적극적으로 도움을 주어 출판할 수 있도록 기꺼이 수락해주신 동문사 이중수 사장님을 비롯해 편집국장 및 그 외에 제작팀 모든 분들께 고마운 마음을 전한다.

저자 일동

Contents
차 례

Chapter 01

발달이해의 기초

1 발달의 개념

1) 발달이란

인간의 발달이란 임신부터 사망까지 일어나는 일련의 체계적 변화과정을 의미한다. 발달연구의 초기에는 출생에서부터 아동기까지 혹은 출생부터 청년기까지의 변화 발달에 관심을 두고 연구하는 경향이었으나, 점차 관심의 연령 범위가 확대되기 시작하여 성인기 이후인 노년기까지의 성인발달에 대한 연구도 활발히 이루어지는 추세에 있다.

발달의 변화과정이란 인간이면 누구나 겪게 되는 것으로 신체 운동능력, 지적 능력, 언어, 사회성, 도덕성, 정서, 성격 등 모든 영역에서의 변화가 여기에 속한다. 이 변화과정에는 양적으로 커지고, 기능의 수준이 높아지고 원숙해지는 변화가 있지만, 동시에 기능이 약화되고 구조가 쇠퇴하는 변화도 포함된다. 즉 인간의 전 생애에 걸친 발달과정에는 어떤 특징이 양적으로 증대되고, 기능이 유능해지며, 구조화되어 가는 경향을 긍정적인 변화라고 하며, 이와 더불어 양적으로 감소되고, 기능과 구조가 쇠퇴하는 부정적인 변화가 함께 포함된다. 종래에는 흔히 아동기와 청년기의 발달은 긍정적인 변화인 반면에 중년기 이후부터 노년기의 발달은 쇠퇴로 인한 부정적 변화라는 생각이 지배적이었다. 그러나 최근에 밝혀진 연구결과들에 의하면 노년기에도 분석, 통합, 추론, 문제해결 능력 등 여러 영역에서 긍정적인 발달이 지속되고 있는 것으로 나타났다(Baltes, 1987).

발달과 관련된 개념으로 성장(growth)과 성숙(maturation)이 있다.

성장이란 신체의 크기나 근육의 세기 등의 양적 증가를 의미한다. 일생동안 인간이 경험하는 발달적 변화는 신체적 변화 등 양적 증가에만 국한해서 사용되었다. 그러나 근래에 와서 지적 성장이란 용어가 낯설지 않듯이 성장과 발달은 서로 교환해서 사용할 수 있는 동일한 개념으로 간주된다.

성숙은 내적, 유전적 인자가 발달과정을 방향 짓는 기제를 뜻한다(Crain, 1992). 성숙은 환경의 영향과는 전적으로 무관한 유전적 특성에 의해 이루어지는 발달적 변화에 국한된다. 그러나 인간의 발달과정에서 환경의 영향을 전혀 받지 않고 전적으로 성숙에 의존하는 변화가 있을 수 있는가는 논란의 여지가 있다. 성숙 현상의 예로서 태아의 발달이나 영구치의 돌출, 사춘기의 2차적 성 특징의 출현 및 폐경기의 도래 등이 있다.

결국 발달이란, 인간의 수정에서부터 사망에 이르기까지 연령 증가와 함께 일어나는 모든 변화과정을 의미하는 것이며, 신체적, 심리적 변화로 모두 발달의 범주에 포함시키게 된다. 이러한 발달의 변화양상과 과정은 대부분 순서가 있으며, 특정한 양식을 나타냄과 동시에 지속성에 있어서 약물이나 피로에 의한 일시적인 변화나 잠시 나타나는 변화와는 구별된다.

학습은 환경에서의 경험을 통해 일어나는 과정이다. 따라서 성숙은 유전에 학습은 환경에 그 원천을 두고 있다. 학습은 우리의 변화를 유도해내는 과정을 말한다. 아동의 성장과 발달에서 그 원인이 성숙에 있는 것인지 또는 학습에 있는 것인지를 밝히기는 그리 쉽지 않다. 학습과 성숙은 거의 모든 상황에서 상호작용하기 때문에 아동의 발달과정에서 그들 효과를 분리시키거나 상대적 영향을 평가해내기가 어렵다. 확실히 태내 발달이나 신경계의 발달은 학습보다는 성숙과정에 의존하고 반대로 운동능력이나 인지능력의 발달에는 성숙과 학습 두 가지 모두 중요한 역할을 한다. 예를 들어 아동이 농구를 능숙하게 잘하기 위해서는 어느 정도의 신체적 성숙이 이루어져야 하겠지만, 공을 잘 다루고자 한다면 많은 연습이 필수적이다.

우리의 능력과 습관 대부분이 단순히 천성(nature)의 계획으로서만 이루어지는 것은 아니다. 우리는 환경 특히 행동에 대한 반응과 우리 주변 사람들에 대한 반응 속에서 변화한다.

대부분의 발달변화는 성숙과 학습의 산물이다. '성숙과 학습' 중 어느 것이 특정 발달변화에 더 많은 공헌을 했는가 하는 것이다.

2) 발달심리학의 의미

발달심리학(developmental psychology)은 인간의 전 생애에 걸친 모든 발달적 변화의 양상과 과정을 연구하는 학문의 한 분야이다. 인간의 전 생애를 연구대상으로 강조한다는 점에서 흔히 생애발달심리학(life-span developmental psychology)이라고 한다.

생애발달심리의 중요성은 모든 연령과 인간의 발달이 상호 밀접하게 관련되어 있다는 사실을 각성시켜 주었다는 데 있다. 이러한 점에서 영유아기 발달, 아동발달, 청년발달 등 모든 단계의 발달심리는 궁극적으로 생애발달심리의 전체적인 틀 속에서 연구되고 이해되어야 할 것이다.

발달심리학 분야의 연구들은 발달이 이루어지는 양상을 기술해주는 현상기술(phenomenal description) 연구와 아동의 연령에 따라 발달적 변화가 일어나는 원인과 그 과정을 추론하고 이론화하려는 발달기제(developmental mechanism) 연구로 구분된다. 현상기술 연구는 인간의 연령이 변화함에 따라 여러 영역에 있어서의 심리적 특성이 변화해가는 양상을 있는 그대로 기술하는 데 그 목적이 있다.

예를 들어 아기가 최초로 어휘를 사용하게 되는 나이는 몇 살이며, 공격적인 행동은 연령의 변화에 따라 증가하는가? 또는 감소하는가? 사춘기 청소년은 어떠한 성격적 특징을 보이는가? 노년기에는 정말 기억력의 감퇴가 일어나는가? 등 발달현상에 관한 의문에 대답해줄 수 있는 발달심리 분야의 연구는 현상기술 연구의 대표적인 것이 된다.

현상기술 연구자료들은 여러 심리적 특성들이 정상적으로 발달하는가의 여부를 확인할 수 있게 하는 규준(norm)을 제공해준다. 규준이란 어떤 심리적 특성발달에 있어서 특정 연령집단을 대표하는 전형적인 행동양상 또는 수행수준을 의미한다. 일반적으로 규준은 연령집단을 잘 대표해줄 수 있는 표집에서 얻은 평균치를 통해 얻을 수 있다. 규준은 특정 연령단계에 있는 개인의 발달 수준의 정상성 여부를 판단하는 중요한 기준이 된다. 또한 현상기술 연구를 통해 얻은 각 연령단계의 발달적 규준들을 비교함으로써 연령 간 발달 양상의 차이를 알 수 있게 된다.

발달기제 연구는 무엇이, 왜, 어떻게 발달적 변화를 일으키는가의 물음에 대한 답을 얻고자 하는 연구이다. 다시 말해서 기술된 현상의 기저과정을 설명하고자 하는 것이 발달기제 연구의 목적이다. 만일 현상기술 연구를 통해 2세와 4세 간 아동의 언어능력에 급격한 증가가 있으며 노년기에 실제로 기억력의 감퇴가 나타나는 것으로 밝혀졌다면 왜 이 시기에 그러한 변화가 일어나며 어떠한 요인들이 어떠한 과정을 통해 그러한 변화를 일으키게 되는가에 대해 탐색하는 것이 발달기제 연구이다. 현상기술 연구가 실증적인 자료를 통해 발달 양상을 보여주는 것이라면 발달기제 연구는 그러한 현상을 일어나게 하는 보다 근원적인 과정에 대한 이론적 추론을 필연적으로 포함한다.

발달현상 기술 연구와 더불어 발달기제 연구는 인간의 발달과정을 보다 깊이 이해하기 위한 중요한 자료가 된다. 따라서 이들 두 연구를 통해서 적절한 환경을 마련해 주어야 한다. 또한 발달 수준을 알고 이를 기반으로 했을 때 비로소 발달 수준에 맞는 적절한 교육방법을 적용할 수 있다. 문제행동의 지도나 치료도 발달과정에 대한 지식이나 이에 영향을 미치는 요인에 대한 지식이 있을 때 적절히 이루어질 수 있다.

3) 발달의 특성

현대 발달심리학에서 대체로 합의된 발달특성을 제시하면 다음과 같다 (최경숙, 2002).

(1) 발달은 능동적인가, 수동적인가?

발달의 변화는 주어진 환경에 의해서 또는 아동 자신이 갖고 태어난 내적 특성에 의해서 자동적으로 또는 수동적으로 일어나는 것이라고 믿는 견해가 있다. 이러한 견해와는 반대로 발달이란 수동적인 과정이 아니라 아동의 내적 특성과 환경에 의한 제한이 있다 하더라도 아동 스스로 능동적으로 만들어 가는 과정이라는 주장이 있다. 이러한 논쟁에 대하여 현대의 발달이론에서는 아동을 스스로 주위 세계를 이해하고자 노력하는 능동적인 존재로서 생각한다. 따라서 아동은 부모나 교사에 의해 단순히 만들어지는 것이 아니라 오히려 자신 주위의 다른 사람에게 영향을 미치고 다른 사람의 행동을 형성하게 하는 적극적이고 능동적인 존재로 받아들여지고 있다.

(2) 발달과정은 연속적인가, 불연속적인가?

발달과정이 조금씩 점진적으로 변화하는 연속적인 과정인지 아니면 갑작스럽게 매우 다른 변화가 이루어지는 불연속적인 과정인지에 대해서도 오랫동안 논란이 되어 왔다.

연속적이라고 하는 입장에서는 새로운 능력이나 기술 또는 지식이 비교적 일정하게 점차적으로 쌓여진다고 보면서 발달의 앞 단계의 행동과 연관이 있다고 본다. 반면 불연속적이라고 보는 입장에서는 발달시기에 따라서는 변화가 거의 없는 시기와 변화가 급격하게 이루어지는 시기가 있으며 앞 단계의 발달과는 비교적 독립적으로 발달이 이루어진다고 본다.

연속성은 학습과 경험을 통해 행동이나 기능이 습득되는 과정에서 점차적으로 형성되어 간다. 아동은 이러한 기능들이 결합 또는 재결합하여 점차적으로 복잡한 능력을 형성해 간다고 보는 것이다. 따라서 이러한 접근에서는 단순한 요소들이 모여서 더 발달된 능력을 만드는 양적인 변화를 강조한다. 그러나 불연속성은 단계이론에서 흔히 볼 수 있는데 과거의 기능이나 행동의 단순한 결합이라고 할 수 없는 질적인 변화가 발달에서 일어난다고 보고 있다.

현재 발달심리학에서 연속성과 불연속성의 주체는 아직은 논란이 되고 있지만 발달되는 특성에 따라 연속성에 의해 설명되는 부분과 불연속성에 의해 설명될 수 있는 부분이 있다는 것을 인정하고 있다(Rutter, 1987). 이는 양적인 것이 쌓이면 어떤 순간에 질적인 변화가 나타나는 원리와 흡사하다고 볼 수 있다.

(3) 발달은 성숙에 의한 변화인가, 학습에 의한 변화인가?

성숙이란 유전적으로 결정된 방향으로 발달해 가는 것을 뜻한다. 경험이나 연습 등 학습과는 비교적 무관한 발달의 변화이다. 반면에 학습은 환경에서의 경험을 통해서 일어나는 과정이다. 따라서 성숙은 유전의 영향을 받으며 학습은 환경에 의한 그 변화의 원천을 두고 있다. 그러나 성숙과 학습은 거의 모든 상황에서 상호작용하기 때문에 아동의 발달과정에서 그들 효과를 분리시키거나 상대적 영향을 평가해내기가 어렵다.

4) 발달심리학의 역사

19세기 초에 이르러 심리학이 자연과학으로부터 도전을 받게 되면서 심리학의 학문세계에 혁명적 변화를 가져오게 되었다. 자연과학 중에서도 생리학, 생물학, 물리학이 현대 심리학의 성립에 지대한 영향을 미쳤다.

영국의 생리학자 Darwin(1721-1802)의 진화론에서 제시된 적자 생존설은 신대륙의 개척정신과 결합되고, 개척정신을 실생활에 도움이 될 수 있게 하는 실용철학을 탄생시켰다. Darwin의 '종의 기원(on the origin of species, 1859)'의 출판은 아동심리학이 과학적 학문으로 정립되는 데 큰 역할을 하였다.

그는 어린이를 하나의 동물로 간주하고 진화선상에서 타 동물과 성숙한 인간 사이를 잇는 연결점으로 간주했다. 또한 그는 "자연 속에서 또는 어린이 속에서 인간 기원의 연구를 통해 인간을 알 수 있다."고 하였다. 발달심리학은 아동연구에서부터 그 뿌리를 찾을 수 있다. 아동의 특성에 체계적인 관심을 기울인 최초의 학자가 John Locke(1632-1704)와 Jean-Jacques Rousseau(1712-1778)이다. Locke는 아동이 태어날 때 선천적으로 결정된 어떠한 특성도 소유하지 않는 백지 상태라고 간주하고, 아동은 그들이 속한 환경 내에서의 경험의 내용에 따라 서로 다른 사고와 감정을 가진 성인으로 성장하게 된다는 환경 결정론적 발달관을 제시하였다.

최초의 아동심리학자라 불리는 Rousseau는 Locke와 달리 아동은 태어날 때 각기 독특한 발달적 잠재력을 갖고 있다고 주장한다. Rousseau에 의하면 개개 아동이 갖는 독특한 내재적인 성장력은 각 발달단계에서 억압받지 않을 때 자연스럽게 최상의 발달을 기대할 수 있다.

Rousseau는 그의 저서 「Emile」(1762)에서 아동의 발달을 유아기(출생~2세), 아동기(2~12세), 아동 후기(13~15세), 청년기(16세 이상)의 네 단계로 대별하고 각 단계가 갖는 독특한 심리적 특성들을 진술함으로써, 성장에 따른 질적 변화를 강조하는 오늘날 발달관의 기초를 닦았다. 인간 본성에 대한 이와 같은 상이한 시각들은 아동의 발달을 최적화하기 위해 어떤 방법이 사용될 수 있는가에 대해 서로 다른 시사점을 제공하였고 각기 상이한 발달이론으로 표현되었다. 이러한 Rousseau의 관점은 Pestalozzi, Fröebel 등을 거쳐 Piaget로 계승되고 있다.

아동에 관한 과학적 연구는 유아 전기(baby biography)에서 시작되었다. 유아 전기는 개별적 영아와 어린 아동들의 매일의 생활에 대한 일기 형식의 기록으로 보통 부모에 의해 기록되었다. Pestalozzi의 3세 된 자신의 아들에 관한 유아 전기와 1년 이상의 기간 동안 정상적 아동의 심리적 발달을 추적한 독일의 Tiedemann의 유아 전기가 18세기 후반에 출판되었다.

19세기에 들어와서 많은 유아 전기들이 출판되었으나 그중에서도 영국의 생물학자 Darwin과 독일의 심리학자 Preyer의 유아 전기가 아동심리학의 발전에 크게 기여하였다. Darwin은 자신의 아들을 대상으로 분노나 즐거움과 같은 정서표현을 관찰하였으며 양적인 것이 쌓이면 어떤 순간에 질적인 변화가 나타나는 원리와 흡사하다고 볼 수 있다. Preyer는 출생 후 4년 동안 그의 아들의 지적 발달을 기술하였다. 특히 Darwin의 저서 「종의 기원」은 과학적 학문으로서 아동발달의 확립에 가장 중대한 영향을 끼친

사건(Cairns, 1998)으로 인간의 기원에 대한 관심이 아동기에 대한 사람들의 관심을 증대시킴으로써 아동기를 중요시하게 되었다(송명자, 1998).

한편, 청년연구를 체계적으로 시작한 최초의 학자 Hall(1846-1924)은 철학적이며 관념적이던 청년 연구에 오늘날과 같은 과학적이며 경험적인 방법을 적용한 학자이다. Hall은 청년 발달에 있어서 생물학적 요인을 강조한 이론가이다. 그는 성호르몬의 분비와 같은 생물학적인 성숙적 요인들이 청년 발달의 방향을 결정하며 발달과정을 통제한다고 믿었다.

Hall은 청년기를 “질풍노도(Storm and stress)” 시기라고 말하고 청년기는 급격한 성적인 성숙으로 인한 무한한 충동력과 정신력 에너지를 갖게 되며 성급하고 과격하며 격정적인 활동성을 초래하게 된다고 설명하였다. 청년기를 동요, 갈등, 위기의 시기로 보는 Hall의 견해는 발달심리학의 청년기 관점에 지대한 영향을 미쳐왔으며 Freud, Erikson을 거쳐 오늘날에도 여전히 계승되고 있다. Hall의 관점을 비판하면서 청년 심리학에 강력한 영향력을 미친 또 다른 이론가는 Margaret Mead(1901-1978)이다.

Mead는 1925년부터 2년간 사모아 섬의 청년들을 관찰한 결과 이들 청년들 속에서 서구 사회의 청년들이 보여주는 질풍노도와 같은 갈등과 위기를 전혀 발견할 수 없었다. Mead는 그 원인이 경쟁이나 성인으로서의 역할 압력이 없으며 인간관계가 조화롭고 따뜻한 사모아인의 문화적인 생활양식에 있다고 설명함으로써 청년기 심리적 특성의 문화적 상대론을 제시하였다.

청년기 발달적 특성을 생득적인 생물학적 요인의 영향이나 사회문화적 요인의 영향으로 구분지어 설명하려 했던 Hall과 Mead의 이론은 오늘날의 시각에서 볼 때 명백한 한계를 갖고 있다. 모든 발달이 그러하듯이 청년기 발달 또한 분명히 생물학적 특성과 사회문화적 특성이 상호작용함으로써 통합된 결과이다. 그럼에도 불구하고 Hall과 Mead의 청년 연구는 청년기 특유의 발달적 특성에 영향을 미치는 요인들을 경험적인 자료를 바탕으로 과학적 접근에 의해 검토했다는 점에서 그 역사적인 가치를 인정할 수 있을 것이다.

현대 심리학으로서의 실험 심리학을 최초로 조직화하고 체계화하여 하나의 과학으로서 발전시킨 사람은 Wundt(1832-1920)이다. 1879년 Wundt는 독일의 Leipzig 대학에 세계 최초의 심리학 실험실을 설립하였으며 이를 시작으로 현대 심리학은 독립적인 학문으로 정립되었다. 그는 심리학은 형이상학적으로 영혼이나 마음 자체의 성질을 논하는 학문이 아니라 경험과학이라고 생각하였다. 심리학은 주체를 포함한 직접적인 경험은 개체 자신이 생각하고 느끼는 주관적인 상태를 나타내며 내관(내성)에 의하여 연구된다고 하였다. Wundt가 기여한 공헌은 심리실험실 창설, 심리학에 객관적 측정 및 실험방법을 처음으로 도입하고, 최초의 심리학, 학술지, 출판 등이 있다.

또한 인간 연구에 관심을 두고 개인차와 유전에 관한 통계적 연구를 실시한 학자로는 Galton(1822-1911)이 있다. 그는 사례사, 발생학적 방법, 쌍생아법 등의 새로운 방법을 발전시켰고, 심리학 특성을 측정하기 위한 검사의 개념도 개발하였으며, 자료의 분석 방법으로 상관관계의 통계학적 방법도 고찰하였다. 인간의 지능을 측정하는 방법으로 Binet는 그의 제자 Simon과 더불어 지능 표시법으로 지능지수라는 개념을 도입하여 지능검사에 중요한 업적을 남겼다.

그 후 과학적인 측정방법을 발전시킨 사람은 Thorndike이다. 그는 아동의 정신적인 특성, 학업성적 등을 객관적으로 정확하게 측정해 보려는 교육측정 운동을 시도하였으며 이러한 교육측정 운동의 발전으로 표준화 검사가 나오게 되었다.

행동주의 심리학의 창시자인 Watson(1878-1958)은 11개월 된 Albert라는 아동의 실험을 통해서 인간도 조건형성될 수 있음을 제시하였다. Watson은 Albert가 흰 쥐를 만지려 할 때마다 커다란 망치 소리를 냄으로써 Albert를 놀라게 하였다. 그 후부터 Albert는 흰 쥐뿐만 아니라 털을 가진 모든 것을 무서워하게 되었다.

형태 심리학자인 Koffka와 Lewin은 아동발달에 있어 환경의 역동적인 역할에 관한 실험적 연구를 하였다. 스위스의 Piaget는 Geneva 대학에서 임상법의 일종인 면접법에 의해서 아동의 언어와 사고의 발달과정에 대한 연구를 하였다. 그를 비롯한 인지이론학자들은 주로 인간의 발달을 자연발생적인 것으로 간주하였으며 이는 적응을 위한 선천적 경향의 결과라고 강조하였다.

Freud(1856-1939)는 정신분석학을 창시하여 정신 및 신경 장애 때문에 고통을 겪는 사람들을 치료하기 위한 노력을 하였고, 정신생활의 중요한 이론을 제시하였다. 히스테리 환자의 치료에 있어서 Freud는 최면술을 사용하여 평상시에 생각해 낼 수 없는 것까지 쏟아놓는 정화법이 이루어져, 그 후 경과가 좋아지는 사실을 발견하였다. 또한 의식 속에 올라오는 것을 강력하게 억압하고 있던 일들이 최면술에서 억압으로부터 해방되는 것으로 믿어 무의식의 세계를 탐구하는 데 전력하게 되었다. 그는 무의식이 인간행동의 원천인 동시에 동기의 원인으로 보고 행동의 특성을 탐색하는 독자적인 이론을 제시하였다. 독일을 중심으로 Wertheimer(1880-1943), Koffka(1886-1941), Köhler(1887-1969), Lewin(1890-1947)에 의해서 형태심리학(Gestalt psychology)이라는 독특한 학파가 나타나기도 하였는데, 이들은 연구대상의 의식을 강조하여, 의식의 전체성을 중시하고, 의식의 전체 구조를 대상으로 삼으려 하였다. 이 이론은 미국의 행동주의 심리학과 더불어 미국 심리학계의 쌍벽을 이루게 되었다.

이후 1970년대에 들어오면서 심리학의 정보처리 모델을 기초로 한 인지주의이론이 현재까지도 발달연구에 영향을 미치게 되었다. 최근에는 연구영역에 따라 동물 행동학적 이론, 생태학이론 및 사회문화적 이론에 입각한 발달연구들도 많이 이루어지고 있다.

2 발달의 원리

1) 발달의 원리

많은 학자들에 의하여 발달의 원리는 여러 유형으로 구분된다. 그러나 발달적 변화는 어느 정도 체계적인 과정에 따라 이루어지는 변화라는 것이 공통적인 의견이다.

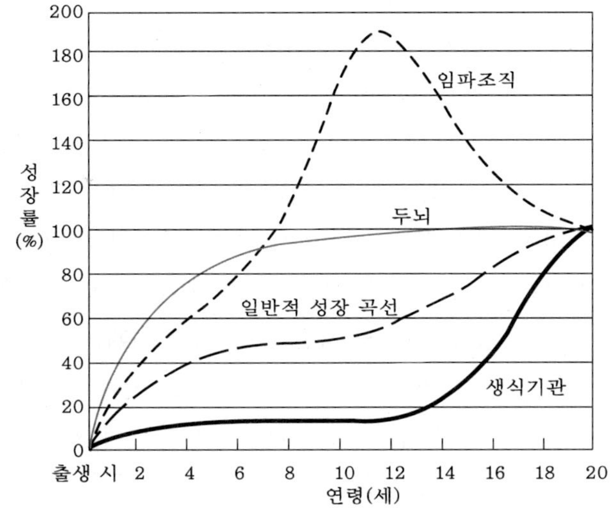

[그림 1-1] 신체발달 곡선

출처: Tanner, J. M.(1962).

신체발달은 서로 다른 신체체제들이 각각 독특한 성장패턴을 나타내는 매우 동일하지 않은 과정이다. [그림 1-1]에서 볼 수 있듯이 뇌와 머리는 매우 빠르게 성장하며 신체의 다른 부분보다 성인의 크기에 더 빨리 도달한다. 반면에 생식기와 이차성징 징후에 의한 다른 생식기관들은 아동기에는 매우 느리게 성장하다가 청소년기 동안 급속하게 성장한다. 또한 면역체제의 일부분을 구성하며 감염에 대항할 수 있도록 도와주는 림프조직의 성장은 아동기 말기에 성인의 수준을 넘어서고 청소년기에 급속히 감소하게 된다.

신체발달의 유형으로 4종류의 발달형이 있다고 보아 그 기준을 그림과 같이 설명하고 있다.

- 임파선형 : 편도선, 임파선, 내장의 분비선 등 분비조직의 발달 곡선을 보면 1～2세경에 급격한 발달이 나타나고, 11～12세경에 정점에 도달하며, 20세가 되면 100%에 달하게 된다.
- 신경형 : 뇌수의 각 부분인 척수, 감각기관 등 신경조직의 발달 곡선으

로서 유·아동기에 있어서 급격히 상승하고, 6세가 되면 성인의 약 90%에 달하며, 14세가 되면 100%에 도달하게 되는 경우를 볼 수가 있다.

- 일반형 : 골격·근육, 내장기관을 포함한 구간 전체의 신체조직 발달에 관계되는 것으로서 1~2세에 급격히 발달하고, 아동기에 들어와서는 오히려 완만하게 되지만 청소년기(12세)에는 재차 발달하기 시작한다. 이와 같은 발달 곡선은 신장, 체중, 흉위의 발달 곡선과 일치한다.
- 생식형 : 생식형은 고환, 난소, 자궁 등의 생식기관의 발달 곡선으로서 성장발달을 뜻한다. 12세경까지는 큰 발달을 볼 수 없으나 12세부터 완만하게 발달하기 시작하여 18세경에 급격히 진전되면서 100%의 성장을 나타내며 성인의 신체발달을 가져온다.

McConnell(1973)에 의하면 발달은 일반적인 규칙성을 토대로 다음과 같은 발달 원리를 제시하였다.

(1) 발달은 개체와 환경과의 상호작용의 산물이다.

발달은 개체의 유전적 요인과 환경적 요인과의 상호작용에 의해 이루어진다. 즉 인간의 모든 특성은 결코 유전적인 것만도 아니고, 환경적인 것만도 아니다. 양자의 상호작용의 산물이다. 따라서 어떤 경우에 유전적인 요인이 크게 작용하고 어떠한 경우에 환경적 요인이 크게 작용하는가를 알 필요가 있으며, 이 양자 간의 상호교섭의 조건 발생적 과정을 밝혀서 적절한 환경과정을 조절하지 않으면 안 된다.

예를 들면 언어발달이나 성격발달, 또는 신체발달 등도 개체의 유전적 소질과 환경과의 역동적 상호관계에 의해 이루어진다는 것을 알 수 있다.

(2) 발달은 일정한 순서와 방향이 있다.

발달은 일정한 방향성을 가지고 진행된다. 발달은 전체에서 부분으로, 상부에서 하부로 진행된다. 머리 부분이 가장 먼저 발달하고 다음은 아랫부분인 사지로 발달하게 되며, 중심에서 말초 부분을 향해 발달해 가는 경향이 있는 것을 볼 수가 있다.

영아들은 신체 중심에서 가까운 팔을 움직이다가 차차 손목, 손가락을 움직일 수 있게 된다. 또한 전체 운동에서 특수운동으로 진행된다. 그리고 세분화된 운동이 나타나기 전에 몸 전체를 움직이는 운동을 한다. 영아가 물건을 잡으려 할 때도 팔을 뻗쳐 물건을 잡는 것이 아니라 몸 전체를 움직여야만 잡을 수 있다. 그러나 조금 자라게 되면 몸통은 가만히 두고 팔과 손을 이용하여 잡을 수 있게 된다.

(3) 발달은 연속적인 과정이나 발달의 속도는 불규칙적으로 일정하지 않다.

발달의 속도는 낮은 단계에서부터 높은 단계로 진행되는데 여기에는 급격한 도약이 있는 것이 아니며 비교적 서서히 이행하는 연속적인 변화과정인 것이다. 인간의 발달은 대체로 속도의 빠르고 느림은 있을 수 있으나 멈추는 일 없이 연속적으로 진행된다([그림 1-2] 참조). 신체 주요 부분의 발달속도를 보면, 신체 각 부위의 발달속도가 각기 상이함을 알 수 있다. 발달과정을 연령이나 시간에 준해서 제시해 놓은 것을 성장곡선 혹은 발달곡선이라고 한다. 발달과정에 있어서 개체의 행동과 생리학적 기능은 어느 시기에 이를 때 비로소 급격히 발달하며 이때에는 환경요인에 의해 크게 영향을 받게 된다. 이와 같이 환경의 영향을 가장 크게 받는 시기를 결정적 시기(Critical period) 또는 민감기(Sensitive period)라고 한다. 다시 말해 결정적 시기에는 외부의 영향에 의해 정상적 발달이 장애를 일으킬 가능성이 커진다. 예를 들면 말을 현저하게 배울 시기에 제대로 배우지 못하면 그 이후에는 언어 습득이 매우 어렵게 된다.

Lorenz(1961)는 갓 태어난 오리새끼가 출생 후 초기의 특정시기 동안 자신에게 노출된 후 어미 오리를 무시한 채 Lorenz 뒤를 따라 다님을 발견하였다. 즉 애착의 결정적 시기에 노출된 Lorenz에 대해 애착(attachment)을 각인(imprinting)하게 된다는 것이다. 즉 각인이란 조류의 추종행동 반사와 같이 학습되지 않은 반응으로 결정적 시기 동안에 일어나는 것인데 만일 일단 결정적 시기가 경과해버리면 다른 대상에게 애착하도록 유도하는 것이 거의 불가능해진다고 보았다.

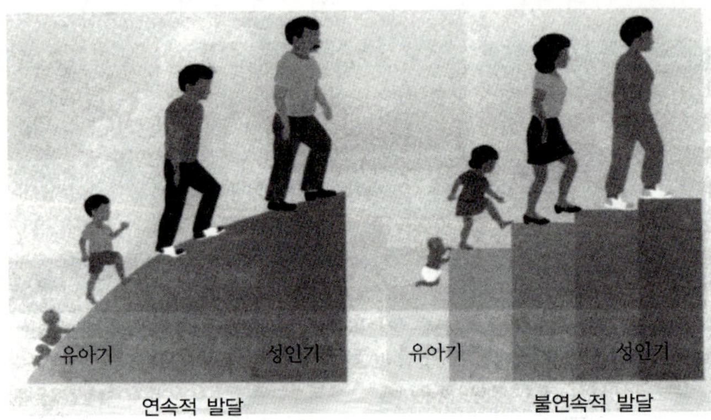

[그림 1-2] 발달의 연속성과 불연속성

출처 : 정옥분(2002).

(4) 발달에는 개인차가 있다.

발달에는 일반적인 원리에 따라 발달이 이루어지지만 모든 사람이 동일하게 발달하는 것은 아니다. 선천적 소질, 남녀의 성별, 환경의 제 조건 등에 의해서 각 개인마다 다르다. 즉 신체적인 면만이 아니라, 정신적인 면, 지능적인 면에 있어서 그 발달의 속도는 개인에 따라 다르게 나타난다.

(5) 발달은 양적임과 동시에 질적이다.

인간의 발달은 체중, 흉위와 같은 신체적인 면만이 아니라 질적인 변화를 가져오는 것을 말한다. 신생아기의 옹알이 소리가 영아기에는 엄마, 맘마와 같은 말로 변화하여 질적으로 우세해질 뿐만 아니라 정확한 발음을 하여 자기의 욕구를 충족시켜 만족을 느끼는 것을 말한다. 또한 나이가 들어감에 따라 자기 스스로 독립해 나아가려는 욕구가 강해지고 질적인 변화가 일어나는 것을 알 수 있다. 그러므로 발달은 모든 신체적, 지적, 정서적, 사회성에 있어서 양적, 질적으로 발달을 가져오는 것을 말한다.

(6) 발달은 분화의 과정임과 동시에 통합의 과정이다.

발달은 전체적, 일반적인 기능에서부터 부분적, 특수한 기능으로 분화해 가는 동시에 그 분화는 단순하게 세분화하는 것에 그치지 않고 각 부분은 일정한 계열에 준해서 조직되고 통합되어서 전일적인 체계로 형성된다. 예를 들면 인간의 중추신경계는 분화와 통합의 기초가 된다. Werner는 정신발달을 복합－분리, 혼돈－분절, 불분명－명료, 불확정－확정의 네 개의 대립개념을 가지고 설명하고 있다. 즉 이것은 정신발달을 복합, 혼돈, 몽롱, 불확정의 형태에서 분리, 분절, 명료, 확정의 형태로 변형되는 과정으로 볼 수 있다.

2) 발달단계와 발달 과업

(1) 발달단계의 구분

발달은 단순히 양적 증대의 과정일 뿐만 아니라 질적 변화의 과정이다. 이러한 질과 양의 변화를 기준으로 해서 우리들은 인생을 몇 개의 단계로 구분할 수가 있는데, 이것이 발달단계인 것이다. 그런데 이 발달의 단계 구분은 학자에 따라서 다소 차이가 있는데 그것은 무엇보다도 단계 구분의 기준이 개개인에 따라 다르다는 점과 또 하나는 발달이 단계적으로 구분된다 할지라도 한 단계에서 다음 단계로 옮겨가는 변화가 서서히 나타나기 때문에 이 두 단계의 사이에 명확한 경계선을 긋기가 곤란하다는 점이다.

발달단계 구분의 기준은 여러 가지가 있겠지만, 그중에서 특정 기준에 의해서 발달단계를 구분하면 사회적 습성, 신체적 발달, 특수한 정신 기능의 발달, 전체로서의 자아 체제의 변화 등이 있는데 이것을 종합하여 살펴보면 다음과 같다.

- 태아기 : 수정의 순간부터 출생할 때까지의 약 40주간을 말한다.
- 신생아기 : 의학적 입장에서는 생후 약 2주간, 심리학에서는 약 1개월간의 시기를 말한다.
- 영아기 : 생후 약 2개월부터 2세까지를 말한다. 즉 보행, 언어개시, 이유식이가 가능할 때까지를 일컫는 것이다.
- 유아기 : 3세부터 5세까지이며 언어활동이 왕성하고 자기중심적 특성이 생기는 시기를 말한다.
- 아동기 : 6세부터 12세까지 초등학교 시기를 말한다.
- 청년기 : 13세부터 22세까지 중, 고, 대학생활 시기를 말한다.
- 성인기 : 23세부터 사망할 때까지를 말하며 결혼생활과 사회생활을 하여 한 가정을 이끌어가는 시기를 말한다.

또한 성인기를 구분하여 초기, 중기, 후기, 은퇴 이전 시기, 은퇴기, 노년기 등으로도 구분한다.

- 성인 초기 : 23～25세까지
- 성인 중기 : 26～40세까지
- 성인 후기 : 41～60세까지
- 은퇴 이전 시기 : 61～65세까지
- 은퇴기 : 66～70세까지
- 노년기 : 71세 이상

인간발달의 단계

인간발달을 좀 더 쉽게 이해하기 위해 우리는 단계별로 접근할 수 있다. 인간발달의 단계는 대체로 태내기, 영아기, 유아기, 아동기, 청년기, 성년기, 중년기, 노년기로 나누는데, 그 대략적인 연령과 주요 발달내용은 〈표 1-2〉와 같다. 여기서 연령범위는 상당히 융통성이 있다. 어떤 단계는 그 시작과

끝이 분명하지만, 어떤 단계는 그렇지 못하다. 예를 들면, 영아기는 출생으로 그 단계가 시작되고, 유아기는 초등학교에 입학하면서 끝난다. 반면, 아동기의 끝과 청년기 시작의 경계는 명확하지 않다. 왜냐하면 성숙의 가속화 현상으로 인해 이제 초등학교 고학년에서 사춘기를 맞이하게 되는 경우가 많아졌기 때문이다. 지금까지는 일반적으로 초등학교를 졸업할 무렵에 아동기가 끝나는 것으로 생각해 왔다. 언제 청년기가 끝나고 성인기가 시작되는지를 결정하는 일은 더욱더 어렵다. 청년기에서 성인기로 이행하는 시점은 시대에 따라 다르고 문화에 따라 다르다. 우리나라에서는 현재 만 20세를 성인으로 인정하고 성년식을 갖는다.

〈표 1-1〉 **인간발달의 단계와 주요 발달내용**

단계	주요 발달내용
태내기 (수태~출생)	•기본적인 신체구조와 기관이 형성된다. •신체의 성장이 일생 중 가장 빠른 속도로 이루어진다. •태내환경으로부터 크게 영향을 받는다.
영아기 (0~2세)	•신생아는 의존적이기는 하지만 나름대로 다양한 능력을 가지고 있다. •출생 시의 모든 감각기관이 작용한다. •신체의 성장과 발달의 속도가 매우 빠르다. •학습능력과 기억력이 신생아기에도 형성된다.
유아기 (2~6세)	•생후 2년째가 되면 자아에 눈뜨기 시작한다. •첫돌 무렵에 부모에 대한 애착이 형성된다. •다른 아동에 대한 관심이 증가한다. •운동기능과 체력이 신장된다. •자기중심적이다. •인지적 미성숙으로 인해 세상을 보는 눈이 비논리적이다. •자율성, 자기 통제력이 증가한다. •친구의 중요성이 증가하지만 가족이 여전히 생활의 중심이 된다.
아동기 (6~11세)	•신체의 성장이 느려진다. •체력과 운동기능이 더욱더 신장된다. •유아기의 자기중심성이 사라진다. •기억력과 언어기능이 증가한다. •자아개념이 발달한다. •친구가 생활의 중심이 된다.

청년기 (11~20세)	•신장과 체중이 급격히 성장하고 체형이 변화한다. •성적 성숙이 이루어진다. •추상적 사고가 가능하다. •청년기의 자기중심성이 나타난다. •자아정체감의 확립이 심각한 문제로 대두된다. •또래집단이 형성되고 그 영향력이 커진다.
성년기 (20~40세)	•신체적 건강이 최고조에 달하다가 서서히 감퇴하기 시작한다. •지적 능력이 더 복잡해진다. •친밀한 관계가 이루어진다. •대부분의 사람들이 결혼하여 부모가 된다. •직업을 갖게 된다. •자아정체감이 계속해서 발달한다.
중년기 (40~60세)	•신체적 건강과 정력이 감퇴하기 시작한다. •여성들은 폐경을 경험한다. •지혜와 실제적 문제해결 능력은 증가하지만 새로운 것에 대한 문제해결 능력은 저하한다. •자녀를 돌보고 부모를 봉양하는 이중의 책임감으로 인해 스트레스가 발생한다. •자녀들이 집을 떠나고 빈둥지 증후군이 나타난다. •삶의 의미를 찾는 것이 매우 중요한 일로 생각된다. •중년의 위기가 닥쳐올 수 있다.
노년기 (60세 이후)	•신체적 능력이 다소 감퇴하지만 대부분의 노인들은 건강하고 여전히 활동적이다. •반응시간이 더디어져 여러 가지 기능에 영향을 미친다. •지적 능력과 기억력이 감퇴한다. •은퇴로 인해 수입은 감소하지만 여가시간은 많아진다. •다가오는 죽음에 대비하여 삶의 목적을 찾을 필요가 있다.

출처 : Papalia, D. E. & Olds, S. W.(1989).

(2) 발달과업

발달과업(developmental tasks)이란, 개인의 정상적인 성장발달을 이루기 위해 일정한 시기에 있어서 발달하지 않으면 안 되는 과업을 말한다. Havighurst는 발달과업을 개인의 생애 중 어떤 일정한 시기에 나타나는 과업으로써 그 과업을 훌륭히 성취하면 행복을 누릴 수가 있고, 후일에 겪게 될 다른 과업도 잘 치를 수 있다고 하였다. 그러나 만일 실패하거나 기회를 놓치면 불행해지며, 또한 사회에서 인정을 받지 못하며 그 후의 과제달성도 곤란해진다고 보았다.

발달과업의 내용

Havighurst는 인생의 주기를 영아 및 유아기(1～5세), 아동기(6～12세), 청년기(13～22세), 성년기(23～30세), 중년기(31～60세), 노년기(61세 이후)의 6단계로 나누고, 그 각각의 단계에 대해 독특한 발달과업의 내용을 제시하고 있다.

각 단계별로 Havighurst의 발달과업을 알아보면 다음과 같다.

❶ 영아 및 유아기의 발달과업

㉠ 걸음걸이 배우기
㉡ 고형(固形) 음식물 먹기
㉢ 말 배우기－Piaget의 전조작기(operational thought period, 2～7세)에 해당
㉣ 배설물 통제－Freud의 항문기(anal stage, 2～3세)에 해당
㉤ 성별을 알고 성 예절 배우기
㉥ 생리적 안정을 유지
㉦ 사회적 · 물리적 현실에 대한 단순한 개념 형성
㉧ 부모 · 형제, 타인과의 정서적 관계 배우기
㉨ 선악(善惡)의 판단과 양심의 발달

❷ 아동기의 발달과업

㉠ 일반적인 놀이에 필요한 신체적 기능학습
㉡ 성장하는 유기체로서 자기에 대한 건전한 태도 형성
㉢ 동년배 친구와 사귀기 · 배우기
㉣ 적절한 성 역할 배우기

㉤ 읽기 · 쓰기 · 셈하기의 기본기술 배우기
㉥ 일상생활에 필요한 개념의 발달
㉦ 양심 · 도덕 · 가치척도의 발달
㉧ 인격적 독립의 성취
㉨ 사회집단, 제도에 대한 태도의 발달

❸ 청년기의 발달과업

㉠ 자기 체격을 인정하고 효과적으로 구사
㉡ 이성 동년배와 새로운 관계 갖기
㉢ 부모나 다른 성인으로부터 정서적 독립
㉣ 경제적 독립의 필요성 느끼기
㉤ 직장에 대한 대비
㉥ 시민생활에 필요한 지적 기능과 개념의 형성
㉦ 결혼과 가정생활 준비
㉧ 적절한 과학적 세계관에 맞추어 가치체계 형성
㉨ 사회적으로 책임 있는 행동과 수행

❹ 성년기의 발달과업

㉠ 배우자 선택
㉡ 결혼 후 배우자와 동거생활
㉢ 가정생활의 시작
㉣ 자녀의 양육
㉤ 가정의 관리
㉥ 직업의 선택
㉦ 시민의 의무 완수
㉧ 동호집단 모색

❺ 중년기의 발달과업

㉠ 성인으로서 시민적 · 사회적 책임 수행

㉡ 생활의 경제적 표준 설정 및 유지
㉢ 청소년을 도와서 책임 있고 행복한 어른이 되게 선도하기
㉣ 성인다운 여가활동
㉤ 배우자와의 인간적 관계 맺기
㉥ 중년기의 생리적 변화를 인정하고 이에 적응해 가기
㉦ 연로한 부모에 대한 적응

❻ 노년기의 발달과업

㉠ 체력감소와 건강에 적응하기
㉡ 은퇴와 수입 감소에 적응하기
㉢ 배우자의 사망에 적응하기
㉣ 동년배와의 교우관계를 다시 맺기
㉤ 사회적 · 공민적 책임의 이행
㉥ 만족스러운 생활조건 구비

이상에서 살펴본 각 발달단계에 따른 발달과업은 영아 및 유아기－기본적인 생활습관, 아동기－또래와 관계 맺기와 기초 학습, 청년기－심리적인 이유(psychological weaning), 성년기－성공적인 결혼과 행복한 가정, 중년기－자아실현과 성숙, 노년기－성공적인 은퇴와 죽음이라고 요약할 수 있다.

3) 발달의 기본 성격

발달은 유전과 환경의 상호작용에 의하여 이루어진다. 그러므로 인간의 성장발달은 유전과 환경의 두 요인(내적, 외적) 중 어느 것이 중심적 요인이 되어 발달하는가에 따라서 달라진다고 본다.

(1) 유전의 영향

유전설을 주장하는 이론으로 일명 선천설, 생득설이라고도 한다. 인간 개

체의 성장발달은 유전적 소질에 의해서 지배되며 환경의 힘으로는 변경될 수 없다는 것이다. 생물의 본질은 생식세포에 있는 염색체의 유전형질 또는 유전자(gene)에 의하여 선천적으로 결정되므로 후천적으로는 유전형질을 변경시킬 수 없다는 것이다. 인간의 신체적 특성 및 지능이나 성격 등의 정신적 특질은 유전에 의하여 결정된다는 것이다.

그러나 인간의 행동 특성과 관련된 유전인자를 찾아내려는 연구는 아직도 성공을 거두지 못하고 있다. 유전인자와 행동 간의 관계를 밝히는 연구가 어려운 점은 첫째 유전인자의 영향이 모두 행동에 나타나지 않는다는 것이다. 즉 표현형과 유전형이 같지 않은 경우이다. 예를 들면 색맹은 유전인자를 보유하고 있으나 색맹이 아닌 경우가 이에 해당한다.

둘째, 인간의 많은 특성은 단 하나의 유전인자에 의해 결정되는 것이 아니라 여러 유전인자에 의해 영향을 받으며 역으로 한 쌍의 유전인자가 여러 행동 특성에 영향을 준다는 점이다.

셋째, 많은 유전인자의 효과가 출생 직후에 나타나는 것이 아니라 시간이 지나면서 나타난다는 데에도 유전적 연구의 어려움이 있다. 예를 들어 성적 성숙, 대머리, 수명 같은 것은 유전적으로 영향받으나 생의 후기에 나타나는 특성들이다. 인간에게 있어 행동에 미치는 유전적 영향에 관한 연구는 흔히 일란성 쌍생아와 이란성 쌍생아의 비교 연구에서 찾을 수 있다. 일란성 쌍생아는 똑같은 유전인자를 갖고 있는데 반하여 이란성 쌍생아는 유전적으로 일반 형제자매들과 크게 다르지 않다는 점이다. 따라서 두 집단에 미치는 환경의 영향이 같을 때 이란성 쌍생아보다는 일란성 쌍생아가 더 유사하다면 이것은 유전적 요인에 기인한 것이라고 해석할 수 있다. 반면에 일란성 쌍생아들 간의 차이는 환경에 의한 차이로 간주할 수 있다. 인간의 행동에서 쌍생아를 통한 유전적 영향의 연구는 여러 영역에서 이루어져 왔다. 일란성 쌍생아와 이란성 쌍생아의 지능을 비교한 연구에 의하면 일반적으로 일란성 쌍생아 간의 지능지수의 상관은 약 .86으로 상당히 높고 이란성 쌍생아의 경우 약 .60인 것으로 나타났다. 또 일란성 쌍생아가 서로 다른 환경에서 키워진 경우에 지능지수의 상관이 약 .72인 반면 이란성 쌍생아의 경우는 약 .52로 나타났다(Bouchard & Mcgue, 1981). 이 경우 매우 다른 환경에서 키워졌다 하더라도 같은 환경에서 자란 이란성 쌍생아보다도 일란성 쌍생아들이 지능검사에서 점수가 더 유사한 것으로 나타났다.

인성에서도 일란성 쌍생아들이 이란성 쌍생아보다 내향성과 외향성에서 더 유사한 것으로 나타났고, 영아들의 경우, 웃는 경향, 낯선 사람 앞에서 나타내는 불안 정도가 일란성 쌍생아들이 더 비슷하였다. Wilson(1983)의 연구에서는 일란성 쌍생아들이 이란성 쌍생아들보다 다른 사람의 관심을 끌거나, 화를 내거나, 우는 반응을 나타내는 데에서도 더 유사하다는 것을 보고하였다. 고등학생을 대상으로 한 쌍생아 연구에서도 내향성과 외향성, 공격성, 기분, 의존성, 수줍음 같은 인성 척도에서 일란성 쌍생아들의 유사성이 이란성 쌍생아보다 더 높은 결과를 보였다. 위의 연구 결과들로 미루어 볼 때, 인성의 발달에서도 유전 요인이 강하게 작용함을 시사해주고 있다.

(2) 환경의 영향

환경설은 일명 후천설, 경험설이라고도 한다. 이는 개인이 가지고 있는 유전형질은 단지 발달의 가능성을 표시할 뿐 그것이 발달할지의 여부는 외부에서 주어지는 변화에 의한 영향, 즉 경험에 의해서 결정된다고 주장하는 설이다.

환경이란 개체에 어떤 자극을 주어 무엇인가 영향을 미치는 모든 대상과 역학적인 관계 등을 말한다. 인간은 출생에서부터 죽음에 이르기까지 잠시도 환경을 떠나서는 생존할 수가 없다. 교육적으로 볼 때 환경에는 외부적인 조건과 내부적인 조건을 들 수가 있다.

외부적인 환경 조건은 자연적 환경 외에 사회적, 문화적 환경을 들 수 있는데 인간은 이들과의 끊임없는 교섭에 의하여 생활하고 있는 것이다.

사회적 환경에는 전통, 역사, 문화가 있고, 인간은 싫든, 좋든 간에 이와 같은 영향을 받고 생활하며 때로는 환경의 힘에 지배되는 경우도 있다. 그리고 인간은 성장함에 따라서 각 분야의 서적 외에 매스 커뮤니케이션을 통하여 접촉하게 되는 여러 계층의 인물과 사회적 존재를 알게 되며 그것에 대한 인식, 흥미, 선호에 의하여 개체의 행동이 규정되게 된다는 것이다. 앞의 쌍생아 연구에서 보듯이 지능의 유전적 영향이 입증되었으나 동시에 지능에서 환경적 요인도 매우 중요하다는 것이 지적되어 왔다. 예를 들어 일란성 쌍생아라도 자라온 환경의 차이가 크면 클수록 지능지수의 차이가 크게 나타났다. 한 경우에는 일란성 쌍생아이면서도 한 아동은 교육을 받지 못하고 자랐고 다른 아동은 입양되어 교육도 받고 지적인 가정환경에서 자란 경우 두 아동의 지능지수가 24점이나 차이가 났다. 또한 지능검사를 불신하는 사람들은 지능검사가 특정한 인종과 사회계층에 유리하게 만들어졌다고 주장한다. 반면 지능검사의 타당성을 강조하는 사람들은 인종과 사회 계층 간의 차이가 환경의 차이이며 이러한 환경의 차이가 지능지수에 영향을 주므로 지능이 환경에 의해 영향을 받는다고 지적하고 있다.

한편 환경에 대한 내부적 조건은 외부적 환경에 의해 복잡한 자극을 받는 대신 환경을 자기 목적에 맞도록 변화시킬 수 있는 것을 말한다. 이처럼 내부적 환경조건이란 자기 마음속에 목표를 계획 설정하여 자신이 행동을 수행하며 목적을 추구해나가는 것을 말한다.

(3) 유전과 환경의 영향

발달은 유전과 환경이 함께 작용하여 변화되는 것이라고 한다. 이들 두 요인이 어떻게 결합되어 영향을 주는지 또는 어떠한 형태로 상호작용하는지에 관련하여 몇 가지 개념을 제시하여 왔다.

발달은 내적 성질과 외적 요인이 한꺼번에 마주치는 폭주에 의해서 일어난다고 주장한 데서 시작한 폭주설로서, 생득설과 경험설의 양자가 결합된 학설이다. 이것은 절충설로 인정하기도 한다. 또한, Gestalt 학파에 의하면 발달이란 개체가 가지고 있는 내부의 힘과 외부의 생활환경의 힘이 고차적으로 작용하여 새로운 하나의 체제가 이룩되는 역학적인 과정이라고 하는 체제설을 들 수 있다.

Lewin는 인간의 행동(B : Behavior)을 개인(P : Person)과 생활환경(E : Environment)과의 함수관계 B = f(P · E)로서 파악하였다. 즉 인간의 행동이란 경험에 지나지 않기 때문에 개인이 어떠한 경험을 치르느냐 하는 것이 그 개인과 환경과의 역학적인 관계에 의하여 결정된다는 것이다. 다시 말하면, 모든 개체의 발달은 유전적인 요인과 환경적인 요인이 통합되어 형성하는 생리적, 물리적, 사회적인 특정한 힘의 장의 구조에 의해서 규정된다는 것이다.

위에서 제시한 유전과 환경이 서로 작용하여 발달에 영향을 준다는 이론이지만 최근에는 이들 두 요인 중 어느 경우에는 한 요인이 더 강하게 작용할 수도 있고 때로는 두 가지가 같이 상호작용하거나 또는 동시에 작용하며 영향을 줄 수 있다는 각기 조금씩 다른 이론을 제시하기도 한다.

(4) 수로화의 원리

유전인자와 환경은 인간의 발달에 영향을 주지만 발달특성에 따라서는 유전의 영향이 환경보다 더 큰 경우가 있다. Conrad Waddington(1996)은 수로화라는 개념을 사용하여 유전인자가 발달을 제한하며 소수의 발달 결과를 가져오는 경우를 설명하였다. 예를 들면 영아기의 옹알이이다. 모든 영아들은 듣지 못하는 아이일지라도 생후 8개월 내지 10개월경에 아주 동일한 방법으로 옹알이를 한다. 이처럼 수로화된 속성은 유전자의 성숙 프로그램에 따라 전개되기 때문에 환경의 영향을 거의 받지 않는다. 이와 반대로 수로화가 낮은 지능이나 기질, 성격 등은 인생에서의 경험에 따라 여러 방향으로 유전적 방향과는 다르게 발달할 수 있다.

(5) 반응범위의 원리

Gottesman(1963)에 따르면 개별 유전자형들이 다른 종류의 생활 경험들에 대해서 반응을 나타낼 수 있는 범위를 만들어낸다. 그는 사람이 서로 다른 환경들에 대해 나타내 보일 수 있는 표현형 범위의 경계를 유전자형이 설정한다고 주장하였다. 중요한 것은 사람들은 유전적으로 다르기 때문에 어떤 두 사람도 특정한 환경에 대해 아주 똑같은 방법으로는 반응하지 않는다는 사실이다. 다시 말해서 유전형은 개인이 여러 환경에 따라 나타낼 수 있는 표현형의 범위의 경계를 긋는다고 보았다. 따라서 반응범위의 크기만이 아니라 범위의 가장 낮은 혹은 가장 높은 경계로 개인마다 다르다. 결국 유전형에 의해 한 특성에 대한 가능한 결과와 범위가 정해지며, 환경은 개인이 갖고 있는 반응범위 내에서 영향을 주게 된다.

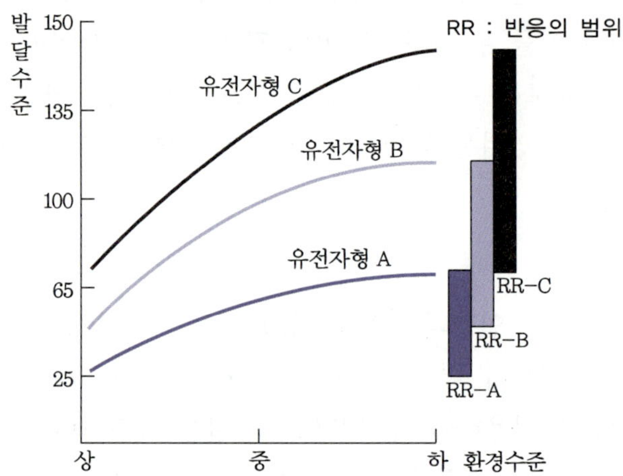

[그림 1-3] 반응범위

출처 : Waddington(1996).

(6) 유전과 환경의 상관

유전과 환경이 상호 영향을 주는 경우를 3가지 방법으로 제안하고 있다(Scarr & McCartney, 1983).

❶ 수동적 유전과 환경 상관

Scarr와 McCartney(1983)에 따르면 부모의 유전자형이 부모가 자녀들에게 제공하는 가정환경 종류에 부분적으로 영향을 준다. 그리고 자녀는 부모로부터 유전인자를 받았기 때문에 자녀에게 주어진 가정환경은 자녀 자신의 유전형과 부합되거나 상관이 있다. 예를 들면 유전적으로 운동에 소질 있는 부모는 자녀들에게 열정적으로 경기하고 활발하게 놀고 스포츠 활동을 하도록 격려하는 체육환경을 만든다. 그리하여 자녀는 부모의 운동소질을 유전적으로 이어받아 그러한 환경에 민감하게 반응하게 된다. 따라서 이러한 자녀들은 유전적으로나 환경적으로나 운동을 즐기게 된다.

❷ 유발적 유전과 환경 상관

유전적으로 영향받은 자녀의 속성은 자녀들 자신에 대하여 타인의 행동에 영향을 준다는 것이다. 예를 들어 잘 웃고 활동적인 아기는 우울하고 수동적인 아기들보다 주변 사람들의 관심과 사회적 자극을 더욱 많이 받는다.

❸ 능동적 유전과 환경 관계

아동들이 선호하고 추구하는 환경들이 그들의 유전적 성향에 가장 적절한 것들이라고 제안하였다. 예를 들어 외향적인 성격이 될 유전적 소질을 가진 아동은 친구들을 집으로 초대하는 파티에 열심히 참여하고 사회적으로 자극적인 활동을 일반적으로 더 좋아할 가능성이 있다. 이처럼 서로 다른 유전자형을 가진 사람들은 자신을 위해서 자신에게 알맞은 환경을 선택할 수 있다는 것이다.

Chapter 02

발달의 이론 및 연구방법

1 발달의 이론

1) 정신분석이론

Freud(1856-1936)의 정신분석이론은 인간의 성격발달 과정을 설명하는 유용한 이론으로 받아들여지고 있다. Freud가 가정한 2개의 심리학적 동기는 성욕과 공격욕이다. 모든 행동은 본질적으로 성적 혹은 공격적 충동의 무의식적 표현이다. 그는 성욕이나 공격성과 같은 강하고 원시적인 동기는 무의식(Unconsciousness)이라고 부르는 정신의 영역 속에 자리 잡고 있다고 가정하였다.

Freud의 초기 연구에서는 심적 구조를 의식, 전의식, 그리고 무의식의 세 가지로 설명하고 있는데, 의식은 억압하는 것, 무의식은 억압된 것이라고 보았다. 또 전의식은 무의식이 의식 상태로 떠오르는 것이라고 하였다. 그러나 그것만으로는 충분하게 설명할 수 없었기 때문에 나중에 심적 구조에 원본능(Id), 자아(ego), 초자아(superego)의 개념을 제시하였다. 원본능(Id)은 음식, 물, 배설 그리고 가장 크게는 성적 쾌락과 같은 생물적 충동 모두를 포함하는 것이다. 원본능(원아)은 쾌락의 원리로서, 지금 당장 욕구를 충족 받고자 하는 원리이다. 원아의 충동은 반사적 운동으로 표출되기도 하며, 만약 욕구충족이 불가능해지면 원본능은 공상이라는 원시적 사고로서 소망의 충족을 얻으려 한다.

자아(ego)는 원본능에서 파생된 것이며, 궁극적으로는 원본능에 봉사한다. 그러나 자아는 현실의 원리에 따른다. 즉 자아는 원아를 만족시키려 하나 현실 세계와 현실의 요구에 부합되는 방법으로 실용주의적으로 작용한다. 시간이 지남에 따라 욕구와 현실 사이의 대립은 점점 더 많은 기술을 갖추게 하고 이와 병행하여 성숙된 사고와 기억의 전체 체계를 확립시킨다. 이 전체 체계는 나중에는 스스로를 바라볼 수 있는 능력을 갖추게 된다.

초자아(superego)는 부모의 규칙과 훈계가 내재화된 것이다. 자아는 원본능을 위한 어떤 행위를 억제할 수도 있으나 그 이유는 단지 앞으로 다가올 어떤 성가신 일을 피하려는 것이었다. 즉 자아의 두 번째 지배자인 초자아가 시작됨을 의미하는데 초자아는 부모가 하는 것과 똑같이 칭찬과 벌을 준다. 만약 자아가 초자아의 명령을 따르면 그 대가로 자부심을 느낄 수 있게 된다. 그러나 만약 초자아의 규칙을 어기면 자기 비난이나 죄책감이 싹트게 되어 처벌을 가한다. 초자아는 부모와 주위 사람들로부터 물려받은 사회의 가치와 조력이 내면화된 표상이다. 초자아는 자신의 행동이 옳은지 나쁜지를 판단하면서 완벽함을 추구한다. 초자아는 부모가 주는 보상과 벌을 통해서 점차 발달되어 간다. 초자아는 두 측면이 있는데 하나는 양심이고, 다른 하나는 자아 이상이다. 초자아의 양심은 잘못된 행위에 대해서 처벌을 받거나 비난을 받은 경험에서 생기는 죄책감과 결부된 것으로 외부의 세계, 즉 대개 부모의 제재가 내면화된 것이고 자아 이상은 잘한 행위에 대해서 보상을 받은 경험이 이상적인 자아상을 형성하고 이를 추구하게 되는 것이다. 그러므로 양심과 자아 이상으로 통합 보상체제 내지 가치체계가 내면화된 것이다.

다음 그림은 Freud의 성격 구조를 이론 전개에 따라 도표화한 것이다.

본능(Id)의 세계가 강하게 작용하면 충동적이며 쾌락적인 원리를 추구하는데 지나치게 리비도가 작용하면 좌절 또는 충동의 실패를 경험하게 된다. 자아(ego) 세계의 리비도는 현실적이며 합리적 행위인 실용주의적인

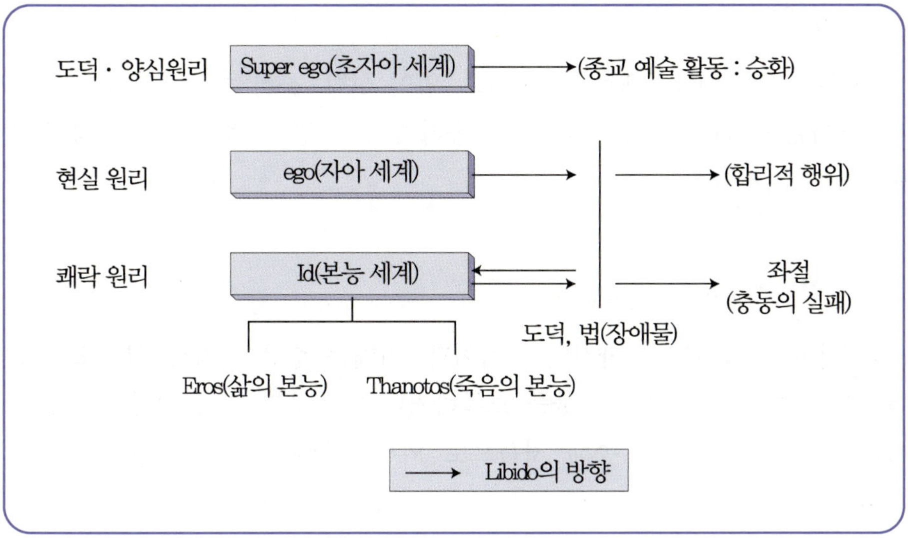

[그림 2-1] Freud의 성격 구조도

출처 : 김제한(1998).

경향이 짙어진다.

초자아(Super ego) 세계의 리비도는 이상적인 자아상을 형성하게 되고 종교나 예술활동으로 승화하는 경향을 나타낸다.

Freud는 생물학적으로 결정된 성격발달의 단계가 존재한다고 가정하고 가장 의미 있고 중요한 성격발달은 영아기에서부터 청년기까지 이루어진다고 생각하였다. 그 결과 Freud는 인간의 성격은 인생 초기에 대부분 확립되기 때문에 초기 아동기의 어린이를 양육하는 것이 무엇보다도 중요하다고 주장하였다.

Freud는 성적 본능의 에너지를 리비도(Libido)라 하고, 이 리비도는 일생을 통하여 정해진 일정한 순서에 따라 상이한 신체 부위에 집중된다고 주장하였다. 그는 리비도의 집중 부위에 따라 다음과 같이 발달단계를 구분하였다.

(1) 구강기(Oral stage)

0세부터 약 1세에 해당되는 시기로, 입이 성적, 공격적 만족의 부위가 된다. 영아는 구강(입, 입술, 혀 등)을 통하여 젖을 빨아 먹음으로써, 성적 욕구를 충족시킨다.

(2) 항문기(Anal stage)

1세 이후부터 약 3세까지의 시기이다. 이때는 항문이 가장 성적으로 흥분되는 신체 부위로서 배설물을 보류하거나 방출하는 데서 쾌감을 느낀다. 대소변 가리기 훈련을 통해 처음으로 외부로부터 통제받는 경험을 하게 된다.

(3) 성기기(phallic stage)

대략 3세부터 5세까지의 시기에 해당한다. 리비도는 항문에서부터 성기로 그 자리를 옮기게 되며, 성기는 사춘기에 나타나는 호르몬의 변화 없이 고조된 성적 민감성을 나타낸다. 이 단계의 특징적인 현상은 남아에서는 오이디푸스 갈등(Oedipus Complex)과 여아에서 나타나는 엘렉트라 갈등(Electra Complex)이다. 아동은 반대 성의 부모에 대하여 강한 매력을 느끼는 동시에 동성의 부모에 대해서는 강한 적대감과 경쟁심을 느낀다. 이는 동성의 부모를 동일시함으로써 갈등이 해결되며 그 결과 초자아의 발달이 이루어진다.

(4) 잠복기(Latency period)

약 6, 7세부터 11세 정도인 사춘기 시작 이전까지의 시기이다. 리비도가 무의식 속에 잠복되기 때문에 새로운 의미 있는 갈등이나 충동은 일어나지 않는다. Freud에 의하면, 이 단계의 아동은 성적 욕구가 철저하게 억압되기 때문에 앞의 세 단계에서 지녔던 욕구들은 거의 모두 잊게 된다고 한다.

(5) 생식기(Genital period)

무의식 속에 억압되었던 성적 에너지가 의식으로 다시 떠올라 오는 시기로서 사춘기 이후부터 성인기의 모든 사람에게 해당되는 시기이다. 리비도가 성적 대상 즉 이성에게 향하기 때문에 이 시기에 이르면 이성에 대한 진정한 사랑을 할 수 있게 된다.

2) Erikson의 심리, 성적 발달이론

Erikson(1902-1994)은 Freud의 심리 성적 발달의 기본 개념을 받아들이면서 발달과정을 몇 가지 차원에서 확대시켰다. Freud는 성적 발달이 완성되는 청년기까지를 주로 연구한 것에 대하여 Erikson의 심리, 사회적 발달은 생물학적인 성숙을 초월하는 청년기로부터 성인기에 이르는 인생 주기의 각 단계를 포함하고 있다. 인생 주기의 각 단계는 그 단계에서 해결하지 않으면 안 되는 단계의 특이한 발달과제를 지니고 있다.

이 발달과제는 각각의 단계에서 얻어지는 성공적 해결과 성공적이지 못한 해결을 비교하여 설명하고 있다.

Erikson은 인간이 전 생애를 걸쳐 발달단계별로 8가지의 발달위기 혹은 핵심적인 갈등을 경험하게 된다고 가정하였다.

(1) 신뢰성 대 불신감(출생~1년 6개월)

이 시기에 부모로부터 적절한 보살핌을 받아 기본적인 요소가 충족된 유아는 자신과 주변에 대해 신뢰감을 형성하지만, 욕구좌절로 인한 부정적인 경험이 많은 유아는 불신감을 갖게 된다.

이 시기에 형성된 기본적 신뢰성 또는 불신감은 일생을 통해 지속되며 다음단계의 성격발달에 직접적인 영향을 미치게 된다.

수유가 부족하면 유아에게 모친에 대한 상실감을 주게 된다. 이 시기에 의존하고 있는 모친의 애정을 상실하면 만성적 비애에 빠지게 되며 이러한 경험은 유아의 그 이후의 삶을 살아가면서 우울한 성격을 형성할 위험성이 있다.

(2) 자율성 대 수치감(1년 6개월~3세)

이 시기의 아동은 신체적 및 생리적 성숙에 의해 처음으로 대소변 가리기와 같은 자기 통제를 할 수 있다. 그러나 유아들의 자기 통제 행동은 이들의 미숙함으로 부모의 규제를 받게 되거나 또는 스스로 실행해 보는 과정에서 실패에 부딪히게 된다. 이와 같은 성공과 실패의 위기를 극복함으로써 유아는 자기 통제에 기본적인 자신감을 갖게 되어 자율성이 형성된다. 과도한 외부의 통제로 인해 위기의 극복에 실패할 때 아동은 통제능력을 상실함으로써 자신에 대한 수치와 회의에 빠져들게 된다.

(3) 주도성 대 죄책감(3~5세)

이 시기의 유아들은 개인적인 욕구를 충족시키기 위해 부모에 대한 의존으로부터 벗어나 보다 복잡한 행동을 주도적으로 나타내려 한다. 이때에 주위로부터 지지와 격려를 받으면 주도성이 발달하지만 자기 행동이 성공하지 못할 때 생기는 부적 감정은 죄책감을 가져온다.

(4) 근면성 대 열등감(6~11세)

이 시기는 아동기 자아성장의 결정적인 단계로 이 시기를 극복하기 위한 인지적 및 사회적 기술을 요구하게 된다. 아동은 학교에서 부과하는 여러 과제들에 꾸준히 주의를 기울이고 성실히 작업에 임하는 과정에서 근면성을 획득하게 된다. 이 단계는 전 생애에 중요성을 갖는 과업 성실성을 갖게 되며 학교에서 읽고 쓰고 셈하기를 배우고 기능을 학습하는 단계이다. 이 시기의 아이들은 자신이 하고 싶은 것은 놀이를 통해 발견하게 되고 학교생활을 통해 모든 것을 배우게 된다. 아동은 놀이를 통해 자신의 생각을 표현하게 된다.

(5) 정체감 대 역할혼미(12~20세)

사춘기에는 아동기가 끝나고 성인기의 책임감이 대두된다. 이 단계의 중요한 문제는 자신의 정체감을 찾는 일이다. 이 시기에 정체감을 형성하지 못하면 역할혼미와 절망감이 생기게 된다. 청소년은 "나는 누구지?"라는 질문을 하게 된다. 청소년은 기본적인 사회적, 직업적 정체감을 확립해야만 하며 아니면 그들이 성인으로 해야 할 역할에 대해 혼돈된 상태로 남아 있게 된다. 자아정체감이 형성되면 자신의 능력이나 역할 책임에 대하여 분명히 알게 되며 이후 단계에 잘 적응해 갈 수 있다. 반면 자기에 대한 의문에서 회의와 혼란과 방황이 길어지고 자아확립이 되지 않을 때에는 역할혼미 또는 정체감 혼미로 남는다. 역할 혼미 상태에서는 미성숙함이나 과대 동일시 등이 나타날 수 있으며 다음 단계에서도 방황이 계속된다.

(6) 친밀성 대 고립감(20~25세)

이 시기에는 직업을 가지게 되고 이성과 교제를 하며 결혼을 하고 자신의 가정을 지니게 된다. 성인기에 접어들었을 때 바람직한 정체감을 형성한 사람만이 타인과의 관계 속에서 친밀감을 형성할 수 있게 되며 이성과의 관계에서도 성적으로 그리고 지적으로 진정한 관계를 이룰 수 있다고 보았다. 역할 혼미에 의해 방황하는 사람은 자신에 대하여 확신이 없고 자신감이 없으므로 타인과 친밀한 관계를 이룰 수 없어 고립감이나 자아 몰입에 빠지게 된다.

(7) 생산성 대 자기 침체(25~60세)

성인기 중반기에는 인생의 모든 부분에서 생산적이며 창조적이어야 한다. 앞의 6단계를 성공적으로 통과한 사람은 인생의 모든 활동에서 의미와 기쁨을 발견할 것이다. 그러나 그렇지 않은 사람은 인생의 허무를 발견하고 그래서 그들은 침체된 느낌과 분노를 느낄 것이다. 또 이성관계에서 건설적으로 되어 자녀를 낳아 키우고 자신이 하는 일이나 직업에서도 창의적인 성취나 업적을 통해서 생산성을 발휘하게 되고, 더 나아가서 사회적인 봉사 등을 통해서 생산성을 나타낸다고 보았다. 생산성이 발휘되지 못하였을 때는 침체성이 형성되는데 이러한 사람은 자신의 행복에만 몰두하는 모습을 보인다.

(8) 자아 통합 대 절망감(60세 이후)

이 단계는 자기의 인생이 완전하고 만족스럽다는 느낌을 의미한다. 이전 단계를 성공적으로 해결하여 완전한 성숙을 이룬 사람은 두려움에서 벗어나 편안한 마음을 지닐 수 있는 통합감을 갖게 된다. 어떠한 형태로 사물이나 사람들의 시중을 들어주고 자존의 창조자, 사물이나 사상의 생산자로서의 승리를 경험한 인간만이 자아의 통합성을 깨닫게 된다. 그러나 이와 같은 자아의 통합성 결여나 상실은 절망이라고 하는 형태로 나타난다.

〈표 2-1〉 에릭슨의 심리사회적 발달단계

심리사회적 단계	발달의 시기	특징	상응하는 심리성적 단계
기본적 신뢰 대 불신 (Basic trust versus mistrust)	출생~1세	따뜻하고 반응적인 돌보기로부터 영아는 세상이 좋은 곳이라는 확신감과 신뢰감을 획득한다. 불신은 위안을 얻기 위해 영아가 너무 오래 기다려야 하거나 거칠게 다루어질 때 형성된다.	구강기
자율성 대 수치와 의심 (Autonomy versus shame and doubt)	1~3세	새로운 정신적 기술과 운동기술을 사용하여, 아동은 스스로 선택하고 결정하기를 원한다. 자율성은 부모가 합리적인 정도의 자유로운 선택을 허용하고 강요하거나 창피를 주지 않을 때 길러진다.	항문기
주도성 대 죄책감 (Initiative versus guilt)	3~6세	가상놀이를 통하여 아동은 그들의 소망을 표현한다. 어떤 일을 솔선해서 수행하는 주도성은 부모가 아동	남근기

		의 의도와 방향감각을 지원할 때 발달한다. 부모가 너무 많은 자기 통제를 요구하면 죄책감을 유발한다.	
근면성 대 열등감 (Industry versus inferiority)	6~11세	학교에서 아동은 타인과 함께 일하고 협동하는 능력을 발달시킨다. 열등감은 가정이나 학교에서 혹은 또래와의 부정적인 경험이 무능력감을 초래할 때 발달한다.	잠복기
정체감 대 정체감 혼란 (Identity versus identity diffusion)	청년기	청소년들은 내가 누구이고 사회에서 나의 위치는 어디인가에 대한 의문에 대답하려고 노력한다. 스스로 선택한 가치와 직업목표는 영속하는 개인적 정체감으로 통합된다. 부정적인 결과는 미래의 성인 역할에 대한 혼란으로 표출된다.	생식기
친밀감 대 고립감 (Intimacy versus isolation)	성인 초기	젊은 사람들은 타인과 친밀한 유대를 확립하는 데 몰두한다. 어떤 사람들은 타인과 가까운 관계를 형성하지 못하고 고립된 생활을 한다.	
생산성 대 침체 (Generativity versus stagnation)	성인 중기	생산성은 아동양육을 포함하여 타인을 돌보거나 생산적인 일을 통하여 다음 세대를 돌보는 것을 의미한다. 생산성을 확립하지 못한 사람은 성취감을 경험하지 못하고 침체에 빠진다.	
자아통합 대 절망 (Ego integrity versus despair)	성인 후기	마지막 단계에서 개인은 지나온 날에 대해 심사숙고한다. 자아통합은 자신의 인생이 충분히 가치 있었다는 판단에 기초한다. 자신의 삶에 만족하지 못하는 사람들은 죽음을 두려워한다.	

3) 인지발달이론

인지발달의 이론은 Piaget와 Vygotsky의 이론을 대표적으로 들 수 있으며 이들의 입장을 살펴보기로 한다. Piaget는 아동이 능동적으로 외부세계를 탐색하고 조작함으로써 인지발달이 일어난다고 생각하였다.

(1) Piaget의 인지발달이론

Piaget(1896-1980)는 생물학이 사실에 치우쳐 있고 철학은 지나친 사변에 빠져 있음을 알고 이 두 가지를 조화시켜 인간의 본질을 규명하려 한다. 즉 그는 생물학과 인식론을 합하여 인지론이라는 결론을 내렸다. 생물이 환경에 적응해 가는 과정에 대한 이해가 인간의 인지발달에도 적용된다고 보았다. 따라서 신체구조가 환경에 맞추어 적응하듯이 사고의 구조도 외부 세계에 맞도록 점차 발달해 간다고 생각하였다.

생물학적인 기제인 적응은 상호 상보적인 동화(assimilation)와 조절(accommodation)로 구성된다. 동화란 새로운 정보를 기존의 사고나 행동 방식으로 흡수하는 과정을 말한다. 조절이란 이전의 사고와 행동방식의 요소를 수정하거나 새로운 대상에 대해 좀 더 적절한 새로운 방법으로 배우는 것을 의미한다. Piaget는 동화와 조절이 균형을 이루는 기제인 평형화의 개념을 사용하였다. 이 동화와 조절인 두 적응 기능은 한 과정의 두 가지 측면으로서 서로 분리할 수 없는 과정이다. 따라서 이 두 기능에 의한 적응과정은 결국 환경과 선천적인 동화와 조절 능력과의 상호작용이다.

또한 동화와 조절의 적응과정을 되풀이하는 동안에 아동의 사고 틀은 분화, 수정, 통합되어 점차로 성인의 지적활동에서 볼 수 있는 바와 같은 추상적이고 논리적인 사고의 틀로 발달해 간다. Piaget의 이론에서 아동들은 질적으로 매우 다른 사고의 틀을 가진 감각운동기(출생~2세), 전조작기(2~7세), 구체적 조작기(7세~11, 12세), 형식적 조작기(11, 12세 이후)의 4단계를 거쳐 발달해 간다. Piaget는 모든 아동들이 이들 단계를 건너뛰거나 순서를 바꾸지 않고 항상 같은 순서로 차례대로 발달한다고 보았다. 각 단계의 사고 특징 및 Piaget 이론의 자세한 내용은 인지발달이론에서 다시 다루겠다.

(2) Vygotsky의 인지발달이론

Vygotsky는 1896년에 출생하여 37세인 1933년에 결핵으로 사망하였다. 그는 개인의 인지발달은 사회적 상호작용으로부터 발달한다고 주장하였다. 아동은 사회의 보다 더 성숙한 구성원과의 공동 활동을 통하여 학습하고 그 문화에서 의미 있는 방식으로 사고하게 된다. 이를 위해 Vygotsky는 근접발달영역(zone of proximal development)이라는 용어를 사용하였다. 이것은 아동이 아직 혼자서는 처리할 수 없으나 성인이나 더 많이 숙련된 사람의 도움으로 성취할 수 있는 과제 범위에 해당한다. 근접발달영역에 있는 기술은 가르침이나 교육을 목표로 하는 기술로서 발달 가능한 수준의 지식이다. 물론 이 영역 바깥에 있는 기술은 이미 습득되었거나 너무 어려워서 아직 접근할 수 없는 지식들이다. 도움에 의해 수행능력이 증가하면 할수록 근접발달의 영역은 더 넓어진다.

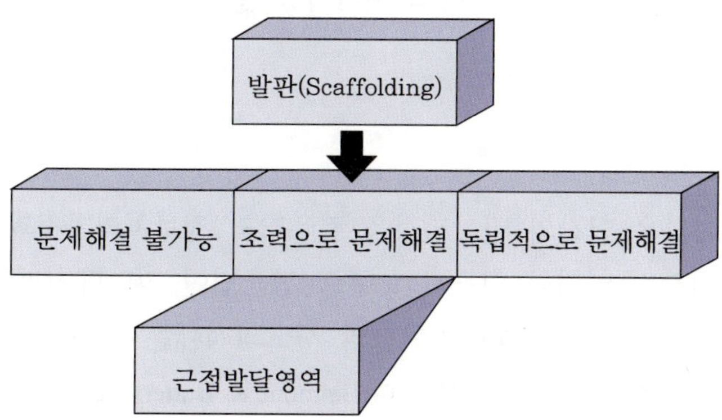

[그림 2-2] 근접발달영역

❶ 상호주관성(intersubjectivity)

서로 다른 이해수준을 갖는 두 사람의 참여자가 공유된 이해에 도달하는 과정을 의미한다. 두 사람의 참여자는 상대편의 수준을 고려하여 의사소통을 위한 공통의 기초를 형성하고 근접발달영역을 생성한다.

❷ 발판(scaffolding)

발달을 촉진시키는 사회적 상호작용의 또 다른 특성으로서 상호작용 동안 변화하는 지원의 질에 해당한다(Bruner, 1983). 아동이 독립적으로 학습할 수 있도록 효과적인 발판을 제공하는 성인들은 아동의 수행수준에 맞추어 도움을 조절한다. 아동이 아무것도 알지 못할 때 성인은 직접적으로 지시하는 방법을 사용하고 과제를 처리가능한 단위로 세분화하여 아동의 주의를 환기시키려고 노력한다.

❸ 인도된 참여(guided participation)

아동이 문화적으로 필요한 활동에 능동적으로 참여함으로써 학습하는 것을 의미한다. 이 문화의 아동들은 성인의 활동에 능동적으로 참여하고 부모나 많은 지식을 가진 안내자의 도움을 받으면서 그 문화에서 필요로 하는 기술을 습득한다. Vygotsky는 더 많은 지식을 가진 사람과의 협력이 아동의 인지발달을 가능하게 한다고 제안하였다.

4) 정보처리이론

정보처리이론은 인간의 인지과정을 컴퓨터의 정보처리과정과 비교해 최근에 와서 인간의 인지를 연구하는 주요 접근법이 되었다(Miller, 1993). 정보처리이론에 의하면 컴퓨터와 인간의 사고과정에는 유사점이 있는데 둘 다 논리와 규칙을 사용한다는 점이다(Belmont & Butterfield, 1971; Klahr 1992; Siegler, 1996).

컴퓨터의 하드웨어와 소프트웨어의 용어를 사용해서 이들 둘을 비교하고 있다. 즉 하드웨어란 컴퓨터의 물리적 장치를 말한다. 정신활동 역시 하드웨어와 소프트웨어를 가졌다고 볼 수 있는데 뇌와 신경계를 하드웨어로, 문제해결을 위한 계획이나 책략 등을 소프트웨어로 볼 수 있다(Flavell, 1971). 새로운 기술의 발달로 말미암아 컴퓨터의 구조와 프로그램이 점점 복잡해진다. 정보처리이론은 아동이 외부세계로부터 들어오는 정보를 기억

과정을 통해 저장하고 시간의 흐름에 따라 저장된 정보를 전환하며 또한 정보를 효율적으로 인출하는 정보처리의 과정을 연구대상으로 한다. 정보처리이론은 인간의 인지를 세 가지 체계로 개념화한다. 첫째, 외부세계로부터의 정보는 시각, 청각, 미각, 후각과 같은 우리의 감각기관을 통해 인지체계에 투입된다. 둘째 우리의 뇌는 감각기관에 투입된 정보를 다양한 방법으로 저장하고 전환한다. 여기에는 정보를 부호화하고 저장하고 인출하는 과정이 포함된다. 정보처리에 관한 대부분의 연구가 이 부분에 집중되어 있다. 마지막 체계는 우리의 행동으로 나타나는 산출 부분이다.

Piaget의 이론과 마찬가지로 정보처리이론도 아동은 매우 능동적으로 정보를 탐색하고 처리한다고 본다(Klahr, 1992). 그러나 Piaget와는 달리 정보처리이론에서는 발달단계를 제시하지 않는다. 즉 발달은 연속적이고 계속적인 과정으로 파악한다.

5) 동물 행동학적 접근

현대 동물 행동학은 Lorenz와 Tinbergen의 연구에서 나타났다. 동물 행동학자들의 가장 기본적인 가정은 모든 동물 종의 구성원들은 다수의 생물학적으로 프로그램된 행동을 가지고 태어난다는 것이다. 이 행동들은 진화의 산물이고, 그 행동들이 생존에 기여한다는 점에서 적응적이다. 예를 들어 새의 많은 종들은 자기 어미를 따르는 것으로 약탈자로부터 어린 새를 보호하도록 돕는다. 각인은 생후 초기 제한된 시간 내에서만 일어난다. 이 시간 내에 어미가 없다면 대신 어미를 닮은 대상에 각인이 일어날 수도 있다(Lorenz, 1952). 각인(Imprinting)이란 일정기간 내에 매우 빠르게 일어나는 선천적인 행동형태로 소거하기가 어렵다. 새끼가 어미를 따르는 애착형성에서 그 예를 볼 수 있다. 동물 행동학자들은 종의 구성원들이 공유하고 있는 종의 개체들을 비슷한 발달경로로 이끌 수 있는 선천적이거나 본능적인 반응들에 초점을 둔다. 또한 생의 초기 경험이 매우 중요하다고 믿었다. 그들은 발달의 많은 속성들에 대해 결정적 시기(Critical period)가 있을 것이라고 주장했다.

결정적 시기는 발달 중인 유기체가 적응적인 발달 형태로 패턴을 나타내는 것으로 생물학적 준비가 되어 있고 그 행동을 학습하기 위해서는 환경 내의 적절한 자극이 있어야만 한다는 것을 의미한다. 이 결정적 시기 개념이 어린 새의 각인과 같은 동물 발달의 특징들을 설명하는 데도 불구하고 많은 인간 동물 행동학자들은 인간발달에 대해서는 민감기라는 용어가 더 적합하다고 생각한다. 민감기(sensitive period)는 특정 능력이나 행동이 나타나는 최적의 시간, 환경적 영향이 특히 민감한 시간을 나타낸다.

민감기는 특정 능력이 발달하는데 최적의 시기로 아동은 이 시기에 특정 환경의 자극에 대하여 특히 민감하게 반응한다. 이 시기를 지난 후에 그 능력이 발달하려면 오래 걸리고 어렵다. Bowlby(1969)는 각인 형성을 인간의 영아와 양육자 간의 관계에 적용시켰다. 아기가 웃고 옹알이하고 물고 잡고 매달리는 것 같은 애착행동은 선천적인 사회적 신호로 양육자를 자기에게로 접근하게 하고 돌보는 행동을 이끌어내는 작용을 하는 것으로 보았다. 영아가 나타내는 행동에 의해 양육자가 가까이 있게 됨으로써 아기는 먹여지고 보호받고 건강한 성장을 위한 자극과 애정을 받을 수 있다. 영아의 애착발달은 새끼 새의 각인 형성과는 달리 양육자와의 장기간의 과정을 통해 깊은 애정적 관계를 형성하게 된다(Bretherton, 1992).

6) 생태학적 접근

생물학과 환경의 상호작용을 중요시하면서도 유전보다는 환경에 훨씬 더 많은 중요성을 부여한다. 이 모델에서 유전자는 경험이 그것을 활성화할 때만 영향력을 행사할 수 있다. 생태학적 체계이론은 Bronfenbrenner(1979)가 인간발달을 사회문화적 관점에서 이해하는 이론이다. 이 이론에서는 다섯 가지의 환경체계가 있다. 미시체계, 중간체계, 외체계, 거시체계, 그리고 시간체계가 그것이다. 이들은 아동을 둘러싸고 있는 직접적 환경으로부터 아동이 살고 있는 문화적 환경까지를 다 포함하는 것이다. 서로서로 짜 맞춘

듯 들어 있는 한 세트의 러시아 인형처럼 좀 더 근접한 것에서부터 좀 더 광역의 것까지 이 다섯까지의 체계는 서로 다른 것에 담겨져 있다. 그의 이론에 생물학적 영향을 첨가함으로써 그의 이론은 생물 생태학적 이론으로 지칭되고 있다.

❶ 미시체계(Micro system)

아동은 중앙에 위치하는데 아동의 근접 환경이 미시체계이다. 미시체계는 아동이 살고 있는 집의 크기, 근처에 있는 운동장의 시설물, 학교 도서관에 구비된 장서의 크기 등과 같은 물리적 특성을 포함한다. 아동은 환경을 구성하는 능동적인 주체이다. 미시체계는 아동이 성장하면서 변화한다.

❷ 중간체계(Meso system)

중간체계는 미시체계들 간의 상호관계 즉 환경과의 관계를 말한다. 이를테면 부모와 교사 간의 관계, 형제관계, 이웃친구와의 관계 등을 말한다. 일반적으로 이 체계들 간의 관계가 밀접하면 할수록 아동의 발달은 순조롭게 진행된다.

❸ 외체계(Exo system)

외체계는 아동이 직접 참여하지는 않지만 아동에게 영향을 미치는 사회적 환경을 의미하는 것으로 사회복지 기관, 대중매체, 직업세계 등이 여기에 포함된다. 아동은 이러한 외체계에 참여하지는 않지만, 이러한 환경들은 아동의 행동에 영향을 미친다.

❹ 거시체계(Macrosystem)

거시체계는 미시체계, 중간체계, 외체계에 포함된 모든 요소에다 개인이 살고 있는 문화적 환경까지 포함된다. 문화란 한 세대에서 다음 세대로 전수되는 행동 유형, 신념, 관습 등을 일컫는다. 즉 거시체계는 신념, 태도, 전통을 통해 아동에게 영향을 미친다. 거시체계는 일반적으로 다른 체계보다 더 안정적이지만 때로는 사회변화(예를 들면, 경제적 번영에서 IMF 체계로의 변화 또는 평화체제에서 전시체제로의 변화)에 따라 변할 수 있다(Elder & Caspi 1988). 거시체계는 아동의 삶에 직접적으로는 개입하지 않으나, 전체적으로 보면 비록 간접적이기는 하나 매우 강력한 영향력을 발휘한다. 거시체계는 사회 관습과 유행 안에서 자신의 가치관을 표현한다. 거시체계는 미의 기준을 제시하기도 하고 성별에 따라 적절하거나 부적절한 행동을 정의하기도 한다.

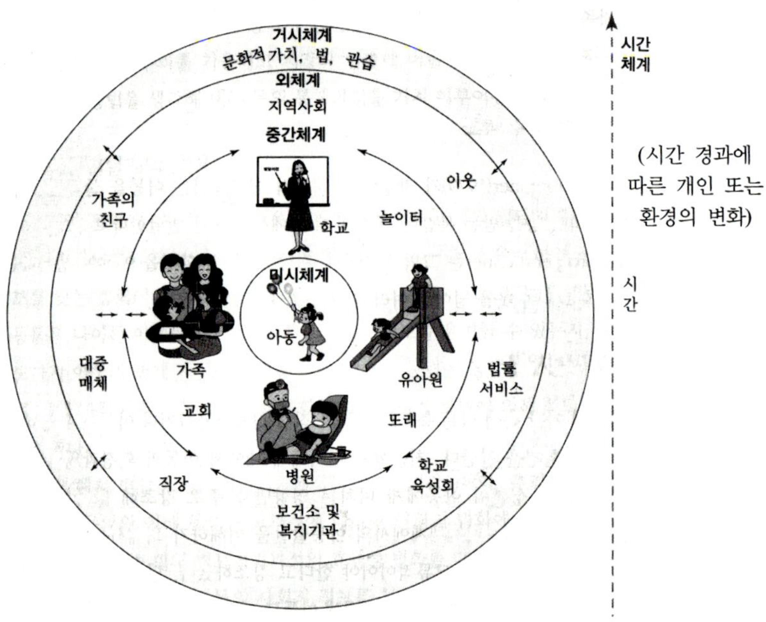

[그림 2-3] 생태학적 접근에 따른 인간환경의 네 가지 체계

출처 : Kopp(1982).

❺ 시간체계(Chronosystem)

시간체계는 전 생애에 걸쳐 일어나는 변화와 사회 역사적인 환경을 포함한다. 이 체계는 아동이 성장함에 따라 겪게 되는 외적인 사건(부모의 죽음

등)이나 내적인 사건(심리적 변화 등)이 구성요소가 된다. 시간체계에 관한 연구들은 인간의 생애에서 단일 사건이 발달에 미치는 영향에 국한되지 않는다. 사회문화적인 환경과 관련해서는 20~30년 전에 비해 더 많은 여성들이 직업 갖기를 희망한다. 이와 같은 상황에서 시간체계는 아동들의 삶에 지대한 영향을 미친다.

7) 학습이론

학습이론의 기본원리는 자극과 반응 간의 관계를 연구하는 것이다. 여기서는 Pavlov의 고전적 조건형성이론, Skinner의 조작적 조건형성이론에 관해서 살펴보겠다.

(1) Pavlov의 고전적 조건형성이론

Pavlov는 개가 음식을 보거나 냄새를 맡기 이전에 이미 침을 흘리기 시작한다는 사실을 발견하였다. 즉 음식과 관련된 자극(예를 들면, 음식을 주러 오는 사람의 발자국)이 타액을 분비하도록 유도하는 힘을 갖는 것으로 보았다.

Pavlov의 고전적 조건형성의 원리를 인간행동에 적용한 Watson(1927)에 의하면 아동의 정서 반응은 고전적 조건형성을 통한 학습에 영향을 받기 쉽다고 한다.

(2) Skinner의 조작적 조건형성이론

Skinner(1953)에 의하면 자극과 반응이 연결되는 또 다른 방법은 조작적 조건형성(operational conditioning)을 통해서라고 한다. 즉 행동은 그것의 결과에 의해서 결정된다는 것이다. 아동의 어떤 행동이 강화를 받게 되면, 그 행동이 다시 발생할 확률이 높아지고 어떤 행동이 처벌을 받게 되면 그 행동이 다시 발생할 확률이 낮아진다. 조작적 조건형성에서는 강화와 처벌의 역할이 중요하다. 반응적 행동의 특징은 반응을 유발하는 자극에 의해 전적으로 통제된다는 것이다. 즉 자극이 있으면 반응하고 자극이 없으면 반응하지 않는 매우 단순한 모형이다.

Skinner는 인간행동의 대부분이 조작적 행동이라고 본다. 조작적 행동은 어떤 행동이 야기하는 결과에 의해서 통제된다. 일반적으로 긍정적인 결과는 그 행동이 다시 발생할 가능성을 높이고 부정적인 결과는 반대 결과를 초래한다(Skinner, 1953).

8) 인본주의 이론인 성취이론

성취이론가들은 인간은 자신의 의미로서 삶의 방향을 결정하며 현재의 사건과 미래에 대한 희망이 인간발달의 중요한 요인이다. 따라서 인간은 자신의 개인적 잠재성을 성취하기 위하여 동기화되며, 보다 충분히 기능하는 상태를 향해 나아가는 존재이다. 대표적인 성취이론가로는 Abraham Maslow와 Carl Rogers가 있다.

(1) Abraham Maslow

Maslow(1954, 1968, 1971)는 인간은 개인적 발달을 위한 굉장한 잠재력을 지니고 있으며 기본적으로 선하고 자아실현(Self-actualization)을 위해 노력하는 존재라고 믿었다. 그는 자아실현을 이룰 수 있느냐 없느냐 하는 것은 어린 시절의 경험에 상당히 달려 있으며 특히 아동이 사랑을 받고 있다고 느끼는 것이 훗날 자아실현에 대단히 중요하다고 보았다. Maslow는 인간은 기본 욕구와 성장 욕구를 지니고 있다고 가정하였다. Maslow의 기본 욕구에는 ① 음식, 물, 산소 등에 대한 생리적 욕구, ② 고통, 공포, 위험, 그리고 위협을 회피하고자 하는 안전의 욕구, ③ 가족과 친구를 필요로 하고 사랑받기를 원하는 사랑과 소속의 욕구, ④ 자기를 존중하고 성취하며 타인에 대하여 관심을 갖고 그리고 관심의 대상이 되고자 하는 자아존중 욕구를 포함한다.

한편 성장 욕구는 자아실현의 욕구이다. 그것은 개인의 능력과 잠재성을 충분히 성취하고, 창조적으로 사고하고 행동하도록 하는 동시에 정의를 실현하고 진실과 질서 그리고 통합을 추구하도록 유도한다. 그러나 처음 욕구 5단계에는 인간의 학습하는 행동과 예술적 행위에 몰입하는 행위는 설명할 수 없다는 한계가 있었다. 그 후 Maslow는 지적 욕구와 심미적 욕구를 더 포함시켜 7단계의 욕구 위계설을 완성시켰다.

그는 아래의 4단계의 욕구를 결핍 욕구(deficiency needs)로, 지적 욕구, 심미적 욕구, 자아실현의 욕구를 존재 욕구(being needs)라고 구분하였다. 결핍 욕구는 일단 만족되면 그것을 달성하려는 동기가 감소한다. 그러나 존재 욕구는 충족되면 충족될수록 더 높은 성취를 위해 증가한다. 예를 들면 배우고 이해하는 노력이 성공적일수록 사람들은 더 큰 배움을 위해 한층 노력한다. 그러므로 Maslow의 이론에 의하면 결핍 욕구와는 달리 존재 욕구는 완전히 충족될 수 없으며, 그것을 성취하려는 동기는 끊임없이 유발된다.

Maslow의 이론은 교육에 중요한 시사점들을 제공한다. 예컨대, 기본적인 결핍 욕구가 충족되지 않은 학생은 지식이나 이해를 추구하기 위해 동기화되기 어렵다. 빈곤으로 끼니를 거르는 학생들, 부모의 이혼으로 소속과 사랑의 욕구가 충족되지 않는 학생들, 위험하게 건축된 교실 건물에서 안전이 위협당하는 학생들에게 더 높은 가치를 학습하는 욕구를 기대하기는 쉽지 않다. 또한 학생의 욕구와 교사의 욕구와의 갈등 상황도 생각해 볼 수 있다. 학생들은 교사로부터 애정과 인정(자존)의 욕구를 기대하지만, 교사는 학생으로부터 더 상위의 욕구를 기대한다. 이러한 욕구의 상이한 형태가 학생들에게 갈등을 유발시킬 수 있다.

(2) Carl Rogers

Rogers(1981)는 모든 유기체는 그 수준에는 차이가 있지만, 내적 가능성을 성취하기 위하여 부단히 노력하고 있다고 가정하고 자아실현을 위해 노력하는 과정에서 개인의 성장은 이루어진다고 주장하였다. Rogers 이론의

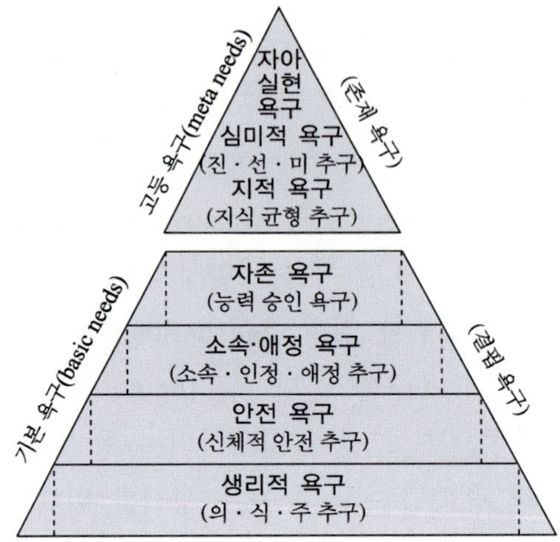

[그림 2-4] Maslow의 욕구단계

중심개념은 자아(self)이다. 그는 자아를 행위자로서의 나와 대상물로서의 나 그리고 나와 다른 사람, 나와 세계와의 관계에 대한 일관성 있고 조직된 지각, 태도, 가치의 실체로서 정의한다. 따라서 자아에 대한 자신의 태도나 평가로 구성되는 자아개념은 출생 직후부터 발달되기 시작한다. 자아개념은 타인의 긍정적 관심이나 승인에 의해 강한 영향을 받기 때문에 다른 사람으로부터 가치 있는 사람으로 대우를 받고 인정을 받게 되면 보다 긍정적인 자아개념이 형성된다. Rogers는 아동이 무엇을 하고 무엇을 생각하며 그리고 무엇을 느끼든 간에 그가 사랑받고 있다는 느낌을 경험할 수 있도록 해주어야 한다고 주장한다. 부모의 긍정적 관심을 받으면서 성장한 아동들은 그들 자신의 욕구와 감정을 이해하고 수용할 수 있는 동시에 사랑하는 부모에 대한 애정의 표현으로서 그들 자신의 행동을 통제할 수 있다. 그 결과 아동의 자아개념은 보다 바람직한 자기인식, 보다 더 큰 융통성 그리고 더 적은 갈등을 경험하면서 발달하게 된다. 성취이론가들은 인간의 발달과정에 대하여 대단히 낙관적인 견해를 가지고 있다. 그들은 인간을 창조적 활동과 자아통찰을 위한 무한한 잠재능력을 지니고 있는 존재로 간주한다.

2 발달심리학의 연구방법

발달과 관련된 수많은 문제와 질문들에 대답하기 위하여 발달심리학자들은 여러 종류의 연구들을 설계하고 실험하였다. 일반적으로 발달심리학에서 사용하는 연구방법은 기술연구, 실험연구, 상관연구, 임상연구 등으로 나누어 볼 수 있다.

기술연구는 발달과정에서 발생하는 제반 사건이나 사실들을 있는 그대로 밝히는 것이다. 실험연구는 특별한 프로그램이나 처치의 변수에 의한 효과를 검증하는 것이며 상관연구는 여러 변수들 간의 관계를 연구하는 것이다. 이러한 연구방법은 사실을 추출해내어 그 사실을 객관적으로 조작할 수 있는 과학적인 방법이 기초가 되어야 한다.

임상연구는 관찰과 면접을 종합하여 발전시킨 새로운 접근방법이다. 주로 개개인을 대상으로 개별화된 면접을 병행하는 방법으로 어떤 과제에 대한 수행 여부만이 아니라 과제수행 시 피험자의 내부적인 사고를 면접으로 조사하는 방법이다.

발달심리학의 연구방법이란 발달현상에 관련된 요인들과 그 요인들 간의 관계를 기술, 설명, 예언, 통제하는 과학적 방법을 총칭하여 사용하는 것이다. 이런 연구방법은 보는 관점에 따라 문헌연구, 경험적 연구, 사례연구(임상적 연구) 등으로 분류하는 경우도 있다. 그러나 어떤 연구방법을 수행하거나 연구자료를 수집하기 위해서는 관찰법, 실험법, 질문지법, 면접법 등의 자료수집 또는 처리 절차를 활용하게 된다.

1) 관찰법(observation)

관찰법은 연구대상을 가장 광범위하게 직접 관찰하여 필요한 정보와 증거를 수집하는 방법으로 모든 연구의 가장 기초적인 방법으로 적용된다. 관찰자는 감각기관을 통해서 관찰대상의 행동을 보고 들은 대로 기록하여 분석하게 된다.

관찰법은 관찰 장면에 가해지는 통제의 유무에 따라 자연적 관찰(naturalistic observation)과 체계적 관찰(controlled observation)로 나눌 수 있다.

자연적 관찰은 있는 그대로의 자연스러운 상황에서 관찰이 이루어지며, 관찰 장면에서 일어나는 다양한 현상을 아무런 제한 없이 관찰하는 것을 뜻한다. 이는 관찰대상의 환경적 상황에 개입하지 않고 자연스럽게 포착할 수 있다. 장기간의 종단적 분석도 장점이 있으나 자료를 계량화하거나 신뢰도, 타당도 확보가 어려울 수 있다. 매일매일 변화하는 신생아의 행동과 성장을 기록하는 유아 전기는 자연적 관찰의 대표적인 예라고 할 수 있다.

체계적 관찰은 관찰할 행동이나 시간을 미리 일정한 형태로 계획해 놓고 특정한 영역의 행동에 대해서만 관찰하는 것을 뜻한다. 사전에 관찰대상, 관찰목적은 미리 정해놓고 체크리스트나 관찰 기록부를 사용할 수 있으며, 관찰기간을 조절하여 시간표집법(time sampling)을 적용할 수도 있다. 또한 자연스러운 관찰을 위해 일방투시경(one way mirror)을 사용한다. 체계적 관찰은 신뢰도 검증이 비교적 용이하고 관찰훈련을 통해 다양한 연구가설에 적용될 수 있다.

관찰법으로 수집된 자료는 기술적 연구의 주요자료가 되며 탐색연구나 다른 연구방법의 보완자료 등으로 이용된다. 그러나 관찰자의 주관이나 편견이 반영되는 이른바 관찰자 편향(observer bias)이 개입될 수 있기 때문에 오랜 경험과 훈련으로 정확하게 관찰하고 기록하는 능력이 있어야 한다.

2) 실험법(experimental research)

실험법이란 근본적으로 인과관계를 검증할 수 있는 연구의 절차 및 기술을 의미한다. 연구자에 의해 측정・조작되며 그것들과 관련된 현상과의 관계를 결정하는 요인을 독립변인(independent variable)이라고 하고, 독립변인을 제시, 변화시킴에 따라 나타나거나 사라지거나 변화하는 요인을 종속변인(dependent variable)이라고 한다. 즉 독립변인은 영향을 주는 변인이고, 종속변인은 영향을 받는 변인이라고 한다. 실험 연구에서는 독립변인을 처치하는 변인이라 하며 처치 변인은 연구상황에 가해지는 변인으로 연구결과의 변화를 유도하는 변인을 말한다. 독립변인을 조작하고 다른 모든 조건을 일정하게 통제한 뒤 그 결과가 종속변인에 어떻게 영향을 미치는가를 알아내어 변수 간의 인과관계를 밝혀내는 과학적 접근방법이다. 조작 또는 실험조작(experimental manipulation)이란 행동에 미치는 독립변인의 효과를 평가하기 위하여 환경적 조건을 의도적이며 체계적으로 변화시키는 절차라고 할 수 있다. 연구자는 피험자가 받게 되는 환경조건을 조작할 뿐 아니라 그 밖에 영향을 미치는 다른 여러 가지 조건들을 동시에 통제해야 한다.

예를 들어, 사람들이 취하는 수면시간과 학습능력 사이의 관계를 알고자 실험한다면 수면의 양에 따른 학습능력의 변화를 알아볼 수 있을 것이다. 이때 수면의 양은 독립변인이고 이에 따라 변하는 학습능력을 종속변인이라 한다. 이때 피험자들은 수면시간 이 외의 조건, 운동량이나 식사량 또는 학습시간 같은 다른 조건들은 똑같이 통제되어야 한다. 따라서 실험이란 모든 조건을 일정하게 하고 엄밀하게 통제된 상황하에서 한 가지 또는 그 이상의 변인을 조작하여 이에 따라 변화되는 현상을 객관적으로 관찰하는 것이다.

실험 설계에서 가장 중요한 것은 변인 간의 관계를 잘 파악하는 것인데 이것은 집단 간의 조건과 상황을 조작하여 그 조작에 따른 행동의 변화를 관찰하고 측정한다. 변인들의 모든 조건이나 상황을 동질적으로 동일하게 만들어 그중 한 집단에 특정 조건을 주고, 다른 집단에는 조건을 가하지 않은 상태에서 두 집단 간의 행동결과를 비교한다. 이때 실험조건을 가한 집단 즉, 연구하고자 하는 조건을 준 집단을 실험집단(experimental group)이라 하고, 조건을 가하지 않은 상태에서 비교할 수 있는 집단을 통제집단(control group) 혹은 비교집단(comparative group)이라고 하며 이러한 방법을 통제군법이라고 한다. 피험자가 무선적으로 실험집단과 통제집단에 배정되며 이때 독립변인에 따른 처치를 실험집단에만 제공한 후 이들 두 집단에서 나타난 결과를 비교함으로써 처치의 효과를 검증한다.

실험법은 변인 간의 인과관계에 관한 가설검증에 적합한 방법이다. 변인을 인위적으로 정해놓고 그 결과를 쉽게 관찰할 수 있으며 같은 실험이 반복 가능하므로 다시 검증할 수 있어 실험에 대한 객관성을 유지할 수 있다는 것이다. 그러나 모든 독립변인을 인위적으로 조작 가능한 것은 아니며 또한 인간을 대상으로 이런 실험을 하기에는 한계가 있다. 실험법은 내적타당도와 외적타당도가 연구결과를 신뢰롭게 해주는 데 중요한 역할을 한다.

(1) 내적타당도(internal validity)

내적타당도는 연구자체 내에서 적용되는 것으로 수집된 자료가 연구 가정에 대한 것인가 즉, 독립변인이 정말로 종속변인과 관련이 있느냐의 문제를 다루는 것이다. 특히 엄격히 통제된 실험일수록 내적타당도가 높다.

내적타당도를 저해하는 요인

① 역사 : 사전검사와 사후검사 사이에 발생한 어떠한 사건이 실험처치와 혼합되어 실험결과에 영향을 미치게 되는 경우이다. 사전, 사후검사 사이의 시간 간격이 길거나 처치와 사후검사 사이의 시간 간격이 길 때 일어나기 쉽다.

② 성숙 : 시간 경과에 따른 피험자 조건의 변화로서 피험자의 연령증가에 따른 성숙, 피로의 증가, 반복실험에 기인된 학습효과 등 피험자 내부의 변화이다.

③ 검사효과 : 피험자의 기억이나 학습효과에 의해 사전검사를 받은 경험이 사후검사에 영향을 주게 됨으로써 실험결과를 오염시킬 수 있다.

④ 측정도구의 변동 : 사전검사나 사후검사에 사용되는 측정도구 자체의 특성에 기인된 변동은 물론 측정하는 사람의 행동이 조건 간에 체계적으로 달라지거나 측정자의 주관적인 평정조건이 달라질 때 내적타당도가 떨어질 수 있다.

⑤ 통계적 회귀 : 통계적 회귀(statistical regression)란 분포의 양극단에 위치하는 피험자를 선택하여 재검사하게 되면 피험자의 점수가 분포의 평균을 향하여 이동하게 되는 현상을 말한다. 즉 분포의 상위집단에 속

하는 피험자들의 점수는 하락하고 하위집단에 속하는 피험자들의 점수는 상승하는 통계적 현상이다. 통계적 회귀현상은 측정도구의 신뢰도가 불안전하고 양극단에 속하는 피험자들이 선정되었을 때 나타난다.

⑥ 피험자의 선정 : 2개 이상의 피험자 집단을 대상으로 실험할 때 집단 사이의 동질화가 이루어져 있어야 한다. 실험처치 전 이미 집단 사이에 차이가 있다면 실험결과로서 나타난 차이는 순수한 실험처치의 차이에 의해 야기되었다고 말할 수 없다.

⑦ 피험자 탈락 : 실험이 진행되는 동안 피험자가 탈락하게 됨으로 야기된다.

⑧ 피험자 선정과 성숙의 상호작용 : 실험이 진행됨에 따라 피험자 선정과 성숙요인으로 실험집단과 통제집단이 동질적이기 어렵다. 즉 지능과 학습동기가 다르면 실험결과에 영향을 줄 수 있다.

⑨ 선택적 주의집중 : 실험처치로 여러 가지의 자극들이 제시되어 있을 때, 피험자들은 모든 자극에 대해 동일한 정도의 관심을 가지고 반응하는 것이 아니다.

(2) 외적타당도(external validity)

실험의 결과를 일반화시키는 여부의 문제로 연구결과가 특정표본, 상황, 행동 외에도 연구가 예견하고자 했던 다른 표본이나 상황, 다른 행동 등에 일반화될 수 있는가이다. 외적타당도가 낮다면 실험실에서 얻는 결과를 자연적 상황에 일반화할 수 있는가의 문제가 제기된다.

외적타당성을 저해하는 요인

① 사전검사의 반동적 혹은 상호작용적 효과 : 사전검사를 받은 경험이 있는 사람은 검사자체에 대해 민감해져 사후검사에 영향을 준다. 사전검사를 받은 경험이 있는 사람을 대상으로 연구한 효과를 사전검사의 경험이 없는 사람에게 일반화시키는 것은 문제가 있다.

② 피험자 선정과 실험처치의 상호작용 : 실험기간이 길고 피험자의 협조

가 요구되는 실험에서는 피험자를 구하기 어렵고 탈락율이 높다. 또 한 같은 실험이라고 해도 피험자가 달라지거나 실험시기가 달라지거나 실험도구가 달라진다면 실험결과 역시 달라질 수 있어 연구한 결과를 일반화시키는 데 한계가 있다.

③ 실험배치의 반동효과 : 실험이라는 인위적 상황자체가 실험의 결과에 영향을 미치기 때문에 실험처치를 경험하지 않은 다른 집단에게 연구결과를 일반화하기 어렵다.

④ 중다처치 간섭효과 : 피험자들에게 여러 가지 처치를 가하게 될 때 이전에 받은 처치가 후속되는 처치에 영향을 미쳐서 처치효과가 상호 간섭을 일으킬 수 있다. 즉 처치효과의 상호 간섭으로 인해 처치효과가 축소 혹은 확대되는 현상을 말한다. 중복된 처치를 받은 경우의 처치효과는 새로운 처치의 효과라기보다는 일정한 순서로 여러 가지 처치를 받았던 사람에게만 기대할 수 있는 독특한 것이 될 가능성이 있다. 이런 실험의 결과를 일반화하는데 문제가 있을 수 있다.

3) 질문지법(questionnaire)

질문지법은 응답자로 하여금 일련의 질문에 대하여 답을 기술하는 조사연구의 한 방법이다. 이 방법은 많은 대상을 동시에 짧은 시간 동안에 시행할 수 있고 그 결과처리를 신속·정확하게 할 수 있어 어떤 개인이나 집단의 사실에 대한 조사 그리고 의견이나 감정 등을 알아보는데 주로 사용된다. 질문지의 형식에는 자유 기술형이나 찬반형, 선다형, 평정척도형, 순위형 등이 있다.

질문지를 작성할 때는 문항 하나하나에 대한 주의가 필요하다. 어법과 명료성 등은 물론이며 하나의 문항은 한 개 이상의 질문내용을 포함하지 않아야 하며 질문내용은 간단명료해야 하고 편견이 들어가도 안 되며 응답자가 대답할 수 있는 종류의 정보를 질문해야 한다는 것이다. 문항의 배열과 수에 있어서도 문항 수에 따라 응답에 소요되는 시간이 달라지며 응답자가 부담을 느끼지 않고 대답할 수 있는 분량인가 하는 것을 고려해야 한다. 또한 전체적 체제 면에서 보기 좋고 시각적으로 매력이 있어 응답자가 동기유발을 할 수 있도록 하여 효과적인 도구가 되도록 노력해야 한다.

질문지법을 실시할 때 유의할 점은 예비조사를 해야 한다는 것이다. 예비조사란 본 조사를 실시하기에 앞서 질문문항의 적절성을 검토하고, 본 조사 실시에 필요한 제반 유의사항을 미리 알아보기 위한 절차이다. 일반적으로 질문내용이나 문항 수가 적절하고 논리적인가를 알아보기 위한 것으로 타당도와 신뢰도를 밝히기 위한 것이다. 따라서 예비조사의 목적은 응답 결과를 일반화하는 것에 있는 것이 아니라 본 조사를 위한 사전준비를 위한 것이며 흔히 본 조사의 대상보다 작은 규모의 대상에게 실시된다.

질문지법의 장점으로는 많은 사람들로부터 유익한 정보를 짧은 시간 내에 얻을 수 있어 시간과 노력이 절약되는 경제적인 이점이 있다. 그러나 문자해독이 불가능한 대상에게 실시하기 힘들며 응답자의 동기수준을 알 수 없고, 조사상황의 통제가 어려우며 복잡한 내용은 적합하지 않다는 점 등을 고려하여 질문지법을 실시할 때 유의하여야 한다.

4) 면접법(interview)

면접법은 면접자와 피면접자가 직접 일대일로 대면하여 언어적 수단으로 피면접자의 특성을 관찰한다든가 또는 필요한 질문을 하여 자료를 수집하는 방법으로 구술 질문법이라고도 한다. 즉 대화를 통하여 서로의 생각과 태도를 교환함으로써 피면접자의 문제를 해결해주거나 혹은 태도나 행동의 변화를 가져오게 하는 것이 그 목적이다.

면접의 장점은 질문지와는 달리 대화의 내용이나 의미를 잘 파악하지 못할 때 반복 보충 설명이 가능하므로 재확인하거나 심화시켜 문제점을 해결하기가 쉬울 수 있다. 대부분의 피면접자는 처음에는 긴장하거나 불편하게 면접에 임하는 경향이 있기 때문에 면접자는 부드러운 말씨나 친절한 태도로 임해야 한다. 면접을 성공적으로 이끌기 위해서는 먼저 경계심을 풀고 신뢰할 수 있는 분위기가 선행되어야 한다. 무엇보다도 면접자와 피면접자 간의 인간관계 즉 래포(rapport) 형성이 중요한 역할을 한다. 면접을 할 때 몇 가지 유의사항을 들어보면 다음과 같다.

① 면접자와 피면접자 사이에 친밀한 인간관계가 형성되어야 한다. 피면접자가 심리적 압박감을 느끼지 않고 신뢰감을 조성하도록 해주어야 하며 분위기를 부드럽게 하여 긴장을 풀 수 있도록 해야 한다.
② 면접의 목적을 충분히 이해하고 있어야 하며 질문할 내용, 순서, 표현도 잘 정리해 두는 것이 좋다.
③ 면접의 절차와 내용을 사전에 철저히 계획하고 확인해 본다.
④ 피면접자가 적개심이나 저항을 일으킬 우려가 있는 지나치게 감정적인 어구나 심문어조는 피하여야 한다.
⑤ 회답을 유도하는 질문 또는 단순히 '예, 아니요.'로 대답할 수 있는 질문은 피하는 것이 좋다.
⑥ 진술한 내용보다 그 뒤에 숨어 있는 느낌이나 생각에 더 많은 관심을 두어야 한다.
⑦ 피면접자의 진술내용을 확실히 파악하고 있어야 하며 정확히 기록해 두는 것이 좋다.

5) 상관관계법(correlational research)

실험법을 적용할 수 없을 경우 상관분석을 통해서 정보를 얻을 수 있다. 특히 인간을 대상으로 하는 연구에서 엄격히 통제된 실험이 불가능한 경우가 많으므로 변인들 간의 관계를 알아보는 경우 상관분석이 많이 쓰인다. 실험법에서 독립변인을 조작하기 힘들 때는 짝지은 두 변인들 사이의 관련 정도를 상관계수로 알 수 있다. 상관관계법은 대체로 복잡한 통계절차를 거치지 않는 한 어느 변인이 어느 변인에 어떻게 영향을 주는지 즉 인과관계를 알아보지는 못한다. 그러나 둘 이상의 변인 간의 관계가 있는지를 규명해주는 유용한 방법이다.

예를 들면 집단 구성원들의 한 변인 점수와 또 다른 변인 점수와의 서로 관계되는 정도를 의미하며 귀중한 정보를 얻는 통계치의 하나로, r로 표현된다. 만일 두 변인이 정적인 관계(한 변인이 증가하면 다른 변인도 증가할 때)이면서 일직선으로 나타날 때 상관계수 $r = 1$로 계산되며, 부적인 관계(한 변인이 증가하면 다른 변인은 감소할 때)이면서 일직선을 보일 때는 상관계수 $r = -1$로 표현한다. 또 두 변인이 아무런 관계성도 보이지 않을 때는 $r = 0$로 표현된다. 상관관계 연구에서 상관이 높다고 인과관계가 반드시 성립된다고는 말할 수 없다. 물론 한 변인이 다른 변인의 원인이 되는 경우도 있지만 실험적인 증거 없이는 그런 결론을 내리는 것은 타당하지 못하다는 것이다.

6) 검사법(tests)

검사법은 인간의 심리적인 행동 특성을 객관적이고 체계적인 과학적 방법에 의해 양적으로 측정하고자 하는 연구방법 중 하나이다. 인간의 성격, 능력 및 흥미, 태도, 성취도 등의 심리적 특성을 수량적으로 측정할 수 있는 심리검사를 제작하여 이를 개인차의 정보를 양적으로 비교할 수 있도록 해준다. 이때 사용하는 검사를 표준화 검사(standardized test)라고 부른다. 표준화 검사는 규준(norm)이나 채점표(table of score)가 제시되는데 여기서 규준이란 전집을 대표할 수 있는 집단이나 규준집단으로 알려진 특정 집단에게 제작된 검사를 실시하여 그들의 특성을 수량화해 놓은 것을 말한다.

표준화 검사의 조건은 다음과 같다.

① 모든 검사 실시자들에 의해 동일한 지시문과 동일한 시간제한에 따라 실시되며 정해진 질문형식으로 구성되어 있다.

② 일정한 채점절차를 갖추고 있다.

③ 검사결과의 해석에 필요한 규준이 확립되어 있다.

검사를 선택할 때 검사자가 검사의 정확한 목적을 알아야 하며 많은 검사 중에서 어떤 검사를 사용할 것인가를 결정하기 위해 검사의 특질을 평가할 수 있어야 한다. 또한 검사의 타당도와 신뢰도가 있어야 하며 검사의 실시, 채점 및 해석의 용이함도 고려되어야 한다.

이 방법은 정교한 실험장비 없이도 짧은 시간 내에 많은 양의 자료를 수집할 수 있는 방법으로 학교에서 학생들의 적성이나 지능, 창의성 등을 측정하여 학습지도나 진로지도에 유용하게 쓰일 수 있다.

7) 사례연구법(case study)

사례연구법은 한 개인의 문제를 해결하기 위해 문제의 원인을 진단하고 치료 및 지도를 하기 위한 방법이다. 이 방법을 생활사적 방법 혹은 임상적 방법이라고도 하는데 그 이유는 한 개인의 과거와 현재의 사실을 가능한 한 상세히 조사하여 개인문제의 원인과 해결의 조건을 제시하기 때문이다. 사례연구는 개인의 모든 정보를 포괄적이고 종합적으로 파악하려는 연구이기 때문에 모든 방법과 기록을 동원한다고 볼 수 있다. 이때 사례사(case history)를 작성하는 경우가 많다(Gerow, 1989).

사례연구의 특징을 알아보면 다음과 같다.

① 정보의 종합성 : 개인의 신체적, 심리적, 환경적 모든 요인을 조사하여 개인이 가진 문제를 중심으로 포괄적으로 고찰한다.

② 방법의 다양성 : 다양한 정보의 수집을 위해 여러 조사방법을 사용한다.

③ 문제의 독립성 : 문제의 원인을 찾고 진단 및 치료방법을 찾기 위하여 사례를 따로따로 연구한다. 각 사례의 개별성 특수성을 밝혀낸다.

④ 생활사적 측면 강조 : 문제상황에 영향을 미친 과거의 경험에 대한 이해를 필요로 한다.

⑤ 개인의 전체적 이해 : 개인이 가지고 있는 문제를 다양한 측면에서 포괄적으로 연구한다.

⑥ 진단 및 치료의 효과 : 문제의 원인을 밝혀 치료 후 건전하게 성장하도록 조력하는 것이다.

임상적 방법(clinical studies)

Piaget는 아동의 사고내용을 연구하고자 임상적 방법을 개발하였다. 주의 깊은 관찰과 개별화된 질문이 결합된 방법으로 연구대상자에게 과제나 특정 자극물을 주고 그에 대한 반응을 분석하는 방법이다. 또한 준임상적 면접(semi-clinical interview) 기법은 대상자의 응답 정도에 따라 상황에 맞게 자유롭게 질문을 하는 방법(open ended questions)으로 오래전부터 지금까지도 발달심리 분야에서 크게 각광을 받고 있는 기법이다. 각 개인의 독특한 반응에 있어서 융통성을 유지하면서 연구대상자가 말하고 있는 내용이면의 의미를 조사할 때 많이 사용되고 있다.

8) 기타 연구방법

이상의 연구방법 이 외에도 다양한 방법들이 있으나, 여기에서는 투사법, 발달연구법 등에 대해 간단히 살펴보겠다.

(1) 투사법(projective technique)

투사법이란 성격과 정신내부의 상태를 명확히 파악하여 치료해야 할 문제에 대한 진단에 쓰여지는 일종의 성격검사에 해당한다. 이 방법은 심층에 있는 심리적으로 억압된 욕구나 감정이 투사에 의하여 외부세계에 나타나는 행동을 통해 알아볼 수 있다. 개인의 내적 상태 즉 주관적 감정이나 태도가 투사된 것이라는 점에서 개인의 심층세계를 파악할 수 있다는 장점이 있다. 여러 가지 뜻으로 해석될 수 있는 그림이나 도형으로 된 검사, 언어로 된 검사 그 이외에 행동이나 동작에 의해 표현되는 것으로 여러 가지 유형의 검사들이 있다. 이와 같은 투사법은 정신분석학자나 임상심리학자들이 환자의 진단을 위하여 많이 사용하고 있으나 해석과정이 복잡하고 타당성과 신뢰성이 결여되기 쉽다. 또한 특별한 훈련과 기술이 없이는 사용하기 어려우므로 특별히 경험을 많이 해야 한다는 단점이 있다.

❶ 주제통각 검사(Thematic Apperception Test : T.A.T)

어떤 여러 가지 의미 있는 그림을 보여주고 이 그림을 중심으로 해서 연상적이고 상상적인 이야기를 만들게 해서 개인의 의식적·무의식적 모습을 파악하려는 검사로 Harvard 대학의 Murray와 Morgan이 1935년 발표하였다. 구성은 공통적용 11매, 성인남자용 9매, 성인여자용 9매, 소년용 9매, 소녀용 9매로 구성되어 있다.

5 <모든 피험자의 공용도판>

6BM <소년과 성인남자 공용 도판>

[그림 2-5] TAT의 유형

❷ Rorschach Test

10매 1조로 되어 있다(흑백 5매, 흑적 2매, 여러 가지 색 3매). 잉크를 떨어뜨려 우연히 이루어진 대칭으로 된 모양으로 대칭형의 반점으로 된 우연적 모형에 대한 사람의 반응을 분석함으로써 인격구조나 심리를 분석할 수 있다.

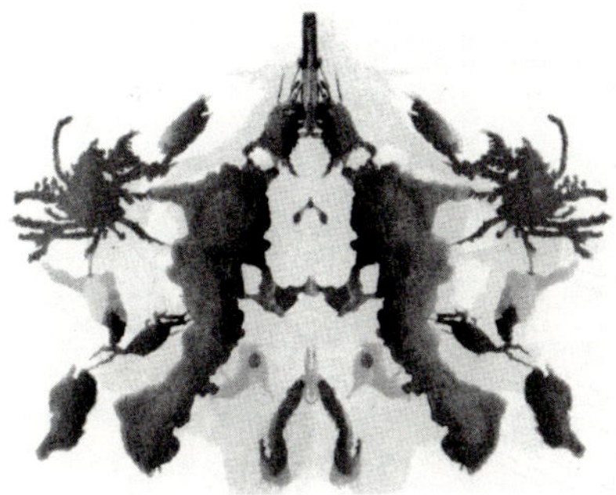

<카드 10번>

[그림 2-6] Rorschach Test의 유형

❸ HTP 묘화 검사법

House Tree Person Drawing Test는 1948년 Buck에 의해서 처음으로 제창되었으며 Hammer에 의해서 크게 발전된 검사로써 피검자에게 집, 나무, 인물화 등 3개의 그림을 그리게 하여 이 그림을 분석하는 검사이다.

K-H-T-P 그림(Kinetic-House-Tree-Person)

16세의 에드가 K-H-T-P의 그림을 그렸다. 사람이 집이나 나무보다 훨씬 크게 그려졌다. 에드는 주로 담배를 사거나 친구들과 어울리기 위해서 일을 하였다. 에드의 나무에는 23개의 사과들이 있다. 이에 대해 에드는 그가 정착하고 학교에도 나갈 나이가 23세라고 대답하였다. 에드는 학교에서 뛰쳐나가 길에서 살고 있었으며, 자기중심적 성향을 가지고 있다. 작은 집에 비하여 사람을 크게 그려놓은 것은 그 자신과 그의 쾌락주의 경향을 가족의 안정보다 더 중요시한다는 것을 말한다. 그의 삶의 에너지(나무) 그리고 그의 가족(집)은 이 시점에서 그에게 거의 중요치 않게 보인다.

그림 H　　그림 T　　그림 P

에드, 16세 부랑자

[그림 2-7] 에드의 H-T-P 그림

출처: 김상식 역(1998).

이러한 투사법들의 장점으로는 다음과 같은 것들이 있다.

① 모호하고 미분화된 상태이며 미완성된 자극이나 구성 등을 표현한 자료를 사용하여 이 자료를 보고 피험자가 자유로이 응답하거나 창작함으로써 특별히 의식적 경계를 하지 않게 된다.

② 각 검사가 조금씩 다르기는 하지만 대체로 성격의 전체 구조가 다변성 · 역동성을 알게 해주며 개인의 심리적 문제를 일으키는 원인과 상황을 알 수 있어 심리진단으로 가치가 있다.

③ 의식적 영역뿐만 아니라 무의식적인 측면도 투사하고 있어서 개인 속에 숨어 있는 무의식적 경향을 알아볼 수 있다.

그러나 객관적 해석이 모호하고 타당성, 신뢰성이 희박하며 비과학적인 독단에 빠지기 쉽고, 결과를 객관화할 수 없다는 점이나 검사자가 많은 훈련과 지식을 쌓아야 하며 깊은 통찰력을 길러야 한다는 점 등은 단점으로 들 수 있다.

3 발달연구의 방법

(1) 발달연구법(developmental research)

개체의 발달과정을 연구하는 방법으로 발달심리학에서 많이 사용되는 방법이다. 발달에 관한 연구는 그에 작용하는 환경 변인과 발달과의 인과관계를 밝히기 위한 것이며, 또한 시간 경과에 따른 양적, 질적 변화과정을 기술하는 방법으로 사용된다.

발달적 연구방법은 종단적 연구법(longitudinal method)과 횡단적 연구법(cross sectional method), 또한 이 두 가지를 복합시킨 계열설계법(sequence design method)이 있다(장휘숙, 2001).

종단적 연구법은 한 개체의 발달과정에 대해 장기간에 걸쳐 관찰 측정하여 전체적 통일성이나 변화를 알아보기 위한 방법이다. 장기간에 걸친 관찰이라는 점에서 개인을 체계적으로 연구하는 데 도움을 준다. 어떤 행동 특징에 대해 점진적 발달과정을 통하여 인과관계를 밝히는 데 효과적인 반면에 시간과 노력 및 경비가 많이 든다는 단점이 있다.

횡단적 연구법은 여러 연령집단을 대상으로 일정기간 동안에 일어나는 일반적인 경향이나 특성을 파악하려는 방법이다. 각 연령집단의 평균치를 구하여 여러 연령 간의 발달적 변화를 알아보는 방법으로 단기간에 걸쳐 시행될 수 있어 발달과정에 대해 연속적인 변화를 알아보기 어렵다는 점이 있으나 짧은 시간 내에 많은 연구대상의 발달과정을 알아볼 수 있다는 이점이 있다. 이 두 방법의 장・단점을 보완하기 위한 연구방법 중 하나가 계열설계법이다.

계열설계법(sequence design)

종단적 설계나 장단점 설계방법은 문화적・역사적 변인과 연령에 의한 영향이 서로 혼합되어 나타나기 때문에 어느 한 가지 방법만은 완전한 연구가 될 수 없다. 계열설계법은 이 두 가지 방법의 장단점을 보완한 방법으로 횡단적・단기 종단적 설계(cross sectional/short term longitudinal design)라고도 한다.

이 연구 설계는 같은 시기 횡단적 설계에 의해 여러 연령집단에 해당하는 대상을 뽑고, 그 대상들을 종단적 설계에 의해 여러 해에 걸쳐 반복·측정하는 방법이다. 예를 들어 7세부터 10세 사이에 있는 아동집단을 대상으로 해서 폭력성과 비폭력성이 어떻게 변화되는지를 계열설계법을 적용한 예는 다음과 같다. [그림 2-8] 참조

집단 A는 6세 때 조사하고, 다시 7, 8세 때 재조사하고, 집단 B는 첫 해에 7세를 처음 조사하고, 다시 8, 9세 때 추적 조사한다. 따라서 이 설계에서는 자료 수집에 필요한 전체 기간이 2년 걸려 종단적 설계법에서 걸리는 3년에서 1년이 단축된다. 또한 6세에 대한 자료가 A, B 집단 모두에게서 얻게 되므로 출생연도에 따른 역사적·사회적 영향을 구분해 낼 수 있게 되며, A 집단의 아동이 6세 때 조사 후 다시 7세 때 반복 조사가 되므로 B 집단의 아동과 비교해서 반복측정이나 조사의 영향도 볼 수 있다.

개인별 발달 추세도 6～8세의 개별 아동과 7～9세의 개별 아동의 발달 변화를 추적해 봄으로써, 개인차를 검토할 수 있다. 이와 같이 계열설계법은 전체 연구기간을 단축하고, 동시에 문화적·사회적 변화의 영향도 쉽게 추정할 수 있다.

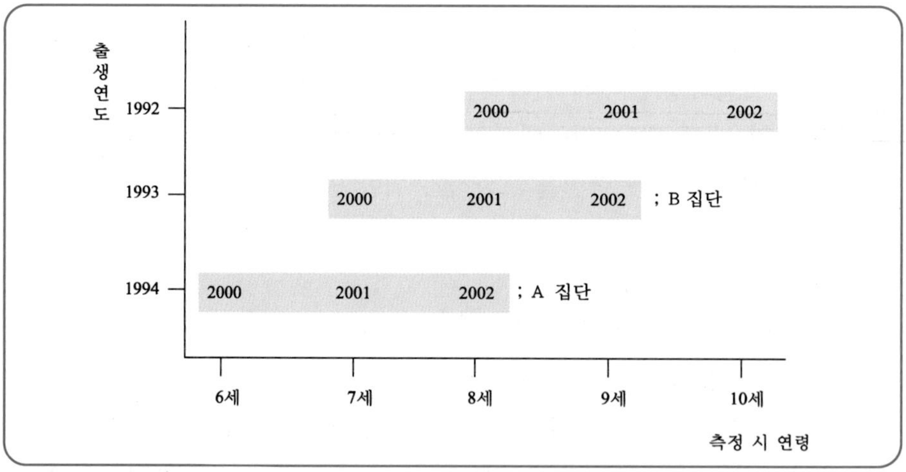

[그림 2-8] 계열설계

Chapter 03

신체·운동발달 및 두뇌발달

1 연령별 신체발달

1) 태아기

수정란에서 신생아로 출생하기까지의 변화과정을 태내발달이라고 하며 평균 38주에 걸쳐 일어난다. 수정 후 22~28주가 되면 태아는 생존 가능 시기에 도달하게 되어 만약 조산아로 태어나게 되더라도 생존할 가능성이 있다. 즉 태아의 신체 시스템들이 이 시기에 대부분 잘 기능할 수 있음을 시사한다.

태내발달의 마지막 단계인 태아기는 수정 후 9주에서 출생에 이르는 기간으로 태아의 크기가 현저하게 증가한다. 또한 태아기 동안 신경계, 호흡계, 소화계 등의 신체기관들에 대한 마무리 작업이 이루어진다. 특히 인간의 중요한 행동들을 조절하는 대뇌피질이 발달한다.

태아기 동안 태아는 활동을 시작하는데(Joseph, 2000), 활동적인 태아는 1분에 한 번씩 움직인다(DiPietro et. al., 2004). 태아의 움직임의 차이는 출생 후 영아의 행동을 예측하게 하는데 활발하게 움직이는 태아가 그렇지 않은 태아보다 까다로울 확률이 높다고 보고한다(DiPietro et. al., 1996).

태아는 어머니의 말소리를 들을 수 있을 뿐 아니라 다른 사람이 어머니에게 말하는 소리도 들을 수 있는 것으로 확인되었는데 이는 출생 후 타인

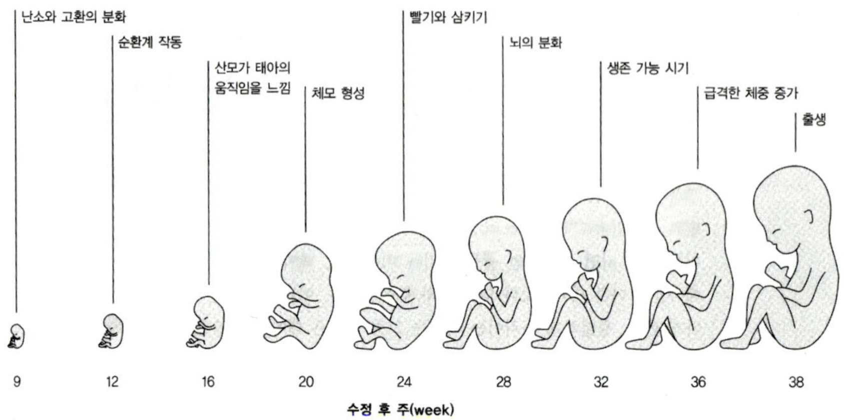

[그림 3-1] 태내발달

출처 : Kail(2007).

과 어머니의 목소리를 구분할 줄 아는 것에서 밝혀졌다. 또한 태아는 양수를 삼킬 때 양수의 다양한 맛에 반응하는 것으로 나타났으며 이러한 감각 경험은 그 효과가 오래 지속된다는 연구결과가 있다. 임신 마지막 달에 매주 며칠씩 당근 주스를 마실 경우 그 자녀들이 생후 5, 6개월이 되었을 때 당근 주스 맛의 시리얼을 더 좋아한다는 것이 밝혀졌다(Menella, Jagnow & Beaychamp, 2001).

이처럼 태내발달을 통해 태아는 출생 후 신생아로서 독립적으로 살 수 있도록 준비되어지는 것을 알 수 있다. 그러나 이는 어머니가 태아에게 건강한 환경을 제공할 때만 가능하다는 것이다. 어머니는 태아의 가장 중요한 영양 공급원으로서 부적절한 영양 공급은 신경계에 영향을 미칠 수 있다. 또한 임산부의 스트레스가 태내발달에 부정적 영향을 미치는 것으로 나타났다. 임신 중 높은 불안을 나타낸 여성들이 조산이나 저체중아를 출산한다고 밝혔다(Copper et. al., 1996). 또한 영아기에 집중력이 떨어지고 취학 전 문제행동을 일으킬 경향이 있다고 보고하고 있다(Huizink et. al., 2002). 더 나아가서 지나친 스트레스를 받은 산모가 10대이거나 35세 이상

일 경우 임신 중 문제가 더 흔하게 발생할 수 있다. 따라서 태내기 발달은 산모의 나이가 20~35세 사이에 만성적 스트레스가 없이 영양을 잘 섭취했을 때 정상적으로 이루어진다는 것이다.

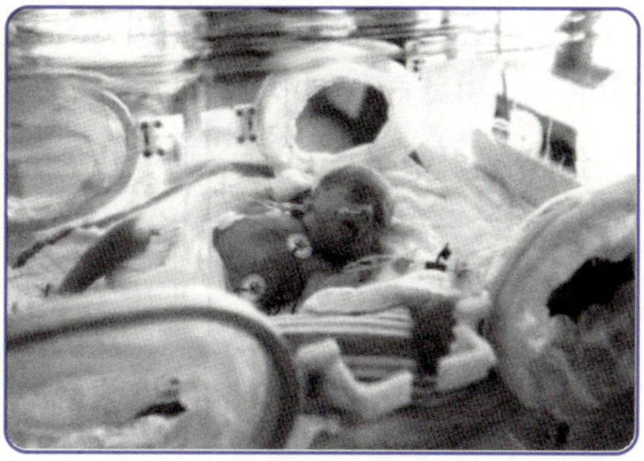

[그림 3-2] 인큐베이터 안의 미숙아

출처 : Kail(2007).

2) 영아기

생후 2년 동안 영아의 신체적 발달은 매우 큰 변화를 나타내는데 평균 성인 키의 절반가량으로 성장하게 된다. 영아의 신체는 부위에 따라 다른 비율로 발달하며 동시에 근육, 지방, 뼈의 발달이 이루어진다. 근육 섬유들은 출생 시부터 갖춰지지만 아동기 동안 각 섬유질이 긴밀하게 융합하여 근육은 더 길고 두터워진다. 지방층은 태아기 발달 중 마지막 단계에 만들어지며 태아와 영아의 체온을 조절한다. 뼈는 태아기 발달 중 형성되기 시작하며 부드럽고 유연한 조직인 연골조직에서 형성된다. 배아기 중 연골조직의 중심부가 뼈로 변하기 시작하여 출생 직전 연골조직 구조들의 끝부분까지 뼈로 변한다.

발달순서는 머리에서 다리로, 중심에서 외곽으로 또 전체에서 특수 부분으로 발달한다. 머리에서 다리로의 순서란 성장의 큰 변화인 크기와 무게에 관련된 신체적 성장이나 신체기능의 분화가 머리에서부터 시작하여 점차 다리 방향으로 내려간다는 것을 의미한다. 머리 내에서도 같은 발달순서를 나타내는데, 머리의 윗부분인 뇌와 눈이 턱과 같은 아랫부분보다 더 빨리 발달한다. 두 번째 발달순서인 중심에서 외곽으로의 발달은 신체의 중심에서 발달이 시작하여 외곽 말초 방향으로 점차 나아가는 것을 의미한다. 예를 들어, 몸통과 팔의 근육통제가 손과 손가락의 통제보다 빨리 성숙하는 데서 볼 수 있다. 세 번째로 전체에서 특수 부분으로의 방향은 걷는 행동에서와 같이 큰 근육을 포함하는 운동능력에서부터 젓가락 사용과 같은 작은 근육을 사용하는 운동기능으로 점차 발달해 가는 것을 말한다.

3) 유아기 · 아동기

몸의 크기와 체형의 변화, 근육, 지방 그리고 뼈의 변화를 거쳐 유, 아동기 동안 머리와 몸통은 다리보다 빨리 자라며 몸의 크기와 체형의 변화 등 아동기 동안 많은 신체 성장 변화과정을 거친다. 아동의 신체는 부위에 따라 다른 비율로 발달하는데 머리와 몸통은 다리보다 빨리 자라며 유아는 청소년기와 비교했을 때 불균형하게 큰 머리와 몸통을 가지고 있다. 아동기 후기에 이르러서야 엉덩이와 다리가 자라고 발이 균형을 이루어 성인과 유사한 비율을 지니게 된다.

아동발달에서 신체적 성장과 관련하여 중요한 영향을 끼치는 것은 수면과 영양을 들 수 있는데 아동의 성장호르몬은 대부분 수면 중 분비되기 때문에 충분한 수면을 취하는 것이 중요하다. 또한 성장은 아동이 먹는 음식과 연관이 있다. 아동들에게 활동적인 생활과 성장을 뒷받침하고 에너지를 공급하기 위해 더욱 많은 음식섭취가 필요하다. 따라서 적절하게 균형 잡힌 식단과 식습관이 필요하다.

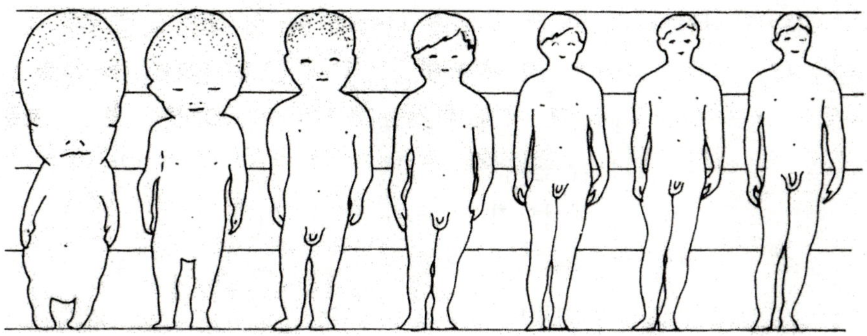

[그림 3-3] 신체비율의 발달

출처 : Robins et al., 1928 : Shaflrer, 1993.

4) 청소년기

청소년기가 되면서 신체적인 크기와 형태가 급격하게 변화한다. 신장과 체중이 급증하는데 여아의 경우 신체적 성장 급등이 10세 반에 시작되어 12세경에 절정에 이르다가 13세에서 13세 반경이 되면 속도가 느려진다 (Tanner, 1981). 남아들은 신체적 변화가 여아들보다 2, 3년 늦게 시작된다. 남아들은 보통 13세에 급등이 시작되고 14세에 절정에 이르다가 16세가 되면 점진적인 속도로 되돌아온다. 청소년의 신체적 성장 급등은 체중이 먼저 증가하고 4~6개월 후에 신장이 급격히 커진다. 또 근육의 성장은 일반적으로 신장의 급등 후 약 1년 후가 되어야 가장 크게 발달한다.

청소년들은 단순히 키가 자라고 체중이 늘 뿐 아니라 성적으로도 성숙해진다. 성적인 성숙은 1차 성징(여아의 난소, 자궁, 질과 남아의 음낭, 고환, 음경)과 2차 성징(여아의 유방성장과 골반확장, 남아의 수염과 가슴을 포함해서 남녀 모두 체모, 음성, 피부의 변화가 포함됨)의 변화를 갖게 되는데 남아와 여아에게 예정된 순서대로 변화가 진행된다.

운동능력도 사춘기 이전까지는 남아·여아의 차이가 없다가 사춘기 이후에 차이가 나타나기 시작한다. 남녀 모두 신체적인 급등을 보이면서 남아들은 대근육 운동능력이 계속 증가하는 반면 여아들은 약 15세 이후부터 떨어지기 시작한다(Thomas & French, 1985). 이러한 성차를 부분적으로는 사춘기 남아들이 여아들보다 근육을 더 많이 갖고 있는 반면, 지방은 덜 갖고 있기 때문인 것으로 해석하지만(Tanner, 1990), 여아들이 12~17세에 더 커지고 더 강해지는데도 불구하고 운동능력이 감소되는 것은 성 역할 사회화에 기인한 것으로도 해석된다(Herkowitz, 1978; Whipp & Ward, 1992).

2 운동발달

인간은 태어나면서 무의식적으로 자극에 반응하는 2~30여 개의 반사행동을 가지고 태어난다. 즉 신생아의 운동은 고의적으로 계획된 자발적 행동이 아니라 무의식적으로 환경에 반응하는 반사행동에 불과하다는 것이다. 반사행동은 인간이 태어날 때부터 이미 가지고 있는 반응양식으로, 특정한 자극이 오면 자동적으로 유발되는 반응이다. 반사행동은 아직 새로운 행동양식을 학습하지 못한 영아가 환경에 반응할 수 있도록 해주는 중요한 역할을 한다. 반사운동 중 생존에 필요한 생존반사는 평생 유지하면서 개체의 생존에 도움을 주고, 생존과 무관한 원시반사들은 뇌피질이 성숙해짐에 따라 생후 1년 이내에 대체로 사라지게 된다.

1) 반사행동

〈표 3-1〉 **반사행동**

찾기반사 (rooting reflex)	신생아의 입 가장자리를 가볍게 건드리면 신생아는 머리와 혀를 자극이 오는 쪽으로 움직여 입을 벌린다. 찾기반사는 음식물 섭취를 위해 중요한 생존 반사행동이며, 약 3~4개월경에 사라진다.

빨기반사 (sucking reflex)	빨기반사는 대표적인 생존반사 행동으로 신생아의 생명유지와 건강증진에 중요한 역할을 한다. 신생아는 입안에 무엇인가 닿으면 규칙적으로 빠는 행동을 보이는데, 생후 3개월쯤 자발적으로 빨 수 있는 능력이 생기면 빨기반사는 점차 사라지게 된다.
파악반사 (grasping reflex)	신생아는 자신의 손바닥에 자극이 오면 그것을 잡으려고 손가락을 오므려서 주먹을 꽉 쥐는데, 이를 파악반사 혹은 쥐기반사라고 한다. 이 힘은 매우 강한데, 스스로 힘을 주어 쥘 수 있게 되는 생후 3개월이 지나면서 점차 약해진다.
바빈스키 반사 (Babinski reflex)	Babinski가 발견한 반사이다. 신생아는 발바닥에 자극이 오면 순간적으로 발가락을 발등 바깥쪽으로 쫙 폈다가 오므리는 반응을 보인다. 4~5개월이 지나 중추신경이 발달되면 자연스럽게 소멸되지만, 뇌간에 이상이 있는 경우 계속 나타날 수 있다.
목강직반사 (tonic neck reflex)	신생아를 눕히고 머리를 한쪽으로 돌려놓으면 돌린 쪽 팔과 다리는 죽 뻗고 반대편 팔다리는 구부리는 경향이 있다. 이것은 4~6개월경이면 사라진다.
모로반사 (Moro reflex)	Moro에 의해 발견된 것으로 껴안기반사라고도 한다. 갑작스런 강한 자극이나 큰 소리에 대한 놀람반응으로 깜짝 놀랐을 때 신생아는 전신을 폈다가 껴안듯이 다시 오므리는 반사행동을 보인다. 정상적인 영아의 이러한 반응은 3~8개월 정도 되면 사라지는데, 이후에도 계속 나타나면 중추신경계의 결함을 점검해 보아야 한다.
걷기반사 (stepping reflex)	신생아의 겨드랑이를 잡아 평평한 바닥 위에 세우면 마치 걷는 동작처럼 두 발을 교대로 움직인다. 약 3개월경이면 사라지게 된다.
수영반사 (swimming reflex)	신생아를 물속에 넣으면 일시적으로 호흡을 멈추고 마치 수영을 하려는 것처럼 팔과 다리를 움직인다. 4~6개월경이면 사라진다.

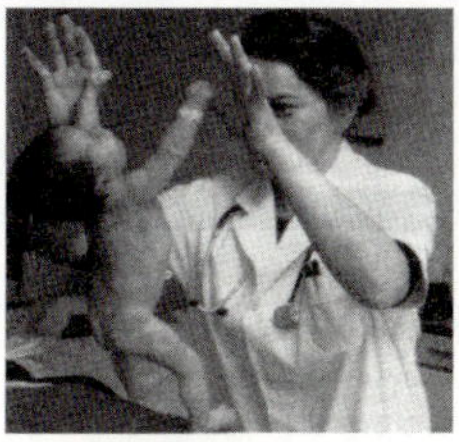
파악반사

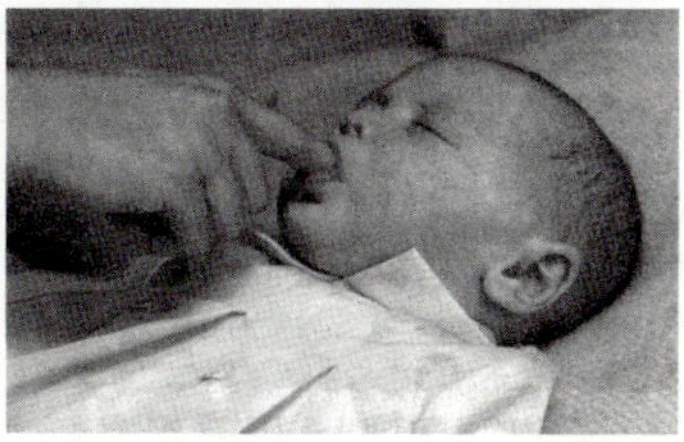
빨기반사

[그림 3-4] 반사행동 : 파악반사와 빨기반사

출처 : Shaffer(2002).

2) 이동능력

출생 직후에는 가슴과 팔의 협응이 잘 이루어지지 않으나 2개월경이 되면 엎드렸을 때에 가슴을 드는 능력이 생기고 3, 4개월에 이르면 아직 시각과 잡는 행동에 협응이 이루어지지는 않지만 눈앞에 보이는 사물에 손을 뻗어 닿을 수 있는 능력이 생긴다. 5개월경이 되면 옆에서 받쳐주지 않아도 혼자서 앉을 수 있고 사물을 잡을 수 있다. 6개월경에는 엎드린 위치에서 몸을 뒤집을 수가 있게 된다. 11개월쯤 되면 성인이 끌어주고 도와주었을 때 다리를 띄어 놓을 수 있다. 12개월에서 14개월이 되면 영아는 혼자 설 수 있고, 15개월경에 스스로 걸을 수 있게 된다.

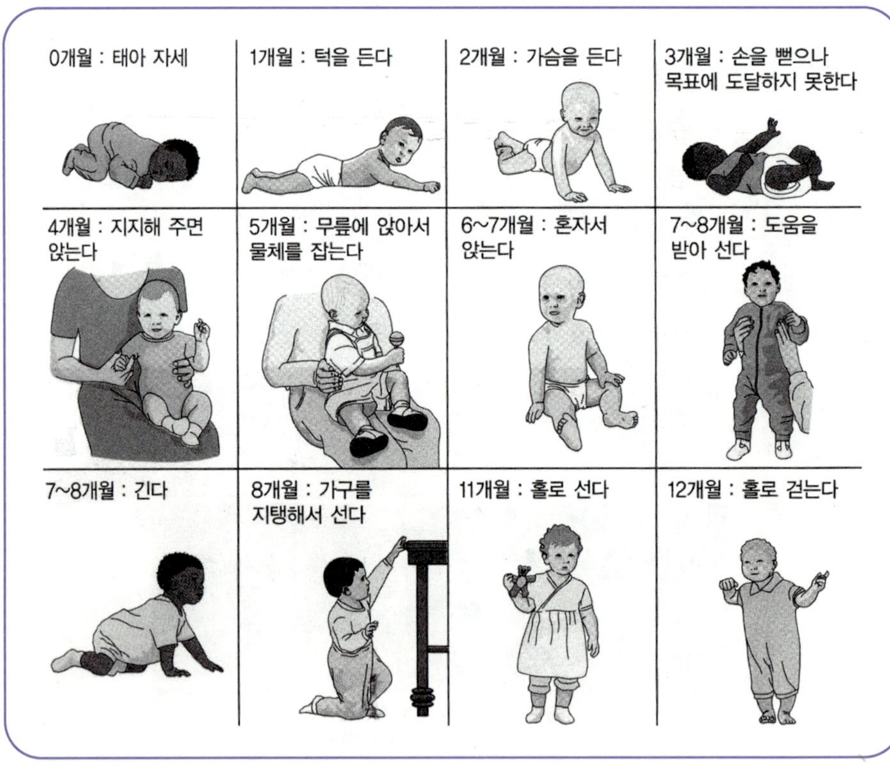

[그림 3-5] 영아기 걷기 과정

출처 : Kail(2007).

이처럼 인간은 태어나면서 형성된 반응양식인 반사행동이 생후 3개월이 지나면 점차 자신의 의지로 손과 발을 통제하거나 원하는 물건을 잡고 집을 수 있는 의식적 행동으로 변화하게 된다. 이러한 이행운동 발달은 2개월 내지 4개월의 개인차를 보일 수가 있다. 영아의 운동능력발달은 점차 이동할 수 있게 되면서 독립성이 커져, 그들 주위 환경을 좀 더 넓게 탐색하고 적응적으로 행동하게 되며 양육자와 또래에게 사회적인 관계를 먼저 시도할 수 있게 해준다.

영아기 이후 아동이 성숙해 감에 따라 운동능력도 급속하게 발달한다. 3세경에 유아들은 아직 뛰다가 쉽게 방향을 바꾸거나 멈출 수는 없지만, 줄을 따라 똑바로 걷거나 달릴 수가 있으며 두 발로 깡충깡충 뛸 수도 있다. 4세경에는 한 발로 깡충깡충 뛰거나 이전보다 더 빨리, 멀리 뛸 수 있게 된다(Corbin, 1973). 5세경이 되면 일부 유아들은 자전거를 탈 수 있을 정도로 균형감이 향상된다. 초등학교에 들어가면서 아동들은 더 빨리, 더 높이 뛸 수 있고 물체도 더 멀리 던질 수 있게 된다(Herkowitz, 1978; Keough & Sugden, 1985).

이동운동능력

대근육의 발달로 인해 영아는 물리적 위치를 스스로 옮겨 다닐 수 있는 이동운동능력이 생긴다.

① 독립심이 향상된다. 영아가 기거나 걸어서 이동할 수 있게 됨에 따라 독립적이 되며, 다양한 운동능력이 향상되면서 스스로 환경을 조절할 수 있게 됨에 따라 독립심은 보다 증대된다.

② 사회적 상호작용방법에 변화가 오게 된다. 스스로 위치를 옮겨 다닐 수 있고 여러 가지 운동기술이 발달됨에 따라 또래나 양육자와의 사회적 접촉이 보다 활성화되고 상호작용방법이 달라진다. 또한 유아와 상호작용하는 성인들도 유아의 발달 정도에 따라 상호작용하는 방법을 바꾸게 된다.

③ 인지발달이 촉진된다. 영유아는 스스로 이동하면서 상호작용하는 사

회적 세계가 넓어지게 되고 물리적 경험이 풍부해진다. 또한 자신의 지각적, 인지적 세계를 이해하는 방법도 달라지게 되므로 이러한 변화는 영유아의 인지발달에 기여하게 된다.

3) 소근육 운동

아동의 대근육 활동의 발달은 신체적으로 더 커지고 강해지기 때문만이 아니라 신체적인 협응이나 정밀한 근육을 사용할 수 있는 효율적인 방법을 습득하기 때문이다(Gallahue, 1989). 유아기와 아동기 동안에 대근육 운동발달과 동시에 눈과 손의 협응과 소근육 통제가 빠르게 발달하여 손의 사용이 점차 정밀해진다.

영아기의 주요한 과제는 손을 능숙하게 사용할 수 있게 되는 것이다(Bertenthal & Clifton, 1998). 4개월이 된 영아들 대부분은 사물을 잡기 위해 손가락을 사용하기 시작하는데 이는 소근육 운동에 의해 이루어지며 주로 팔꿈치 아랫부분을 사용하는 움직임으로 시각발달과 근육발달에 의해 가능해진다. 또한 양손을 더 잘 협응할 수 있게 된다. 약 5~6개월이 되면 양손의 움직임을 협응하여 하나의 목표를 이루기 위해 각 손이 각기 다른 동작을 취할 수 있게 되며 손과 팔의 소근육 사용을 조절함으로써 팔을 뻗어 물체를 잡거나 조작하는 등 소근육 운동의 발달이 이루어진다. 따라서 유아기가 되면 점차 다양한 일생생활 활동을 스스로 수행할 수 있게 된다.

예를 들어 3세아는 아직 옷의 단추를 끼우고 구두끈을 매는 것 등이 어려우나 5세경이 되면 이러한 일을 할 수 있게 되면서 가위로 종이를 똑바로 자르거나 크레용으로 문자나 숫자를 복사할 수도 있게 된다. 또 8, 9세가 되면 나사못 돌리기 같은 가정용 도구를 사용할 수 있게 된다. 나이가 든 아동들은 어린 아동들에 비해 반응시간이 빠르기 때문에 피구나 탁구 같은 게임을 더 잘할 수 있는 것이다(Wikinson & Allison, 1989).

❶ 잡기능력의 발달

영아가 사물에 손을 뻗치고, 잡고, 집어 올리는 것과 같은 소근육의 기능은 영아가 보고 듣는 것 이외에 새로운 세상의 사물들을 탐색하고 배울 수 있는 또 하나의 방법을 제공해 준다는 점에서 중요하다.

영아의 잡기능력발달에 대해서는 그동안 Halverson(1931)의 연구를 그대로 받아들여 왔다. 또 잡기능력의 발달은 뇌의 성숙에 의한 것이지 환경적 요인의 영향을 받는 것은 아니라고 믿어왔다. Halverson의 고전적 연구에서는 1인치짜리 주사위만을 사용했는데, Newell 등(1989)은 Halverson의 연구에서 영아들의 소근육이 일찍 발달된 것으로 보고한 것은 한 가지 사물만 사용했기 때문이라고 지적한다. 이들은 4, 8개월 된 영아들에게 다양한 크기와 모양의 사물들을 제시했을 때, 잡기 행동은 사물의 크기와 모양에 따라 더욱 복잡한 양상으로 나타남을 발견했다.

❷ 눈과 손의 협응력 발달(Corbin, 1973)

① 제1단계 : 정적인 시각탐색(출생～16주)

영아들은 자신의 손을 오랜 시간 바라본다. 팔다리를 흔들면서 놀다가 곧 자기 손을 다시 본다. 그리고 그 물체를 쳐다보고 있는 중에는 몸이 움직이지 않는다. 그러나 물체가 손 가까이에서 움직이면 잡으려고 팔을 뻗는다.

② 제2단계 : 능동적, 반복적 시각탐색(17～28주)

눈으로 사물을 다루는 시기로, 손에 의한 파악을 위한 준비단계이다. 이 시기 영아들은 눈으로 어떤 사물을 잡았다가, 떨어뜨리고, 다시 잡는 것과 같은 눈 움직임을 보인다.

③ 제3단계 : 파악과 조작의 시도(29～40주)

손을 뻗는 능력과 파악능력을 조정하기 위해 시각활동을 강화시킨다. 물체의 위치에 눈을 고정시키고 뻗는 반응을 조정해서 결국 잡게 되면, 잡은 후에는 계속해서 쳐다본다. 자신이 보는 것과 느끼는 것을 관련짓고, 또 자신이 느끼는 것을 보는 것과 상호연관시키는 과정을 경험하는 것이다.

④ 제4단계 : 정교화와 확장(40주~아동 중기)

눈과 손의 협응행동은 계속 탐색하고 조작함으로써 보다 정교해지고 확장된다. 혼자서 식사를 할 수 있으며, 종이에 그림을 그리고, 수저를 사용할 수 있다.

[그림 3-6] 협응능력의 발달

❸ 자조기술의 발달

소근육이 점차 발달함에 따라 2세 이후의 유아는 자신의 생활을 스스로 이끌어 갈 수 있는 자조능력이 생긴다.

연령	자조기술 유형
2세	손가락을 사용하여 밥을 먹는다. 컵으로 물을 마신다.
3세	눈과 손의 협응, 소근육 운동이 현저하게 발달한다. 종이 위에 크레파스로 원, 세모, 네모 등의 단순한 형태를 그릴 수 있다. 엄지와 검지를 사용하여 숟가락, 젓가락을 사용한다. 스스로 옷을 입기 시작한다. 단추를 끼우고 뺄 수 있다. 화장실 사용을 혼자 할 수 있다.
4세	가위로 표시된 선을 따라 자를 수 있다. 사람을 그린다. 여러 가지 모양을 만든다. 구슬을 실에 꿴다. 연필이나 크레파스를 자유롭게 사용한다. 세모, 네모 등의 여러 가지 모양과 숫자, 글자를 보고 베낄 수 있다.

4) 운동발달에 영향을 미치는 요인

(1) 성숙적 요인

운동기능은 여러 가지 요인들의 상호작용에 의해 결정된다(Thelen & Ulrich, 1991). 즉 운동기능의 수준은 지각, 감정, 주의, 동기, 자세, 해부학적 요소 등이 특정 상황에서 어떻게 상호작용하느냐에 달려 있다. 따라서 이동운동의 발달은 이들 모든 요인들이 적절하게 성숙되어야 하며, 또한 상태와 상황이 적절해야 한다.

영아가 걸을 수 없는 것은 그것을 할 수 없기 때문이 아니라 다리를 뒤로 뻗치는 자세를 지지해 주는 안정성이 없기 때문이다. 이를 해결하기 위해 Thelen은 걷지 못하는 7개월 아기에게 모터가 장착된 바퀴를 제공해 주었다. 아기들을 움직이는 바퀴 위에 올려놓았을 때 능숙한 걷기와 비슷한 동작을 보였다. 그리고 바퀴가 양쪽 다리에 각각 다른 속도로 움직이게 했을 때 7개월 된 아기들은 걷는 속도를 조절할 수도 있었다. 즉 아기들은 이전에 생각했던 것보다 운동을 더 잘할 수 있는 능력이 있는 것 같다. 이렇게 적절한 조건만 갖추어지면 자신의 소질을 충분히 발휘하며 걸을 수 있을 것으로 본다.

(2) 환경적 요인

런던, 파리, 스톡홀름 등 여러 도시에서 자란 아이들 간에 걷기 시작하는 연령이 서로 다른 것으로 보고되고 있다. 이러한 개인차는 성별이나 사회계층에 따른 차이는 없지만 영양 및 환경적인 요인이 이러한 차이를 초래한 것으로 보인다.

문화 비교연구들은 문화권에 따라 운동기능의 연습기회가 서로 다른 것이 근육기능의 출현에 영향을 미치는 것으로 본다(Hetherington & Parke, 1993). 예를 들어, 잠비아에서는 영아가 앉을 수 있을 때까지 엄마의 등에 멜빵으로 업고 어디든지 데리고 다닌다. 또 앉을 수 있게 된 후부터는 혼자 오랫동안 앉아서 운동기능을 연습할 수 있는 기회를 제공한다. 따라서 잠비아의 영아들은 시각, 청각, 촉각적 자극뿐만 아니라 운동적 자극을 많이 받는다. 그러나 멕시코의 어느 지방에서는 영아를 항상 꽁꽁 싼 채 데리고 다니고, 생후 3개월간은 얼굴까지도 덮어둔다. 또 엄마들은 오로지 아기가 조용하도록 아이가 요구하는 것을 모두 다 채워주려고 한다. 따라서 이렇게 자란 아이들은 지각적 자극이나 운동적 자극을 거의 받지 못해 발달이 지연될 수밖에 없다. 이와 같이 초기의 양육환경이 신체 및 운동발달에 영향을 주게 된다.

3 놀이발달

1) 영아기 놀이

(1) 감각운동 놀이

생후 첫해 동안의 놀이의 대부분은 인지 이론가인 Jean Piaget가 말하는 감각운동 연습놀이(Piaget, 1962)로, 이미 동화된 감각활동이나 운동활동을 하면서 순수한 즐거움을 얻으며 그 활동을 반복하는 것이다. 영아가 선천적으로 만족을 느끼는 활동을 우연히 하게 되고 그것을 계속 반복하면서 시작된다. 그러한 놀이는 아동이 생후 18개월 동안 감각운동 발달의 여러 하위단계를 거치면서 점진적으로 이루어지는 지적 성장을 나타내는 것이며, 그 후에는 가장놀이와 같이 보다 정교한 놀이를 하게 된다고 하였다.

〈표 3-2〉 Piaget의 감각운동 발달의 하위단계와 각 단계와 관련된 놀이 형태

단계	지적 특성	놀이 형태
출생～1개월	단순한 반사가 주요활동이다.	놀이라고 할 수 있는 것이 거의 나타나지 않는다.
1～4개월	1차 순환반응이 나타난다. 빨기나 잡기와 같은 행동들이 협응되기 시작한다.	순수하게 즐기려고 행동을 반복하며 놀고, 그 행동은 자신의 신체에 지향된다.
4～8개월	2차 순환반응이 나타나며, 자기 신체를 지향하지 않는 활동을 반복한다. 자신의 활동이 외부세계에 미치는 효과에 분명한 흥미를 보인다.	종이를 구기거나 탁자를 치거나 하여 생기는 결과를 즐기면서 신체에 지향된다.
8～12개월	3차 순환반응이 나타나며, 베개 밑에 있는 장난감을 꺼내려고 베개를 옆으로 치우는 것과 같이 의도적이고 목적을 지닌 활동이 나타난다.	목적을 지향하면서도 단순히 과정 자체를 즐기려고 목적을 포기한다.
12～18개월	이는 재미있는 결과를 보기 위해 단순한 행동을 반복하기보다 흥미로운 결과를 얻기 위해 다양한 행동을 의도적으로 한다.	놀이를 더 재미있게 하려고 즉각적이고 의도적으로 놀이를 복잡하게 만들면서 감각운동 놀이를 변화시킨다.
18개월 이상	상징한 물건을 다른 것이라고 하는 능력이 나타난다.	감각운동 놀이는 점차 상징놀이나 가장놀이로 바뀌고 그것은 취학 전 시기 동안 많이 나타난다.

출처 : Piaget, J.(1962).

(2) 사물을 갖고 노는 놀이

사물을 다루어서 생기는 결과에 분명한 흥미를 갖고 물건을 의도적으로 조정하는 것이다. 아동의 주의가 자기 신체에서 외부세계의 사건으로 옮겨가면 사물을 갖고 노는 놀이가 나타나는 단계가 된다. 영아가 접촉하는 대부분의 사물은 장난감이겠지만, 생후 1년 동안은 장난감 아닌 것을 구별하지 못한다.(부엌에서 쓰는 주전자, 프라이팬, 감자, 양파 같은 것 갖고 놀기) 대물놀이는 3~6개월에 나타난다. 이 놀이가 되기 위해서는 노는 사람이 환경에서 재미를 얻는다는 것, 즉 놀잇감을 잡고 다루는 운동기술이 필요하다.

(3) 상징놀이 또는 가상놀이

2세에는 새로운 형태의 놀이가 나타난다. 상징을 사용해서 한 가지가 다른 것을 대신한다고 하며 스스로에게 사실을 대치시키기 시작한다. 한 가지 사물로 다른 것을 나타낸다거나 대신한다고 보는 정신적 표상을 사용하는 것이다. 상징놀이(가장놀이)에서 빈 접시 위에 음식이 담겨 있는 척하기도 하고, 종이상자를 로켓이라고 하거나 막대기 몇 개나 나무블록을 요새라고 한다. 상징놀이는 12개월이나 13개월인 2세 초기에 나타나서 점차 정교한 수준으로 일련의 발달을 보인다. 발달은 상징놀이의 각 요소가 나타나면서 이루어진다. 상징놀이의 점진적 발달을 가장 잘 묘사하는 방법은 상징놀이의 바탕이 되는 세 가지 중요한 요소인 탈중심화, 탈맥락화, 통합이 있다(Bretherton, 1984 : Fenson, 1986 : McCune-Nicolich & Fenson, 1984 : Piaget, 1962, Werner & Kaplan, 1963).

단 계	탈중심화	탈맥락화	통 합
12개월	척하는 행동은 자신이 중심이 되고 아동이 혼자 있을 때 자주 하며 일상의 친숙한 것들을 한다.	실제적 대용품을 현실적인 방식으로 갖고 논다.	여러 상징놀이 활동들을 연결하는 것이 거의 보이지 않는다.
18개월	아동이 주도하는 척하는 행동의 대상으로 사물을 의인화하는 가장 놀이를 한다.	대용품은 모양과 기능에서 현실성이 낮다.	한 주제에 두 가지 행동을 연결시킨다.
24개월	의인화된 사물은 이제 척하는 행동의 대상이 될 뿐 아니라 그 주인공도 된다.	아동이 나타내고자 하는 것과 닮지 않은 대용품을 원래의 기능과 훨씬 다른 방식으로 갖고 논다.	여러 주제를 조합한다. 둘 이상의 활동을 각각 다른 주제로 한다.

출처 : Bretherton(1984).

(4) 영아와 걸음마기 아동놀이의 사회적 측면

이 시기에는 대개 부모와 형제자매와 놀이를 한다. 대체적으로 부모와 놀이를 하는데 부모는 사회적 방향을 제시하고, 일상적인 놀이를 주도하며, 새로운 놀잇감을 소개하는 빈도를 조정하고, 아동의 행동에 맞춰 놀이 강도를 조절하며, 아동을 지원하고 격려해주는 기능을 한다.

아기들은 생후 몇 달 동안에도 또래에게 상당히 흥미를 가진다. 2세가 되어야 영아의 대화에서 양과 다양함이 넓어지며 처음으로 또래와의 협동놀이의 징후가 나타난다. 성인은 게임을 구조화해주기 때문에 성인과 하는 사회적 게임이 먼저 나타나고, 1세 반쯤 되면 스스로 구조화할 수 있어서 또래게임이 가능해진다.

Howes, Unger와 Seidner(1989)는 1～3세의 아동에게서 보이는 사회적 놀이의 수준과 동일하게 사회적 가상놀이의 단계적 수준을 제안하였다.

단계	사회적 놀이	사회적 가상놀이
12~15개월	눈을 맞추고 미소 짓거나 목소리를 내는 것과 같은 사회적 행동을 교환하는 병행놀이. 한 아동은 다른 아동이 놀이 상대자가 될 수 있다고 인식한다.	한 아동이 가까이 있는 다른 아동에게 가상활동을 하지만 다른 아동은 이 아동에게 반응을 하지 않는다.
15~20개월	동일한 사회적 활동을 하면서 사회적 교환을 한다. 예를 들면, 모래놀이를 함께 하면서 서로 미소 짓고 소리를 낸다.	아동들은 서로 마주 보면서 비슷하거나 같은 가상활동을 한다. 예) 둘 모두 인형이 탄 인형 유모차를 민다.
20~24개월	아동은 공통의 목적을 갖고 행동을 함께 하지만 그 목적은 활동 자체에서만 그렇다. 뛰고 잡기나 쌓고 무너뜨리기와 같이 활동의 의미를 함께 나눈다.	비슷하거나 같은 활동을 사회적 교환을 한다. 예) 두 아동 모두 인형 유모차를 밀면서 서로 미소를 보이거나 한 아동이 다른 아동에게 인형을 건네준다.
24~30개월	아동은 공통의 목적을 가진 행동을 하며, 이제 놀이의 목적과 주제를 아동 스스로 만들어 낸다. 예) 두 아동이 함께 블록으로 트럭을 만든다.	아동은 공통의 가상놀이 주제를 갖지만 자기 행동을 다른 아동의 행동과 통합시키려고 하지는 않는다. 예) 두 아동이 "차 마시기" 놀이를 하지만 각자가 자기 잔에 차와 설탕을 탄다.
30~36개월	보완적 역할을 하는 역할수준이 나타난다. 예) 한 아동은 활동에서 주도자가 되고 다른 아동은 따르는 사람이 된다. 한 아동이 블록 쌓기를 하자고 지시하고 다른 아동은 블록을 가져온다.	보완적 역할을 하며 가상놀이를 함께 한다. 예) 각자가 차를 타는 것이 아니라 한 아동이 차를 넣고 다른 아동은 설탕을 넣는다. 어머니-아기 놀이 또는 의사-환자 놀이와 같은 것들이 나타나기 시작한다.

출처 : Howes, Unger & Seidner(1989).

[그림 3-7] 가상놀이

2) 취학 전 아동의 놀이

(1) 2세 아동

대근육 기술은 발달하지만 소근육 운동은 제한된다. 2세 아동은 쉽게 돌아다닐 수 있는데 걷거나 뛸 뿐만 아니라 계단을 오르내릴 수 있다. 조각이 큰 퍼즐을 맞출 수 있고 구슬을 꿸 수 있으며 점토나 플레이 도구로 무엇을 만들 수도 있다.

언어를 효과적으로 사용하기 시작하고, 감각적 탐색에 상당한 흥미를 보이며, 물감이나 점토, 모래와 같은 놀이재료로 무엇을 만들기보다 그것들의 감촉을 느끼는 것을 더 좋아한다.

힘이 넘치고 열정적이고, 독립성을 과시하고 혼자서 할 수 있다는 것을 보여 주려는 욕구가 강하다. 자신의 독립성을 주장하려는 욕구는 고집을 부리고 떼쓰고 거부하고, 어떤 타협도 하지 않으려고 하는 것에서 드러난다.

(2) 3세 아동

환상이 많아지고 상상력이 풍부해져서 상상놀이를 할 수 있다. 성인의 역할에 매료되어 성인이 하는 것을 똑같이 하는 상상이 늘어나기 시작한다. 사회적 성숙이 나타나고, 자신의 행동이 주변에 미치는 영향에 관심을 갖고, 2세보다 또래에 잘 어울린다. 놀이에서 무엇인가를 만들려고 한다.

(3) 4세 아동

좀 더 안정되고 자기확신이 있고, 3세보다 계획을 잘 세우지만 결과물은 우연히 만들어진다. 정교한 소근육 통제가 가능하다. 성인을 동일시하는데 많이 몰입하고, 성인의 관심과 인정을 받으려 해서 자랑하고 익살을 부리며 모험을 한다.

(4) 5세 아동

논리적 사고가 나타나기 시작하고, 안정적이고 예측 가능하며 믿을 만하다. 현실적이며 실용적이고, 부모님을 즐겁게 해주는 것을 좋아하며 자기 스스로나 자기 소유물에 대해 책임을 진다. 4세보다 덜 자기중심적이고, 편안하고 친절하며 또래와 나누고 협동하려 한다.

(5) 취학 전 연령 아동의 일반적인 놀이 패턴

❶ 사회적 놀이의 증가

심리학자 Mildred Parten(1932)은 2～5세 동안 아동놀이의 성질이 변화되는 것을 세심하게 관찰하였다. Parten은 1세와 2세아에게 전형적인 혼자놀이에서 평균 4세아의 놀이인 상호적 협동놀이로 변화된다고 하였다. 그러면서 사회적 정교성 정도가 증가하는 데에 따라 일련의 놀이단계를 제시하였다.

연령	놀이 형태	특징
2세	혼자놀이	사회적 놀이에서 가장 낮은 단계, 다른 아이들 속에 있을지라도 전적으로 자기 세계에서 혼자 논다.
2세, 3세	병행놀이	아동이 같은 활동을 같은 장소, 같은 시간에 하면서도 각자 따로 노는 놀이 형태. 또래와 함께 있다는 것을 알고 함께 있다는 것이 그들에게 분명히 어떤 의미를 가짐에도 불구하고 아동은 따로 논다.
3세, 4세	연합놀이	상당한 양의 공유, 빌려주기, 순서 지키기, 다른 또래의 활동에 주의 기울이기, 대화의 증가가 있게 된다.
4세	협동놀이	가장 높은 단계의 사회적 성숙을 나타내는 단계. 두 아동 이상에게 공동의 목표가 있고 그 목표는 모든 참가자가 자신에게 주어진 역할을 해야만 달성될 수 있는 놀이활동을 할 때 나타난다.

❷ 가상놀이의 확장

3~6세는 흉내내기 놀이 혹은 가상놀이의 황금시기라고 알려져 있다. 일생의 어떤 시기에서도 그처럼 철저하게 환상적인 세계에 있지는 못한다. 가상놀이에는 몇가지 이점이 있다(Mellou, 1994).

- 정서적 이점 : 자기인식, 자기확신, 자기 통제에 있다(Singer, 1995). 가상놀이에서 아동은 자신의 환상의 한계 안에 머물러 있던 환경을 지배할 기회를 갖는다.
- 지적인 이점 : 창의적 사고를 자극하며 실제로도 후의 창의성을 예측하게 하고, 기억력, 언어발달, 인지적 조망수용능력을 향상시킨다.(Burns & Brainerd, 1979; Dansky, 1980; Rubin, Fein, & Vandenberg, 1983; Saltz, Dixon, & Johnson, 1977).
- 사회적 이점 : 극놀이는 가장 사회적인 형태의 놀이이며 아동의 사회인식 발달에 커다란 영향을 미친다(Hartley, Frank, & Goldenson, 1952). 집단에서 협력하고 사회적 활동에 참여하며 인간관계를 이해하는 능력을 향상시킨다(Fink, 1976; Smith, Dalgleish, & Herzmark, 1981; Smith & Sydall, 1978).

3) 학령기 아동의 놀이

학령기 아동은 순서적이고 논리적인 사고체계(놀이 순서에 대한 요구), 또래관계의 증가, 아동문화 속에서 수용되고자 하는 노력(소속하고자 하는 요구), 개인의 기술과 재능과 보여주려는 요구(근면성에 대한 요구) 등의 특성을 보인다.

이 시기에는 가상놀이가 감소한다. 아동은 현실세계에서 자신이 이전 시기보다 더 힘이 세지고 덜 무기력하다고 느끼게 되어 자아욕구를 만족시키기 위한 가장을 할 필요가 없고, 커 가면서 가상놀이처럼 현실을 왜곡하기보다 현실에 적응하려는 노력을 더 많이 하기 때문이다.

초기 단계에서는 가상놀이에 열중하는 반면 이 단계의 마지막에서는 다양한 형태의 구조화된 게임이 지배적이다. 아동놀이의 많은 부분은 다양한 기능의 획득과 과시에 초점이 맞추어져 있다. 아동들은 누가 게임을 제일 먼저 할 것인가 정하기 위해 놀이 의식을 개발한다. 또한 아동들은 어떤 사물을 열렬히 수집하는 수집광이 된다.

4) 청소년기의 놀이

청소년은 지적으로는 아동기의 특징인 구체적 추론형태에서 추상적이고 가설적인 추론을 하게 되어 변화하는데, 즉 추상적 개념화에 대한 요구를 보인다. 사회적으로는 또래집단에 단순히 소속되는 것보다 더 많은 것을 요구하는데, 사회적인 상호작용과 놀이에서 억누르기 어려운 의사소통에 대한 요구를 표현한다. 성격적으로는 자기에 대한 안정감과 영속감을 창출하기 위한 싸움에 몰두하는데, 놀이는 이들이 자주 부딪히는 정체감에 대한 요구 안에서 그 맥락이 존재하게 된다.

청소년의 가장 인기 있는 레크리에이션 활동은 자기 자각과 이성 간의 사회화, 친밀한 의사전달에 대한 요구를 반영하는 것을 포함한다. 여가 생활은 다양한 기능을 제공하는데, 비슷한 관심을 가진 또래와 상호작용하면 서로의 관심을 발달시키고, 소속감을 느끼고, 친구의 반응을 이해하게 되고, 그런 과정 속에서 정체감을 형성할 기회를 갖는다(Csikzentmihalyi & Larson, 1984; Gottman & Mettetal, 1986; Hultsman, 1992; Zarabatny, Hartmann, & Rankin, 1990). 청소년들이 노는 게임의 규칙은 점점 줄어들게 되고 놀이에서 더 많은 선택권을 가진다(Damon, 1983). 청소년은 자신에게 맞는 스포츠를 선택하는데 스포츠는 즐거움과 연습, 사회화의 기회를 제공하고, 스트레스를 조절하는 기능을 제공한다(Freydenberg & Lewis, 1993). 영화도 청소년들에게 인기 있는 여가활동이며 이성과 동성과의 상호작용 기회를 제공한다.

청소년들의 놀이에서 전자매체에 관한 것은 빼놓을 수 없다. 많은 부모가 비디오 가게나 게임방을 여가활동으로 적절하다고 보지 않고, 게임에서 헤어 나오지 못할까 봐 두려워하지만, 대부분의 청소년들은 그냥 돌아다니다가 이곳에서 친구들을 만나기도 하는 방문객이다. 그러므로 청소년들이 게임방을 이용하는 것은 사회화의 기회가 게임 그 자체만큼 중요한 것일 수도 있다.

4 두뇌 발달

1) 뇌의 발달

영아의 뇌 성장발달속도는 놀라울 정도로 빠르다. 아기의 뇌는 출생 시 이미 모든 뇌세포를 갖고 있다고 알려져 있지만 그 무게는 출생 시 성인 뇌 무게의 약 25% 정도가 된다. 발달변화가 급격히 일어나 출생 후 6개월 경에는 성인 크기의 50%가 되고 2세 말경이 되면 75%에 이른다. 발달변화는 크기뿐만 아니라 형태, 뇌세포 간의 연결의 밀집도 그리고 뇌세포 간의 전달속도가 변화하는 것이다. 성인은 약 1조에 달하는 뇌세포를 갖고 있으며 약 1천조의 연접부가 있다(Lerner, 1984; Thompson, 1981). 뇌의 발달도 일정한 순서대로 발달하는데, 영아기 초기에는 주로 반사행동 단계에서 자발적 통제로 발달하고 또 운동영역이 가장 빨리 발달한다. 시각영역이 청각영역보다 더 빨리 발달하기는 하나 시각, 청각에 대한 통제영역은 늦게 발달한다.

(1) 신경발달과 가소성

인간의 뇌와 신경계는 1조 개 이상의 고도로 분화된 세포들로 이루어지는데, 이 세포들은 수조 개의 시냅스(Synapse) 혹은 세포들 간의 연결공간을 통해 전기적, 화학적 신호들을 전달하기 위해 함께 일한다. 뇌와 신경계의 기본 단위로 신경자극을 받아들이고 전달하는 세포인 뉴런(neuron)은 태아의 신경관에서 만들어져 다른 세포들과 연결망을 형성한다. 이와 같은 세포 정교화 과정은 출생 후 몇 년간 계속된다. 보통의 영아는 성인들보다 훨씬 많은 뉴런과 뉴런 연결을 갖는다. 그 이유는 다른 뉴런들과 성공적으로 연결된 뉴런들이 그렇지 못한 뉴런들을 밀어내서 생의 초기에 생성된 뉴런의 절반가량이 이 시기에 죽기 때문이다. 즉 두뇌발달은 과잉생성 후 선택적 소멸과정이라 할 수 있는데, 출생 전후에 가장 많은 뉴런을 갖고

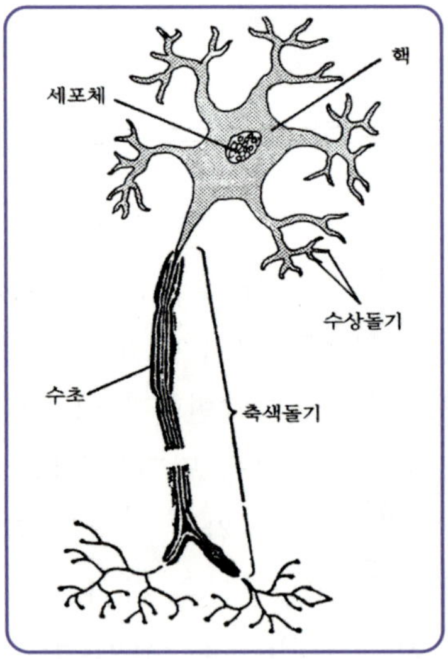

[그림 3-8] 신경세포

출처 : 최경숙(2005).

있다가 발달과정을 통해 필요한 만큼의 뉴런과 시냅스를 만들어 가면서 불필요한 것을 버리는 현상인 가소성(plasticity)으로 자주 자극을 받는 뉴런들과 시냅스들만이 계속해서 기능하게 된다는 것이다.

(2) 뇌 분화

뇌는 출생 시 하부(피질하) 뇌중추가 가장 많이 발달되어 있는데, 이 영역은 의식의 상태, 선천적인 반사작용, 그리고 소화, 호흡, 배설과 같은 생명 유지에 필요한 생물학적 기능을 통제한다. 이 구조들을 둘러싸고 있는 것은 대뇌와 대뇌피질인데 이 영역은 신체움직임, 지각, 학습, 사고, 언어와 같은 지적인 기능과 관련이 있다.

뇌 신경조직이 성숙해 감에 따라 각 신경의 연접부와 연결되는 큰 가지가 수초라고 불리는 덮개에 의해 둘러싸인다. 이 덮개는 절연체 같은 역할을 함으로써 덮개와 덮개 사이로 신경충동을 빠르게 전달할 수 있게 해준다. 따라서 수초는 뇌가 신체의 다른 부위와 더 효율적으로 신경충동을 교류할 수 있게 해준다.

출생 시에 신생아의 감각기관과 뇌는 많은 부분이 이미 수초로 덮여 있다. 그러나 출생 후까지도 이 과정은 계속된다. 생후 몇 년 사이에 매우 빠르게 수초화가 이루어지지만 뇌의 어느 영역은 초기 성인기까지도 수초로 완전히 덮이지 않을 수 있다. 예를 들어, 장시간 한 대상에 집중하는 능력을 관장하는 뇌의 영역인 망상체는 사춘기에도 완전히 수초화가 이루어지지 않는다(Tanner, 1990). 이것이 성인이나 청소년에 비해서 아동의 주의력이 짧은 이유의 하나인 것이다. 수초세포가 파괴되면 신경세포로 전달되는 정보가 빠른 속도로 전달되지 못하게 되어 신생아 단계의 상태도 퇴행하게 된다. 따라서 수초의 덮개는 복잡한 인간행동이 성숙단계로 옮아가는 데 필수적인 것이다.

(3) 대뇌 국소화

뇌의 가장 중요한 특성 중의 하나는 양반구로 나누어져 있다는 점이다.

이들 두 부분은 신경섬유에 의해 연결되어 있다. 양반구는 해부학적으로 다를 뿐만 아니라 서로 다른 기능을 통제한다(Bryden, 1982; Corballis, 1983). 뇌 손상을 받은 환자의 연구를 통해서 보면 왼쪽 반구는 신체의 오른쪽을 통제하는 반면, 오른쪽 반구는 신체의 왼쪽을 통제한다.

오른쪽 반구는 시·공간의 정보처리, 음악과 같은 비언어적 소리와 얼굴 재인과 같은 일에 관여한다. 예를 들어, 뇌의 오른쪽에 손상이 일어났다면, 그림 그리는 기술이 손상되며 공간적 방향감각이 없어 지도를 따라가는 것이 어렵다(Bryden, 1982). 최근에 연구자들은 정서적 정보의 처리는 오른쪽 반구의 통제 아래에 있다는 것을 발견하였다. 5~14세 아동들은 화난 목소리, 슬픈 목소리 또는 행복한 목소리를 왼쪽 반구에 의해 통제되는 오른쪽 귀를 통해서 들었을 때보다 오른쪽 반구에 의해 통제되는 왼쪽 귀로 들었을 때에 더 잘 구별하였다(Saxby & Bryden, 1985). 오른쪽 반구에 뇌 손상을 받은 경우에는 다른 사람의 정서적 표현을 해석하는 데 어려움이 있다. 이러한 연구결과들이 의미하는 바는 상당히 크다. 왜냐하면 화난 목소리와 행복한 목소리를 구별하지 못하거나 다른 사람이 기쁜지 우울한지를 구별하지 못한다는 것은 사회생활에서 상당한 부적응을 초래할 수 있기 때문이다.

왼쪽 반구는 언어의 이해를 통제한다. 왼쪽 반구에 뇌의 손상이 있는 사람은 친숙한 노래를 알거나 친구의 얼굴과 낯선 사람의 얼굴을 구별할 수는 있지만 들은 언어내용을 이해할 수 없거나 말을 명확하게 할 수 없다. 정상적인 아동도 문자나 글을 왼쪽 눈에 제시되었을 때보다 오른쪽 눈에 제시되었을 때 더 잘 알아보았다(Bryden, 1982; Saxby & Bryden, 1985).

그러면 뇌의 국소화는 언제부터 일어나는가? 이러한 국소화는 아동기를 거쳐서 사춘기까지 점차적으로 발달한다. Lenneberg(1967)는 뇌 손상으로 인한 언어장애로부터의 회복이 성인에서보다 아동에게서 더 잘된다는 사실을 바탕으로, 아동은 아직 언어가 완전히 왼쪽 반구로 국소화되지 않았기 때문에 왼쪽 반구에 손상이 있는 경우, 오른쪽 반구가 읽는 기능을 떠맡게 되는 것이라고 주장하였다.

최근의 연구들은 이러한 견해를 반박하고 반구의 국소화는 생의 초기에 시작한다고 주장한다(Saxby & Bryden, 1985). 예를 들어, Molfese와 Molfese(1979)는 언어에 대한 반응으로써 신생아 뇌의 전류를 기록했을 때 신생아도 언어음절을 오른쪽 반구에서보다 왼쪽 반구에서 더 빨리 처리한다는 것을 발견하였다. 그러나 출생 직후에 보여진 왼쪽 반구의 우세는 나이 든 아동이나 성인에 비해서 그리 크기 않았다. 70%의 영아만이 왼쪽 반구의 언어처리를 선호하는 것으로 나타났다. 3세경이 되었을 때, 90% 아동이 이러한 종류의 국소화의 선호를 보였다. 이 연령 이후에는 언어적 정보처리에 대한 왼쪽 반구의 의존도와 오른쪽 반구를 통해서 정서적 단서를 이해하는 아동의 능력에서 발달적 차이를 발견하지 못하였다(Saxyer & Bryden, 1985; Bryden & Saxby, 1984, 1985).

대뇌 국소화의 영향은 우세한 손 사용의 발달에서도 발견된다. 성인의 약 90%가 오른손잡이이다. 그리고 이와 같은 선호는 초기 영아기에도 명확하다. 성인 비율보다는 낮지만 많은 영아들의 오른손 사용이 우세함을 보였다. 영아들은 손을 뻗치고 물건을 만지고 잡는 데 왼쪽보다 오른쪽 손을 더 사용한다(Hawn & Harris, 1983; Young et al., 1983). 어린 영아들이 오른쪽에서 왼쪽 손으로 또는 왼쪽에서 오른쪽 손으로 바꾸는 경우도 있지만 손 사용은 일반적으로 2세경에 완전히 형성된다(Saxby & Bryden, 1985).

(4) 국소화와 읽기

중추의 국소화는 일상생활에서 중요한 의미를 가질 수가 있다. 미국 아동의 5%에 해당하는 3, 4백만 아동은 읽기 학습에서 심각한 문제를 갖고 있다. 그 이유는 쓰여진 문자와 그 문자의 소리를 결합시킬 수 없기 때문이다(Liberman et al., 1976). 이들 난독증 아동들은 시각과 청각정보를 통합하는 데 기본적인 어려움을 갖고 있다. 또 다른 문제는 아동들의 문자의 이름을 기억할 수 없거나 혼동을 하는 경우인데, 예를 들어 d를 b로 부르곤 하는 어려움도 있다.

읽기에 문제가 일어나는 원인은 다양하지만 그 원인 중의 하나는 비정상적인 중추 조직화이다. 특히 일부 연구에서는 읽는 데 문제가 있는 아동들은 국소화가 정상적인 형태로 나타나지 않는다는 것을 시사하고 있다. 이들 아동들은 공간적 정보를 뇌의 오른쪽 반구에서만 아니라 언어적인 처리를 하는 왼쪽 반구에서도 처리하고 있다. 이렇게 되었을 때, 보통 언어적 정보와 언어의 이해에 국한되었던 왼쪽 반구가 과중하게 되고 읽기와 같은 언어적 기능이 약해지게 된다(Wittelson, 1977).

이 비정상적인 중추의 발달은 유전적으로 결정될 수도 있고 태내 속에서의 환경적 요인이나 초기 아동환경에 의한 것일 수도 있다. 읽기의 문제가 국소화의 잘못된 발달에 기인한다는 견해는 상당한 증거들이 제시되고 있으나, 아직 확실한 결론이 내려지지 않은 문제로 남아 있다(Corballis, 1983).

(5) 환경의 영향

뇌의 발달에서 환경이 중요한 역할을 한다는 사실은 이미 오래전에 입증되었다. Riesen(1947)은 그의 실험에서 감각자극이 극단적으로 감소되었을 때 침팬지의 시각발달에 심각한 영향을 미친다는 사실을 밝혀냈다. 그는 생후 16개월 동안 어둠 속에서 양육된 침팬지는 망막구조가 적절히 발달하지 못했다는 것을 발견하였다. 특히, 망막의 신경세포가 상실되었으며 또한 망막과 신경계를 연결하여 시신경을 형성하는 축색돌기를 가진 세포가 없었다. 더욱이 빛이 있는 환경으로 돌아온 후에도 망막은 회복이 안 되고 영구히 시력을 상실하였다는 점이다. 다른 연구들에서도 같은 결과를 제시하였다. 중추신경계의 해부학적 구조조차도 적절히 발달하기 위해서는 일정량의 환경적 자극이 필요하다는 것은 명백하다.

Riesen 이후, 연구자들은 뇌의 크기와 기능이 경험에 의해 수정될 수 있다는 것을 입증하였다(Greenough & Green, 1981). 이것은 Rosenzweig의 연구에서 잘 볼 수 있다(1966). 이 연구에서는 두 개의 매우 다른 실험상황이 만들어졌다. 이 실험에서는 어린 쥐들의 뇌가 가장 적응적인 초기에 실험상황에 그 쥐를 넣고 상당기간 동안 그 상황에 넣어두는 것이었다. 이 동물들을 이유시기인 생후 25일경에 실험상황에 넣고 80일 동안 넣어두었다. 한 상황은 복잡한 자극과 훈련이 제공된 풍요로운 환경이었고, 다른 상황은 실조된 상황이었다. 풍부한 상황이란 이들 동물들이 10~12마리씩 무리를 지어 살 수 있게 했고 또 사다리, 바퀴, 상자와 같은 장난감이 주어졌다. 장난감은 매일 바뀌었다. 더 자극을 주기 위해 이 동물들은 매일 30분씩 5, 6마리씩 함께 장애물이 있는 3 × 3피트 장에서 탐색시간을 가졌다. 30일 후에는 일련의 미로 학습훈련을 하였다. 반면에 실조상황에서의 동물은 딱딱한 벽이 있는 개별 방에서 살았고 서로 볼 수 있거나 접촉을 할 수 없었다. 이들 각각의 방은 분리되어 있었으며 조용하고 어둡게 되어 있는 방인 데 반해, 풍요로운 조건의 방은 크고 밝으며 여러 가지 활동을 할 수 있게 마련되어 있었다.

이렇게 다른 환경조건은 뇌의 발달에 어떠한 영향을 미칠 것인가? 연구결과, 2년쯤 되었을 때는 환경적 차이가 동물 뇌의 실제적인 무게에 분명히 영향을 준다는 것이 발견되었다. 대뇌피질과 기타 뇌를 분석한 결과, 피질영역에 영향을 주어서 풍부한 환경에서 자란 동물의 뇌의 무게는 실조된 상황에서 자란 동물의 뇌 무게보다 약 4% 더 무거웠다. 또한 뇌의 피질에서 시각을 통제하는 시각 영역의 무게가 가장 크게 변화하여 실조상황에서 자란 경우와 비교해서 약 6% 더 많았으나 촉각영역은 무게가 단지 2%만 증가하였다.

이 외의 다른 연구에서도 환경과 뇌 피질의 특정 영역과는 체계적인 관계가 있을 것이라는 것을 보여주었다. 어둠 속에서 키운 쥐들이 시각영역의 피질이 수축되는 결과를 초래하였는데 이러한 현실은 인간에게서도 유사한 결과를 가져올 수 있다는 것이다. 예를 들어 맹인 및 농아의 시신을 부검했을 때, 이들의 언어와 시각 및 청각을 통제하는 피질영역이 결핍된 것을 발견할 수 있었다(Rosenzweig, 1966).

뇌세포의 구조만이 아니라 뇌의 생화학적 부분도 초기 경험에 의해 영향을 받는다. 첫째, 뇌세포가 갖는 큰 가지와 작은 가지의 수가 증가하면서 뇌세포의 복잡성이 증가한다(Greenough & Green, 1981). 이와 같은 뇌세포 구조의 변화는 복잡한 환경에서 키워진 동물은 한 개 뇌세포당 연접부의 수가 상당히 많을 것이며, 연접부는 뇌세포 간의 연결장소이기 때문에, 전달될 수 있는 정보의 양이 풍부한 환경에서 자란 동물들에게서 더 클 것이다. 두 번째로 뇌의 생화학이 영향을 받는다. 이것을 연구하기 위해

Rosenzweig와 그의 동료들(Rosenzweig & Bennett, 1970)은 뇌세포 간의 신경충동을 연접부에서 전달하는 데 중요한 역할을 하는 효소의 양을 측정하였다. 전체적인 활동량이 풍부한 환경에서 키웠을 경우 효소의 양이 눈에 띄게 증가하였다.

환경이 뇌의 무게와 생화학적 특성에 미치는 영향은 어렸을 때에만 국한되는 것은 아니다. 생의 초기에는 정상적인 환경에서 자랐으나 후에 실조된 환경에 처한 쥐들도 유사한 뇌의 무게와 생화학적 영향을 나타내었다(Greenough & Green, 1981; Rosenzweig, 1966). 다 자란 쥐의 뇌도 놀랍도록 적응적이라는 것을 입증하는 연구들이 증가하고는 있지만(Greenough & Green, 1981), 환경의 영향이 생의 초기에 더 크다는 것은 명백하다.

(6) 수면

적어도 영아가 태어나기 2주 전부터 생후 1～2개월까지는 수면시간의 반은 램수면(REM Sleep)이다. 램수면은 빠른 안구운동 수면이라고도 하며 흔히 꿈의 수면이라고도 부르는데 활동적이거나 불규칙적인 수면상태로써 눈꺼풀 아래에서 눈이 급격하게 움직이고 뇌파활동이 깨어 있을 때와 유사한 패턴을 보이는 상태의 수면이다. 신생아의 경우는 하루 50%를 거의 램수면상태로 보내게 된다(Groome 등, 1997). 신생아가 많은 시간을 램수면으로 보내게 되는 이유 중 가장 널리 받아들여지고 있는 이론은 영아들의 신경계가 적절하게 발달하기에 충분한 내적 자극들을 제공하기 위함이며 영아의 뇌가 급속하게 성숙하고 깨어 있으면 램활동에 대한 자극이 줄어들게 된다고 보고 있다(Boismier, 1977). 램수면은 6개월이 지나면 전체 수면 중 25～30% 정도를 차지한다. 인간은 일정량의 램수면이 필요하며 부족했을 때 불안정하고 불균형상태를 나타낸다고 보고하고 있다(Demnet, 1960).

일반적으로 영아들은 성장하면서 깨어 있는 시간이 늘어나고 수면시간은 감소되는데 2～6주가 되면 하루에 단지 14～16시간을 잔다. 아동의 수면시간은 대략 3세에 12시간, 7세에 10시간, 12세에 8시간으로 점점 감소한다(Sadeh, Raviv, & Gruber, 2000). 그런데 성장호르몬(growth hormone)으로 불리는 성장 촉진 호르몬의 80% 정도가 아동들과 청소년들이 자는 동안 분비되므로 수면은 정상적인 성장에 있어서 필수적이다(Smock, 1998). 성장 호르몬은 뇌 속의 뇌하수체 샘으로부터 수면 중 분비되며, 이는 간으로 가서 근육과 뼈를 자라게 하는 간장 호르몬(somatomedin)을 자극하여 활성화시킨다(Tanner, 1990).

또한 수면은 아동의 발달에 중요한 영향을 미친다. 수면은 아동의 인지 과정과 학교 적응에 영향을 미친다. 아동이 충분한 수면을 취하지 못할 경우 혹은 밤새 자주 깨거나 매일 일정한 수면 시간을 갖지 못할 경우 종종 학교생활에 집중하기가 어려울 뿐 아니라(Sadeh, Raviv, & Gruber, 2002), 교사의 요구를 무시하거나 때때로 공격적으로 변하기 쉽다(Bates et al., 2002).

수면 문제에서 가장 중요한 것은 규칙적인 수면 절차이다. 이는 매일 밤 같은 시간에 시작되어("자야 할 시간이다.") 같은 시간에 끝나야 한다(부모가 아동을 두고 나가면 아동이 혼자 자려고 하는 것). 이러한 절차들을 지속적으로 따름으로써 아동은 더욱 쉽게 잠들 수 있으며 더욱 깊이 잘 수 있을 것이다.

수면 부족은 특히 청소년들에게 문제가 될 수 있다. 청소년들은 종종 학교 숙제를 끝마치기 위해, 친구들과 시간을 보내기 위해, 공부를 하느라 밤 늦게까지 깨어 있을 수 있다. 또한 청소년들은 종종 어린 초등학생들보다 더 일찍 등교한다. 그 결과 낮에 학교에서 졸지 않으려고 애쓰는 청소년들을 종종 볼 수 있다(Carskadon, 2002). 과도한 학업은 분명 해롭다. 한 종단 연구(Fredriksen et al., 2004)에서 6～8학년생들 중 수면이 부족한 아동들은 대부분 우울증 증상과 현저히 낮은 자존감을 보였다. 따라서 청소년기에는 밤에 깊은 수면을 취하는 것이 바람직한 학업과 개인의 발달을 위해 중요하다.

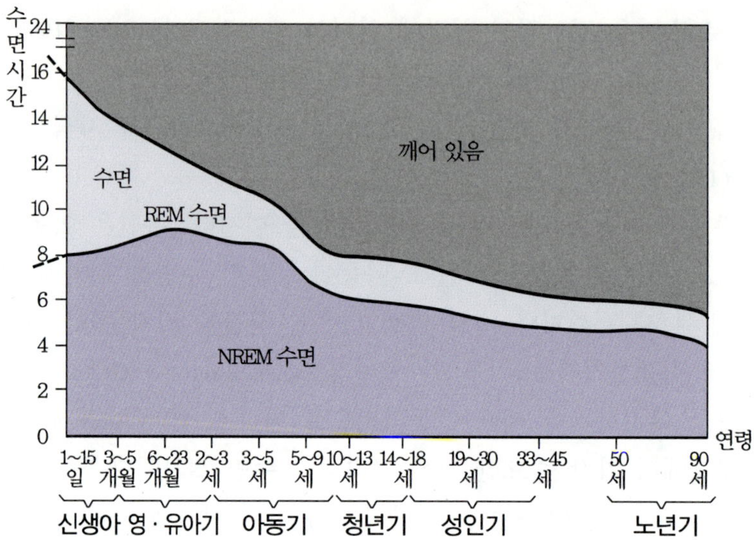

[그림 3-9] 연령에 따른 REM 수면과 NREM 수면의 변화

출처: Roffwarg, Muzio & Dement(1966).

Chapter 04

정서발달

1 정서발달

정서란 자극에 직면하여 발생하거나 자극에 수반되는 여러 가지 생리적 변화(예 : 혈압 맥박수, 호흡의 변화)라든가 눈에 보이는 행동(예 : 미소나 찡그림) 등의 반응을 말한다. 기쁨, 슬픔, 공포 등이 그 예이다.

영아기 정서에는 두 가지 기능과 목적이 있다.

첫째, 영아의 정서표현은 영아의 상태를 다른 사람, 특히 양육자에게 알림으로써 양육자로 하여금 영아를 보살피게 하는 기능을 한다(Lamb, 1988). 예를 들면 영아의 미소는 양육자로 하여금 영아와의 상호작용을 더욱더 계속하도록 해준다. 한편 영아의 불편한 표정은 양육자로 하여금 영아에게 무슨 문제가 있는지 살펴보고 문제를 해결하도록 한다.

둘째, 영아기의 정서는 특정 자극에 대해 특정한 행동을 하도록 하는 동기를 부여한다(Lamb, 1988). 예를 들면 "분노"는 공격행동이 동기를 부여하고 "공포"는 회피행동의 동기를 부여한다(Termine & Izard, 1988). 정서의 이러한 기능은 유기체가 환경에 적응하기 위한 진화의 결과로 볼 수 있다.

1) 정서 표현의 발달

영아기의 정서발달에 관한 연구로 Bridges(1930)의 연구에 의하면, 출생

시에 신생아는 몇 가지 제한된 정서만을 표현한다고 한다. 이러한 정서는 선천적인 것으로 생의 초기에 나타나고, 얼굴 표정만 보고서도 정서 상태를 쉽게 알 수 있으며, 세계 모든 문화권의 영아에게서 볼 수 있기 때문에 일차정서 또는 기본정서라고 부른다(Izard, 1991, 1994).

Watson과 Reiner 등은 3개월 된 유아를 관찰하여 공포, 분노, 애정의 세 가지 정서반응은 출생부터 가지는 기본정서라고 하였다. 또한 대부분의 학자는 인간이 경험하는 기본정서에는 행복, 기쁨, 분노, 놀람, 슬픔, 혐오, 공포 등이 있다고 한다.

2) 기본정서(일차정서)의 발달

일차적 정서 중에서 대표적인 정서인 기쁨(행복), 분노와 슬픔, 공포 등이 있다고 한다.

(1) 기쁨(행복)

영아는 새로운 기술을 획득할 때 미소 짓고 웃으며, 인지적 그리고 운동발달을 이룰 때 기쁨을 표현한다. 미소는 양육자가 영아에게 애정적이고 자극적일 수 있도록 하여 그에 따라 영아는 더 많이 미소 짓는다. 행복은 영아와 양육자가 따뜻하고 지원적 관계를 형성하도록 함으로써 영아의 능력발달에 기여한다.

출생 직후부터 신생아기는 REM 수면 동안 그리고 어머니의 부드러운 접촉이나 소리에 반응하여 미소 짓는다. 생후 1개월 말경에는 밝은 물체가 갑자기 나타날 때처럼 흥미로운 모습을 보게 되면 영아는 미소 짓기 시작하고, 생후 6주와 10주경에는 웃음소리가 좀 더 적극적으로 바뀌고, 또 미소 짓는 기간이 길어지며 눈을 치켜뜨는 등의 얼굴표현을 할 수 있다. 사물보다 사람 쳐다보기를 더 좋아하면서 사람과의 시선이 마주치면 사회적 미소를 나타낸다(Sroufe & Waters, 1976). 생후 3개월경에 이르면 영아는 사람과의 상호작용에서 가장 많은 미소를 나타낸다.

웃음은 미소와 마찬가지로 기쁨의 표현이다. 웃음은 3～4개월경 강한 자극 후에 나타나며 웃음을 유발하기 위해서는 미소를 유발하기 위한 자극보다 더 강한 자극이 필요하다.

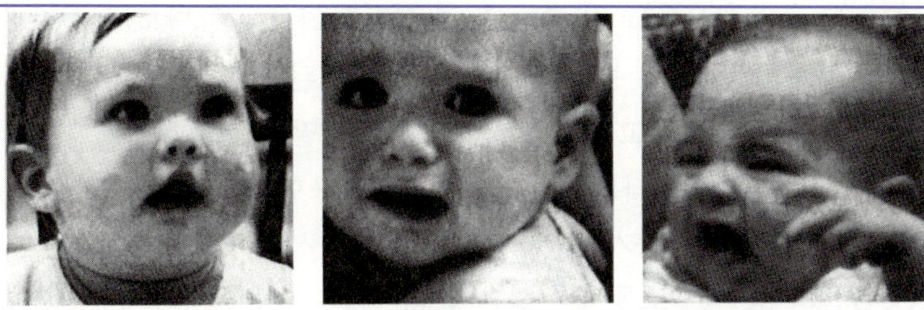

홍미 : 올라간 눈썹, 둥굴어진 입, 오므린 입술.

공포 : 뒤로 당겨진 입, 일직선으로 뒤로 그리고 안으로 당겨진 눈썹, 올라간 속눈썹.

혐오 : 밖으로 나온 혀, 올라간 윗입술, 찡그린 코.

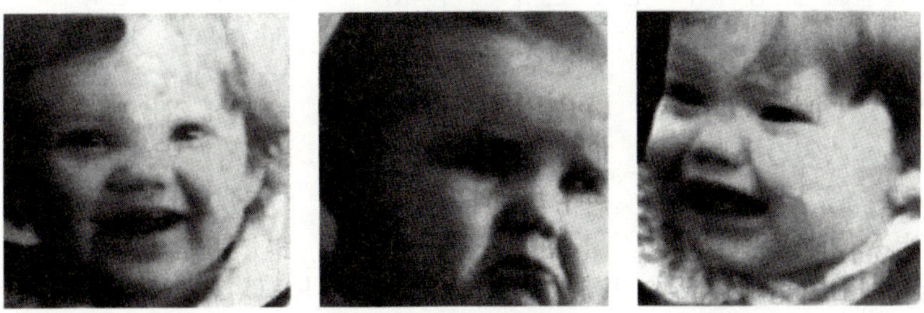

기쁨 : 밝은 눈, 올라간 뺨, 미소를 지은 입.

슬픔 : 밑으로 내려간 입가장자리, 안쪽부분이 올라간 눈썹.

분노 : 네모진 입가장자리, 함께 끌어당겨져 아래를 향한 눈썹, 앞쪽에 고정된 눈.

[그림 4-1] 어린 영아들의 다양한 정서 표현

출처 : Field 등(1982).

(2) 분노

신생아들은 배고픔이나 고통스러운 의학적 처치, 체온의 변화 혹은 너무 많은 자극이나 너무 적은 자극과 같은 불유쾌한 경험에 반응하여 괴로움을 나타낸다. 시간 경과와 함께 영아는 점점 더 광범위한 상황에서 분노를 나타내기 시작한다. 예를 들면 좋아하는 물건이 없어졌을 때, 아기의 팔이나 몸을 꼼짝 못 하게 붙잡았을 때, 양육자가 잠깐 동안 없어졌을 때와 같은 다양한 상황에서 분노가 표출된다(Camras 등, 1992).

영아가 성장함에 따라 분노를 표현하는 형태가 달라진다. 처음에 영아는 자신이 느끼는 좌절감을 고통스런 울음으로 표현하지만 4~6개월경에는 성난 목소리로 소리를 지른다. 분노는 2세경에 최고조에 달하며 사랑과 수용으로 대치되지 않으면 공격성으로 발전하게 된다. 이후 이러한 분노의 감정을 감추거나 통제하고 육체적 공격보다는 말로 표현하도록 가르침을 받으며 사회적으로 수용되는 방식으로 분노를 표현하게 된다. 또한 영아기 말에는 자신의 감정을 숨기는 것이 필요하다는 사실도 알게 된다.

한편 슬픔의 표현은 고통이나 짧은 분리 혹은 대상물의 제거에 반응하여 일어나지만 분노보다는 덜 빈번하게 나타난다(Alessandri, Sullivan & Lewins, 1990). 슬픔은 양육자-영아 간의 의사소통이 심각하게 손상받을 때 가장 흔하게 일어나며 극단적인 슬픔은 양육자와 분리된 영아들 사이에서 관찰될 수 있다.

(3) 공포

공포는 신체적, 심리적 위험에 대한 반응으로 나타난다. 어린아이들은 위험한 상황에서 자신을 보호할 수 있는 운동기술을 지니고 있지 않기 때문에 이 기간 동안 영아는 오로지 양육자의 보호에 의존해야만 한다. 따라서 공포는 영아 초기 동안에는 거의 나타나지 않으며 분노와 동일하게 생후 첫 1년의 후반기에 나타난다. 심리학자들은 인간이 경험하는 최초의 공포는 생후 6~8개월경에 나타나는 낯선 사람에 대한 공포(혹은 낯가림, Stranger anxiety)라고 주장한다. 6개월경에 영아는 인지발달로 인해 새로운 공포감을 가지기 시작하며 친숙하지 않은 대상에 대해 경계심을 갖게 된다. 그 가운데서도 애착이 형성된 사람과의 분리나 낯선 사람과의 만남은 공포를 유발하는 중요한 원인이 되는 것으로 밝혀지고 있다.

불안의 정서는 공포 반응과 밀접한 관련이 있다. 영아기의 불안도 애착행동이나 낯가림과 관련이 있는데, 어머니와의 분리가 주된 원인이다. 낯선 사람이나 사물 또는 상황에 대해 민감하게 반응하는 영아는 공포상황을 극복하는 데 있어 어려움을 겪게 되는데 이는 이후에 불안장애로 발전할 가능성이 높다고 한다.

영아기의 이러한 특성이 이후의 불안장애의 원인인가를 확실하게 설명할 수는 없지만 양자 간에는 상관이 있다고 한다(Kagan, 1999).

3) 이차정서

이차정서는 일차정서보다 늦게 나타나고 좀 더 복잡한 인지능력을 필요로 한다(Lewis, Alessandri & Sullivan, 1992). 이들 정서는 수치, 당황, 죄책감, 질투, 사랑스러움 등이다. 이러한 이차적 정서는 개인의 자기 개념을 손상시키거나 증진시키기 때문에 자아의식적 정서(Self-conscious emotion)라고 불린다.

자아의 인식은 영아기에 점차로 발달하는 것인데 2세 말경 자기 개념의 출현과 함께 나타난다(Lewis 등, 1989). 생후 18개월과 24개월 사이에 아동은 수치심과 당황, 그리고 자랑스러움을 경험하기 시작하고 3세경에 질투심(시샘)과 죄책감이 나타난다. 이 시기에 자아의식적 정서는 자기평가와 연결된다.

Lewis 등(Lewis, Alessandri & Sullivan, 1992)의 연구에서 부모는 3세 유아에게 쉬운 과제와 어려운 과제를 해결하도록 하였다. 유아는 쉬운 과제보다 어려운 과제에서 성공했을 때 훨씬 더 많은 자랑스러움을 경험하였고, 어려운 과제보다 쉬운 과제를 실패했을 때 더 많이 수치스러워하였다.

아동 초기 유아들은 우연적이라고 할지라도 나쁜 일로 생각될 수 있는 어떤 행동을 했을 때 죄책감을 느끼며 청중이 존재할 때 자아의식적 정서를 경험하기 쉽다(Graham, Double-day & Guarino, 1984). 특히 유치원 연령의 유아들은 타인이 유아의 비행을 목격하거나 관찰했을 때, 죄책감이나 수치심을 경험한다.

이 연령의 유아들은 성인의 지시나 피드백에 따라 행동의 표출을 설정하기 때문에 타인의 존재는 유아의 정서경험에 중요한 역할을 한다.

4) 정서 이해와 반응

6개월경에 영아는 정서와 연관된 얼굴표정을 분간하기 시작한다. 예를 들어 6개월 된 영아는 행복해서 미소 짓는 얼굴과 불편해서 찡그린 얼굴을 구분할 줄 안다(Ludemann, 1991; Luddman & Nelson, 1988). 6개월이 지나면서 영아는 정서를 구분할 수 있을 뿐만 아니라 다른 사람의 정서에 의해서 영향을 받는다. 이것은 영아가 정서의 의미를 깨닫는다는 것을 말해준다(Bornstein, 1995). 7～10개월경에 이르면 영아는 목소리의 정서 상태와 말하는 사람의 얼굴표정을 연결 지을 수 있다. 이제 영아는 개인의 정서표현이 의미를 가질 뿐 아니라 구체적 사물이나 사건에 대한 의미 있는 반응이라는 것을 인식한다(walker-Andrews, 1997). 따라서 영아는 신뢰할 수 있는 양육자로부터 능동적으로 정서정보를 구하고 그들이 어떻게 행동해야 할 것인가를 결정하기 위하여 양육자들의 정서적 반응을 사용한다. 영아는 소위 사회적 참조(Social Referencing)를 사용하여 구체적 상황에 대한 대처방식을 찾아낸다.

사회적 참조란 불확실한 상황을 평가하기 위하여 타인의 정서적 반응에 의존하는 것을 의미한다. 1세경의 영아는 양육자의 정서적 표현을 바탕으로 낯선 사람을 회피할 것인가 아닌가, 친숙하지 않은 장난감을 가지고 놀 것인가 아닌가, 혹은 시각적 절벽의 깊은 면으로 기어갈 것인가 아닌가를 결정한다(Repacholi, 1998). 그들은 어머니가 미소를 띠면 다가가고, 긴장된 모습을 보이면 움츠린다.

2세 이후 유아들은 정서의 원인과 결과 그리고 행동적 표현을 언급할 수 있으며 시간 경과와 함께 그들의 이해는 더 정확해지고 복잡해진다. 그러나 7세 이전의 유아들은 정서반응의 원인을 설명할 때 내적 자극보다 외적 자극을 더 강조한다. 그 예로 7세 이전의 유아들은 사람이 화를 내는 이유는 타인으로부터 상해를 입었기 때문이라고 생각하지만 더 나이 많은 아동과 성인들은 해치려는 의도 때문에 화를 낸다고 설명한다(Levine, 1995). 그럼에도 불구하고 아동 초기 유아들은 사고와 정서는 관련되어 있고(슬픈 기억을 떠올리는 사람은 슬픔을 느낀다) 특정한 정서가 다음에 어떤 행동을 초래할 것인가를 예측할 수 있다. 화난 아동은 발길질하기 쉽고 행복한 사람은 물건을 나누어 줄 가능성이 많다(Russell, 1990). 유아의 사회적 경험 또한 정서 이해에 기여한다. 어머니가 유아와 대화할 때 정서에 대해 많이 설명하고 정서적 사고를 격려하면, 유아는 정서관련 단어를 더 많이 사용한다(Cervantes & Callanan, 1998).

또한 초등학교 아동들은 정서를 해석하기 위해 점진적으로 내적 정보와 외적 정보 모두에 의존하기 시작한다. 또한 6~9세 아동들은 사람이 동시에 한 가지 이상의 정서(예를 들면 흥분과 경계심)를 경험할 수 있음을 이해하기 시작한다(Arsenio & Kramer, 1992; Brown & Dunn, 1992). 정서가 무엇인지를 추론하기 위해 서로 대립되는 표정단서, 행동단서, 상황적 단서를 종합하는 능력을 보인다(Hoffner & Badsinski, 1989; Friend & Davis, 1993).

5) 정서표출 규칙

정서를 표현할 경우 어떤 특정 상황에서 어떤 정서는 표현해도 괜찮지만 어떤 정서는 표현해서는 안 된다는 규칙이 있다. 이러한 규칙은 영아기에서부터 벌써 자기 몸을 앞뒤로 흔들거나 입술을 깨물거나 불쾌한 사건이나 사람들을 피함으로써 부정적 정서유발을 감소시키는 책략을 발달시킨다(Kopp, 1989; Mangelsdorf et al, 1995). 18개월이 되면 영아는 부정적 정서를 숨길 줄 알게 된다. 20개월 된 영아는 넘어졌을 때에 어머니가 함께 있을 때만 울음을 터뜨린다. 3세가 되면 자기감정을 더 잘 숨길 수 있다. 한 연구(Lewis, Stanger & Sullivan, 1989)에서는 실험자가 유아에게 금지된 장난감을 만지지 말도록 지시하고 방을 나간 후에 일방경을 통해 관찰하였다. 대부분의 유아(32명 중 29명)가 장난감을 만졌지만 대다수가 만지지 않았다고 거짓말을 하였다. 그러나 실험자는 누가 거짓말을 하고 있는지 그들의 얼굴표정과 몸짓만 보고서는 알 수 없었다. 이것으로 보아 3세의 유아는 자기감정을 숨기고 그에 대해 거짓말을 한다는 것을 알 수 있다.

아동기에 들어서면 정서적 규제능력은 빠르게 발달한다. 아동은 또래의 승인을 대단히 중요시하기 때문에 또래를 불쾌하게 하고 자기 가치감을 위협하는 부정적 정서를 관리하는 방법을 학습하지 않으면 안 된다.

10세경에 이르면 대부분의 아동들은 정서를 관리하는 적응적 기법을 획득하게 된다(Kliewer, Fearnow & Miller, 1996). 그들은 현재의 조건을 수용하는 방식으로 상황에 직면하면 문제해결을 시도하고 필요하면 사회적 지원을 구한다. 노력했음에도 불구하고 결과가 몹시 좋지 않을 때, 그들은 현재의 조건을 수용하는 방식으로 상황을 재정의하거나 기분전환을 선택한다. 초등학교 시기 동안 아동은 부정적 정서를 억압하는 것에 점차 적응한다. 그러나 아동의 정서적 위장 정도는 상황에 따라 차이가 있다. 그 예로 아동은 또래보다는 교사와 같은 권위 인물이 존재할 때 더 자주 분노를 억압하며(Underwood, Coie & Herbsman, 1992), 부모보다는 또래에게 부정적 정서를 더 자주 숨기는 경향이 있다(Zeman & Garber, 1996).

10세 정도에 이르면 이제 아동은 정서표출 규칙을 의식적으로 인식하고 이해할 수 있다. 그들은 6~8세 아동들보다 정서표출 규칙을 더 많이 생각할 뿐 아니라 그것의 사용을 하나의 사회적 규범으로 정당화한다. 6~8세 아동들이 질책이나 웃음거리가 되지 않기 위해서 정서를 위장하는 것과는 대조적으로, 10세의 아동들은 문화적으로 수용된 표준으로서 정서표출 규칙의 가치를 이해한다(Saarni, 1995).

2 기질의 형성과 발달

기질이란 정서적 표현양식과 환경의 자극에 대한 반응 양상의 차이를 통해 식별할 수 있는 영아의 성격의 개인차를 말한다. 일반적으로 기질이 선천적으로 결정된다고 믿는 학자들은 아동의 성장과정을 통해 기질은 일관성 있게 안정적으로 유지된다고 믿고 있다.

Thomas 등은 9개의 행동차원에서 영아의 행동을 부모 등에게 설문지를 주어 관찰하게 하거나 부모와의 면접을 통해 평정하였다. Thomas 등은 많은 영아들에게서 얻은 평정결과를 토대로 3개의 기질유형을 식별해 냈다 (Thomas & Chess, 1984; 1986, Thomas, Chess & Birch, 1968).

〈표 4-1〉 **기질진단 행동차원**

활동성	젖 먹기, 목욕하기, 옷 입기 등 일상생활에서 영아가 하는 신체 활동량
규칙성	수용시간 : 수면주기, 배변습관 등의 예측 가능성
접근/기피	새로운 사회나 장난감, 음식 등 새로운 자극에 대한 기분, 행동을 포함
적응성	상황의 변화에 대한 적응의 용이성
강도	긍정 및 부정적인 반응의 에너지 수준
식역	영아의 반응을 유발하는 데 필요한 자극의 양
기분	불행하거나 부정적인 행동에 행복하고 기분 좋은 반응의 빈도
산만성	외부의 사태나 자극에 의해 영아의 진행 중인 행동이 쉽게 방해받는 정도
주의 범위와 지속성	영아의 활동의 지속시간과 장애에 직면했을 때 활동을 계속하려는 위치

1) 기질의 유형

첫째, 순한 아동(easy child)은 수면, 음식섭취, 배설 등 일상생활습관에 있어서 대체로 규칙적이며 반응강도는 보통이다. 새로운 음식을 잘 받아들이고 낯선 대상에게도 스스럼없이 잘 접근하며 환경의 변화에 대한 적응력도 높다. 대체로 평온하고 행복한 정서가 지배적이다. Thomas와 Chess의 연구(1984)에 의하면 약 40%의 영아가 이 유형에 속한다.

둘째, 까다로운 아동(difficult child)은 순한 아동과 정반대이다. 생활습관은 불규칙적이며 예측하기 어렵고 환경으로부터의 자극이나 욕구좌절에 대한 반응강도는 강하다. 환경의 변화에 대한 적응도 늦다. 크게 울거나 웃는 등 강한 정서가 자주 나타나며 부정적인 정서도 자주 보인다. 약 10%의 영아가 이 유형에 속한다.

셋째, 더딘 아동(slow to warm up child)은 상황 변화에 대한 적응이 늦고 낯선 사람이나 사물에 부정적인 반응을 보이는 점에서는 까다로운 아동과 유사하다. 그러나 까다로운 아동과 달리 활동이 적고 반응강도 또한 약하다. 수면, 음식섭취 등의 생활습관은 까다로운 아동보다 규칙적이지만 순한 아동보다는 불규칙하다. 전체 아동의 약 15%가 이 유형에 속하는 것으로 보고되고 있다.

나머지 약 35%의 영아는 이 세 기질에 포함시킬 수 없는 매우 개성적인 아기들이었다. 영아가 자람에 따라 이들 연구자들은 심리검사, 학교기록, 행동관찰, 아동과의 면담 등을 통해서 광범위하게 자료를 수집했다. 아동들은 3, 6, 9, 16～17세에 관찰되었다. 이와 같은 종단적 연구를 분석한 결과 연령이 변화해도 어느 정도의 지속성은 나타났으나 완전하게 기질유형이 고정되어 있지는 않다는 것이 발견되었다.

그러나 영아의 기질유형은 자란 후의 문제행동과 관련되는 것으로 나타났다. 까다로운 영아의 약 70%가 자란 후에 문제행동을 나타낸 반면, 순한 영아는 약 18%만이 자란 후에 문제행동을 나타냈다. 이와 같은 결과는 까다로운 영아의 부모가 까다로운 영아의 행동양식을 잘 다룰 수 있었느냐가 중요한 역할을 하는 것으로 해석되었다.

Thomas와 Chess에 따르면 까다로운 영아들의 어떤 부모들은 혼란스럽고 화가 나며, 그들 아동의 행동에 대하여 우울하게 느끼며, 부모 자신이 아동에게 부정적으로 반응하게 된다. 반면, 어떤 부모들은 그들의 까다로운 자녀들은 강하고 씩씩하며 도전적이라고 해석한다.

이와 같이 긍정적으로 생각하는 부모는 영아에게 긍정적이고 활동적인 대응을 하게 되고, 가끔 지치기는 하나 자녀들을 즐겨 돌본다. 또 순한 영아들은 그들 부모로부터 웃음, 애정 등의 긍정적 반응을 이끌어 낸다. 그러나 어떤 부모들은 순한 영아가 다루기 쉽기 때문에 영아를 내버려두거나 무시하기도 하는데 이러한 경우 방임된 아동들은 실조 상황에 놓일 수도 있다. 따라서 한 아동의 행동유형이 부모의 양육태도와 맞지 않을 때는 문제행동이 일어날 가능성이 있다. 아동의 기질과 양육자의 양육방식 간의 조화가 발달 초기에서부터 일생을 통해 인간발달에 영향을 미치게 된다.

Schaffer와 Emerson(1964)도 아기들을 생후 18개월 동안 관찰 분석한 결과, 영아들 간에 기질적인 차이를 발견할 수 있었다. 잘 안기는 아기들은 대부분의 상황에서 다른 사람과 밀접한 신체적인 접촉을 즐기는 것 같았다. 남에게 잘 안기지 않는 아기들은 다른 사람이 안거나 신체적인 자유를 제한하며 어떤 행동도 피하는 경향을 나타냈다.

Buss와 Plomin(1984)은 위의 연구와 다른 활동성/무기력, 정서성/무감각, 군집성/고립, 그리고 충동성/신중성의 네 가지의 기본 기질 차원을 제시하였다. 이러한 기질적 특성에 대해 첫째, 기질은 선천적 특성이다. 즉 사람에 대한 환경이나 다른 사람에게 반응하는 양식이 독특하며 이는 선천적인 요인에 의해서 결정된다. 둘째, 아동의 기질적 특성은 다른 사람이나 사물에 반응하는 방법에 영향을 준다. 예를 들어 군집적 아동은 다른 사람과의 접촉을 찾게 된다. 셋째, 개인의 기질적 특성은 다른 사람들이 그에게 반응하는 방법에 영향을 준다. 예를 들어 군집적 아동은 고립된 아동보다 더 잘 웃고 이것이 부모의 행동에 긍정적으로 영향을 준다고 주장하였다.

3 애착의 형성과 발달

애착(attachment)은 한 개인이 자신과 가장 가까운 사람에 대하여 느끼는 강한 감정적 유대관계를 뜻한다(Bowlby, 1958; Ainsworth et al, 1978). 애착은 근본적으로 선택적인 특성을 갖고 있어서 극히 소수의 제한된 대상에 대해서 형성되며 애착이 형성된 대상에 대해서는 가까이 다가가고 싶고 근접해 있고 싶은 욕구를 갖게 된다.

애착의 성장에 기여하는 중요한 요인 중 하나는 아기 삶의 첫 몇 개월 동안에 형성되는 양육자와 영아 간의 동등한 일과(Synchronized routines)이다(Stern, 1977; Tronick, 1989). 양육자가 아기의 상태에 세심하게 주의하고, 아기가 깨어 있고 주목하고 있을 때 놀이자극을 제공하고, 메시지를 보낼 때 밀거나 재촉하지 않는다.

Daniel Stern(1977)은 영아와 양육자 간의 동시적 상호작용은 하루에도 몇 번이나 일어날 수 있고, 이것은 정서적 애착이 기여한다고 믿었다. 따라서 양육자는 아기의 신호를 더 잘 해석하고 성공적으로 아기의 주의를 끌고 유지하기 위해 어떻게 지신의 행동을 맞추어야 하는지를 배워야 한다.

1) 애착의 발달

Schaffer와 Emerson(1964)은 초기 영아기부터 18개월까지의 애착의 발달과정을 제시하였다. 이들은 여러 상황에서 어머니와 격리되었을 때 영아의 반응이 어떠한지 영아의 격리불안 반응이 누구와 격리되었을 때 나타나는지에 대하여 어머니와 면담하여 자료를 수집하여 발달과정을 분석하였다.

그 결과 이들은 영아가 4단계의 발달과정을 거쳐서 양육자와 밀접한 유대를 발전시키는 것을 발견하였다.

(1) 비사회적 단계(0~6주)

사회적 자극, 비사회적 자극 둘 다에 대해 똑같이 긍정적 반응을 보인다. 이 시기가 끝날 즈음에서야 사회적 자극에 대한 선호를 보이기 시작한다.

(2) 무분별적 애착단계(6주~6, 7개월)

이 기간의 영아는 사람을 좋아하지만 다소 무분별적이다. 인형처럼 생명이 있는 듯이 보이는 대상보다 사람을 향해 더 많이 미소 짓는다(Ellsworth, Muir & Hains, 1993). 그리고 어떤 성인이든 그들을 안아주는 것을 더 좋아한다. 비록 3~6개월에는 친숙한 동반자에 대해 더 큰 웃음을 보여주고 (Watson et al, 1979) 정규 양육자에 의해 보다 빨리 달래짐에도 불구하고 그들은 단지 누군가(낯선 이를 포함해서)로부터 받는 주의를 즐기는 듯이 보인다.

(3) 특정 대상 애착단계(7~9개월)

7~9개월 사이에 영아는 특별한 한 개인으로부터 분리되었을 때만 저항하기 시작한다. 그 대상은 대개 엄마나 양육자이다. 또한 낯선 이들을 다소 경계한다. Schaffer와 Emerson(1964)에 따르면 이런 아이들은 최초의 진짜 애착을 형성한다. 양육자에 대한 강한 애착의 형성에 따르는 중요한 결과가 있다. 애착은 탐색적 행동의 발달을 촉진한다. Ainsworth(1979)는 애착이 탐색의 안전기지로서 도움이 된다는 점을 강조한다. 즉, 영아가 탐험하기 위해 자유로이 떠날 수 있다고 느끼는 안전기지(Secure base)이다.

(4) 다수인 애착단계

초기 애착을 형성한 후 몇 주 내에 Schaffer와 Emerson의 연구에 참가한 영아의 반이 아버지, 형제자매, 조부모 혹은 정규적으로 아이를 봐주는 사람과 같은 다른 사람에게 애착되었다. 18개월이면 소수의 영아만이 단지 한 사람에게 애착되고 몇몇은 다섯 이상의 사람에게 애착된다.

2) 애착이론

애착이론을 주장하는 이론인 정신분석이론, 학습이론, 인지발달이론 그리고 동물 행동학 이론에 관해 논하기로 한다.

(1) 정신분석이론

Freud에 따르면 어린 영아는 대상을 빨고 우물거리는 것으로부터 만족을 끌어내는 "구강적" 창조물이며 구강적 즐거움을 제공하는 사람에게 애착된다. 구강기 영아에게 "즐거움을 주는" 사람은 대개 엄마이기 때문에 엄마가 아기의 안전과 애정의 일차적 대상이 된다는 것이다.

Erikson은 또한 엄마가 음식을 주는 것은 영아 애착의 강도와 안전성에 영향을 미친다고 여겼다. 그러나 자녀의 욕구에 대한 엄마의 전반적인 반응성(overall responsiveness)은 음식을 주는 것 자체보다 더 중요하다. 또한 영아의 모든 욕구에 일관되게 반응하는 양육자는 타인에 대한 신뢰감을 육성한다. 반면 무반응적이고 비일관적인 양육자는 불신감을 낳는다. 영아기 동안 양육자를 신뢰할 수 없다는 것을 배운 아이는 생애 동안 긴밀한 상호신뢰를 형성하지 못할 수도 있다.

(2) 학습이론

영아가 음식을 주고 그들의 욕구를 만족시키는 사람에게 애착된다고 가정했다. 음식을 주는 것은 두 가지 이유에서 특히 중요하다(Sears, 1963).

첫째, 음식은 아기에 대한 양육자의 애정을 증가시킬 가능성이 있는 반응(미소와 비둘기 소리 같은 소리를 내는 것)을 유발시킨다.

둘째, 엄마는 영아에게 음식을 주면서 많은 편안함들(포만감, 따뜻함, 부드러운 쓰다듬기, 부드럽고 안심이 되는 말들, 아기가 보는 경치의 변화, 마른 기저귀)을 한 자리에서 한꺼번에 제공할 수 있다. 시간이 지나면서 영아는 즐거움이나 유쾌한 감각들과 엄마를 연합하게 되고 이제 엄마 자체가 가치로운 대상이 된다. 일단 엄마(혹은 다른 양육자)가 이차 강화(Secondary reinforcer)로서의 지위를 얻게 되면, 영아는 엄마에게 애착된다. 영아는 양육자의 주의를 끌기 위해 혹은 이 소중하고 보상적인 양육자 가까이에 남아 있기 위해 필요하다면 무엇이든 할 것이다(미소, 울음, 옹얼거림과 같은 것들).

한 실험에서 원숭이들은 생애 첫날 어미로부터 분리되었고 두 대리어미에 의해 이후 165일 동안 양육되었다. 각 대리어미는 얼굴 모양이 그려진 철사로 구성되어 있고 균형 잡힌 몸체를 갖고 있었다. 그러나 한 어미(헝겊어미)의 몸체는 거품 모양의 고무로 감싸여 있고 부드러운 천으로 덮여 있다. 다른 어미는 몸체가 철사로 되어 있다(철사어미). 새끼원숭이의 반은 항상 따뜻하고 편안한 "헝겊어미"가 보살펴 주었고, 나머지 반은 다소 불편한 "철사어미"가 먹이를 주었다. 새끼원숭이들은 먹이를 주는 "어미"에게 애착될 것인가 아니면 부드럽고 껴안고 싶은 "헝겊어미"를 선호할 것인가?

음식이 "철사어미"로부터 제공될지라도, 새끼원숭이는 단지 먹이를 먹는 동안만 "그녀"와 함께 시간을 보냈고 혼란스럽거나 두려워질 때면 "헝겊어미"에게로 바로 달려갔다. 모든 새끼원숭이들은 "헝겊어미"에게 애착되었다. 따라서 접촉위안은 먹이 주는 것이나 굶주림의 감소보다 부드러운 천으로 싸인 대리모에게 원숭이의 애착에 더 강력한 반응을 보이게 만들었다. 분명히 음식은 새끼원숭이에게만큼 인간 엄마에게도 중요하다. Schaffer와 Emerson(1964)이 엄마들에게 음식 스케줄(규칙적 간격으로 필요할 때 음식주기)과 영아를 이유했던 연령에 대해서 물었을 때, 음식을 적절하고 충분히 제공하는 것이 영아의 애착의 질을 예측할 수 없음을 알게 되었다. 실제로 영아의 39%에게 있어서 일상적으로 음식을 주고 목욕을 시키고 옷을 갈아입히는 사람(전형적으로 엄마)은 일차적 애착의 대상조차도 되지 않았다.

영아는 자신의 욕구에 재빠르게 반응하고 다양하게 즐겁고 보상적인 경험을 제공하는 사람에게 애착된다는 것이다. 엄마가 영아의 요구에 대해 신뢰롭고 친절하게 반응하고 아기들과 자주 놀아주면 영아는 엄마에게 밀접하게 애착된다.

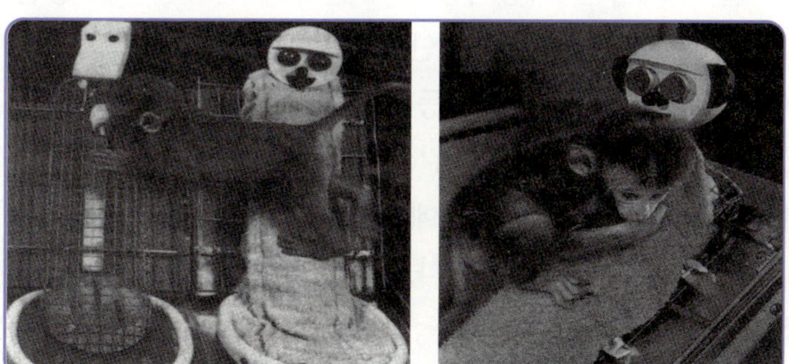

[그림 4-2] 급식과 촉감이 애착형성에 미치는 영향을 설명하는 원숭이 실험

출처 : Harlow과 Zimmerman(1959).

(3) 인지발달이론

애착을 형성하는 능력은 부분적으로 영아의 지적발달 수준에 달려 있다. 이것은 발달의 전체적 특징을 우리에게 일깨워 준다. 영아는 친숙한 동반자를 낯선 이로부터 구분한 후에야 애착이 발생할 수 있다. 친숙한 동반자들은 "영속성"을 가져야만 한다(대상영속성). 애착은 생후 7~9개월에 처음 나타나게 된다. Barry Lester와 동료들(1974)은 한 엄마에게 대상영속성 검사를 실시하였다. 그 후 영아들은 엄마, 아버지, 낯선 이로부터 잠깐 동안 분리하였다. 대상영속성에서 높은 점수를 받은 9개월 된 영아는 엄마로부터 분리되었을 때만 저항하는 반면 더 낮은 점수를 받은 동년배는 어떤 분리에도 저항의 증거를 보이지 않았다. 즉, 인지적으로 발달한 9개월 된 영아들만이 일차적 애착(엄마에 대한)을 형성하였다.

(4) 동물 행동학 이론

동물 행동학적 접근의 주요가정은 인간을 포함한 모든 종은 진화과정에서 어떤 식으로든 종의 생존에 기여했던 수많은 타고난 행동경향성을 갖고 태어난다는 것이다.

Bowlby(1980)는 많은 선천적 행동들이 영아와 양육자 간의 애착을 증진시킬 수 있도록 특별히 짜여 있다고 주장하였다. 애착관계 자체가 위험으로부터 영아를 보호하는 적응기능을 갖는다고 본 것이다. 동물 행동학적 이론 중에서 Konrad Lorenz는 각인 행동에 의해 애착현상을 설명하였다.

Lorenz에 따르면 각인은 ① 자동적이다. ② 새가 부화된 후 결정적 시기 내에서만 발생한다. ③ 되돌이킬 수 없다. 일단 새가 특정한 한 대상을 따르기 시작하면 그 새는 그 대상에 애착된 채로 남아 있게 된다.

각인은 적응적 반응이라고 하였다. 여러 세대를 거치는 과정에서 각인반응은 결국 어린 새가 어미에게 애착하고 그로 인해 살아남을 가능성을 높이는 타고난 선천적 특성이다.

영아의 경우 어린 새와 같은 방식으로 엄마에게 각인되는 것은 아닐지라도, 타인과의 접촉을 유지하고 보살핌을 유발하는 것을 돕는 많은 속성들을 타고난 듯하다.

영아들의 울고, 빨고, 잡고, 웃고, 옹알이하는 등의 반응은 양육자를 가까이 있게 하는 요인들이다. 성인들 또한 영아들의 이러한 반응에 대응하는 선천적인 기제를 갖고 있어 영아가 우는 것을 무시할 수 없고 편안해질 때까지 달래게 된다.

결국 영아와 양육자 모두 선천적으로 서로에게 긍정적으로 반응하도록 진화해 왔으므로 결과적으로 밀접한 애착을 형성하게 되어 영아가 생존할 수 있게 해준다.

그러나 Bowlby는 인간에게서의 애착은 자동적으로 형성되는 것이 아니고 어머니가 영아의 신호를 적절히 해석하고 반응하는 데에 따라 달라진다고 한다. 또한 영아가 그의 어머니가 어떻게 행동하며 영아 자신의 행동을 어떻게 규제해 가는지를 배워감에 따라 점차적으로 형성된다고 보았다.

따라서 안정된 정서적 애착은 엄마와 양육자 모두 상대방에게 적절하게 반응하는 것을 학습하지 않으면 발달하지 않는다고 Bowlby는 강조하였다.

3) 애착의 유형

Ainsworth와 그의 동료들(1978)은 영아들의 양육자와의 애착에서 유형의 차이가 있다는 것을 발견하였다. 이들은 영아를 낯선 상황에 있게 함으로써 애착의 유형을 측정하였다. 낯선 상황이지만 영아들이 양육자를 안전기반으로 삼고 있는지를 보기 위하여 만든 실험장면이다.

장난감이 있는 낯선 방에서 양육자와 영아가 자연적인 상호작용을 하는 동안 영아를 양육자로부터 짧은 시간 동안 격리시킨다. 그런 다음 영아가 낯선 사람과 같이 있게 하는 상황을 만든 후 양육자가 다시 돌아와 재결합하는 상황으로 구성되어 있다. 이 낯선 상황에서의 영아의 반응인 탐색활동, 낯선 사람에 대한 반응, 격리되었을 때의 반응, 특히 양육자와 재결합했을 때의 영아의 반응을 분석함으로써 양육자에 대한 영아의 네 가지 애착유형을 발견하였다.

(1) 안정애착

미국의 1세 된 영아의 약 65%가 안정애착을 보였다. 안전하게 애착된 영아는 엄마와 혼자 있는 동안 적극적으로 탐색하고 분리가 되면 눈에 띄게 혼란스러워질 수 있다. 영아는 엄마가 돌아왔을 때 엄마를 따뜻하게 맞이하고 만일 심하게 스트레스를 받았다면 엄마와 물리적 접촉을 하려고 하는데 이것은 스트레스를 완화하는 데 도움을 준다. 영아는 엄마가 있으면 낯선 이들과도 잘 지낸다.

(2) 저항애착

1세 된 영아의 10%가 "불안정" 저항애착유형을 보인다. 이 영아들은 엄마가 가까이에 머물러 있지만 엄마가 있을 때는 거의 탐색하지 않는다. 그들은 엄마가 떠나면 매우 스트레스를 받는다. 그러나 엄마가 돌아왔을 때 영아들은 양가감정이다. 자신을 남겨둔 것에 대해 화가 난 듯하고 엄마가 시도하는 물리적 접촉에 대해 저항할 가능성이 높다 할지라도, 영아는 엄마 곁에 남아 있는다. 저항적 영아는 엄마가 있을 때조차 낯선 이를 아주 경계한다.

(3) 회피애착

1세 된 영아들 중 20%는 "불안정" 회피애착을 보인다. 엄마와 분리되었을 때 스트레스를 덜 받고 엄마가 주의를 끌려고 할 때조차도 일반적으로 돌아서서 계속해서 엄마를 무시한다. 회피영아는 자주 낯선 이들에 대해 다소 사회적이지만 때로 그들이 엄마를 회피하거나 무시하는 것과 같이 동일한 방식으로 회피하거나 무시할 수도 있다.

(4) 혼란애착

미국 영아의 5~10%가 혼란애착을 나타내며 낯선 상황에 가장 큰 스트레스를 받고 가장 불안정하다(Hertgaard et al, 1995). 양육자에게 접근할지 혹은 회피할지에 대한 갈등을 반영하는 저항적 패턴과 회피적 패턴이 조합되어 있다. 엄마와 다시 결합했을 때, 이 영아들은 멍하고 얼어붙은 듯이 행동한다. 혹은 엄마 가까이로 움직이다가 엄마가 가까이 다가오면 갑자기 멀리 피한다. 혹은 양쪽 모든 패턴을 보일 수도 있다.

이 네 가지의 유형을 보면 안정애착된 영아들은 양육자와 애정적 관계가 형성되어 비교적 행복한 영아들이다. 반면에 저항애착을 나타내는 영아들은 양육자에게 끌리나 신뢰하지 않는 것처럼 보이고, 회피애착 영아들은 양육자로부터 어떤 위안이나 애정도 끌어낼 수 없는 것처럼 보인다. 혼란애착 영아들은 극단적인 혼돈상태를 보이며 양육자에게 접근할지 회피해야 할지에 대하여 확실하지 않은 것으로 보인다.

네 가지 애착유형에 대한 영아의 분포비율은 문화에 따라 다르며 아동양육의 문화적 차이를 반영하는 것으로 보인다. 예를 들어 독일 부모들은 영아들의 독립성을 강조하며 영아와의 밀접한 접촉을 억제하기 때문에 낯선 상황에서 어머니와 재결합했을 때 영아들이 회피애착반응을 많이 보인다(Grossmann et at, 1985). 양육자가 영아를 대리모에게 맡기는 일이 드문 일본의 영아들은 강한 격리불안과 낯가림을 보인다(Sagi et al, 1994).

우리나라 영아의 애착유형은 대체로 서구 아동과 유사한 비율을 보인다(홍기옥 · 정옥분, 1995). 홍기옥과 정옥분(1995)은 안정애착유형이 61.8%, 불안정회피 유형이 25%, 나머지 유형이 약 11.2%로서 서구 아동과 유사한 비율을 보여주고 있다. 박응임(1995)의 연구에서는 안정애착유형이 약 80%, 불안정회피 유형이 약 17%, 나머지 유형이 3%인 것으로 나타났다. 이러한 문화적인 차이에도 불구하고 모든 문화에서 이 네 가지 애착유형이 발견되고 있으며 일반적으로 안정애착을 보이는 영아들이 불안정애착을 보이는 영아들보다 더 많았다(Van Ijzendoom & Kroonenberg, 1988).

4) 애착유형에 따른 양육태도

Ainsworth(1979)는 영아가 느끼는 애착의 유형은 그가 주위 사람들에게서 받은 관심의 종류에 의존된다고 믿었다. 안정애착된 영아의 어머니들은 영아가 태어날 때부터 영아들과의 접촉을 즐기면서 정서적인 표현을 자주 하고, 영아의 사회적 신호에 대해 매우 민감하게 반응하였으며, 영아들이 그의 주위를 탐색하도록 자극하였다(Isabella, 1993). 따라서 영아들은 양육자와의 상호작용에서 편안함과 즐거움을 얻을 수 있고 이것이 안정애착을 형성하게 해준다.

저항애착을 보이는 영아들은 쉽게 흥분하거나 반응하지 않는 기질을 갖고 있다(Cassidy & Berlin, 1994). 또 저항애착을 보이는 영아들의 부모들도 자신의 기분에 따라 영아들에게 때로는 애정적으로 또 다른 때는 무관심으로 일관성이 없게 반응하거나 무반응을 보이는 경우가 흔히 있었다(Ainsworth, 1970). 영아들은 매달리고 울고 또는 다른 애착행동을 함으로써 정서적 지원과 애정을 얻으려고 절망적으로 노력한다. 그러나 영아들은 이러한 일관성이 없는 양육에 부딪히게 되면 자신의 노력이 소용없다는 것을 느끼고 슬퍼하며 서러워한다.

회피애착을 보이는 영아들의 부모는 두 가지 유형의 양육태도를 보였다. 일부 어머니들은 자신의 영아들의 반응에 대해 참을 수 없어 하며, 영아들이 보내는 신호에 무반응적이고 영아들에게 부정적 감정을 표현하며 영아들과의 밀접한 접촉으로부터 즐거움을 느끼지 못하는 것처럼 보인다. 이들 부모들은 경직되고 자기 자녀를 거부하는 자기중심적 특성을 갖고 있다(Ainsworth, 1979).

회피애착 영아의 또 다른 부모들은 지나치게 열성적이어서 끊임없이 영아에게 말을 하거나 영아들이 원하지 않을 때도 많은 자극을 준다(Isabella & Belshy, 1991). 영아들은 자신과 상호작용을 싫어하는 것 같은 또는 영아 자신이 처리할 수 없을 정도로 많은 자극을 퍼붓는 성인을 회피하기 위해 적응적인 반응으로 학습된 것이 회피애착이 될 수도 있다.

혼란애착을 발달시킨 영아들은 양육자에게 정서적으로는 끌리지만 동시에 양육자를 두려워한다. 왜냐하면 과거에 무시되어 왔거나 학대되어 왔기 때문이다(Main & Solomon, 1990). 어머니와 재결합 때 영아들이 나타내는 접근－회피행동은 이 영아들이 과거에 양육자로부터 수용과 학대의 경험을 되풀이해서 받았기 때문에 부모에게 접근해야 할지 회피해야 할지가 혼란스러운 것으로 보인다.

학대아동에서 흔히 보이는 애착유형은 혼란애착유형으로 심한 우울증을 보이는 어머니의 영아들에게서도 흔히 나타난다(Iyons-Ruth et al, 1990).

〈표 4-2〉 Ainsworth**의 낯선 상황**

장면 번호	장면그림	등장인물	지속 시간	행동기술
1		어머니, 아기와 관찰자	30초	관찰자가 어머니와 아기를 장난감과 여러 가지 놀이기구들이 있는 실험실로 인도한 후 남겨두고 나간다.
2	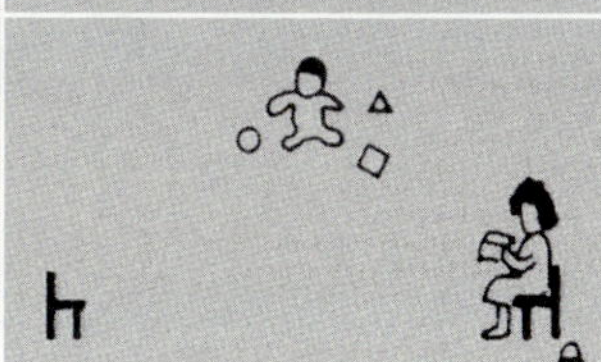	어머니와 아기	3분	어머니는 아기가 방 안을 탐색하도록 놔둔다. 만일 아기가 아무것도 하지 않을 때는 2분이 지난 후 놀이를 하도록 고무한다.

3		낯선 이, 어머니와 아기	3분	낯선 이가 들어온다. 최초의 1분은 침묵. 두 번째 1분은 낯선 이가 어머니와 대화, 세 번째 1분은 낯선 이가 아기에게 접근. 주어진 3분이 지나면 어머니가 가만히 방을 나간다.
4		낯선 이와 아기	3분 또는 보다 짧게	첫 번째 격리장면. 낯선 이의 행동은 아기의 행동에 맞추어 조정된다.
5		어머니와 아기	3분 또는 보다 길게	첫 번째 재회장면. 어머니가 아기를 반기거나 달랜 후, 아기가 다시 놀이를 하도록 도와준다. 그런 다음 어머니가 "안녕"이라고 말하며 나간다.
6	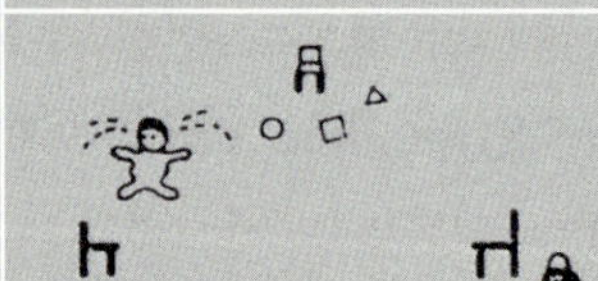	아기 혼자	3분 또는 보다 짧게	두 번째 격리장면
7		낯선 이와 아기	3분 또는 보다 짧게	두 번째 격리의 계속. 낯선 이가 들어와서 아동의 행동에 맞추어 행동한다.
8		어머니와 아기	3분	두 번째 재회장면. 어머니가 들어와서 아기를 반기고 안아준다. 그 사이에 낯선 이는 가만히 방을 나간다.

출처 : Ainsworth, Blehar, Waters & Wall(1978).

5) 애착유형과 발달경향

12~18개월에 안정애착을 보였던 영아들은 불안정애착된 영아들보다 2

세경에 문제해결을 더 잘하였고(Frankel & Bates, 1990), 상징적 놀이에서 더 창의적이었으며(Pipp, Easterbrooks & Harmon, 1992), 친구들 간에 놀이친구로 더 인기가 있었다(Jacobson & Wille, 1986).

15개월경에 안정애착된 영아들은 3세 반에 유아원에 갔을 때 다른 유아들의 욕구와 감정에 민감하고 호기심이 강하며 학습동기도 높아 유아원 교사들 간에 매우 인기가 있었고, 또 또래들 사이에서도 매우 인기가 있었다. 반면 불안정애착된 유아들은 유아원에서 사회적 · 정서적으로 위축되고 다른 유아들과 노는데 주저하였다(Waters, Wippman & Sroufe, 1979).

안정애착된 영아들은 4～5세경이 되어도 불안정애착된 영아들보다 계속 호기심이 강하고 또래 간의 상호작용이 높고 성인에게 덜 의존적이었다(Sroufe, Fox & Pancake, 1983). 안정애착된 영아들이 10～11세경이 되었을 때 역시 불안정애착된 영아들보다 또래관계를 더 즐기고 친한 친구를 더 많이 가질 가능성이 높았다(Elicker, Enlund & Sroufe, 1992).

6세가 된 안정애착유형의 유아는 낯선 상황에서 어머니와 유쾌하게 이야기하고 신체적 접촉을 많이 하는 등 상호작용의 양이 많은 한편, 장난감도 잘 가지고 놀았다. 불안정회피애착유형의 유아는 어머니를 쳐다보거나 말을 거는 일이 극히 적고 어머니와의 상호작용이 제한적이었다. 극단적인 경우는 어머니와 가능한 한 떨어져서 장난감을 가지고 놀았다.

불안정저항애착 유형의 유아는 행동이나 음성에서 어머니에 대한 친근감이나 의존하려는 욕구를 과장되게 드러내는 경향이 있었다. 어머니의 무릎을 베고 눕지만 몸은 불편하게 움츠리는 모습을 보여 신체적인 접촉욕구와 이에 대한 저항이 동시에 양극적으로 존재함을 드러냈으며 때로는 어머니에게 미묘한 적개심을 보이기도 하였다.

불안정혼돈애착유형의 유아는 부모에 대해서 자신이 부모 역할을 하려는 이상한 행동을 보였다. 부모를 당황하게 만드는 등의 처벌적 행동과 부모와의 재회에 과도하게 반가움을 보이거나 부모를 위로하는 것과 같이 과도하게 명랑하거나 보호적인 행동을 통해서 부모의 행동을 통제하려는 시도를 보인다. 이러한 관찰결과는 영아기에 형성된 애착유형이 지속적이며 각기 독특한 방식으로 발전되고 있음을 보여주는 것이다.

애착유형의 지속성과 관련하여 애착유형이 세대 간 전달된다는 연구결과가 있어 주목을 끈다(Main et al, 1985; Ainsworth & Eichberg, 1992). 이들 연구에서는 어린아이를 둔 젊은 부모에게 자신의 어린 시절 애착형성 양상을 회고하게 하여 진단하고, 이들 젊은 부모와 아기 간의 애착유형을 실험실에서 관찰하여 비교하였다. 이 연구결과 두 세대의 애착 양상 간에 .62에 이르는 높은 상관이 있음을 발견하였다. 이러한 결과는 어린 시절 부모와 가졌던 애착경험이 성인기까지 지속하여 부모로서의 자녀양육 행동에 영향을 미치며 이는 나아가 자신과 자녀와의 애착관계 형성에 기여하는 것으로 해석될 수 있다. 그러나 현재로는 이러한 인과적 설명의 타당성 여부는 더 많은 검토를 필요로 하는 것으로 보인다(Ijzendoorn, 1992).

이상과 같이 초기 애착의 유형이 후의 대인관계 발달에 영향을 미친다. 그러면 초기 애착의 유형이 어떻게 후의 대인관계에 영향을 미치게 되는 이유를 내적 작동모델로 설명하고 있다.

내적 작용모델이란 자기 자신과 다른 사람에 대한 인지적 표상으로써 이를 통해서 주위를 해석하고 인간관계에 대한 기대를 형성한다. 영아들은 양육자와 상호작용을 계속해 감에 따라 이러한 내적 작동모델을 발달시키게 된다.

양육자가 민감하고 반응적인 양육을 하면 아동들은 사람들을 신뢰할 수 있다고 믿으며 무반응적이고 무감각한 양육은 불안정과 불신감을 심어주게 된다. 이때 영아들은 자아에 대하여 작동모델을 발달시키는 것이 주로 다른 사람의 관심과 애정을 이끌어낼 수 있는 능력에 기초하여 형성된다. 이 두 가지 작동모델인 타인에 대한 작동모델과 자아에 대한 작동모델이 결합하여 아동과 양육자와의 애착에 영향을 미치고 성장해 가면서 다른 사람들과의 관계에 대한 기대에도 영향을 미치게 된다.

초기에 안전애착이 되었다는 것만으로 전 생애의 긍정적 적응을 보장하지는 못한다. 반대로 불안정애착이 건강하지 못한 인생이 된다는 지표가 되는 것도 아니다(Fagot & Kavanagh, 1993). 그러나 초기 안정애착의 적응적 중요성을 과소평가해서도 안 된다. 왜냐하면 안정애착된 영아였다면 유아기 적응에 다소 문제가 있었다 하더라도 초등학교에 들어가서 다시 회복하여 자신감과 사회적 기술을 되찾을 가능성이 크기 때문이다(Sroufe, Egeland & Kreutzer, 1990).

6) 애착에 관한 최근 연구

애착이 정서발달에 영향을 미친다. 격리불안과 낯선 불안도 지속적인 정서적 영향을 미친다. 애착형성 시기에 장기간의 출타, 입원 등으로 애착대상과 떨어지거나 간헐적으로 낯선 사람에게 맡겨진 유아는 정상적으로 성장한 유아에 비해 낯선 상황에서 보다 높은 불안을 갖는다(Shaffer, 1993). 이러한 불안이 성장 후에 대인불안(Interpersonal anxiety)으로 지속될 가능성도 있으나 경험적인 증거를 찾기는 어렵다.

모성 박탈(Maternal deprivation)이나 격리불안 경험이 불안정애착을 형성하거나 정서발달에 지속적인 영향을 미칠 수 있다는 사실은 취업모의 아기나 시설에서 자라는 아기에 있어서 심각한 문제가 될 수 있다. 특히 아기의 출생 직후부터 어머니가 일하러 나가면서 보육환경이 좋지 않은 영아원에 아기를 맡기는 저소득 계층의 많은 유아들이 불안정애착을 형성하여 3~4세경에 강한 공격성을 보이는 것으로 밝혀지고 있어 문제가 된다(Belsky & Steinberg, 1978; Etaugh, 1980). 가정에서 애착형성에 문제가 있더라도 영아기에 어머니의 보육 정도의 비율이 낮으면서 상호작용의 양과 질이 높은 보육원에서 양육하면 부정적 영향이 크게 감소된다(Kagan et al, 1978).

아버지, 조부모, 또래 등 어머니를 대신하는 애착대상을 갖는 것도 권장되고 있다(Chase-Lansdale & Owen, 1987).

영아기에 형성된 애착의 질은 성장 후의 아동의 또래관계와 상관이 있다. Sroufe 등(1993)은 12개월에 안정 및 불안정애착으로 식별된 아기를 3세 6개월까지 추적하여 관찰하였다. 안정적으로 애착이 형성된 3세 6개월의 유아는 불안정애착형성 유아에 비해 또래 아이에게 더 많은 애정과 관심을 보이고, 놀이장면에서 주도권을 가지며 또래와의 상호작용이 많았고 덜 공격적이었다. 교사들도 안정애착 유아를 자아존중감이 높고 공감적이며 사회적 기술이 높고 친구가 많은 아이로 평가하였다. 또한 또래 사이에서도 보다 인기가 있는 아이로 평가되었다.

이러한 경향은 그 후에 다른 연구들에 의해서 지지되었으며 초등학교 시기에도 지속되었다(Cohn, 1990; Kesten-baum et al, 1989; Suess, 1987).

Sroufe 등(Elicker et al, 1992; Sroufe et al, 1993)은 같은 아동을 11세에 다시 추적하여 관찰하였다. 이 연령에서도 안정애착 유형의 아동은 불안정애착 아동에 비해 친구와 더 많은 시간을 보내며 더 밀접한 우정관계를 가졌다. 학교 상담교사도 이들을 보다 자신감 있고 자아존중감이 높으며 사회적으로 유능하고 성인에 덜 의존하는 아동으로 평가하였다.

애착형성 양상은 자아인지발달과도 관계가 있다. 안정애착형성 유아는 6세경에 보다 긍정적인 자아인지를 보이면서 자신의 한계를 수용하고 인정하는 반면에 불안정회피 유형의 유아도 자신을 완벽하게 보이려는 경향이 높았다(Cassidy, 1988).

Ainsworth(1973)는 안정애착 영아는 낯선 상황에서 어머니를 안전기지(Security base)로 삼음으로써 새로운 환경을 탐색하려는 보다 적극적인 탐색행동과 인지적 호기심을 보인다는 사실을 관찰하였다. 이러한 안전기지 현상은 유아기까지 지속되는 것 같다. 안정애착유형의 유아는 낯설거나 복잡한 대상에 대해 보다 적극적인 탐색행동을 보인다. 이에 반하여 불안정애착 유아는 지적 호기심이 낮고 문제해결 과제나 놀이를 주었을 때 과업몰입 정도가 낮고 지속적이지 못하며 즐거워하지 않는 것으로 보고되고 있다. 종단적 연구결과를 보면 영아기에 안정된 애착을 형성한 아동은 초등학교시기에 전반적으로 성적이 높았다(Hain, 1973; Sroufe, 1983).

초기 애착형성이 인지발달에 미치는 지속적인 영향에 관한 연구자료는 사회성발달에 미치는 영향에 관한 자료에 비해 충분하지 못하지만 제시한 자료들은 논란의 여지없이 애착형성이 인지발달에 영향을 미치고 있음을 보여주고 있다.

4 정서조절의 발달 및 심리적 부적응

아동이 나타내는 정서를 감독하고 통제하는 능력은 아동의 정서발달과정에서 다양한 요인에 따라 수많은 변화를 나타낸다. 아동은 유아기 동안에 분노, 좌절, 저항, 분노발작 등의 행동이 점차로 감소하면서(Kuczynski & Kochanska, 1990) 동시에 유혹에 저항하고 행동을 억제하며(Luria, 1980), 내적 감정 상태를 언어로 표현한다(Bretherton 외, 1986). 또한 그들의 정서적 욕구와 목표에 대처하기 위하여 타인을 설득하고(Dunn & Brown, 1991) 자신의 행동을 방향 짓고 감독하는 것을 배우게 된다(Kopp 외, 1983). 이와 같은 변화는 외부환경에 대한 심리적, 정서적 적응으로 이어지게 된다. 정서조절(emotion regulation)은 일반적으로 아동이 그들의 정서적 상태를 감독하고 통제하며 다양한 사회적 상황이나 요구에 순응하는 통제과정을 다룬다.

성격이론가들은 오랫동안 높은 정서적 각성의 상황에서 조직된 개인의 능력의 중요성을 인식하였다. 예를 들면, Block과 Block(1980)은 자아통제와 자아 탄력성 구인을 성격발달이론의 초석으로 나타냈다. 자아통제(ego control)는 강한 감정, 본능, 바람이나 갈망을 관리하는 아동의 발달능력을 말하고 있으며, 자아탄력성(ego resiliency)은 그러한 정서관리의 융통성을 언급한다. Block과 Block(1980)의 연구에서는 이러한 능력이 초기 사회화 경험에 근거하고 초기 아동기에 형성되며, 3세부터 청년기와 성인기까지 영향을 미치고 있다고 본다.

반면에 애착이론가를 포함한 많은 발달이론가들은 정서조절을 생리적 긴장과 고통을 조절하고 부드럽고 편안한 자극을 제공하기 위하여 양육자와 영아 간의 부드러운 일상과 함께 연속되는 과정으로 간주한다(Trevarthen, 1984; Tronick, 1990). 여기서 '조절'은 민감한 양육자가 영아의 상태와 자극에 최대한 맞춤으로써 제공될 수 있다(Sroufe, 1996). 영아의 울음은 자녀의 고통을 완화시키기 위해 정답게 주고받는 말, 달래기, 먹이고 흔들기, 혹은 장난감을 가지고 주의를 분산시키는 것과 같은 부모의 행동을 자극한다. 이 같은 전략은 양육자에 의해 안내된 조절로서 생각될 수 있으며 자기-

조절로 향하는 발달에 있어서의 첫 단계로 볼 수 있다. Sroufe(1996)의 조직적 접근에 의하면, 생의 첫 반년 동안 양육자에 의해 안내된 조절은 두 번째 해에 안내된 자기-조절로, 그 후 유치원 시기 동안 점차적으로 내면화된 통제로 변화된다고 본다.

1) 심리적 부적응

인간에게는 발달연령에 따라 기대되는 적응적 행동이 요구되는데 만약 여러 발달단계에서 위기를 경험하거나 발달상의 어려움을 겪게 되었을 때 이는 심리적 부적응이나 심지어는 발달장애로 이어지게 된다. 많은 연구자들은 일관되게 학력전기 동안 정서적으로 성숙하게 되고 분노표출과 공격적 행동이 감소됨에 따라 심리적, 사회적 적응성이 점차적으로 증가되는 것으로 보고 있다. 최근에는 학령전기 아동들의 정서조절문제와 관련된 심리, 사회적 부적응이 대두되고 있다(Achenbach 외, 1987; LaFreniere 외, 1995). 심각하게는 외현적 행동문제, 주의력결핍과잉행동, 품행장애 또는 정서장애인 내면화된 행동문제 등을 발생시키게 된다.

Wenar(1982)는 아동의 모든 심리적 부적응은 정상적인 발달로부터의 일탈이라는 용어로 정의하길 주장하였고 정상행동과 일탈행동을 구별하기 위해 발달적으로 관계가 있는 여러 가지 진단기준을 제시하였다. 정상적인 발달과 여러 연령수준에서 기대되는 행동들과 부적응 행동들을 발달과업에 근거한 이론 및 진단기준에 따라 살펴볼 수 있겠다.

(1) 1단계 : 출생-18개월

❶ 발달과업

영아는 필요한 주의와 자극을 부모로부터 '받고' 그 반응으로 부모에게 사회적 자극을 '준다'. 영아가 필요로 할 때마다 엄마의 일관성 있고, 적절하며, 신속한 보살핌을 받게 되면 영아는 그의 세계와 타인들, 그리고 자신에 대해 긍정적인 신뢰감을 가지게 된다. 어머니의 보살핌에서 영아가 일관성, 신뢰성, 예측성을 느끼는 것이 중요하며 영아는 자신에 대한 확신 및 타인에 대한 신뢰감을 발달시키기 쉽다.

❷ 심리적 부적응

① 불신감 : 불신감은 환경과의 상호작용 예를 들어, 영아가 적절한 보살핌을 받지 못하여 배가 고파도 오랫동안 기다려야 하고, 때로는 너무 많이 먹기도 하며 축축한 기저귀를 오랫동안 차고 있는 경험을 자주 하게 되면, 자기의 주변세계를 믿지 못할 것으로 생각하게 되어 불신감을 갖게 된다.

② 정신분열증 및 우울증 : 불신감을 경험한 영아들은 평생 동안 내부에 커다란 불신감을 안고 살아가게 되어 성인이 된 뒤에도 정신분열 증세를 나타내거나 습관적으로 우울증 증상을 보인다. 이러한 경우 신뢰감을 회복하는 것이 근본적인 치료방법이다. 어떤 이유로 정신병적인 증세가 나타나게 되었든 많은 환자들은 예기치 못한 행동이나 고립의 형태로 타인과의 상호관계를 회복하려는 의도를 보여준다. 그래서 그들은 감각과 물리적 현실 사이를, 말과 그 사회적인 의미 사이를 넘나들면서 시험하는 것이다.

③ 공격성 : 내부세계와 외부세계가 분열되는 초기 단계는 우리가 가지고 있는 가장 은밀하고 가장 위험한 방어기제인 투사와 투입작용에 근거한다고 정신분석학자들은 주장한다. 우리는 투입작용을 통해 바깥 세계에서 일어나는 기분 좋은 일이 마치 내부에서 일어나는 것처럼 느끼고 행동한다. 그리고 투사 작용을 통해 내부에서 느끼는 고통을 외부에서 오는 것처럼 여겨 실제로 우리 내부에 있는 악한 본성을 특정한 사람에게 투사한다. 따라서 투사와 투입, 이 두 가지 기능은 영아들이 고통을 외부로 표출하고 기쁨을 내부에 수용하고 싶어 하는 시기에 경험을 통해 형성되는데, 자신의 감각이 성숙되어 가는 것을 실험하고, 궁극적으로는 자신의 이성을 실험해보고 싶은 의도에서 생긴다. 이 기능들은 성인이 되어 사랑이나 신뢰, 믿음이 위기를 맞을 때

그대로 되살아나 '성숙한' 개인들이 모인 집단 속에서 적대자를 향해 불합리한 태도, 공격적인 형태로 표현될 수 있다.

④ 중독증 : 성인이 되어 나타나는 일중독, 알코올중독 등은 여기에서 연유된다고 한다. 이것은 영아기에 젖을 먹는 과정에서 갑자기 이 모든 것을 빼앗기지 않을까 하는 미래에 대한 두려움에서 나온다. 이 두려움은 불신을 반영하는 것으로 불확실한 미래를 미리 걱정하는 영아들은 지금 필요한 것 이상으로 먹으려 한다. 사실 영아들은 잘 먹었을 때 행복을 느끼고, 배고플 때 불행하다고 느낀다. 그들은 그들이 취하는 것들과 행복을 연관시킨다. 이때 탐식은 좋은 것과 나쁜 것을 가리지 않고 먹는 것으로, 무차별적인 신뢰를 갖는다. 이것은 탐식과 중독이 긴밀히 관계되어 있음을 잘 설명해준다.

(2) 2단계 : 18개월~3세

❶ 발달과업

자신의 의지와 능력을 충분히 실험하면서 사회적 기대에 적응하는 것이다. 제 발로 설 수 있고 손을 사용하는 능력의 발달, 신경계의 발달로 괄약근을 조절할 수 있는 능력발달 등 자신의 신체를 의지대로 움직일 수 있기 때문에 자신의 신체를 실험하고 발달시켜 나가며, 주변 세계를 탐구하려는 욕구가 강하여 무엇이든 스스로 해보고 감각을 통해 체험하려는 경향이 강하다. 따라서 '주변 환경'과 '양육자'와 '나'라는 개체의 분리가 가능하여 '나'와 '너'를 구분하며, '내가', '내 것'과 같은 자기 세계를 분명히 한다.

자율성이 발달되는 시기에 부모는 유아의 의지대로만 허용하기보다는 사회적으로 적절한 행동을 하도록 외적 통제를 가하게 된다. 즉 배변훈련, 혼자 옷 입기, 혼자 먹기 등의 훈련이 시작된다. 이 과정을 통해 유아는 사회의 기대나 압력을 배우게 되며 의지력이 자란다. 이러한 과정이 긍정적 결과로 자존감, 자기 통제, 자기확신이 생긴다. 그러나 사회적 기대에 적절한 행동을 수행하지 못했을 경우, 부정적으로 반응하는 어른들 때문에 수치감을 느끼며 적대감을 발달시킨다. 따라서 부모가 유아의 의사를 묵살하지 않고 사회적으로 기대되는 행동을 배우게 하면, 유아는 자율성을 상실하지 않으면서도 사회적 규제에 잘 적응하게 된다. 또한 이 단계에서는 미래에 대한 이해가 가능한 초보적인 시간감각이 생기고, 욕구의 충족을 지연시킬 수 있는데, 이는 전 단계에 형성된 신뢰감이 바탕이 된다.

❷ 심리적 부적응

① 수치심과 회의 : 수치심은 다른 사람의 눈에 자신이 좋게 보이지 않는다는 느낌으로, 보일 준비가 되어 있지 않은 자신이 완전히 노출되어 관찰되고 있다는 것을 의식하는 것으로 상처받은 자아라고 할 수 있다. 회의는 다른 사람이 반드시 자기를 통제하리라는 느낌으로 외압으로부터 약한 존재로서의 자신을 의식하는 것이다. 예를 들어, 요에 소변을 싼 유아는 자기가 실수로 쌌다는 것을 의식하며, 다른 사람들이 이러한 자신의 모습을 볼까 봐 걱정한다. 회의는 자신이 그렇게 강한 존재가 아니기 때문에 타인에 의해 통제받게 된다는 것을 느끼게 되면서 나타나게 된다.

② 의심 : 이러한 과정을 통해 아동은 애정과 증오 간의 비율, 협동과 고집의 비율, 자기표현의 자유와 억제 간의 비율 등이 결정되는데 자존심의 상실 없이 자기 통제감을 가지면 선의와 긍지가 발달한다. 또한 이러한 위기를 성공적으로 극복하면 의지력이 생긴다. 반면 위기극복에 실패한 유아는 자신의 의지력을 불신할 뿐만 아니라 다른 사람이 자기를 지배하고 이용하려 한다고 불신함으로써 타인을 의심하게 된다.

③ 퇴행 : 너무 엄격하거나 이른 훈련으로 유아에게서 자유선택으로 배변이나 다른 기능들을 스스로 통제할 기회를 박탈하고, 사회적 기대의 압력이 높아지면 유아는 자신의 신체와 외부세계에 대한 무력감에서 회피하기 위해 퇴행한다. 예를 들어, 엄지손가락을 빨고 보채며 요구가 많아지는 등 구강기로 퇴행하는 것이다.

④ 공격성 : 수치감을 느낀 사람은 세상이 자신을 보지 못하도록, 자신의

노출을 주시하지 못하도록 하기 위해, 세상의 이목을 파괴시켜 버리고 싶어 한다. 예를 들어, 배변과정에서 자기 통제의 상실감, 보행시도 중 근육의 무능감, 자기주장에 대한 과잉 통제 등의 자율성 확보의 과제 해결이 실패하게 되면 수치감을 느끼고, 이때 수치감을 너무 많이 느끼게 되면 수치심을 주는 자들에 대하여 커다란 내적 분노나 반항을 일으키게 된다. 분노는 여러 형태를 띠게 되는데 신체적 남용(때리기, 상처 입히기), 언어적 남용(소리 지르기, 모욕주기, 신랄한 빈정거림), 자신에 대한 남용(자신을 학대)으로 나타난다. 이런 태도는 일반적으로 상처 입은 자아에 대한 공격적인 방어이다.

⑤ 강박증 및 편집증 : 자유롭게 선택할 수 있는 자율성을 점진적으로 잘 길러주지 않는다면, 유아는 물체를 식별하고 조종해보고 싶은 충동을 억제할 것이다. 자신을 과도하게 억제하게 되면, 반복해서 실험해보기 위해 물체를 소유하려 하지 않고 그저 반복하는 일에만 매달리게 된다. 즉 반복적인 일을 통한 성취나 만족이 아니라, 불안함을 감추기 위해, 혹은 회피하기 위해 무의미한 일을 반복하는 것이다. 이를 강박관념이라고 하며, 그런 강박관념으로 노출되지 않는 곳에서 환경을 마음대로 주무르고 독단적이고 세심한 통제로 힘을 얻는 방법을 알게 된다. 이러한 공허한 승리는 유아기에 일어나는 충동적인 노이로제의 표본이 되며, 성인이 되었을 때 강박적 행동이나 피해망상에 사로잡힌 편집증을 나타내기도 한다.

⑥ 신경질증 : 이 단계에서나, 이어지는 다음 단계들에서 유아들은 어느 정도의 좌절감을 맛보게 되는데, 그러한 좌절 속에서 자신이 하는 일이 무의미하거나 그다지 중요하지 않다는 것을 느끼게 되면 신경질적이 된다.

이 단계의 종합적 의미는 근육체계가 성숙하고, 보유와 배설과 같은 갈등을 일으키는 행동패턴들을 조정하는 능력이 발달하고, 전적으로 의존적이던 유아의 자율성이 발달하는 것이다. 유아는 자기 통제와 탐색을 위해 돌아다니면서 자기충족을 하는 문제에 부딪힌다. 탐색충동이 나타내듯 유아는 부모의 보호로부터 벗어나는 것을 당연히 배워야 하며, 그래야만 유아는 더욱 독립적이 되고 스스로 결정하는 것을 배우게 된다.

(3) 3단계 : 3~6세

❶ 발달과업

외부세계를 지배하되, 의무감과 책임감을 가지고, 도덕성을 발달시키기 시작하는 단계로서 이 시기에 유아는 주도성을 발달시키고 새로운 환경에 도전하면서 사회성을 발달시킨다.

주도성은 일을 수행하고, 계획하고, 계속 활동적으로 움직여 나가기 위하여 '도전'하도록 이끄는 것이다. 이 시기의 유아는 언어를 능숙하게 구사하게 되고 활동영역도 넓어지며 새로운 것에 대해 끊임없는 호기심을 가지고 외부세계에 도전하게 된다. 유아는 새로운 환경을 공격하고 정복하는 데서 기쁨을 얻게 된다. 또한 어른들을 흉내 내는 놀이를 하는데, 이러한 경험을 통해 자신이 한 인간으로서 목적이 있다는 것을 깨닫는다.

또한, 가장 빨리 활발하게 배우고 의무감과 책임감이 성숙하고, 양심이 출현하는 시기이다. 유아들은 협력해서 뭔가를 만들고 이루고 계획하려는 목적으로 다른 유아들과 섞이고 선생님에게 배우고 이상적인 모범을 동일시하고, 질투와 경쟁심이 최고도에 달한다.

주도성이 발달하는 이 시기에 유아는 다양한 신체적 활동과 언어활동에 참여하고, '창조와 시도'라는 특징을 가진다고 보았다. 따라서 유아는 그의 환경 안에서의 다양한 역할을 배우는데 관심을 가지고 많은 행동을 시도할 수 있도록 배려해야 한다고 하였다.

❷ 심리적 부적응

① 죄의식 : 그러나 유아의 주도적인 행동에 대해 과도한 체벌과 무시, 실패를 경험하게 되면 유아는 자신의 주도적인 행동에 자신감을 잃고 죄의식을 갖게 된다. 죄의식이 강한 유아는 체념하게 되며 의존적으로 된다. 즉 목표를 세워 달성하려는 의지가 없어지며, 지속적인

죄의식은 소극적 성격으로 발전하게 된다.

② 불안 : 자신의 힘을 드러내고자 하는 욕구가 강한 시기로, 이성의 부모에 대한 집착은 동성의 부모와 경쟁관계에 놓이게 되어 거세불안, 두려움으로 쫓기는 꿈을 꾼다. 동성의 부모는 이미 존재하고 있었으며, 강하게 주도성을 발휘할 수 있는 환경을 먼저 갖추어 놓았으므로 경쟁이 될 수 없다. 따라서 여기서 번번이 실패하게 되면 포기하게 되고 죄책감과 불안감을 갖게 된다. 그러나 이러한 위기를 극복하기 위해 유아는 동성의 부모를 닮아가려 한다고 한다.

③ 신경성 부인 : 성인 병리학에서 볼 때, 주도성의 위협은 욕구를 억압당하고 마비나 금지, 무기력으로 인해 활동기관이 말을 듣지 않게 되는 신경성 부인으로 나타나거나 두려움을 느낀 사람이 이를 부당하게 감추려 하는 과잉반응으로 나타난다. 즉, 신체의 특별한 이상이 없음에도 병증을 느끼는 것은 마음의 병이 몸의 병증을 가져오는 것을 의미한다.

(4) 4단계 : 6~11세

❶ 발달과업

초등학교에 다니는 아동들은 인간생활 적응에 필요한 기초 능력을 익히게 된다. 이러한 기초 기능의 습득은 유아로 하여금 가족과의 관계를 벗어나 더 넓은 사회에서 통용되는 다양한 기능들을 익히게 하는 계기가 된다. 만일 이 시기에 아동이 어떤 일을 하도록 격려되고 일의 성취에 대해 칭찬이 주어진다면, 사회의 생산적 성원이 되기 위한 근면성 발달이 쉽다. 근면이란, 학업을 시작하면서 작업의 원칙을 익히고 기술을 습득하는 것이다. 아동은 또래들과 어울려 놀고 일하는 것을 배우는 과정에서 쾌락이나 보람을 느끼고 성취감을 얻게 된다. 또한, 개인의 일에 대한 기본적인 태도가 확립되며, 자아성장의 결정적인 시기로, 꾸준한 주의집중과 지속적인 근면을 유지하는 자아통제력을 발달시키게 된다.

❷ 심리적 부적응

① 열등감 : 이 시기에 순조롭게 근면성이 발달하지 못하고 실수나 실패를 거듭하게 되면, 어린이는 부적절감과 열등감을 갖게 된다. 이러한 열등감은 전 단계에서 성공적으로 갈등을 극복하지 못했을 때나, 혹은 학교나 사회가 아동에 대한 편견적 태도를 취할 때 발달되기 쉽다. 열등감은 아동이 학습에 실패한다든지 과제를 수행할 능력이 없을 때 자신의 무능력이나 하찮음을 지각하면서 생기게 된다. 또한 열등감을 조장하는 사회적, 문화적 요소들도 근면성의 발달을 방해하게 되는데, 아동은 그의 사회적 가치를 결정하는 것이 자신의 소망과 의지보다 피부색, 부모의 배경, 의복의 가격이라고 느끼기 시작하면서 상처를 받게 되어 정체감에 영향을 받을 수 있다.

② 부적응 : 만일 도구나 기술을 사용하는 방법이나, 도구를 함께 사용하는 파트너와의 관계에서 자신의 지위에 대해 실망하게 되면 그들과 동일해지지 못하고 도구 사회의 일원이 되지 못한다는 절망감을 갖게 된다. 이렇게 활동적인 관계성을 맺지 못하게 되면 오이디푸스 콤플렉스 시기의 더 폐쇄적이고 덜 도구화된 가족구성원과의 경쟁 상태로 퇴화하려는 부적응 행동을 하게 된다.

(5) 5단계 : 12~20세

❶ 발달과업

청소년기에는 극적인 생리적 변화로 인해 성적, 공격적 충동이 자아를 위협할 정도로 우세해져서 격동의 시기라고 보았다. 무엇보다도 청소년들은 새로운 사회적 압력과 요구에 부딪혀 이러한 새로운 상황에 어떻게 대처할지 몰라서 혼란스럽고 당황하게 된다. 그리하여 자기 존재에 대해 새로운 의문과 탐색을 시작한다. 에릭슨은 청소년기의 가장 중요한 과업은 일관성 있는 새로운 자아정체감, 즉 나는 누구인가 또 거대한 사회 속에서 나의 위치는 어디인가에 대한 느낌을 확립하고 자신의 능력, 역할, 책임에 분명한 인식을 갖는 것이라고 생각했다. 청소년 집단이 성인의 역할과 책임을 일정기간 연기하는 것이 허락되며, 이 시기를 심리사회적 유예기간이라 일컫는다. 심리사회적 유예기간은 사회적, 직업적 역할을 탐색하는 기회가 된다.

❷ 심리적 부적응

① 혼란 : 어린 시절의 불행한 경험이나 현재의 사회환경 때문에 정체감 발달에 실패하면 정체감 혼란을 겪게 된다. 정체감의 위기 역할 혼란의 결과 직업을 선택하지 못하거나 학업을 중단해버리는 경우도 있다.

② 열등감, 우울증, 피해망상 : 일관성 있는 정체감의 발달을 이루지 못한 사람은 어른이 되어서도 근거 없는 열등감을 느끼며, 부정적인 자기 개념을 가지고 있기 쉽고, 심할 경우 우울증이나 피해망상과 같은 병적 현상을 나타낼 수도 있다.

Chapter 05

감각과 지각발달

1 감각과 지각발달

사람들은 감각기관을 통해서 주위의 대상이 실재한다고 느낀다. 그러나 실존하는 사물과 경험은 사람에 따라 다르게 인식되는 경우가 많다. 심리적 자극, 유기체의 구성과 행동은 개인이 경험하는 데 따라서 서로 다르다.

감각이란 감각수용 세포가 자극으로부터 들어온 정보를 뇌로 전달하는 과정을 가리킨다. 신생아가 사물을 응시하거나 소리에 반응을 하며 맛을 알고, 냄새를 구별하며, 찔리거나 아플 때 울음을 터뜨리는 것은 감각능력이 있다는 것을 입증한다.

그러나 지각이란 감각기관을 거친 정보를 그대로 받아들이는 것이 아니라, 그 자극이 어떤 것이라고 해석하는 의식작용을 말한다. 감각과 지각의 발달은 인간이 현실에 대한 지식을 획득해 가는 과정에 관한 근본적인 단서를 제공한다.

1) 감각 · 지각 측정방법

감각, 지각능력의 측정은 언어로 표현되는 것에 기초하여 이루어지지만 말을 하지 못하는 아이들이나 영아의 경우 감각을 느끼는지, 지각을 할 수 있는지 여부를 알아볼 수 있는 방법으로는 다음의 4가지를 들 수 있다.

(1) 선호도 방법

선호도 방법은 두 가지 이상의 자극을 동시에 영아에게 제시하고 그 자극들 중 어느 것에 영아가 더 주의를 기울이는가를 보는 방법이다. Fantz(1963)는 영아를 눕히고 두 개 이상의 시 자극을 보여준 뒤 각 시각형태에 주시한 시간을 기록하여 더 오랫동안 주시한 것을 더 선호하는 것으로 해석하였다.

(2) 습관화 방법

습관화는 반복적으로 주어지는 자극에 친숙해져서 처음 그 자극에 대해 일어났던 반응이 더 이상 나타나지 않는 것을 말한다. 영아가 친숙한 자극에 반응을 하지 않는다는 것은 그 자극이 전에 경험했던 것이라는 것을 영아가 알고 있다는 것을 의미하는 것이다. 동일한 자극이 지속적으로 제시되고, 더 이상 새로운 자극이 제시되지 않으면 흥미를 상실하고 이 자극을 주시하는 시간이 감소하게 된다. 이와 같이 지속적으로 제시된 자극에 대

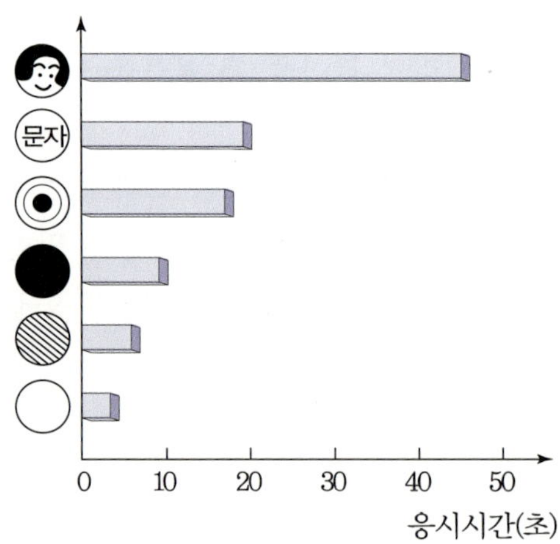

[그림 5-1] 영아의 응시시간 비교

출처 : Santrock(1996).

하여 흥미를 잃게 되는 과정을 습관화라고 한다. 영아가 습관화가 되면 처음에 제시한 자극과 다소 다른 자극을 제시한다. 처음에 제시된 자극과 습관화가 된 후에 제시된 다른 자극의 차이를 지각할 수 있으면 나중에 제시된 자극은 영아에게 새로운 자극이 되기 때문에 주시시간이 늘어나게 된다. 이와 같이 주시시간이 다시 증가하는 것을 탈습관화라고 한다. 영아는 시각, 청각, 촉각 및 후각자극 등의 감각자극에 습관화되므로 이 방법은 다양하게 사용될 수 있다.

(3) 뇌파 측정법

이 방법은 영아에게 자극을 제시하면서 뇌파의 변화를 측정하는 것이다. 뇌 중추영역에 해당하는 영아의 머리 위, 예를 들어 시 자극은 머리 뒤쪽에, 청 자극은 머리 양쪽에 전극을 붙이고 뇌파의 변화를 측정한다. 만약 영아가 제시된 자극을 감지할 수 있다면 뇌파에 변화가 나타날 것이고, 제시된 자극을 감지하지 못하면 뇌파는 변화를 나타내지 않을 것이다.

(4) 빨기 반응

대부분의 영아들은 빠는 반응으로 자신의 감각이나 흥미 또는 선호를 나타낸다. 예를 들면 영아에게 특별한 고무젖꼭지를 빨게 하는데, 이 젖꼭지는 전선으로 연결되어 있어 빠는 속도나 강도의 기초선을 측정한다. 이때 빨리 또는 더 강하게 빨 때마다 슬라이드 프로젝트나 녹음기에서 그림이나 소리가 나오도록 하였다. 영아가 이 자극을 보거나 듣고 흥미롭다고 생각하면 그 자극을 보기 위해서 계속해서 빨리 또는 강하게 빨 것이다. 그러나 영아의 흥미가 떨어지면 빠는 반응은 기초선으로 내려올 것이다. 이때 새로운 자극이 제시되어 빠는 반응이 다시 강해지거나 또는 빨라졌다면 영아는 첫 자극과 두 번째 자극을 구분하는 것이 된다.

2) 신생아·영아기 감각

(1) 시 각

영아의 시각은 출생 시에 조명의 강도가 바뀌면 동공반사를 나타내어 밝기에 예민하다는 것을 알 수 있다(Pratt, 1954). 또한 조명의 움직임도 감지할 수 있는데 신생아도 천천히 움직이는 시각적 자극을 눈으로 따라갈 수 있다(Banks & Salapatek, 1983). 또 3~4개월경에는 색을 잘 변별할 수 있을 뿐만 아니라, 여러 가지 색을 몇 가지 기본 범주, 즉 붉은색, 초록색, 그리고 노란색 계통으로 나눌 수 있다(Bornstein, Kessen & Weiskopf, 1976; Teller & Bornstein, 1984). 시각 조절 능력의 제한으로 어린 영아의 세계는 흐릿하지만 생후 6개월에 이르면 거의 성인 수준의 시각 조절 능력을 갖추게 된다(Banks & Shannon, 1993).

(2) 청 각

신생아도 비교적 잘 들을 수 있다. 큰 소리가 나면 놀라고 그 소리로부터 머리를 돌린다. 그러나 작은 소리가 나면 소리가 나는 방향으로 얼굴을 돌려 원인을 찾는다(Field et al., 1980). 이런 행동은 출생 후 2개월경에 사라지는 것을 보면 반사일 수도 있다. 물론 4개월경이면 일관된 행동으로 다시 나타난다(Field et al., 1980; Muir, 1985). 어린 영아들은 특히 인간의 목소리에 민감하여 Adams와 Passman(1979)은 양육자가 아기와의 대화를 즐기는 것을 발견하였다. 영아들은 성인의 이야기를 들으면 울음을 그치고, 눈을 크게 뜨고, 주위를 둘러보며 발성을 하는 반응을 보인다(Alegria & Noirot, 1978; Rosenthal, 1982). 어쨌든 성인언어에 대한 아기의 반응은 그의 사회적 · 정서적 그리고 지적 발달에 긍정적으로 영향을 줄 수 있고 또 성인으로부터 관심을 일으키게 하고 대인접촉을 강화시켜 준다. 매우 작은 소리의 탐지는 아동 후기에 이르러서야 가능하다(Irwin et al., 1985).

(3) 미각 · 후각

신생아는 단맛에는 미소와 입맛을 다시는 반응을 보이나 신맛에는 코를 찡그리며 입을 오므린다. 그리고 쓴맛에는 입 한쪽을 내리면서 혀를 내밀거나 뱉어내는 반응을 보인다(Ganchrow, Steiner & Daher, 1983; Steiner, 1979). 또한 여러 가지 냄새를 구별할 수 있는데 암모니아 같은 불쾌한 냄새에 대해서는 혐오반응을 나타내며 격렬하게 고개를 돌린다(Rieser, Yonas & Wikner, 1976; Steiner, 1979). 모유를 먹는 영아가 어머니가 가까이 왔다는 것을 엄마의 냄새를 통해서 안다는 것이다. 자신의 어머니의 체취와 다른 사람의 체취를 구별할 수 있지만 우유를 먹는 아기는 구별할 수 없었다(MacFarlane, 1977).

(4) 촉각 · 온도 · 통각

신생아는 촉각에 의한 반사를 나타낸다. 또 자고 있는 동안에도 신체 한 부분에 계속 촉 자극을 주면 습관화를 나타냈다가 다른 부분에 촉 자극을 주면 다시 반응을 보이는 탈습관화 현상도 보인다(Kisilevsky & Muir, 1984). 한 연구에서(Streri & Pecheux, 1986) 5개월 된 영아가 별 모양의 물체를 보지 못하는 상태에서 되풀이해서 만져만 보고 습관화가 되었다. 후에 이 별 모양의 물체와 다른 모양의 새로운 물체를 주고 만져 보게 했을 때, 영아들은 새로운 모양을 탐색하는 것을 선호하였다.

신생아들은 또한 따뜻함과 차가움 그리고 온도의 변화에 민감하다. 우유가 너무 뜨거우면 빨기를 거부하며, 방 안의 온도가 갑자기 떨어졌을 때는 체온을 유지하기 위하여 좀 더 활발히 몸을 움직이기도 한다(Pratt, 1954). 영아들은 얼마나 통증을 느낄 수 있을까? 생후 1일된 신생아도 강한 통자극에는 반응을 보여 주사기 바늘로 찌르면 통증을 느끼는 것처럼 운다. 그러나 생후 며칠 사이에 작은 고통에 대한 민감도도 급격히 증가하여 하루된 신생아보다 5일된 신생아가 고통에 대하여 더 예민하게 반응을 하였다(Lipsitt & Levy, 1959). 고통스런 자극에 대한 영아의 반응은 생후 1년 사이에 급격하게 변한다. 생후 2개월경에 예방접종을 받을 때 영아는 명확한 고통을 표현한다.

3) 영아기 지각

(1) 시 지각

갓 출생한 아이가 어떤 형태를 감지하고 구별할 수 있을 정도로 시각 능력을 가지고 있는 것인지, 또한 시각 능력을 가지고 있다고 하더라도 어떤 자극을 보고 있는 것인지에 대해 의문이 제기된다. 그들은 언제 얼굴을 의미 있는 사회적 자극으로 해석하며, 언제 친숙한 사람과 낯선 사람을 구별하기 시작하는지 등에 대해 알아보기로 한다. 영아의 시 지각능력 발달을 알아보기 위해 주로 연구된 것은 형태와 깊이지각이다.

❶ 형태지각

Fantz(1961)는 생후 2일 된 신생아도 시각적 형태를 쉽게 구별할 수 있다는 것을 보고하였는데 신생아가 가장 선호하는 형태가 인간의 얼굴이었다. Fantz(1961)가 어린 영아에게 얼굴의 요소는 모두 갖고 있으나 각 요소의 위치가 뒤섞인 그림과 실제 얼굴과 비슷한 그림을 제시했을 때 아기는 두 그림에 대해 똑같이 관심을 보였다.

어린 영아의 형태 선호를 알아보기 위한 Fantz의 실험, 영아는 단순한 흑백의 계란형보다는 복잡한 자극을 더 선호하였다. 그러나 영아는 뒤섞인 얼굴 모양보다 정상적인 얼굴 모양을 더 선호하지는 않았다.

어린 영아의 눈에 비치는 유형의 모습, 별로 좋지 않은 시력을 가진 눈이 이 두 장기판을 시각 처리한다면, 오직 왼쪽 장기판의 유형만이 눈에 흔적을 남길 것이다. 영아는 생후 초기의 좋지 않은 시력으로 인해 매우 복잡한 자극보다는 적당히 복잡한 자극을 선호한다(Banks & Salapatek, 1983).

또한 밝은 영역과 어두운 영역이 만나는 부분, 즉 강한 대조를 이루는 부분에 대해 영아가 주시하는 경향이 높은 것으로 나타났다(Bank &

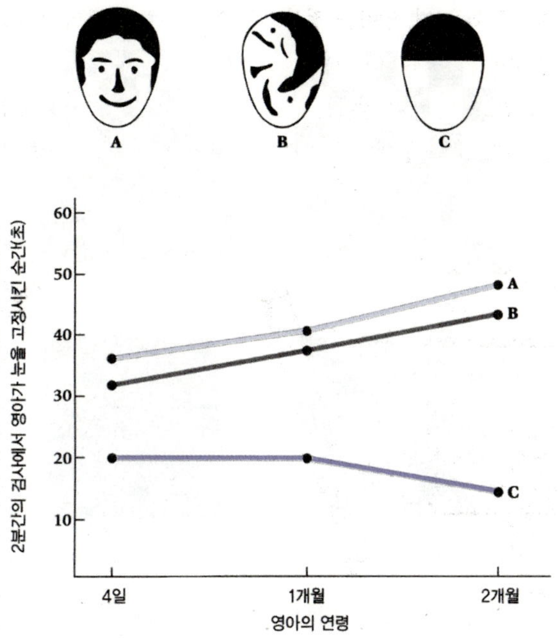

[그림 5-2] 얼굴그림 실험

출처 : Fantz(1961).

Ginsberg, 1985). 또 매우 어린 영아들도 단순히 형태보다 적당히 복잡한 도형에 대해, 직선보다는 곡선에 더 많이 주시하는 것으로 나타났다. 또한 규칙적인 형태보다는 불규칙적인 형태를, 비대칭보다는 대칭형을 선호하는 것으로 나타났다(Olson & Sherman, 1983). 또한 영아들은 특히 움직이는 물체를 천천히 눈으로 따라갈 수 있으며 정지된 물체보다 돌고 있는 물체를 더 오래 주시하였다.

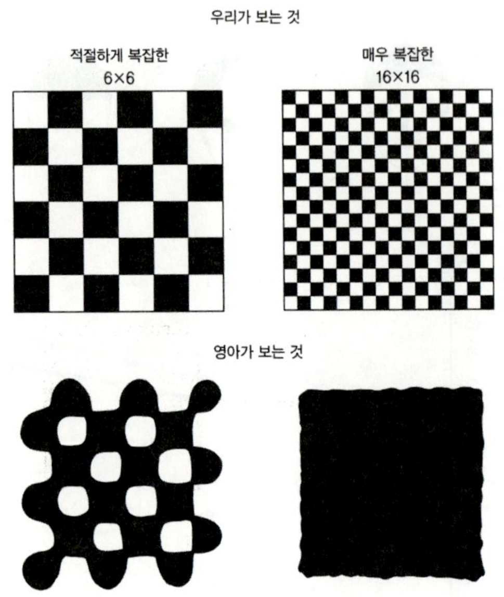

[그림 5-3] 어린 영아의 눈에 비치는 유형의 모습

출처 : Fantz(1961).

❷ 얼굴 지각

영아는 사물보다 사람의 얼굴을 지각적으로 보다 선호한다고 한다. 일반적으로 생후 3개월경에 영아는 사람의 얼굴을 다른 형태보다 선호하기 시작하며, 친숙하지 않은 사람보다 친숙한 사람의 얼굴을 더 선호하게 된다. 우선 입술이나 눈의 움직임이 곡선적 특성이나 복잡성 그리고 대조적 특성이 두드러져 영아가 흥미를 갖게 한다. 또 영아들은 양육자를 하루에도 몇 번씩 접하게 되어 인간의 얼굴에 쉽게 익숙해진다.

Maurer와 Salapatek(1976)의 연구에서는 4주 된 영아가 주로 인간의 얼굴의 외곽 가장자리에 주의를 기울이는 반면 8주 된 영아는 눈, 코, 입과 같은 내적 특성을 주시하기 시작한다.

눈의 움직임을 사진 찍음으로써 연구자들은 영아가 시각적 자극을 훑어볼 때 무엇을 보는가를 알 수 있다. 비록 아주 어린 영아는 전체 형태를 볼

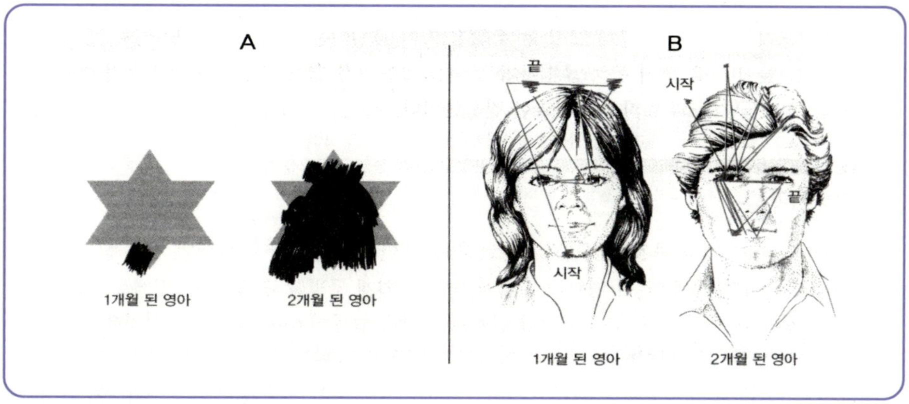

[그림 5-4] 얼굴에 대한 영아의 주시

출처 : Maurer와 Salapatek(1976).

수는 없지만, 2개월 된 영아는 1개월 된 영아보다 훨씬 더 철저하게 대상 형태를 훑어보며, 대개 바깥쪽 특정 가장자리나 경계선보다는 내부 모양에 집중한다(Salapatek, 1975).

9~11주에 이르면 영아들은 얼굴의 외곽보다 내적 특성을 주로 주시한다(Haith. Bergman & Moore. 1977).

Barrera와 Maurer(1981b)는 3개월 된 영아가 자신의 어머니의 사진을 알아볼 수 있을 뿐만 아니라 낯선 사람의 사진보다 어머니의 사진을 보는 것을 더 선호하는 것을 발견하였다. 또한 3~4개월 된 영아들은 얼굴형태 지각과 표정에도 민감함을 보였다. 이들은 슬프거나 화난 얼굴과 행복한 얼굴을 구별할 수 있었고(Barrera & Maurer. 1981a, LiBarhera et al. 1976), 행복한 얼굴을 더 많이 주시하였다(Kuchuk, Vihhert & Bornstein, 1986).

생후 6개월에서 1년 사이의 많은 영아들은 애매한 상황에서 어머니의 정서적 반응을 알아채고 이 정보를 자신이 행동하는데 참조할 수 있게 된다. 최근의 두 연구에서는 이러한 사회적 참조 기능을 잘 보여주고 있다. 12개월경이 되면 영아는 이미 불확실한 상황에서 어떻게 반응해야 될지를 결정하기 위하여 낯선 사람의 얼굴 표정을 참고로 한다. 어떠한 동작을 나타낼지 예측이 어려운 로봇을 제시하였을 때, 영아들은 자기 가까이의 낯선 사람이 로봇에게 미소를 짓는 것을 보았다면 곧 미소를 지으며 접근한다. 그러나 만약 낯선 사람이 공포의 표정을 지었다면 영아들도 걱정을 나타내며 그 장난감을 피하는 경향을 보인다(Klinnert et al., 1986).

(2) 공간지각

❶ 깊이지각

1960년대 초기에 Gibson과 Walk는 영아가 깊이를 지각할 수 있는지를 규명하기 위하여 시각적 절벽이라는 실험 장치를 고안하였다. 이 연구에서 Gibson과 Walk(1960)는 6.5개월 이상의 대부분의 영아들은 얕은 쪽에서 깊은 쪽에 있는 어머니에게로 기어가려 하지 않았다. 이러한 사실은 생후 6~7개월경이 되면 깊이를 지각할 수 있다는 표시가 된다.

Campos, Langer와 Krowitz(1970)는 매우 어린 영아들의 깊이지각을 알아보기 위해 영아가 얕은 쪽에 있을 때와 깊은 쪽에 있을 때에 영아의 심장박동을 기록하였는데 1개월 된 영아는 깊은 쪽에서나 얕은 쪽에서나 모두 심장박동의 변화가 나타나지 않았다. 아마도 이들의 시각적 능력은 절벽을 탐지할 수 있을 정도로 성숙하지 못하였기 때문일 것이다. 2개월 된 영아들은 절벽 쪽인 깊은 곳에 있을 때는 울고 공포를 보이지는 않지만 심장박동이 느려지며, 조용해지는 반응을 보였으나 얕은 쪽에 있을 때는 심장박동에 변화가 없었다. 이는 시각 절벽을 두려워하지는 않지만 주의는 기울이고 있음을 시사해준다. 반면 기는 시기의 영아는 시각 절벽 앞에서 심장박동이 빨라지면서 공포반응을 보이는데 이를 통해서 영아가 시각 절벽을 인식하는 지각능력은 비교적 일찍 발달하지만, 시각 절벽에 대한 공포는 기기 시작할 때 나타나는 것으로 짐작할 수 있다.

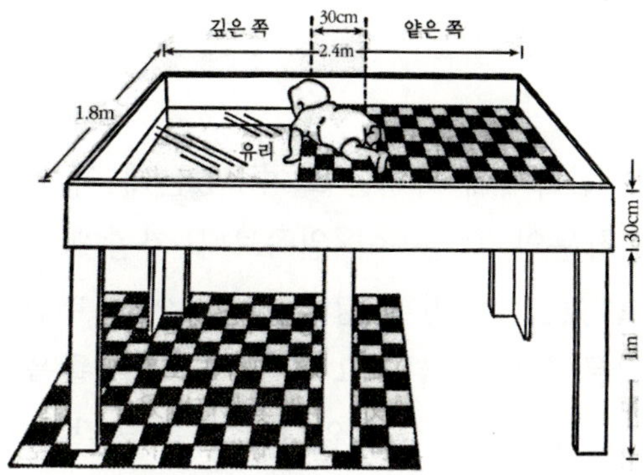

[그림 5-5] 시각적 절벽

출처: Gibson & Walk(1960).

❷ 크기 항상성

한 물체의 크기는 가까이 있건 멀리 있건 간에 같은 크기로 느낀다. 이러한 지각을 크기 항상성 지각이라 한다. 크기 항상성을 느끼는 것은 사물과 공간 간의 관계를 이해했기 때문에 생기는 것으로 거리나 깊이의 증거가 망막상의 감소를 보상해서 물체의 절대적 크기를 그대로 유지시켜 주는 것이다. Day와 McKenzie(1981)는 4달 반 된 영아들에게서 크기 항상성의 증거를 발견하였다. 영아들을 우선 0.9～1.5m 떨어진 곳에 있는 얼굴 모양 모델에 습관화시켰다. 그러고 나서 처음에 보여주어 습관화된 얼굴보다 더 큰 얼굴을 보여주면 영아들은 그것을 처음 보는 것같이 뚫어지게 쳐다본다. 그러나 처음에 보인 얼굴 모양을 더 가까이 움직이거나 더 멀리 움직이면 영아는 그것에 대해 별다른 반응을 보이지 않았다. 분명히 처음 얼굴의 망막상이 커지거나 작아지거나 할지라도 영아는 그것을 처음자극과 같은 것으로 인식하였다. 그러나 4달 반 된 영아들은 친숙한 물체에 한해서만 이 물체가 가까워지거나 멀어지는 것을 보았을 때 크기 항상성이 나타났다. 즉 6～8개월경이 되어야 영아들은 친숙하든 친숙하지 않든 관계없이 정지된 물체의 거리가 변화되었을 때 크기가 변하지 않는다는 것을 인식한다(McKenzie, Tootell & Day, 1980).

❸ 그림의 깊이단서 지각

Yonas 등(1978)은 영아에게 사진을 보여주었는데 이 사진은 45도 각도에서 찍은 창문으로 창문의 오른쪽이 왼쪽보다 가깝게 보이는 사진이었다. 사진 앞에 영아를 앉혔을 때 만약 영아들이 깊이에 대한 조망단서를 지각한다면 오른쪽의 창문이 더 가깝다고 생각하고 오른쪽을 더 만지려 할 것이고, 깊이에 대한 단서에 민감하지 않다면 양쪽을 같은 빈도로 만지려 할 것이다. Yonas 등(1978)은 7개월 된 영아들이 가까이 보이는 창문 쪽을 향하여 손을 뻗었으며, 반면에 5개월 된 영아들은 차이가 없었다고 보고하였다. 따라서 5개월에서 7개월 사이에 그림에서 깊이와 거리에 대한 정보를 추출할 수 있게 되는 것 같다. 2～4개월경이 되어야 시각체계가 성숙됨으로써 이와 같은 것들을 감지하게 되어 크기 항상성을 보이며 그림에서도 깊이와 거리를 추리할 수 있게 된다. 오늘날 거의 모든 연구자들은 아동의 경험이 시각적 성숙에 공헌하고 동시에 지각적 학습을 촉진한다는 것을 믿고 있다.

[그림 5-6] 영아의 그림 깊이지각

출처 : Yonas, Cleaves & Patterson(1978).

(3) 청지각

영아의 청각능력은 출생 후 곧 성인의 수준에 도달하게 된다. 영아의 소리변별능력은 매우 일찍 발달하여 생후 3일 된 영아도 어머니의 음성과 낯선 사람의 음성을 구별할 수 있는 것으로 나타났다. 즉 영아의 청지각능력 발달을 알아보기 위해 영아에게 빈 젖꼭지를 물려주고, 아무런 자극도 주지 않은 상황에서 빠는 속도를 측정하였다. 그다음에 보통보다 빨리 빨 때마다 어머니의 음성을 들려주었다. 그리하여 젖꼭지를 빨리 빠는 행동과 어머니의 음성이 결합되면 영아는 어머니의 음성을 들려줄 때마다 젖꼭지를 빨리 빠는 반응을 보이게 된다. 그러나 어머니가 아닌 다른 여자의 음성을 들려주었을 때도 젖꼭지를 빨리 빨면, 영아가 어머니의 음성과 다른 여자의 음성을 구별하지 못한다는 것을 의미하는데, 출생 후 3일 만에 영아는 분명하게 두 음성을 구분하는 것으로 나타났다(DeCasper & Fifer, 1980).

영아는 말을 알아듣기 훨씬 전부터 언어를 구성하는 음소들을 지각할 수 있다. 생후 2일 된 영아도 모음 '아'와 '이'를 변별하는 것이 가능한데(Clarkson &Berg, 1983), 이러한 연구결과는 중요한 청지각능력이 생의 초기부터 갖추어져 있음을 보여주는 것이다.

(4) 공감각 지각

우리는 눈을 가린 상태에서도 손 위에 올려진 물건이 무엇인지를 알아낼 수 있는 공감각 지각능력을 갖고 있다. 시각으로 알고 있는 물건을 다른 감각인 촉각을 통해서 지각할 수 있는 능력이다. 이러한 공감각의 지각은 언제부터 아기들에게 가능한 것인가? Bower(1982)와 Gibson(1969, 1992) 같은 학자들은 출생 때부터 감각들은 통합되고 흥미 있는 자극에 대하여는 모든 감각기관을 사용하여 탐색한다고 보았다. 이를 검증하기 위하여 Bower와 그의 동료들(Bower, Broughton & Moore, 1970)은 8~31일 된 아기들에게 특수 안경을 끼워 아기가 손이 닿는 거리에 비누거품이 있는 것 같이 보이도록 하였다. 이때 영아가 손으로 그 물체를 만지려고 하면 아무것도 만져지지 않자 놀라움이나 우는 등의 좌절의 반응을 나타냈다. 이것은 시각과 촉각이 통합된 것으로 해석되며 촉각이 시각적 기대와 일치하지 않을 때는 불편한 반응을 보였다.

4) 유아기 이후의 지각발달

만약 대부분의 감각, 지각발달이 영아기 말경에 끝난다면 그 이후에는 지각발달에 어떠한 변화가 일어나는가? 유아기 이후의 지각발달은 주로 주의력의 발달로 이는 자신의 감각을 계획적으로 또는 책략적으로 사용하여 직면한 과제에 관한 적절한 정보를 수집하는 능력이다.

(1) 주의의 발달

아기들은 자신들의 감각을 사용하여 환경을 탐색할 수 있으며 어떤 자극들을 더 선호하는 경향을 보인다(Gibson, 1987). 그러나 어린 영아들의 주의는 사물이나 사건에 의해 쉽게 빼앗긴다. 또한 학령 전 아동들은 한 활동에 몰두했다가도 곧 흥미를 잃고 다른 활동에 이끌리곤 한다. 아동이 점차 자라면서 그들의 주의의 폭이 증가하고 주의를 기울이는 대상이 점차 선택적으로 되면서 목표를 성취하는 데 필요한 정보를 모으는데 체계적인 계획을 세워 주의집중을 할 수 있게 된다. Vurpillot(1968)는 4～10세 아동을 대상으로 두 그림이 같은지 다른지를 답하게 하는 과제를 주었다. 4～5세 아동들은 종종 잘못 판단했지만 6세 반경에는 상당히 체계적이 되는 것을 알 수 있었다. 따라서 나이 든 아동들은 잃어버린 물건을 찾기 위해 주위 환경을 체계적으로 탐색한다(Wellman, 1985).

나이가 증가함에 따라 선택적 주의력도 발달한다. 즉 나이가 들면서 관계없는 부분은 무시하고 주의를 기울이고자 하는 곳에만 주의를 집중한다. Mccoby(1967)는 유치원, 초등학교 2, 3, 6학년 아동들에게 수신기를 통해 동시에 여자와 남자의 대화를 들은 후에 여자 또는 남자가 말한 내용을 말하도록 하였다. 한 집단에게는 미리 남자 또는 여자가 말한 내용을 기억할

[그림 5-7] 지각탐색 그림자극

출처 : Elkind & Weiss(1967).

것인지를 정해주었고, 또 한 집단에게는 정해주지 않았다. 그 결과 나이 든 아동들은 미리 안 경우나 몰랐던 경우 모두, 어린 아동들보다 회상을 더 잘하여 선택적 주의력이 발달하고 있다는 것을 알 수 있었다. Elkind, Koegler와 Go(1964)는 전체와 부분관계에도 선택적인 주의력을 보고하였다.

[그림 5-8] 시각탐색자극

출처 : Vurpillot(1968); Cole & Cole(1989).

Cole과 Cole(1989)의 연구에서는 그림을 보여주고 주의력의 정도를 알아보았는데, 4, 5세 아동들은 독립된 부분에만 주의를 기울이나 7세 아동은 전체와 부분에 번갈아 초점을 맞추었고 8세 아동의 60%, 9세 아동의 78%

가 부분과 전체에 동시에 주의를 기울인다는 결과를 보고하였다.

(2) 형태 지각발달

어린 아동들은 다른 그림 등에 의해 가려진 상황에서 숨겨진 형태가 있다는 것을 알고 있다 하더라도 어떤 그림이 숨겨져 있는지를 알아내기가 매우 어렵다. Ghent(1956)는 숨은 그림검사를 여러 연령층의 아동들에게 실시했을 때 숨은 그림을 찾는 능력은 연령의 증가에 따라 서서히 발달한다는 것을 발견하였다. 이 연구에서 8세 아동의 25%만이 숨은 그림을 모두 찾아냈다. 또 Gollin(1960, 1962)은 3~5세 아동들에게 미완성된 그림을 보여주고 무슨 물체인지 알아맞히게 하였다. 만약 아동이 맞추지 못하면 답을 맞힐 때까지 완성된 그림에 가깝도록 그 그림에다 조금씩 더 첨가한 그림을 보여준 후 답하도록 하였다. 그 결과 3세 아동들은 거의 완성된 그림이 되었을 때만 맞는 답을 찾았으며, 3세, 4세, 5세 수준으로 미완성된 상태에서 맞는 답을 더 많이 하였다. 이와 같은 형태지각은 초기 청년기까지 발달한다(Spitz & Borland., 1971). Gibson에 따르면 이와 같은 지각의 발달은 환경을 능동적으로 탐색하여 어떤 대상의 변별 특징을 탐지할 수 있을 때 일어난다. 변별 특징이란 한 자극을 다른 자극과 구별할 수 있는 단서를 가리킨다. 3세 유아는 처음에 토끼와 고양이를 구별하지 못하고 혼동한다. 토끼는 긴 귀를 가졌다는 변별 특징을 발견하게 되면서부터 두 동물을 구별하게 된다. Gibson은 지각학습의 동기는 선천적인 것으로, 출생하면서부터 인간은 능동적으로 정보를 추구해서 자연환경 내의 질서와 변별 특징을 찾는다고 보았다. Gibson과 그의 동료들은 4~8세 아동들을 대상으로 표준 자극과 똑같은 자극을 여러 자극들 중에서 찾아내도록 하는 실험을 하였다. 6~8세 아동들은 표준 자극과 다른 자극을 구별할 수 있는 변별 특징을 찾아낼 수 있었다. Gibson은 어린 아동들도 끊임없이 환경으로부터 새롭고 정교한 정보를 추출함으로써 사물과 사건들을 구별하는 변별 특징을 발견하는데 이러한 과정을 분화라고 하였다. 나이가 들어 이러한 분화과정이 계속되면서 아동은 지각발달이 이루어지고 점차 감각기관으로부터 오는 정보를 정확하게 해석할 수 있게 된다.

[그림 5-9] 부분-전체 및 역전가능 도형

출처 : Elkind(1978).

❶ 분화이론과 보강이론

인간의 감각수용기에 들어오는 자극 속에 우리가 원하는 모든 정보들이 포함되어 있는가, 아니면 감각자극만으로는 부족하여 시각적으로 보충해야만 의미 있는 지각이 가능한가의 문제이다. 전자는 분화이론(differentiation theory)으로 설명되고 후자는 보강이론(enrichment theory)으로 설명된다.

분화이론은 Eleanor Gibson(1969, 1987)에 의해 제안된 이론으로 감각수용기에 들어오는 자극들 속에는 우리가 원하는 모든 정보들이 포함되어 있으므로 어떻게 추출하는가가 지각능력의 핵심이라고 주장한다. 환경 내에는 유기체가 지각할 수 있는 것보다 훨씬 더 많은 정보들이 산재해 있다.

분화이론에 의하면 연령이 어릴수록 환경 내의 자극을 표집하는 능력이 제한되어 있어 자극의 다양한 특징을 동시에 고려하지 못한다. 그러나 연령증가와 함께 정보를 추출하는 능력이 분화됨으로써 자극의 다양한 특징을 동시에 고려할 수 있고 사물을 전체적으로 파악할 수 있다. 즉 아동은 성장함에 따라 점차적으로 자극을 분류하고 조직할 수 있게 되므로 전체적인 지각이 가능해진다. Gibson은 아동이 유용한 자극을 표집하고 그것을 사용하기 위한 능동적 탐색을 수행할 때 지각발달이 이루어진다고 주장한다.

분화이론과 대조적으로 Piaget(1967)에 의해 제안된 보강이론은 감각수용기에 들어오는 자극이 혼란스럽고 조각나 있기 때문에 덧붙여지고 첨가되어야 완전한 지각이 가능하다고 주장한다. 보강이론에 의하면, 우리가 유의미한 지각을 하기 위해서는 우리의 기억 속에 저장된 지식을 기초로 감각적 자극들을 해석하지 않으면 안 된다. 따라서 지식이나 경험이 더 적은 영아나 어린 아동들은 성인들보다 환경자극을 유능하게 지각하지 못한다.

이 두 이론은 모두 타당하다고 말할 수밖에 없다. 그 이유는 분화이론에서의 주장대로 아동은 성장함에 따라 감각자극 속에 포함된 정보를 점점 더 잘 탐지하게 될 뿐 아니라 보강이론과 일치되게 기존의 지식들은 감각자극을 이해하는 기초를 제공하기 때문이다.

❷ 환경의 영향

지각이 더 발달해 가기 위해서는 경험이 중요한데 이것은 환경자극이 있어야 뇌의 감각중추 영역과 신경통로가 성숙하기 때문이다. 환경의 중요성을 살펴보기로 한다.

❸ 시각적 실조

시각체계가 정상적으로 발달하기 위해서는 생의 초기에 시 자극이 필요하다. 백내장을 갖고 태어난 아기가 성인이 된 후 수술을 해서 시각을 되찾았으나 처음에는 구형이나 입방체 같은 형태를 변별하는 데 어려움을 갖는다(Walk, 1981).

Mitchell(1988)은 생의 초기에 시각실조를 경험하면 성인이 되어 시각을 되찾아도 완전한 회복이 어렵다고 지적한 바 있다. 시각적 자극 중에서도 뇌의 시각영역이 적절하게 발달하기 위해서는 특정 종류의 시 자극이 필요한 것으로 알려지고 있다(Gandelman, 1992; Greenough, Black & Wallace, 1987). 예를 들어 수평선, 수직선 또는 사선에 반응하는 신경세포는 각기 다르다. 이러한 신경세포들이 일정 시기에 자극을 받지 못하면 이 세포가 발달하지 못해 시 지각에 장애가 오게 된다. 고양이에게 수직선만 볼 수 있는 안경을 끼고 성장시켰을 경우 수직선에 반응하는 세포들은 잘 발달한 반면, 수평선이나 사선을 지각하는 일부 세포들은 발달하지 못한다(Strykes et al., 1978). 같은 현상은 청각에서도 일어나는데 청각실조가 뇌의 청각 중추신경의 발달을 저해할 뿐만 아니라(Finitzo, Gunnarson & Clark, 1990), 청각 손상을 입은 아동이 3세 이전에 발성에 관한 특수 훈련을 받지 않으면 발화나 언어에 치명적인 곤란을 겪게 된다(Associated Press, 1995). 따라서 지각발달은 성숙과 함께 지각경험이 적절히 이루어져야 함을 알 수 있다.

④ 사회적 · 문화적 환경의 영향

다른 문화나 사회에서 자란 사람들은 외부세계를 다르게 지각할까? 확실히 문화마다 지각적 선호가 다르다. 예를 들어, 문화에 따라 혐오하는 음식도 다를 수 있고 건강이나 부의 척도가 다를 수 있다. 따라서 문화는 사회적 지각의 기준이 다른 사람이나 활동을 평가하는 기준을 제공한다. 이러한 기준이 무생물이나 물리적 환경을 지각하는 데도 우리의 사회적 배경이 영향을 미치게 된다. 색의 명도나 소리의 크기를 변별하는 기본 감각능력은 문화적 배경에 따라 다르지 않으나(Berry et al., 1992), 들어오는 감각정보에 대한 해석은 자라오면서 가졌던 경험에 따라 상당히 다르다. 또 사회적 가치도 지각에 영향을 미치는데 Bruner와 Goodman(1947)은 10세 아동을 대상으로 동전을 보여주고 그 크기에 맞게 불빛의 크기를 조절하도록 하였다. 아동들은 모든 동전을 과대평가하는 경향이 높았으며, 특히 돈의 가치가 높은 동전일수록 과대평가를 하였다. 결국 사물의 물리적 특성의 지각도 그 사물의 가치 정도에 의해 영향을 받는다는 것을 알 수 있다. 아동의 가정환경도 지각발달에 영향을 미친다. Witkin(1967)은 부모의 양육방법이 자녀의 장 의존과 장 독립과 같은 지각특성에 영향을 미친다고 지적하고 있다. 장 의존과 장 독립은 두 가지 다른 지각양식을 가리킨다. 장 독립적인 사람은 상황이나 배경의 영향을 받지 않고 사물을 지각하고 정보를 처리하는 반면, 장 의존적인 사람은 정보나 배경에 의해 영향을 받는다.

Witkin과 그의 동료들(Witkin, 1967; Witkin, Goodenough & Oltman, 1979)은 자녀의 행동을 감독하고 정해진 규범을 따르도록 강하게 요구하는 지배적인 부모의 양육태도는 자녀의 장 의존적 성향에 영향을 미치며, 자녀의 독자성을 인정하고 허용하는 부모의 양육태도는 장 독립성에 영향을 미친다고 보고하고 있다. 집단으로의 경제활동이 중요한 농경사회에서 부모는 그들 사회의 생활방식을 유지하기 위하여 자녀들에게 복종과 협력을 강조하고 개인의 목표에 앞서 집단의 요구를 우선하는 것을 가르친다. 반면 수렵사회는 집단으로 이동하면서 생활하기는 하나 종종 사냥을 혼자서 하게 되므로 협력과 복종보다는 자기 신뢰감, 독립성이 강조된다. 따라서 Witkin과 Berry(1975)는 농경사회의 사람들이 장 의존적이라는 것을 발견하였고, 수렵사회에서의 아동은 장 독립적이라는 것을 발견하였다. 지각발달이란 결국 감각수용기의 성숙, 사물 분석과 해석에 적용된 아동의 감각경험, 아동의 운동기능 그리고 아동이 성장해 온 사회적 맥락에 의존하는 복잡한 과정으로, 한마디로 사물이나 사건에 대한 해석적 기술의 성장이라고 말할 수 있다.

따라서 지각발달이란 감각수용기의 성숙이 우선적이며 이러한 수용기의 발달에 필요한 적절한 감각경험이 요구된다. 또한 아동이 성장한 사회적 맥락에 의존하는 복잡한 과정으로, 사물이나 사건도 어떻게 받아들이고 해석하는지의 기술을 성장시키는 것을 의미한다고 할 수 있다.

Chapter 06

인지발달

인지란 앎에 이르는 인간의 정신적 사고과정과 그 산물 즉 기억, 상징화, 범주화, 문제해결, 창의성 등의 모든 정신활동을 의미하는 광범위한 개념이다. 인지의 활동은 우리의 내적과정으로 문제를 해결할 때 지식을 습득하고 사용하게 된다. 환경을 인식하고 적응해 가도록 도와주는 인지과정은 주의를 기울이며 지각하고 학습하며 사고하고 기억하는 활동으로 관찰될 수 없는 사상 등을 포함한다. 이 장에서는 Piaget의 사고의 발달에 관련되어 있는 인지이론을 살펴보기로 하겠다.

Piaget는 동물학과 인식론에 대한 초기의 관심을 결합시켜 지식의 기원에 대한 실험적 연구로 정의내린 새로운 과학을 발달시켰다. 인간의 인지를 복잡한 유기체가 환경에 대해 생물학적으로 적응해 가는 과정의 특수한 형태로 보고 인간의 지각, 학습, 경험 등 인식의 근본 문제를 연구하였다. 그는 유아가 성인으로 성장해 가면서 어떻게 인지가 발달되어 가는가를 밝힘으로써 인식의 본질을 밝히려고 하였다.

1 인지발달 기제

Piaget는 인지발달을 설명하기 위하여 조직화(organization)와 적응(adaptation)이라는 생물학의 두 개념을 사용하였다. 이 두 개념은 직접 관찰될 수 없는 것으로 인간의 행동으로부터 추론된다. 조직화는 행동이나 사고가 각각 분리된 채로 있는 것이 아니라 관련된 행동이나 사고체계로 묶여지는 것을 말한다. 예를 들어 아기가 어떤 물건을 손바닥에 놓으면 그것을 쳐다보거나 꼭 쥐거나 하지만 처음에는 이 두 가지 행동을 조직화하지 못하기 때문에 그것을 동시에 수행하지 못한다. 점차 아기는 성숙과 경험에 의해 자신이 쥐고 있는 물체를 볼 수 있게 되고, 볼 수 있는 물체를 잡을 수 있게 된다. 이러한 조직화는 의식적이거나 의도적인 노력으로 일어나는 것이 아니라 자연발생적으로 일어난다. 조직화를 인지 기제로 생각하는 이유는 행동과 사고가 결합하여 더 높은 수준의 기능 단위로 조합된다는 생물학적 원리로 설명하고 있기 때문이다.

또 하나의 생물학적 기제인 적응은 상호 상보적 과정인 동화(assimilation)와 조절(accomodation)로 구성된다. 동화란 새로운 정보를 기존의 사고나 행동방식으로 흡수하는 과정을 말하며, 조절이란 이전의 사고와 행동방식의 요구를 수정하거나 새로운 대상에 대해 좀 더 적절한 새로운 방법으로 배우는 것을 의미한다. Piaget는 동화와 조절이 균형을 이루는 기제인 평형화의 개념을 사용하였다.

구조적인 면은 유아가 환경에 접함으로써 구성하는 지식체계를 말한다. 이러한 지식체계는 도식과 조작의 두 가지 형태를 취한다. 도식은 조직화된 행동패턴이다. 모든 사람은 특정한 행동패턴이나 습관을 가지고 있으며 그것은 일상적이고 반복적인 일과의 일부분을 이룬다.

1) 도식

Piaget(1952, 1977)는 인지구조를 도식이라고 불렀는데, 이를 행동적 도식, 상징적 도식 그리고 조작적 도식의 세 종류로 구분하여 기술하였다

행동적 도식은 아기가 사물에 반응하거나 경험을 하게 될 때, 사용하는 조직화된 행동의 양식이다. 이 도식은 아기가 이 세상을 알게 될 때 처음 사용하는 인지구조로, 주로 영아기에 나타나며 외현적 행동을 통해서만 표현될 수 있다는 특성을 갖고 있다. 따라서 9개월 된 영아에게는 공은 공이

라는 이름을 갖고 있는 동그란 장난감이라는 개념이 없고 자신이 튀게 할 수 있는 물체로 표상하게 된다.

상징적 도식은 머릿속에 있는 경험의 표상을 가리키며, 실제 행동을 하지 않고서도 머릿속에서 심상이나 언어와 같은 정신적 상징으로 생각하거나 문제를 풀 수 있을 때 보이게 된다. 2세에 가까워지면 영아들에게 상징적 도식이 나타난다.

조작적 도식은 7세 이후 아동들의 사고에서 나타나며 내적 정신활동으로 논리적 결론에 도달하는 인지적 조작이 특징이 된다. 예를 들어, 8세 아동은 물을 담은 그릇이 달라졌다고 물의 양이 변하지 않는다는 것을 안다. 다른 그릇에 담아도 머릿속에서 다른 그릇에 담기 이전의 상태로 돌릴 수 있기 때문이다. Piaget에 의하면 가장 흔한 인지적 조작은 +, − 같은 수학적 상징에 의해 행해지는 정신적 조작이다. 이러한 조작은 모두 먼저 있던 상태로 되돌려 볼 수 있도록 하는 특성을 갖고 있어서 학령기 아동들이나 청소년이 좀 더 추상적이고 가설적인 조작적 도식을 구성할 수 있도록 해준다.

2) 동화

동화는 Piaget가 생물학에서 빌려온 용어로 유기체가 이미 가지고 있는 도식 또는 인지적 구조에 따라 외계의 사물이나 사건에 반응하는 과정이다. 이미 갖고 있는 도식 안으로 자극이 들어오는 것을 받아들인다. 즉 새로운 지각물이나 자극 사건을 이미 가지고 있는 도식이나 행동양식에 맞추는 인지적 과정이다.

3) 조절

유아가 새로운 자극을 만나게 되면 그것을 이미 갖고 있는 도식에 끌어들여 동화시키려고 한다. 그러나 때때로 새로운 자극이 있는 특성과 기존

도식들의 특성 간의 거리가 멀어서 동화시키지 못할 수가 있다. 이때 바로 인지적 구조의 변화를 가져오게 하는 인지과정이 필요하게 된다. 즉, 새로운 자극을 받아들일 수 있는 새로운 도식을 만들든지 아니면 새로운 자극에 알맞게 이미 갖고 있는 도식을 변형하는 일이 필요한데 그것이 바로 조절이다. 그러므로 조절이란 새로운 도식을 만들거나 낡은 도식을 알맞게 고치는 일이다.

4) 평형화

동화와 조절은 인지적 성장과 발달에 없어서는 안 되는 중요한 과정이다. 인지적 성장과 발달에 있어서 평형화를 통해 동화와 조절 간의 인지적 균형이 유지된다는 것이다.

이와 같이 동화는 이미 만들어진 구조에 양적 변화를 가져다주는데 반해 조절은 지적 구조의 질적 변화를 일으키는데 인지구조는 이 두 과정의 누적적인 조정과 통합에 의해 성장하고 발달하는 것이다. 여기서 절실히 요구되는 것이 바로 발달하는 유아와 환경과의 효과적인 상호작용이다.

2 발달단계

Piaget에 의하면 인지구조의 변화는 질적으로 구분될 수 있는 몇 개의 단계를 거쳐 간다고 가정한다. 각 단계는 하나의 통합된 구조를 갖고 있고, 또 이러한 단계는 선행된 단계로부터 생기며, 다음 단계를 준비하면서 그 다음 단계의 구조로 통합된다. 각 단계가 나타나는 순서는 어느 아동에게나 일정하다. 그러나 각 단계에 도달하는 연령단계는 개인의 경험, 도식 및 사회·문화적 환경에 따라서 다를 수 있다고 가정한다.

Piaget는 이러한 발달단계를 크게 감각운동기, 전조작기, 구체적 조작기, 형식적 조작기의 네 단계로 나누고 이것을 다시 하위단계로 구분하였다.

1) 감각운동기(출생~2세)

이 시기의 영아들은 단지 감각적 또는 운동적 도식으로 반응하는 것으로 외부환경을 이해하고 적응해 간다고 해서 감각운동기라고 부른다.

영아들은 의도적으로 행동하지 못하고, 물체에 대한 어떤 내적인 표상능력이 없다. 즉 물체를 상징하는 정신적인 그림이나 단어를 갖고 있지 않다. 그러기 때문에 Piaget는 이 시기의 영아의 인지를 전 상징적, 전 표상적, 또는 전 반응적 감각운동의 지능이라고 하였다.

그러나 이 시기의 발달은 매우 빨라서 처음에는 생득적인 반사가 출발점이 되지만 마지막 단계에 가서 감각 운동적이나 비교적 지적인 행동도 할 수 있게 된다. 이 시기의 인지구조는 그 후에 나타나는 인지발달의 기초적인 역할을 하게 된다. 영아들의 감각운동 발달을 다시 6단계로 나누었다.

(1) 1단계 : 반사기(reflex activity, 출생~1개월)

이 단계의 도식은 환경에 대처하기 위한 보기, 잡기, 차기, 때리기와 같은 행동패턴을 포함하는데 최초의 도식은 타고난 반사들로 이루어지며, 이 시기에 가장 우세한 반사는 빨기반사이다. 영아는 입에 닿는 것은 무엇이든지 빨려고 하며, 심지어 배고프지 않을 때도 빨기를 한다. 빨기반사, 잡기반사 등은 외부세계와의 상호작용을 통해 수정되고 확장된다.

(2) 2단계 : 일차 순환반응기(primary circular reaction, 1~4개월)

순환반응이란 행동이 순환적이거나 반복적으로 일어나는 것을 말하는데, 아기는 우연히 행한 움직임이 재미있게 되면 그 행동을 계속 반복하려고 한다. 영아는 자신의 신체에 관심을 가지고 물건을 가져가 입으로 빠는 등 개별적인 잡기 도식과 빨기 도식을 협응시켜 잡기-빨기의 협응된 도식을 발달시킨다. 이와 같이 이 단계에서 영아의 행동은 외부대상을 향해서보다는 자신의 신체에 주로 집중되기 때문에 1차적이라고 하며, 같은 행동을 반복해서 하기 때문에 순환반응이라고도 한다. 최초의 모방이 이 단계에서

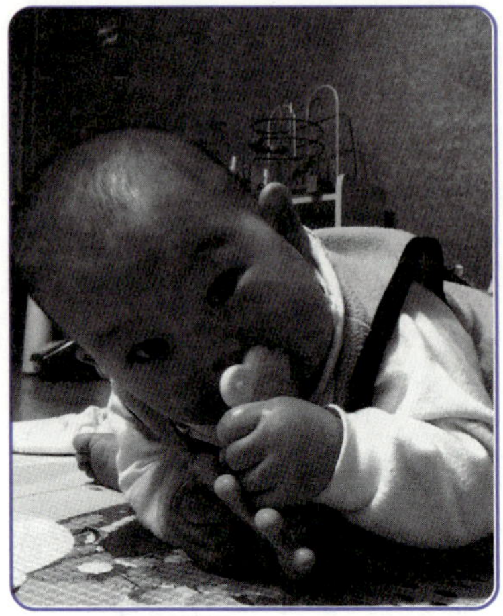

[그림 6-1] 협응반응

출처 : 최경숙(2006).

나타나나 모방은 영아 자신의 행위에 대한 다른 사람의 모방을 따라 하는 것에 국한된다.

(3) 3단계 : 이차 순환 반응기(secondary circular reaction, 4~8개월)

3단계에서도 영아는 여전히 우연히 일어나는 재미있는 반응을 반복하는 순환반응을 나타내나 이번에는 2차적인, 즉 외부세계에 있는 대상이나 사건에 대해 반복적인 행위를 하게 된다. 이는 선천적인 것이 아니라 영아가 학습을 통해 획득한 반응이다. 예를 들어, 영아가 손을 내젓다가 요람에 달려 있는 모빌을 건드리게 되었을 때 뜻밖에 모빌이 돌아가면서 소리가 나게 된다. 이 경우 아기는 의아해서 잠시 멈추었다가는 다시 모빌을 건드려 다시 한 번 그 소리를 들어보며, 다음에는 좀 더 자신 있게 흔들어서 모빌의 움직임을 보고 흔들리는 소리를 듣는다. 그리고 상당 기간 계속해서 이 행위를 되풀이하게 된다. 이 단계에서는 영아의 행동에서 의도적 행위가 시작된다. 이로써 점차 영아는 스스로의 힘으로 사건을 만들어 내는 능력이 생기게 된다. 진정한 의미의 모방은 이 단계에서 시작된다고 할 수 있다.

(4) 4단계 : 이차 순환반응의 협응기(coordination of secondary circular reactions, 8~12개월)

이 단계의 영아는 자신의 신체보다는 주변 환경에 관심을 두고 목표달성을 위해 이전에 획득한 행동들을 통합하기 시작한다. 즉 여러 가지 2차 순환반응을 조정할 수 있게 된다. 이들은 인과 개념을 갖기 시작하여 목표가 되는 하나의 도식에 도달하기 위한 수단이 되는 다른 도식을 이용하는 능력을 발달시키게 되어 영아의 행동은 보다 의도적이고 목표지향적이 되어 간다. 아울러 이 단계의 영아는 대상영속성(object permanence) 개념을 형성하게 된다. 이전 단계까지 영아는 물체가 자신의 시야에서 사라지면 그 물체는 더 이상 존재하지 않는 것으로 지각하여 찾으려고 하지 않는다. 그러나 이 단계에서는 가지고 놀던 장난감이 자신의 시야에서 사라지면 찾으려고 하면서 장난감이 눈앞에서 사라지더라도 없어진 것이 아니라는 것을 인식할 수 있을 정도로 대상영속성 개념이 발달하기 시작한다. 대상영속성의 발달은 빠른 속도로 발달하는 영아의 새로운 기억능력을 반영하는 것으로 이후 영아는 사람이나 사물에 대한 표상을 정신적으로 구성하며 보다 복잡한 형태의 표상을 구성해 간다.

(5) 5단계 : 삼차 순환 반응기(tertiary circular reaction, 12~18개월)

자신의 신체를 이용하여 흥미를 끄는 단순한 행동을 반복하는 일차 순환반응기와 자신의 몸이 아닌 외부에서 흥미로운 사건들을 발견하고 계속 반복하는 이차 순환 반응기를 구분하기 위해 "삼차"라고 한다. 이 단계에서 영아는 단순한 목적을 지닌 반복이 아니라, 새로운 행동이 어떤 결과를 가져올지를 알아보기 위해 다양한 탐색과 실험을 한다. 걸음마를 하게 되면서 대상과의 접촉이 보다 쉬워지고 새로운 경험을 할 수 있는 가능성이 늘면서 영아는 보다 적극적이고 목적 지향적이며 시행착오적으로 탐색하며 문제를 해결한다. 이전에는 수행하지 못했던 행동유형을 문제해결을 위해 반복하는 시행착오를 겪는다. 여기서 중요한 것은 아이들은 어른의 가르침 없이 스스로 학습하며, 외부세계에 대한 선천적 호기심으로부터 그들의 도식을 발달시켜 나간다는 것이다. 그러나 이 단계에서는 새로운 전략을 찾기 위한 정신적 표상은 나타나지 않는다.

(6) 6단계 정신적 표상(mental representation, 18~24개월)

이 단계에서는 영아가 좀 더 내면적으로 사고한 후에 행동을 하게 된다. 즉 직접 보지 않아도 사고하는 것이 가능해지기 시작한다. piaget에 의하면 표상적 사고란 행동하기 전에 문제에 대해 정신적으로 추론하는 것을 의미하는데 이때의 표상은 행동을 통해 이루어진다.

5단계까지는 신체를 이용한 실제 경험을 통해서만 인지작용이 가능하지만 6단계에 들어오면 영아는 눈앞에 없는 사물이나 사건들을 정신적으로 그려내기 시작하고 이를 문제해결에 사용할 수 있다. 이 시기에는 통찰에 의해서 문제해결을 할 수 있는데, 영아는 원인과 결과를 이해하고 행동 전에 사고할 수 있기 때문에 시행착오를 겪지 않고 문제해결을 위한 이해나 통찰을 얻을 수 있다. 이처럼 정신적 표상이 가능해지면서 영아는 5단계까지는 불가능하던 지연모방(deferred imitation)을 할 수 있게 된다. 지연모방이란 특정 행동을 목격한 후 일정 시간이 지난 후에 그 행동을 재현하는 것으로 눈앞에 없는 행동에 대한 내적 표상을 형성할 수 있으므로 지연모방이 가능한 것이다.

2) 전조작기(preoperational stage, 2~7세)

이 시기의 초기에는 아직도 감각 운동적 적응 형태가 남아 있으나 상징적 사고를 시작하는 것으로 전조작적 단계가 시작된 것을 알 수 있다. 유아는 자신이 내재적으로 형성하고 있는 표상을 여러 형태의 상징으로 표현하게 된다. 즉 감각운동기와 전조작기의 명백한 차이는 표상활동(representational activity)의 증거이다. 표상능력은 지연모방, 상징놀이, 그림, 언어 등으로 나타난다. 즉 유아들이 눈앞에 없는 것을 기억하는 표상이 나타나고, 나무토막을 자동차로 여기며 놀지만 통합된 전체 구조를 이해하는 능력인 조작하는 능력이 부족하므로 전조작기라고 한다. 이 단계는 논리적 사고를 위한 발판이 된다. 유아들은 논리적으로 표상을 조작할 수는 없지만, 정신적인 표상을 이용하여 자기 앞에 없는 사물이나 사건들을 조작할 수 있다. 또한 이들은 지각이 지배되는 직관적 사고에 의존하는 시기로 사고의 한계가 있다. 다시 말하면 다른 사람의 관점에서 사물을 볼 수 없는 자기중심성, 한 번에 하나의 상황에 대해서만 고려하고 다른 면들을 동시에 고려하지 못하는 중심화, 어떠한 일련의 단계들을 이해하거나 출발점으로 되돌아가서 생각하지 못하는 비가역성 등이 나타난다. 그리고 전조작기의 사고의 또 다른 특징은 변환적 추론, 보존개념의 결여, 물활론, 인공론, 실재론 등을 들 수 있다.

(1) 언어와 사고

이 시기에 언어는 자기중심적 언어(egocentric speech)가 많이 나타난다. 아무도 듣지 않아도 자신이 하고 있는 것에 대해 즐겁게 이야기하는 경우를 볼 수 있다. 이것은 실제적인 상호작용이나 대화가 없이도 이야기할 수 있는 것으로 집단 독백(egocentric speech)이라고 한다. Piaget는 언어가 정신적 표상의 가장 융통성 있는 도구라고 하였다.

(2) 상징적 사고

이 시기의 유아는 놀이 활동에서 비언어적 상징 행동을 많이 사용한다. 전조작기의 표상발달의 대표적인 예로 가상놀이를 들 수 있다. 가상놀이는 가상적인 사물이나 상황을 실제 사물이나 상황으로 상징화하는 놀이로서 유아의 인지발달에 매우 중요한 의미를 지닌다. 베개를 아기처럼 업고 다니며 인형에게 우유를 먹이는 흉내를 내고 막대기를 가지고 총 놀이를 하며, 엄마 아빠가 되어 역할놀이를 하게 되는 가상적 놀이를 한다. 이러한 활동은 마치 ~인 것처럼 활동할 수 있는 정신적 표상능력을 나타내는 것이다.

(3) 자기중심성

자기중심성은 다른 사람의 관점에서는 사물을 볼 수 없는 것이다. 다른 사람의 관점이 존재한다는 사실을 알지 못하기 때문에 모든 사람이 자신이 보는 대로 세상을 보고 있다고 생각하는 것을 말한다. 이는 Piaget와 Inhelder의 세 개의 산 모형실험을 통해 잘 알려져 있다. 유아에게 색깔과 크기가 다른 세 개의 산을 각기 다른 위치에 배열된 장면을 보여주고, 그 산들의 모습을 그린 그림들 중에서 유아 자신이 보고 있는 대로의 모습과 같은 것을 고르게 하면 대부분의 유아는 잘할 수 있다. 그러나 자신과 다른 위치에 있는 인형이나 실험자에게 보일 모습의 그림을 고르라고 하면 많은 유아들이 자신이 보고 있는 관점을 나타내는 그림을 고른다. 따라서 이 시기에 아이들은 매우 자기중심적이다(강문희 외 3인, 2004).

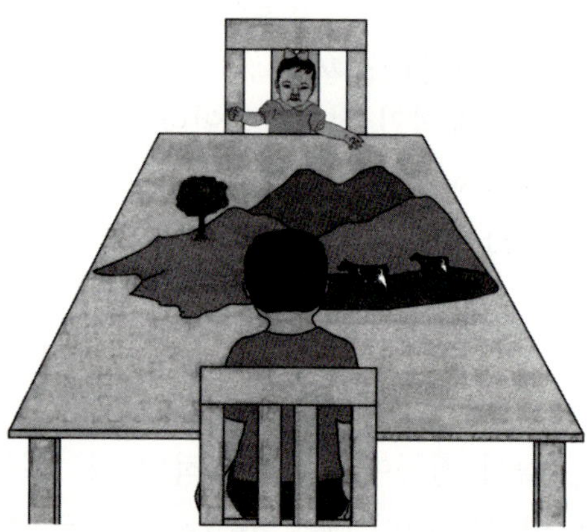

[그림 6-2] 세 개의 산 실험

출처 : Shaffer(1996).

(4) 보존개념의 결여

보존개념(conservation)이란 양이나 크기가 같은 어떤 사물의 특징은 그것의 모양이나 형태가 변하더라도 양이나 크기는 불변한다는 것이다. 전조작적 사고가 조작적 사고와 다른 것은 바로 이 보존개념이 없다는 것이다. 같은 두 개의 둥근 찰흙을 가지고 한쪽의 모양을 호떡처럼 납작하게 변화시킨 후 유아에게 그 두 개의 점토가 같은지 또는 어느 것이 더 많은지 질문을 하면 전조작기의 유아들은 혼란을 일으킨다. 이것은 전조작기 유아들이 아직 보존개념을 획득하지 못하였기 때문에 일어나는 현상이다. 또한 다섯 개의 바둑들을 한 줄로 늘어놓은 뒤 다시 그것의 간격을 빌려 띄엄띄엄 늘어놓아서 그 줄이 길어졌다 하더라도 바둑돌의 수는 역시 다섯 개이다. 그러나 전조작기 유아들은 거의 이러한 보존의 개념이 없다. 전조작기 유아들은 어떤 상황에서 지적으로 가장 현저한 자극에 초점을 맞추고 다른 면들을 무시해 버리는 중심화 경향을 보이며 비논리적인 추론을 한다. 바둑돌의 늘어난 길이에 중심화되어 바둑돌의 수가 불변하는 것은 알지 못하는 것이다(장휘숙, 2001).

(5) 비가역성

유아들이 전조작기의 사고수준에서는 그때그때의 정지된 상태에 주의를 집중하여 바뀌는 상태를 고려한 전체로서 이해하지 못하고, 한 상태와 다른 상태를 서로 변화시켜보지 못하기 때문이다. 이러한 현상은 어떤 변화가 일어나면 이것을 먼저 상태로 되돌려 볼 수 있는 가역성이 없기 때문이다. 비가역성이란 조작이 양방향으로 일어날 수 있음을 이해하지 못하는 사고이다. 즉 사고의 과정에서 다시 출발점으로 되돌려 추론하지 못하고 한 방향으로만 사고한다.

(6) 물활론

물활론(animism)이란 생명이 없는 대상에게 생명과 감정을 부여하고, 세상의 모든 만물에 생명이 있다고 생각하는 전조작기 유아의 대표적인 사고의 특성이다.

그러나 Piaget 이후의 연구들(Poulin-Dubois & Heroux, 1994; Massey &

Gelman, 1988)은 3～5세의 유아들이 모든 대상물에 대해 물활론적 사고를 하는 것은 아니라고 주장한다. Piaget의 주장과는 상이하게, 관찰가능하고 구체적인 사물들에 대해서는 유아들도 생물과 무생물을 구별할 수 있다. 그러나 유아가 잘 알지 못하거나 동화 속에 나오는 무생물들, 즉 구름, 바람, 태양 등에 대해서는 물활론적 사고를 한다는 것이다. 아마도 유아들은 관찰할 기회를 갖지 못한 대상물에 대해서는 그것의 속성을 모르기 때문에 살아 있는 생물로 잘못 판단할 수도 있다는 것이다(장휘숙, 2001).

단계	특 징
1단계	존재하는 모든 사물에 의지나 생명이 있다고 생각하는 단계로, 이러한 경향은 4~6세에 현저하게 나타난다.
2단계	좀 더 분화된 상태로 움직이는 모든 것을 살아 있다고 생각한다. 주로 6세 이후 8~9세경의 아동에게서 나타난다.
3단계	이 단계는 8세 이후 12세까지의 아동에게서 주로 관찰되는데, 이 시기의 아동은 단순히 사물의 움직임으로 판단하는 것이 아니라 그러한 움직임의 원동력이 어디에 있는가를 생각한다. 즉 스스로 움직이는 것에 한해 생명이 있다고 생각하는데, 자전거나 자동차는 더 이상 생명이 없다고 생각하며, 구름, 바람, 태양, 비 등은 스스로 움직이므로 생명이 있다고 생각한다.
4단계	식물, 동물 등 생물만 살아 있는 것으로 생각하는 단계로 12세 이후에 정착된다.

출처 : 김제한(1998).

(7) 실재론

실재론(realism)은 보고 듣고 느끼고 생각하는 것들이 모두 형상화되어 외부에 실재한다고 믿고, 마음속의 상상과 현실의 상황이 명확하게 구분되지 않는 사고 방법을 말한다.

유아들은 꿈의 실재라고 믿는다. 전조작기 유아들에게는 꿈과 현실이 명확하게 구분되지 않고, 정신적인 것과 물리적인 것이 미분화된 상태로 존재한다.

(8) 위계적 분류

이 시기의 유아들은 마음속으로 상위그룹과 하위그룹을 동시에 고려할 수 없기 때문에 과제를 위계적으로 분류하지 못한다.

유목포함 과제로써 9개의 튤립꽃과 5개의 국화꽃을 사용하였을 때, 유아들은 튤립꽃이 국화꽃보다 더 많다는 것을 이해할 수 있다. 그러나 유아들은 튤립꽃이 많다는 것에 압도되기 때문에 "꽃이 더 많니? 튤립이 더 많니?"하고 물으면 여전히 튤립꽃이 더 많다고 대답한다. 그들은 튤립꽃과 국화꽃이 모두 꽃이라는 하나의 범주에 속한다는 것을 깨닫지 못한다.

(9) 변환적 추론

변환적 추론(transductive reasoning)이란 어떤 현상의 원인과 결과 간의 관계를 추론하는데 적절한 인과관계를 추론하는 것이 아니라, 특정한 사건에서 다른 특정사건을 추론하는 것이다.

특히 어떤 두 가지 현상이 시간적으로 근접해서 발생하면 두 현상 간에 아무런 관계가 없는데도 유아는 인과관계가 있는 것으로 생각한다.

3) 구체적 조작기

구체적 조작기(concrete operational thinking, 6, 7세～12세)의 유아들은 전조작기 사고의 제한된 특성에서 벗어나서 논리적 사고를 하기 시작한다. 또한 아동들의 추리 능력도 정확해지고 복잡해지며 융통성을 갖게 된다. 그러나 이 시기의 유아들이 해결할 수 있는 논리적 문제는 여기 그리고 현재의 구체적 사물에 한정되며 추상적이고 가설적인 문제해결에서는 아직도 어려움을 보인다. 이와 같은 아동들의 사고를 Piaget는 구체적 조작 사고라고 하였다.

조작은 내적 행동체계이며, 논리적으로 두뇌 속에 존재하는 문제해결의 형태라는 점이다. 즉, 조작이란 주어진 정보를 특정한 목적을 위해 변형시키거나 관련된 사고로 통합하는 정신적 활동을 의미하는 것이다(정옥분, 2002).

조작	제1단계	제2단계	전조작적 사고(오답)	조작 획득 연령
수	두 줄의 점들이 동일한 간격으로 놓여 있다.	아랫줄의 점들이 사이의 간격을 넓힌다.	아랫줄의 점들이 윗줄보다 더 많다.	6세
길이	두 막대기	막대를 엇비슷하게 놓는다.	위(혹은 아래)의 막대기가 더 길다.	6~7세
면적	큰 사각형 속에 네 개의 작은 사각형이 있다.	한 개의 큰 사각형 속의 작은 사각형을 흩어 놓는다.	왼쪽 사각형 속에 남아 있는 공간이 더 넓다.	7~8세
액체(양)	동일한 두 개의 유리컵에 동일한 양의 물이 담겨 있다.	하나의 컵에 있는 물을 길고 가는 컵에 옮겨 붓는다.	왼쪽(혹은 오른쪽) 물이 더 많다.	7~8세
질량	공 모양의 같은 크기의 찰흙	한 개를 납작하게 만든다.	왼쪽(혹은 오른쪽) 물이 더 무겁다.	7~8세
부피	동일한 양의 액체가 들어 있는 컵 속에 동일한 무게의 진흙 공이 담겨 있다.	하나의 진흙 공을 물에서 꺼내어 모양을 변형시킨 다음 다시 물속에 넣는다.	오른쪽 액체의 높이가 더 높아질 것이다.	11~12세

[그림 6-3] 구체적 조작기 동안의 수, 길이, 양 등의 보존개념 획득

출처 : Sigelman, & Shaffer(1991).

[그림 6-4] "세 번째 눈" 과제에 대한 그림

출처 : Sigelman, & Shaffer(1991).

(1) 보존개념

구체적 조작기에 나타나는 아동기 사고의 특징은 보존개념의 획득, 분류화, 서열화 등이다.

아동기에 보이는 보존의 개념은 모두 양적 영역에서 관찰될 수 있다. 피아제와 그의 공동 연구자들은 질량, 무게, 부피, 길이, 넓이, 거리, 시간, 속도, 운동 등 상상할 수 있는 모든 형태에 대한 보존의 개념에 대해 연구하였다.

보존개념에 관한 일반적인 출발점은 두 가지 물체가 동일하다는 것이다. 예를 들면, 찰흙으로 공을 만들었을 때 길게 만들면 폭이 좁아져서 다르게 보이지만 다시 공으로 되돌릴 수 있으며 모양이 변했다 해도 그 양은 동일하다는 것을 알게 된다.

대부분의 아동들은 보존개념을 획득하게 되는데 기본적으로 세 가지의 논리에 의해서 보존개념이 형성된다. 첫째는 같은 양의 주스를 따라내 버리지 않으면 두 컵의 주스 양은 같다고 하는 동일성의 원칙이며, 둘째는 이 컵은 이렇게 길지만 저 컵은 더 넓으므로 물의 양은 같다고 하는 하나의 변화가 다른 하나의 변화로 인해서 서로 상쇄된다는 상보성의 원리이다.

셋째는 높이가 변화된 컵의 주스를 원래의 컵에 다시 따르면 주스의 양이 같아진다고 하는 역조작의 원리이다. 구체적 조작기의 아동은 이러한 동일성, 상보성, 가역조작의 원리가 모두 가능하기 때문에 보존개념을 획득하게 된다. 역조작의 원리는 가역성으로서, 물체의 어떤 상태가 그 변화를 역으로 밟아 가면 다시 원상태로 복귀된다는 사실이다. 바로 이 능력이 구체적 조작기의 아동이 할 수 있는 사고능력이며, 전조작기에서는 결여된 특징이다.

여러 가지 보존의 개념은 서로 다른 시기에 습득된다. 수에 대한 보존의 개념은 6～7세경에 나타나지만, 무게에 대한 보존은 9～10세경, 부피에 대한 보존은 10～15세경에 도달한다. 이와 같이 같은 구체적 조작기에서라도 영역에 따라 보존의 개념에 도달하는 시기가 차이가 생기는 것을 Piaget는 수평적 뒤짐 혹은 수평적 위계(horizontal decalage)라고 하였다. 이러한 현상은 같은 정신적 조작을 필요로 하는 유사한 문제들 중 어떤 문제는 해결할 수 있음에도 불구하고 또 다른 문제는 수행하지 못하는 현상을 말한다.

(2) 분류

아동들은 사물이나 대상의 상위 개념과 하위 개념에 대한 유목화가 가능하여 단계적이고 체계적인 분류가 가능해진다. 유목화에 대한 과제로 아동에게 장미 5송이와 백합 3송이, 모두 8송이의 꽃을 보여주고, 각각 꽃이 몇 송이였는지를 확인하게 한다. 그 후에 아동에게 장미가 더 많은지, 백합이 더 많은지 질문해 보는 것이다. 전조작기 아이들의 반응은 동일하게, “장미가 백합보다 더 많다.”라고 한다. 이들 유아들은 꽃이 하위부분(장미, 백합)과 상위부분(모든 꽃)에 동시에 속한다고 생각하지 못한다. 구체적인 조작기의 아동은 부분포함에 대한 해답에서 논리적 이유를 이해할 수 있다.

(3) 서열화

구체적 조작기 아동의 사고에서 발견되는 또 다른 특성은 사물을 영역별로 차례대로 배열할 수 있는 능력이다.

이 시기의 아동은 각각의 막대기를 비교하여 보다 큰 것 작은 것을 고려하기도 하고 사물의 두 가지 속성(예 : 크기와 높이)에 따라 대상을 비교하여 나열할 수 있는 다중서열화 능력도 획득한다.

보존의 개념처럼 서열에서도 수평적 뒤짐이 나타난다. 즉, 길이에 관련된 서열개념이 가장 빨리 7, 8세경에 나타나고, 무게에 대한 서열은 9세에, 부피에 대한 서열은 11, 12세경에 나타난다.

(4) 탈중심화

전조작기의 아이들은 자기중심적이며, 중심화 경향은 사회적 경험이 증가함에 따라 감소된다. 구체적 조작기에 오면서 다른 사람과의 상호작용 과정에서 아동들은 자신의 사고가 모순된다든지 또는 한 차원만 보고 다른 차원을 고려하지 못하였다는 것 등을 발견하게 된다. 결국 구체적 조작기가 되어서야 지각의 탈중심화와 협응이 일어나게 된다.

(5) 공간개념

Piaget와 Inhelder(1956)는 수평, 수직이 공간개념 획득에 중요한 중심개념으로 사용되기 때문에 수평·수직 개념의 발달을 중요시하였다. 따라서 수평·수직개념을 획득하는 발달단계를 분석 제시하였다.

- 수평개념 : Piaget는 수평개념 발달을 보기 위하여 [그림 6-5]에서와 같이 색이 있는 물을 1/4쯤 채운 목이 좁은 사각형 병과 둥근 병을 사용하였다. 아동에게 병을 기울이거나 눕힐 때 물의 위치를 예상하여 손가락으로 지적하거나 그림을 제시하여 표시하도록 하였다.
- 제1단계(4~6세) : 약 4~5세의 아동은 병 안에 있는 물을 그려보라고 하면 수평선으로 또는 직선으로 그리지 못하고 물이 덩어리로 모여 있는 것 같이 나타낸다. 결국 병 속에 물이 있다는 개념을 그린다.

- 제2단계(7～8세) : 이 단계는 두 개의 하위단계 A와 B로 나누어진다. 2단계 A에서는 대부분의 아동들은 수면이란 직선이어야만 한다고 믿는다. 그러나 병의 기울기에 관계없이 물의 수준을 병의 밑면과 평행한 선으로 나타낸다. 수면은 병의 밑면과 평행해야 한다는 또 다른 특성에 얽매여 위치를 올바로 파악하지 못한다. 2단계 B에서는 수면이 병의 밑면과 평행하다는 관념은 벗어나면서 참조기준을 찾으려는 노력이 나타난다. 그러나 병의 구석이나 옆면을 참조기준으로 삼기 때문에 그림에서와 같은 결과가 나타난다. 아직도 수평개념이 완전하지 않다.
- 제3단계(9～10세) : 이 단계도 두 개의 하위단계 A와 B로 나뉜다. 3단계 A에서는 참조기준의 탐색이 외부로 향하면서 수평개념이 점차 획득된다. 여러 번의 시행착오적인 반복을 통하여 수평축을 파악하게 된다.

3단계 B에 이르러 수평개념은 완전하게 되면서 아동은 병 밖의 책상 등의 외부 참조 기준을 이용하여 수평축을 시행착오적인 시행 없이 바로 파악한다.

- 수직 개념 : Piaget는 수직개념 획득과정을 연구하기 위하여 아동 앞에 모래 산을 쌓아 마주하게 하고 산에 나무를 심었을 경우 어떤 형태로 나무들이 심어져야 하는가? 또는 빈 병에 추를 매달 때 병을 여러 각도로 기울인 상태에서 추의 위치를 예상하게 하는 것 등으로 수직개념 발달과정을 분석하였다.
- 제1단계 : 이 단계에서는 수직의 조정 축에 대한 개념부족으로 물체의 방향을 고려하지 않는 것으로 나타나며 단지 산과 나무를 가깝게 그려 공간의 근접을 기초로 한 개념을 나타낸다. 실제로 나무는 산의 변을 따라 평행한 채로 누워 있거나 산을 배경으로 임의적인 방향으로 나타낸다.
- 제2단계 : 수평개념에서와 같이 수직개념에서도 2단계가 다시 두 개의 하위단계로 나누어진다. 2단계 A에서는 산의 경사면에 나무를 세우거나 그릴 때 그리고 추의 방향을 예상할 때도 산에 수직선이 아니라 능선을 기준으로 하여 나무를 수직으로 세우거나 그린다. 2단계 B에 이

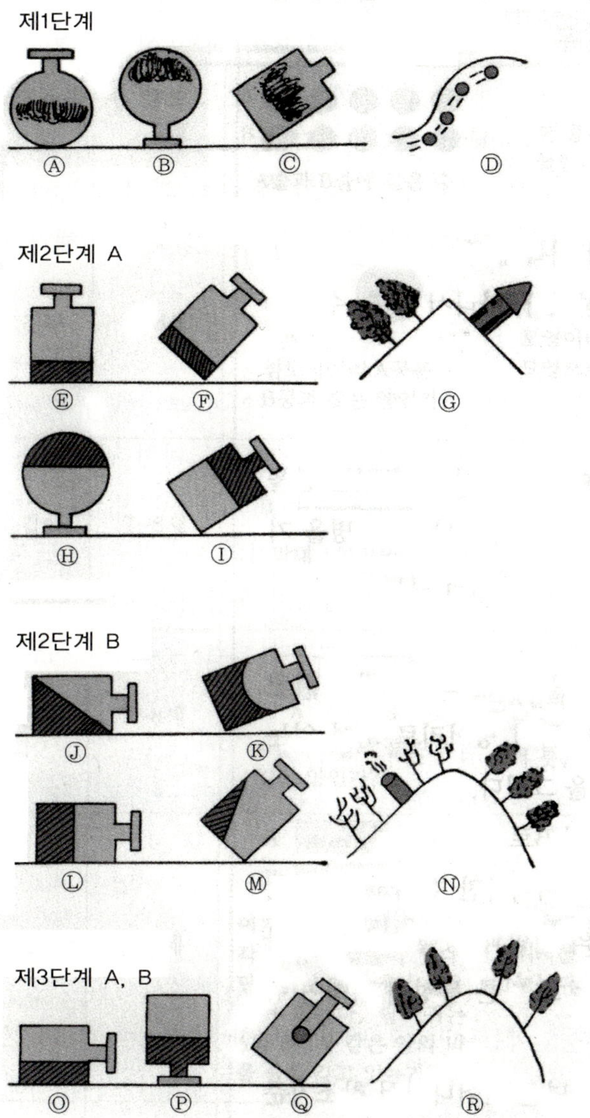

[그림 6-5] 수평 · 수직 개념 발달단계

출처 : Piaget & Inhelder(1956).

르면 산에 수직으로 나무를 세울 수는 있으나 일단 그림으로 그려 보게 하면 산의 경사면에 수직이 되도록 그린다. 따라서 이 단계 아동은 그림에서는 외부 참조기준의 이용이 아직 어려운 것으로 보인다.

- 제3단계 : 이 단계 역시 두 개의 하위단계로 나누어진다. 3단계 A에서는 시행착오적인 시행이 나타나나 수직개념이 점차 획득된다. 3단계 B에 이르러서야 수평개념에서와 같이 외부 참조기준을 시행착오 없이 바로 이용할 수 있게 되어 수직개념의 성숙된 이해가 나타난다.

(6) 자율적 도덕성

전조작기 유아들의 도덕적 특징은 성인이 부여한 규칙을 그대로 따르는 타율적인 수준이었다. 이 단계에서 아동의 도덕적 판단수준은 행위의 동기보다는 결과가 얼마나 나쁜가 또는 타인으로부터 비난을 받는 정도에 따라 행위를 결정했다. 그러나 구체적 조작기의 아동들은 반드시 따라야 할 절대적인 법이 있는 것이 아니라 서로의 동등함을 위해 규칙을 만든 것임을 이해하게 된다. 즉 규칙은 임의적인 서로의 약속이며 사람들의 동의에 따라 변화할 수 있다는 것을 이해하게 된다. 상황에 따라 규칙을 바꿀 수 있으며 절대적 기준에 의해 처벌받는 것이 아니라는 것을 이해하게 되며, 행위의 결과보다는 동기나 원인을 행위 판단의 근거로 생각할 수 있게 된다.

4) 형식적 조작기(11, 12세 이후)

형식적 조작기는 인지발달의 마지막 단계로서 사춘기를 통해 이루어진다. 이 기간 동안에는 새롭고 보다 강력한 인지기술(형식적 조작)을 발달시킨다. 이 시기의 아동은 사물뿐 아니라 관념적인 것에 대해서도 사고하는 구조를 지니게 된다. 형식적 조작은 가역될 수 있는 정신적 표상이라는 점에서 구체적 조작과 유사하다. 그러나 형식적 조작은 좀 더 진보된 것으로 표상이 실제의 행위뿐 아니라 잠재적인 행위에까지 적용될 수 있고 가설검증적 상황까지 고려할 수 있게 되어 더 높은 수준의 사고가 가능하게 된다(최경숙 외 1인, 2010).

(1) 가설의 생성

구체적 조작기의 사고는 경험적-귀납적인데 반해서 형식적 조작기는 가설적-연역적이다. 전자의 경우는 어떤 문제상황에 놓이게 되면 과거의 문제해결 경험을 토대로 문제를 해결하려고 하는데, 후자의 경우는 제시된 문제에 내포된 정보로부터 하나의 가설을 도출하여 논리적으로 연역해 낸다. 예를 들어 울고 있는 아이를 보고 아이가 왜 우는지를 물었을 때 구체적 조작기의 아동은 우는 아이의 상황과는 관련 없이 자신의 경험에 비추어서 넘어져 다쳐서 우는 것이라고 한 가지로 대답하는 반면, 형식적 조작기의 아동은 배를 잡고 우는 것으로 봐서 배가 아파서 우는 것이라든가 큰 아이가 들고 있는 장난감을 쳐다보면서 우는 것을 보면 장난감을 빼앗겨서 우는 것, 화난 엄마가 옆에 계신 것으로 봐서 엄마에게 혼나서 우는 것 등으로 주어진 정보를 이용하여 다양한 가설을 도출할 수 있다.

(2) 조합적 사고

조합적 사고는 하나의 문제에 직면했을 때 여러 가능한 해결책을 논리적으로 궁리해 봄으로써 결국은 바람직한 문제해결에 이르게 되는 사고를 말한다. 즉 조작을 더 높은 수준으로 조작하여 요인들을 분리시키고 검증하는 체계적 접근방법을 사용할 수 있는 것이다. 이와 같이 형식적 조작기의 사고는 가상성에 기초하고 있으며 가설적·연역적·조합적이고, 명제의 사고뿐만 아니라 명제 간 사고도 가능하다. 또한 구체적 조작기에서는 가역적 사고가 가능하기는 해도 상보성과 역조작의 원리 중 어느 하나에만 의존하는 경향이 있는 반면 형식적 조작기에서는 동일성, 상보성, 역조작의 원리를 통합하여 융통성 있는 가역적 사고가 이루어진다.

(3) 비율 실험

구체적 조작기의 아동들은 저울에서 가벼운 물체가 무거운 물체보다 지렛대 받침으로부터 멀리 떨어져 놓으면 평형을 이룰 수 있다는 것을 이해한다. 그러나 구체적 조작기의 아동들이 무게와 길이를 비율로 이해하는 것은 어렵다. 형식적 조작기의 아동들은 무게와 길이와의 관계를 이해할 수 있고 저울문제를 체계적인 방법으로 해결할 수 있다. 또한 비율문제를 다루는 데 있어 형식적 조작기의 아동들은 무게가 두 배가 되는 물체를 그 물체보다 무게가 반이 되는 물체가 지렛대 받침으로부터 떨어진 길이보다 절반만큼 떨어지게 함으로써 평형되게 할 수 있다. 이와 같은 일반적인 원리는 형식적 조작기에 획득되며, 구체적 조작기에서 볼 수 있었던 시행착오적 오류 없이 어느 문제에서든 성공적으로 적용할 수 있다.

(4) 진자문제

형식적 조작기의 사고 특성은 진자문제에서도 잘 나타난다. 진자과제에서는 진자 움직임의 빈도나 속도의 결정요인을 찾는 것이었다. 줄이 짧으면 짧을수록 움직이는 속도는 줄의 길이 이외에도 줄에 달린 물체의 무게, 진자가 처음에 움직이기 시작한 높이 및 물체를 미는 힘에 따라 달라진다. 구체적 조작기의 아동들은 진자의 흔들림의 속도를 결정하는 요인을 찾기 위하여 과학적인 접근을 하지 못한다. 아동들은 두 가지 또는 세 가지 요인을 동시에 변화시키기 때문에 관계된 요인을 찾아내지 못한다. 그러나 형식적 조작기에는 아동들이 이 과제를 좀 더 체계적이고 과학적인 방법으로 해결할 수 있다. 관련된 요인들을 한 번에 하나씩 변화시켜 움직이는 빈도에 미치는 영향을 검토해서 관련 요인들을 평가해 나간다. 또한 귀납적인 방법을 적용해가면서 조심스럽게 과학적인 접근을 시도한다. 예를 들어 15세 소년은 긴 줄의 100g과 중간 줄의 100g을 비교하고 긴 줄의 20g과 짧은 줄의 20g 그러고는 긴 줄의 200g과 짧은 줄의 200g을 비교하여, 흔들리는 속도는 줄의 길이가 중요하고 무게는 아무 역할도 하지 않는다고 결론짓는다.

이러한 실험들에서 볼 수 있듯이 형식적 조작기의 사고는 가설 연역적 사고로서 가능성에 기초한 가설을 설정할 수 있으며, 가능한 모든 변인을 조합적으로 다루는 명제적 사고 그리고 언어적이고 추상적인 특성을 갖고 있다.

❶ 공헌점

① 아동의 인지발달 분야를 확립시켰다.

② 아동이 자신의 발달에 중요한 역할을 하는 호기심 많은 능동적인 탐색가임을 확신시켰다.

③ 지적발달의 광범위한 단계에 대한 Piaget의 서술은 아동이 어떻게 사고하는가에 대한 정확한 견해를 제공해준다(송영길 외 3인 공역, 2000).

❷ 시사점

Piaget 이론이 학교학습에서 교사들에게 주는 시사점을 살펴보면 다음과 같다.

첫째 Piaget의 개념은 교육자에게도 실용적인 시사점을 제공했을 뿐 아니라 사회, 정서적 발달에 주요한 영향을 주었다.

둘째 교사는 정보의 구체성과 추상성에 따라 그리고 아동의 인지적 발달 수준에 따라 각기 다른 교수방법을 채택하여야 한다.

셋째 인지발달이론을 바탕으로 교육과정을 구성하여야 할 것이다. 구체적이고 단순한 경험들을 제공하고 점차로 보다 상세하고 추상적인 경험의 순서로 구성하여야 할 것이다.

넷째 학생이 추상적인 사고가 가능한 시기에 도달한 경우에도 가능한 한 구체적인 내용을 제시해야 한다. Piaget 이론에 대한 검증을 실시한 몇몇 연구들은 Piaget의 각 발달단계와 그 해당 연령이 일치하지 않음을 보여주고 있다. 각 단계에서 제시된 연령은 단지 예시일 뿐이며, 집단 내에 상당한 변인들이 존재한다는 점이 밝혀졌다.

처음부터 추상적인 정보를 제공하는 경우 학생들은 구체적이고 실제적인 이해 없이 단순히 암기하는 경우가 발생할 수 있다. 이러한 경우에 대한 효과적인 대안 중의 하나는 학생들의 직접적인 경험과 더불어 동료 혹은 교사와의 토론을 동시에 제시하는 전략을 사용해야 한다.

Chapter 07

언어와 학습

1 언어발달

인간이 동물과 다르게 인간의 정신활동에 중요한 역할을 하는 것은 바로 언어이다. 동물도 서로 간에 의사소통을 하지만 한정된 내용만을 전달할 수 있고 또 전달하는 방법도 극히 제한되어 있다. 이에 반해 인간의 언어는 놀랄 정도로 융통성 있고 생산적이며 창의적인 도구이다. 이러한 언어를 아이들은 매우 일찍부터 배워간다.

이 장에서는 아이들이 어떻게 언어를 배워가는지, 모국어를 배워가는 과정이 세계 모든 아이들에게 동일한지, 언어발달에 영향 주는 요인들은 무엇인지 등에 대해 다룰 것이다.

1) 언어발달이론

아이들이 언어를 획득하는 과정에 대한 설명은 크게 세 가지 이론에서 접근해 왔다. 즉 학습이론에서는 언어발달의 경험적 요소를 강조하며 언어는 배워지는 것으로 간주한다. 중국 아동은 중국어를, 미국 아이들은 영어를 배움으로써 자기들이 들어온 언어를 배운다는 것이 바로 학습의 결과라고 말한다. 그러나 언어발달의 선천성을 강조하는 학자들은 세계 아이들이 모두 같은 시기 같은 언어발달의 변화를 보이는 것을 지적한다. 출생 후 4~6개월경이 되면 영아는 옹알이를 시작하고 12~13개월이 되었을 때 첫 단어가 나타난다. 4, 5세경이 되면 문장을 구성하는 등 전 세계 아동들이 거의 같은 시기에 같은 변화를 보인다.

이러한 언어적 보편성을 강조하는 생득이론에서는 언어획득이란 생물학적으로 타고난 활동으로 성숙이 주요 요인이며, 어렸을 때 가장 효율적이고 매우 특수화된 언어처리 능력이 있다고 주장하였다. 오늘날에는 두 이론 중 어느 한 입장이 아니라 언어획득이란 아이들의 생물학적 요인과 인지발달 능력 그리고 개인의 언어적 환경에서의 경험이 서로 복잡하게 상호작용해서 얻어진 결과로 간주한다.

(1) 학습이론적 관점

언어학습 이론에서는 주로 모방과 강화를 강조한다. Skinner(1957)는 문법적인 언어에 강화를 받음으로써 아이들은 적절하게 말하는 것을 배우게 된다고 주장하였다. 그들 영아가 성인의 언어와 비슷한 옹알이를 발성했을 때 이를 성인들이 선택적으로 강화해줌으로써 아동에게 언어를 가르치길 시작한다고 보았다. 영아의 언어가 옹알이에서 단어로 바뀌기 시작하면 단어가 올바로 나타날 수 있도록 성인이 강화를 해준다. 이러한 방법으로 아이들이 강화를 받을 수 있는 발화와 문장의 길이를 점차 늘려가면서 긴 문장의 발화를 이끌어 가는 것이 언어발달이라고 설명하였다. 아동이 성인과 같이 말할 수 있을 때까지 적절한 문법을 갖춘 발화에 대해, 점진적 접근에 의한 강화를 통해서 아동에게 언어를 가르치는 것이다. 강화에 의한 또 다른 설명은 아동들이 말하고자 하는 것을 성인들이 정확하게 해석하는 것 자체가 강화가 된다는 것이다. Dale(1976)은 아동들은 자신의 욕구를 다른 사람에게 전달할 필요가 있기 때문에, 문법적으로나 발음에서나 명확하게 말하는 것을 배우게 된다고 보았다. 아동의 의사가 성인에게 전달되었을 때. 성인은 아동의 요구에 반응을 하게 되고. 이를 충족시켜 줌으로써 강화가 되어 아동은 점차 언어발달을 하게 된다는 것이다. 또한 사회학습이론가(Bandura, 1977)는 아동들이 주위의 다른 사람들이 사용하는 언어를 듣고 모방함으로써 언어획득이 일어난다고 생각한다. 이와 같은 강화와 모방에 의한 언어학습 과정에서도 문제점이 지적되어 왔다. 우선 어머니는 아동의 언어에 대해 문법적으로 맞다 아니다가 아니라 아동이 말하는 의미가 맞았을 때 강화를 한다는 것이 여러 연구에서 보고되었다(Brown & Hanlon, 1970, deVilliers & de Villiers, 1992; Pennes, 1987). 또한 모방의 경우를 보면 아동 초기 문장에서, 성인의 언어에는 없으며 아동이 들어본 적이 없는 발화를 모방이라고도 볼 수 없는 독특한 발화들이 발견되었다. 서서히 아동들은 성인의 언어를 모방해가면서 문법수준에 맞게 압축하는 경향을 보였다(Baron, 1992). Bloom, Hood와 Lightbrown(1974)도 아기의 말을 녹음하여 분석한 결과 아기가 단어나 문장을 모방할 때에는, 아기가 이미 보거나, 만지거나, 듣거나 하여 비언어적 수단을 통해서 익숙해 있는 사물에 한하여 모방한다는 것을 발견하였다. 따라서 모방은 새로운 언어를 배우는 기제로 볼 수 없고 단지 아기가 이미 알고 있는 사물의 이름을 배우는 데 매우 유용한 것으로 보인다. 이 연구에서는 또한 아동이 문장을 모방할 때에는, 그들이 자발적으로 할 수 있는 문장보다 더 간소한 것이거나 더 복잡한 문장은 모방을 하지 않았다는 것을 보고하였다. 따라서 이 경우에도 모방은 아기가 자기 스스로 배워 나가고 있는 언어발달 수준에서 보강기능을 해주는 것으로 보인다.

(2) 생득이론적 관점

생득이론적 관점에서는 인간은 언어를 획득할 수 있는 선천적인 능력을 갖고 태어난다고 보고 있다. 언어학자 Chomsky(1959, 1968)는 인간에게는 선천적인 언어획득기제가 있으며 이 언어획득기제(language-acquisition device; LAD)에는 보편적인 문법인 모든 언어에 공통적인 규칙에 대한 지식을 포함하고 있다고 주장하였다. 따라서 LAD는 중요한 어휘를 습득한 아이들을 낯설고, 규칙에 매인 말로 조합하고 그들이 듣는 것을 이해하는 것을 가능하게 만들어 준다.

Dan Slobin(1985)은 Chomsky와는 조금 다르게, 인간은 언어의 학습에 특수화된 일련의 인지와 지각능력으로 이루어진 언어조성기제(language-making capacity; LMC)를 타고난다고 보았다. 언어조성기제로 불리는 선천적 능력이, 아동에게 들어오는 언어적 정보를 처리하여 그 언어의 음성적 규칙성, 의미적 관계와 문법적 규칙을 추리할 수 있도록 해준다는 것이다. 이러한 추리가 바로 아동이 그 언어에 대하여 구성하는 이론이 되며, 의사소통할 때 자신의 언어 산출에 그 이론을 적용하게 된다. 물론 어린아이는 언어적 자료가 너무 제한적이기 때문에 오류적 추론을 할 가능성이 있다. 그러나 계속해서 더 많은 입력자료들을 처리하면서, 언어에 대한 기초적인 이론들은 점점 정교화되고 마침내 어른들이 사용하는 언어에 가까워진다. 따라서 생득이론에서 언어획득은 아동이 처리할 언어가 있는 한에는 매우 자연적이고 자동적인 과정이다. 세계의 아동들이 문화적 환경이 다르고 언어마다의 특성이 다른 데도 불구하고 언어발달 과정이 시기에 따라 같다는 것은 언어발달이 인간 특유의 선천적 특성에 의한다는 것을 입증하는 것이다.

생득이론적 입장에서 볼 때 뇌의 국소화도 중요한 의미를 갖는다. 언어중추는 대뇌반구의 왼쪽에 위치하고 있다. 이 영역에 손상을 받을 때는 실어증이 나타나는데, 왼쪽 반구의 전두엽 근처에 있는 Broca 영역에 손상을 입게 되면 언어를 이해하는 데 문제가 있기보다는 언어의 산출에 영향을 받게 된다(Slobin, 1979). 반면 뇌의 왼쪽 반구 뒤쪽에 있는 Wernike 영역에 손상을 입게 되면 말을 할 수는 있으나 언어이해에 어려움을 겪게 된다.

분명히, 좌반구는 태어나면서부터 언어의 어떤 측면들에 민감하다. 태어난 첫날, 말소리는 이미 영아의 뇌 좌측에서 보다 많은 전기적 활동을 유발한다. 반면 음악과 다른 비언어적 소리는 우반구에서 더 많은 활동을 생성한다(Molfese, 1977).

생득이론에서는 또한 인간의 언어학습은 2세~사춘기에 가장 빨리 숙달된다고 주장한다. 이러한 언어학습의 민감기 가설을 주장하는 Lenneberg(1967)는 사춘기 이전의 아동들은 2개 이상의 언어를 동시에 쉽게 획득할 수 있으나 사춘기 이후에 제2외국어를 배우는 경우, 상당히 집중적인 학습을 통해서만 가능하다고 하였다. 또 사춘기 이전에 뇌 손상이 있었던 경우 특히 5세 이전일 경우, 대부분 다시 회복할 수 있으나 청소년이나 성인의 경우, 집중적인 치료를 받아도 언어능력의 일부만이 회복될 수 있다. 사춘기 이전까지는 뇌가 아직 언어적 기능을 위한 국소화가 완전히 이루어져 있지 않다. 사춘기 이전에 좌뇌가 손상된 아동은 좌뇌의 국소화가 아직 완전히 이루어지지 않아 손상된 좌뇌의 기능을 우뇌에서 대신할 수 있게 된다 (Lenneberg, 1967). 그러나 사춘기 이후에는 뇌의 언어중추뿐만 아니라 모든 영역이 완전히 국소화되어 있기 때문에 좌뇌의 손상은 우뇌가 보강해줄 수가 없게 된다. 언어획득의 민감기 가설은 영아 때부터 14세까지 갇혀 지냈던 여아의 경우(Curtiss, 1977)나 벙어리로 32세까지 언어에 노출되지 않았던 여인의 경우(Curtiss, 1988)에서 잘 입증된다. 이들에게 집중적인 훈련을 통해 언어를 가르쳤을 때, 많은 단어학습과 긴 문장 생성에 현저한 발전을 보였으나 모든 아동들이 가르침 없이 배우는 문법규칙은 숙달할 수 없었다. 그러나 이러한 생득이론적 접근에 대하여 최근에 몇 가지 문제점이 지적되어 왔다. 생득이론적 접근에서 언어발달을 선천적인 언어획득기제에 의한다고 한다면, 언어획득기제가 어떻게 기능을 하는지 즉 언어의 입력에서부터 언어 산출까지의 과정이 구체적으로 어떠한 과정 속에서, 왜 그와 같은 과정이 일어나는지는 설명을 하지 못하고 있다(Moerk, 1989). 또 어린 아동들과 똑같은 상황에서 성인이 제2외국어를 배워 어린 아동들을 능가한 경우가 보고된 바도 있어(Reich. 1986) 민감기 가설도 도전을 받고 있다.

(3) 상호작용 이론적 관점

상호작용 이론을 주장하는 학자들은 학습이론이나 생득이론적 접근이 언어발달을 완전히 설명해주지는 못하지만 부분적으로는 설명해주는 이론으로 보고 있다. 아동이 언어를 유창하게 구사할 수 있기 위해서는 사람들과 대화를 할 기회를 가져야만 한다는 것이다. 최근 Piaget(1970)와 같은 인지발달이론가와 Bates(1993), Bohannon과 Warren-Leubecker(1989) 같은 사회의사소통 이론가들은 생물학적인 요인과 인지발달 요인 그리고 언어적 환경이 상호작용하여 언어발달에 영향을 준다고 주장한다. 이와 같은 상호작용 이론에 따르면 세계 어린이들은 인간이란 종으로서 갖게 되는 많은 공통된 경험으로 인해서, 같은 언어발달 과정을 보인다는 것이다. 이 이론에서는 인간이 선천적으로 특수화된 언어적 지식이나 처리기술을 갖고 있지 않다. 그러나 뇌와 중추신경계가 매우 천천히 성숙해 감으로써, 성숙수준이 같은 아동들은 자신의 언어로 표현하고자 하는 생각의 수준이 같아서 공통된 언어발달이 나타난다고 설명한다(Bates, 1993).

사회의사소통 이론에서와는 달리 Vygotsky 같은 상호작용 이론적 입장에서는, 좀 더 나이가 들었거나 유능한 성인과의 사회적 상호작용이 인지발달과 언어발달을 증진시킨다고 보았다. 예를 들어 어머니들이 아기가 주의를 기울이는 것에 관심을 두고 자주 그 대상에 대하여 아동에게 이름을 말해주거나 설명을 하는 식으로 언어적 자극을 주면, 아동의 어휘 및 언어발달을 증진시킬 수 있다(Dunham, Dunham & Curwin, 1993; Tumasello & Farrar, 1986). 그리고 아동이 지적으로 성숙해감에 따라, 부모는 점점 더 정교하고 복잡한 발화를 통해 새로운 개념과 사고를 표현하게 된다. 부모들이 표현하는 새로운 생각이나 개념을 사용하여 아동들은 새로운 언어적 가설을 형성하고 복잡한 문장을 말할 수 있게 된다. 이러한 상호관계를 통해서 아동의 언어는 발달한다. Vygotsky가 말하는 상호관계에서는 부모나 아기 모두가 영향을 받게 되며 또 서로가 서로에게 영향을 주게 된다. 즉 아동의 발화는 상호작용하는 성인에게 영향을 주게 되며. 성인의 발화는 아동에게 영향을 주게 된다. 따라서 상호작용 이론의 주장에 의하면 어린 아동의 언어는 언어적 창조를 할 수 있게 해주는 풍부한 언어적 환경에 의해서 영향을 받는다고 주장한다. 상호작용 이론적 관점에서 일반적 인지발달과 언어발달의 관계를 검토해 보면 [그림 7-1](송연길 외 3인 역)과 같다. 성인이 발화하는 단어들은 상징이 되므로, 영아들이 상징을 사용할 수 있는 능력이 생길 때까지 이 상징들은 사용되지 못한다. 실제로 영아가 12개월쯤 되었을 때에서야 의미 있는 단어를 말할 수 있게 된다. 이 시기는 영아들이 약 9개월경에 처음으로 나타내는 상징적 능력인 지연모방을 보인

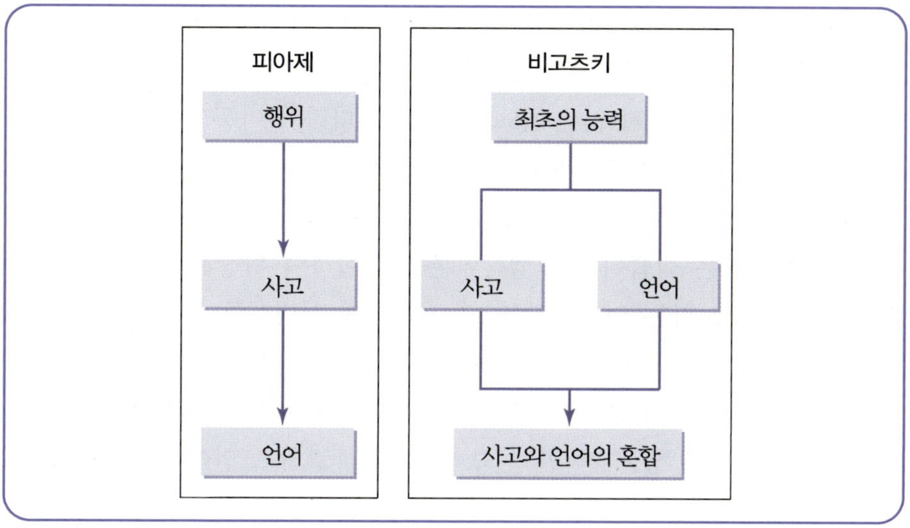

[그림 7-1] 언어와 사고의 관계

출처 : 송연 길 외 3인(2005).

지 얼마 안 되는 시기이다(Melzoff, 1988c). 더욱이 발화의 첫 단어들은 영아들이 다루던 대상이나 이미 수행했던 행동을 지칭하는 것들로 감각 운동적 도식을 통해서 이해할 수 있었던 경험에 집중되어 있다. 또 생후 12~24개월의 영아들은 가버렸다는 의미의 "gone"이나 놀란 표현인 "oh, oh"라는 단어를 쓰는데, 이 시기의 영아들이 대상영속성 개념을 획득해 가는 과정에서 나타내는 현상으로 해석된다(Gopnik & Meltzoff, 1986, 1987). 따라서 영아들은 그들이 획득해 가고 있는 인지적 개념과 능력을, 그것이 무엇이 되었던 간에 언어로 표현하는 것으로 보인다. 이와 같은 인지발달과 언어발달과의 관계는 유아기 동안에도 뚜렷이 보여진다. 예를 들어 4~5세 이전까지는 "만약 날씨가 추워지면 우리는 떨게 될 것이다."라든가 "비가 왔었더라면 우리가 젖었을 것이다."와 같은 가설적 발화는 나타나지 않는다(de Villiers & de Villiers, 1979). 이러한 가설적 서술은 첫째 실제가 아닌 가능성에 대한 생각을 할 수 있는 능력이 있어야 하고 둘째 대화내용의 기준을 미래나 과거로 변경시키는 능력이 필요하기 때문이다. 영어에서 가정을 말하기 위한 문법은 러시아어에서 볼 수 있는 것보다 훨씬 복잡하다. 그럼에도 불구하고 러시아 아동들도 영어권의 아동들과 같이 4~5세에 이러한 가설적 문장이 나타나지 않는다(Slobin, 1966). 따라서 아동의 발화에서 가설적 문장이 나타나는 것은, 이러한 문장에 필요한 문법의 복잡성 정도에 달려 있는 것이 아니라 가설적 개념의 이해수준에 의존된다. 이렇게 상호작용 이론적 관점은 학습이론과 생득이론을 종합하여 확장시킨 것으로 각각의 개별적 설명보다는 언어발달을 더 정확하게 설명해준다. 생득이론적 관점에서처럼 상호작용 이론적 관점에서도 아동들이 생물학적으로 언어학습을 할 수 있도록 태어났다는 것을 믿는다. 그러나 세계 아동의 언어에서 나타나는 보편성은 생물학적인 성숙, 인지발달 그리고 언어적 환경의 기본적 상호작용을 반영하는 것이지 타고난 특수화된 언어처리 과정의 반영은 아니라고 강조한다.

상호작용 이론이 생득이론이나 학습이론과 다른 점은 상호작용의 초점이 선천적인 언어획득기제의 작용이 아니라 일반적 인지발달이라는 점 그리고 모방이나 강화가 아니라 사회적 의사소통 요인을 강조한다는 점이다. 다시 말하면 인지발달이란 언어를 획득하는 체제가 발달하는 것이 아니라는 점이다. 단지 아동의 인지발달 수준이 아동이 말하는 내용의 한계를 나타내게 되고 또 다른 사람의 언어를 듣고 이해하는 것의 수준이 아동의 인지발달 수준의 영향을 받는다는 의미이다. 그리고 아동이 대상영속성이나 가설적 상황 같은 새로운 개념을 이해하기 시작할 때도 아동들은 그것을 자신의 언어로 어떻게 표현해야 될지를 발견해야만 한다. 이때 상호작용 이론에서는 아동의 대화 상대가 중요한 역할을 한다고 보았다. 대화 상대자는 계속해서 새로운 개념과 언어적 원리를 아동의 이해수준에 맞게 제시함으로써 아동의 언어적 표현을 돕는다고 보았다(Sokolov, 1993). 이와 같은 반응적 언어적 모델과의 몇 년간의 상호작용을 통해서 아동이 6세경에 이르면 모국어 대부분의 중요한 원리를 획득하게 되며 자기보다 나이 많은 대화 상대자와 같은 방식으로 말할 수 있게 된다. 상호작용 이론적 관점은 많은 아동심리학자들이 선호하는 이론이지만 아동이 어떻게 언어를 획득하게 되는지에 대해서는 아직 충분한 설명을 하지 못하고 있다.

2) 언어발달 촉진

언어발달을 위해서는 언어적 상호작용이 필수적이다. 가정이나 유치원에서 성인들과의 대화를 하는 것은 언어발달과 밀접한 관계가 있다(Hart & Risley, 1995).

아동들과 대화함으로써 부모 혹은 다른 성인들은 새로운 단어와 문장구조, 언어로 생각을 표현하는 법을 가르쳐 주게 된다. 유아의 언어발달을 촉진하기 위해서는 성인들이 관심을 가지고 언어적 기술을 사용해야 한다. 구체적으로는 어떻게 언어를 촉진하는지를 알아보기로 한다.

(1) 의사소통의 기회 제공

어린 아동들도 상호교류를 하는 놀이나 언어적인 상호작용 또는 기타 함께 하는 활동을 많이 하면 의사소통 능력이 발달한다는 것이 알려져 왔다. 한 연구에서 15~21개월 된 24쌍의 영아와 어머니 간의 언어적 상호작용을 분석한 결과, 아기와 어머니가 공동으로 관심을 갖고 있는 대상들, 예를 들어 함께 가지고 놀고 있는 장난감 같은 것에 대하여 어머니가 언급을 많이 한 경우, 아기의 어휘발달이 높은 것으로 나타났다(Tomasello & Farrar, 1986). 이것은 아기가 어머니가 말하고 있는 대상에 대하여 이미 관심을 갖고 있다면, 어머니가 말하는 언어의 의미를 해독하고자 하는 동기가 높아지기 때문이다(Dunham, Dunham & Curwin, 1993). 또 아기에게 질문을 많이 하거나 언어적 반응을 요구하는 등의 언어적 대화를 요구하는 어머니들의 아기들은 대화가 적은 어머니들의 아기보다 문법적 규칙을 더 빨리 배우고, 문자나 숫자를 더 빨리 인지하며 어휘가 더 풍부해졌다(Hart & Risley, 1992; Huttenlocher et al., 1991; Valdez-Menchaca & Whitehurst, 1992; Walker et al., 1994). 결국 아이들과 대화를 나누면서 식사를 함께하는 것은 언어능력을 향상시키고, 부모-자녀 간의 상호작용은 자녀의 언어능력을 발달시키는데 공헌한다(윤운성 · 정정옥, 1998). 언어능력을 습득하려면 말의 필요성을 느끼고, 의사소통의 기회를 가져야 한다.

(2) 아기식 말투

어머니는 아이들과 좀 더 효율적으로 의사소통하기 위해서 아기식 말투를 사용한다. 어머니가 사용하는 아기식 말투는 높은 음성으로 핵심 단어를 강조해 가면서 천천히 말하는 것이다(Femald & Mazzie, 1991). 어머니들이 아기들에게 말할 때, 전 세계 어디에서나 공통적이고 보편적으로 나타나는 경향은 어머니의 아기식 말투이다(Gelman & Shatz, 1977; Grieser & Kuhl, 1988). 어머니의 아기식 말투의 대부분은 질문 또는 간단한 명령이다. 출생 초기부터 아기들은 성인들이 말할 때의 단조로운 억양보다 높은 소리와 어머니의 아기식 말투의 변화하는 억양에 더 주의를 기울인다(Cooper & Aslin, 1990; Pegg, Werker & Mcleod, 1992). 아동의 언어가 발달함에 따라 부모들은 점차 자신들이 말하는 문장의 길이와 복잡성을 증가시키며(Newport, Gleitman & Gleitman, 1977; Shatz, 1983), 아동의 문장보다는 약간 길고 복잡하게 말한다(Sokolov, 1995). 부모들은 단지 자녀들과 효율적으로 의사소통하기 위해서 아기식 말투를 사용하고 있는 것이다. 이러한 상황에서 아기들은 언어 속에 있는 의미적 관계와 문법적 규칙을 학습하게 된다.

(3) 확장과 수정

부모들은 종종 아기들이 말한 내용을 문법에 맞도록 수정하거나 확장시켜 아기에게 다시 말을 한다. 유아의 언어에서 문법적 오류 등 잘못된 점을 성인이 직접적 피드백을 준다. 이러한 과정에서 수정이나 확장된 발화가 아동의 주의를 끌어 성인의 언어에서 사용하는 문법에 주목할 수 있는 기회가 많아지게 된다(Bohannaon & Stanowicz, 1988). 아동들은 이러한 수정이나 확장된 언어를 더 쉽게 모방하며(Farrar, 1992), 확장이나 수정을 많이 하는 어머니의 자녀들이 문법적 원리를 더 빨리 획득하고, 표현적 언어능력이 비교적 높다는 보고도 있었다(Valdez-Menchaca & Whitehurst, 1992).

아기식 말투를 사용하면서도 아기의 언어를 확장하거나 수정하는 어머니들은 아기가 현재 표현하고자 하는 생각에 맞추면서 동시에 아기의 수준에 맞게 새로운 문장들을 다양하고 풍부하게 제공한다. 따라서 부모는 이와 같은 아동 언어학습의 이상적인 환경을 제공함으로써 아동의 언어발달에 결정적인 역할을 하게 된다.

(4) 풍부한 언어 환경

타인과 말을 주고받는 기회도 가지고, 또 언어와 사고에 기초를 둔 여러 가지 경험도 가져야 한다. 늘 혼자서 놀거나 집안에서만 노는 유아는 새로운 개념이나 아이디어를 습득할 기회가 제한될 수밖에 없다. 그러나 집에서 가까운 공원이나 동물원을 가보거나, 부모와 함께 풍부하고 새로운 어휘를 발달시키게 한다.

또한 유아는 책을 접하면서 일상적인 대화에서 사용하는 것보다 한층 다양한 범위의 단어를 접하게 된다. 또한 이야기와 그림을 이용하여 상상의 세계를 구축할 수 있고, 책에 대해서 토론할 때에는 수준 높은 언어에 반영할 기회를 갖게 되며, 확장된 대화를 해석하고 구축할 기술을 발달시킬 수 있게 된다(윤혜경, 1999).

3) 언어의 구성요소

아동들이 타인의 언어를 이해하고 자신의 생각이나 의도를 언어로 표현하고 발달시키기 위해서는 언어에 관한 다양한 구성요인이나 의미를 갖추는 것이 중요하다. 언어발달에 필요한 요소로는 음운론, 의미론, 구문론 및 화용론에 관한 것이다.

(1) 음운론

음운론이란 언어에서 사용하는 소리의 기본단위인 음소가 의미 있는 단어나 문장을 산출하기 위하여 결합하는 규칙들을 포함한다. 음소는 모음이나 자음 각각을 말하며 각 언어는 음소를 결합하는 규칙과 결합된 것을 어떻게 발성하는지에 대한 규칙을 갖고 있다. 아동은 성장하면서 아동이 발성할 수 있는 음소 중에서 받아들여지지 않는 것과 받아들여지는 것을 구별하기 시작한다. 예를 들면 한글에서 자음과 모음의 결합에서나 영어의 알파벳 표기에서와 같이 사용되는 음소를 구별하면서 배워간다.

(2) 의미론

의미론이란 단어와 문장에서 표현되는 의미를 가리킨다. 언어의 가장 기본적 의미의 단위는 형태소이다. 우리는 보통 단어를 형태소의 좋은 예로서 간주하지만 모든 형태소가 단어는 아니다. 영어에 있어, 동사에 형태소인 ed를 붙여서 과거를 표현하는 아동은 형태소를 사용하고 있는 것이다. 우리말의 경우, 주격 조사인 '가'나 '이'가 형태소가 된다. 또한 non 또는 ex와 같은 접두사, ly, ing와 같은 접미사는 단어는 아니지만 형태소가 된다. 아동이 형태소를 사용한다는 것은 음소를 결합하여 사용함으로써, 특별한 대상, 행위, 관계를 상징하고 더 크고 복잡한 의미들을 형성하기 위해 조합될 수 있다. 이후 아이들은 타인의 말을 이해하거나 혹은 그들의 말을 타인들이 이해할 수 있다.

(3) 구문론

언어에는 문법이 있다. 의미 있는 구나 문장을 구성하기 위하여 어떻게 단어들이 결합되어야 하는지에 대한 규칙을 갖고 있다. 언어를 바르게 말하고 사용하는 능력이라 함은 올바른 문법을 사용하는 구문론적 규칙을 배웠다는 것을 의미한다. 우리가 적절히 말을 하기 위해서는 단어와 절을 적절한 순서로 배열하기 위한 문법을 배워야만 한다. 전체의 문장이 어떤 의미가 되기 위해서 단어 의미들이 문장 구조(단어순서)와 상호작용하는 방식을 알아야 한다. 아이들은 언어를 매우 능숙하게 말하고 이해하기 전에 모국어의 구문적 특징에 대한 기초적인 이해를 해야 한다.

(4) 화용론

음운론, 의미론과 구문론의 지식이 생겼기 때문에 아동은 문법적인 문장을 생성할 수 있다. 그러나 아동이 사용한 문장이 말하고 있는 상황에 적절하다는 보장은 없다. 따라서 언어학습자들은 언어의 화용론, 즉 의사소통을 효율적으로 하기 위하여 언어가 어떻게 사용되어야 하는지에 대한 규칙을 알아야만 한다. 6세 아동이 2세 된 동생에게 새로운 게임을 설명하는 장면을 상상해 보자. 6세 아동은 자기 또래나 성인에게처럼 말할 수는 없다. 동생이 이해할 수 있도록 말하는 내용을 동생수준에 맞추어야 할 것이다. 그리고 화용론에서는 사회언어적 지식을 포함하고 있다. 사회언어적 지식이란 특정한 사회적 맥락에서 언어가 어떻게 사용되어야 하는지에 대한 문화적으로 특수화된 규칙을 말한다. 의사소통을 원활히 하기 위해서, 아동은 말하고 있는 장소가 어디고 누구와 말을 하고 있으며 듣는 사람이 무엇을 이미 알고, 무엇을 필요로 하고 무엇을 듣기를 원하는지를 고려하여야 하는 것이다.

4) 언어발달단계

유아들이 성숙 발달해가면서 나타나는 언어적 특성, 소리의 표현 형태, 양상들을 단계적으로 살펴보기로 한다.

(1) 전 언어단계

단어를 사용하고 이해하는 능력은 영아와 부모 사이의 일련의 복잡한 상호작용에서 싹튼다. Bruner(1983)가 언어획득지지체제라고 명명한 이 상호작용들 속에는 눈 맞춤 방법, 눈 운동과 제스처에 의한 관심유발 방법 및 소통을 교대하는 방법을 학습하는 일 들이 포함된다. 영아는 생후 2개월 정도에서 이미 의사소통적 상호작용을 위해, 어머니에게 언제 반응을 보여야 하는가를 안다(Mayer & Tronick, 1985).

언어획득 이전에 중요한 의사소통 수단의 기능을 하는 영아의 소리에는 울음, 꾸르륵하고 목 울리기 및 옹알이가 있다.

영아는 울음으로써 자신의 욕구와 정서상태에 대한 총체적 메시지를 전달한다. 출생 후 1주일 동안 신생아의 울음을 관찰한 결과에 의하면, 신생아들은 세 가지 양태의 울음, 즉 분노의 울음은 아기의 욕구충족이 이루어지지 않는 좌절조건에서 일어나고 고통의 울음은 신체적 고통을 경험할 때 야기된다. 한편 리드미컬한 울음은 불편할 때 도움을 요청하기 위하여 일어나는 경향이 있다. 생후 3주경에는 Piaget는 일차적 순환반응기에 소리를 내는 순수한 즐거움 때문에 흥미 있는 소리를 반복하는 것이라고 부르는 가짜 울음(fake cry)도 나타난다고 한다.

생후 3～5주경에 이르면 영아는 꾸르륵하고 목 울리는 소리(cooing)를 내기 시작한다. 식사 후 혹은 아기가 좋아하는 대상물이나 미소 짓는 얼굴을 바라보면서 꾸르륵 소리를 내며 좋아하는 경우가 많다. 따라서 영아의 이러한 발성은 기쁨이나 즐거움의 표현일 것으로 생각된다. 최초의 목 울리는 소리는 모음과 비슷하나 생후 3～4개월경에 이르면 자음이 삽입된다.

옹알이(babbling)는 음성적 놀이로서 3개월경부터 꾸르륵하고 목 울리는 소리와 함께 나타난다. 초기의 옹알이는 Piaget가 제시한 순환반응을 보여주는 좋은 예이다. 영아는 소리를 내고 그것을 듣고, 그리고 그것을 듣기 때문에 다시 반복한다. 또한 영아는 반복하기 때문에 그것을 다시 듣고 다시 반복하려고 시도한다. 좀 더 복잡한 소리를 내는 과정을 보면 목을 울려 낮고 부드럽게 내는 모음 비슷한 소리부터 시작하여 한 음절로 된 옹알이로 발달되며, 10～12개월이 되면 실제의 단어를 말할 수 있게 된다. 옹알이 이전의 소리는 정의하기가 매우 어려운데, 목을 울려내는 낮은 소리는 3～5주째부터 나타나며 울음과는 구별된다. 왜냐하면 낮은 소리는 고통이나 불편함을 가리키는 것이 아니고 조음(調音)을 하기 위해 혀를 사용하여 소리를 내는 능력을 가리키기 때문이다. 아기가 약 3～6개월이 되면 옹알이로 바뀌는데 마, 다, 디와 같은 자음과 모음을 결합한 소리를 낸다 (Eimas 1982). 부모가 벙어리인 경우에도 이들의 아기들은 이 연령이 되면 끊임없이 옹알이를 한다(Petitto & Marentette, 1991). 이때쯤이면 아기의 발성은 매우 표현적이어서 그들의 욕구, 기분, 정서 등을 나타내게 된다. 약 10개월쯤 되었을 때에 대부분의 아기는 입에선 여러 가지 소리를 내면서 소리의 높음이 섞여진 발성을 한다. 이때 소리를 갖고 노는 것 자체가 즐거움이 되며, 스스로 소리를 내어 자신의 소리를 듣는 것이, 아기에게 자신이 소리를 낼 수 있다는 것을 느낄 수 있게 해주는 것 같다. 생후 처음 6개월 동안에 영아들이 내는 옹알이 소리는 온 세계 영아들이 거의 비슷하므로 옹알이는 뇌의 성숙과 언어적 발성에 관련된 근육의 성숙에 의해 크게 영향을 받는 것으로 보인다(Sachs, 1985). 그러나 경험이 곧 작용하기 시작하여 8개월경이면 영아들의 옹알이 억양이 모국어 억양과 비슷해지기 시작한다(Boysson-Bardies, Sagart & Durand, 1984).

(2) 첫 단어 단계(일어문 시기)

생후 1세 말경에 이르면 대부분의 영아들은 1개의 단어로써 의사소통을 시작한다. 엄마, 아빠, 맘마라는 단어들이 가장 최초로 획득되는 의사소통 수단이다. 이때부터 18개월경까지를 일어문 시기라 한다. 이 시기에 영아들은 하나의 단어를 한 단어 문장(one-word sentence 혹은 holophrase)으로 사용하는 경향이 있다. 일어문이라고도 불리는 한 단어 문장은 듣는 사람이 말하는 사람의 억양과 제스처 및 얼굴표정과 같은 신체 언어를 참조하여야만 의미가 이해될 수 있다. 예를 들어 영아가 엄마라는 단어를 썼을 때 “엄마 물 줘.”, “엄마 가자.” 등을 표현하고 있는 것이다. 그리고 점차 어휘가 증가하는데 말을 시작해서 3～4개월이 지나면 10개 어휘 정도가 나타나고 18～24개월에는 어휘가 급격히 증가해(Reznick & Goldfield, 1992), 24개월 경에는 평균 200개의 단어를 산출하며(Nelson, 1973), 훨씬 많은 숫자의 단어(Benedict, 1979)를 이해할 수 있게 된다. 영아들은 단어의 의미를 어떻게 알게 될까? 많은 경우 빠른 대응과정이 이루어지는데, 단어를 들으면서 그 단어가 가리키는 대상이 무엇인가를 한두 번 보면 바로 단어의 의미를 획득한다(Taylor & Gelman, 1988, 1989). 아기들은 사물의 이름에 특히 주의를 기울인다(Baldwin & Markman, 1989). 따라서 사물의 이름이 제시됨으로써, 영아가 그 사물에 더 주의를 기울이게 되어 빠른 대응과정을 일으켜 단어의 의미를 획득하게 된다(Baldwin & Markman, 1989).

영아들이 이와 같은 빠른 대응능력이 있다 하더라도 의미를 배우는 과정에서 과잉확대(overextension)나 과잉축소(underextension)의 오류를 범한다. 과잉확대란 넓은 범주의 사물, 사건 또는 행동에 대해 성인들과는 달리 비교적 특수한 단어를 사용하는 경향성을 말한다. 예를 들어 털이 달린 모든 동물을 개라고 부르는 경우에서 볼 수 있다. 반대로 과잉축소란 넓고 일반적인 단어를 좁은 범주의 사물에 사용하는 경향성으로 예를 들어 바둑이 모양을 한 강아지만 개라고 부르는 경우이다. 과잉확대와 과잉축소의 오류를 범하기는 하지만, 그들은 우리가 생각하는 것보다 훨씬 더 많이 알고 있다. 아동이 소를 볼 때 "멍멍이"라고 한다고 하여도 그림에서 소를 찾으라고 하면 아동은 개가 아니라 소를 가리킨다. 따라서 아동이 과잉확대하는 이유는 단어의 의미를 잘못 이해하기 때문이 아니라 그들이 의사소통할 수 있는 어휘 수가 제한되어 있기 때문이다(Naigles & Gelman, 1995).

(3) 첫 단어 이후 단계

정상적으로 모든 유아들은 18~24개월에 두 개의 단어를 결합한다. '엄마, 물', '아빠, 쉬'와 같은 문장이 전형적인 두 단어 문장 혹은 이어문이다. 전 세계의 모든 2세 유아들은 동일한 생각을 표현하기 위하여 이어문을 사용한다.

❶ 전보문 시기

18~24개월에 영아들은 단어들을 결합하여 간단한 문장을 만들기 시작한다. "엄마 과자.", "우유 줘.", "저기 공.", "엄마 여기 가."와 같은 초기 문장에서 두 단어가 결합되었을 때는 이어문, 세 단어 이상이 결합되면 전보문이라고 한다. 전보문은 특히 성인이 전보를 보낼 때와 같이 관사나 조사 등이 생략되고 명사, 동사, 형용사 같은 중요한 내용 단어들만 포함되어 있다. 아기들이 전보문을 쓰는 이유는 자신들의 언어 산출 능력에 한계가

있기 때문이다. 아기들은 짧은 문장만 생성할 수 있기 때문에, 관사나 전치사와 같은 기능적인 단어들을 내용과 분리된 것으로 다루고 내용언어를 더욱 강조한 데서 나타나는 현상이다(Gerken, Landau & Remez. 1990). 전보문에서 뚜렷한 특징은 단어의 나열이 질서 있게 순서대로 배열되어 있다는 점이다. 전보문과 같은 초기 문장에서 단어 배열의 문법적인 규칙을 찾아내려 노력하였으나 완전한 해답은 아직까지 발견되지 못하였다. 그 이유의 하나는 우리가 관찰할 수 있는 아기의 말보다 아기의 언어능력이 훨씬 능가할지도 모른다는 가능성 때문이다. 예를 들어 성인들도 말할 때 쓰는 단어들보다 읽을 때에 더 많은 단어들을 이해한다는 점에서도 알 수 있다. 또 하나의 다른 이유는 아기들로부터 적절한 언어표집을 하기가 매우 어렵다는 점이다. 그 결과 대부분의 연구에서 매우 적은 수의 아동을 대상으로 하였으며, 이러한 경우에 아동들 간에 개인차가 매우 크다는 것이 지적되었다.

❷ 문법규칙의 습득

2～5세까지 유아들은 매우 복잡하고 성인 같은 문장을 말하기 시작한다. 전보문식 문장에서 자주 생략되었던 관사나 전치사 같은 기능 단어들이 덧붙여지기 시작하고(Hoff-Ginberg, 1997) 성인언어의 규칙이 점점 더 많이 활용되기 시작한다.

유아의 문법 규칙의 획득을 Brown(1973)의 언어발달단계로 설명하면 보다 쉽게 이해될 수 있다. Brown은 MLU(Mean Length of Utterance)를 사용하여 언어발달의 5단계를 확인하였다. 아동의 언어발달 정도를 측정하는 방법에는 단순히 어휘 수를 헤아리는 방법과 MLU를 측정하는 방법이 있다. MLU란 아동이 사용한 전체 형태소의 개수를 문장수로 나누어 줌으로써 계산된다. 형태소(morphemes)는 의미를 전달하는 최소단위로서 기본단어와 접두사, 접미사를 포함하며 음소와 함께 단어를 구성하는 중요한 요소이다. '엄마 맴매', '언니 어부바'는 형태소 네 개와 두 개의 문장으로 구성되기 때문에 MLU는 2가 된다. Brown이 제시한 언어발달단계는 〈표 7-1〉과 같다.

〈표 7-1〉 브라운의 언어발달 5단계

단계 1	단계 2	단계 3	단계 4, 5
두 단어 문장 전보문식 문장	세 단어 문장의 시작 어형변화와 과잉규칙화의 시작	Wh-의문문 완전한 부정문의 이해 수동태의 사용	종속절, 접속사 및 전치사를 갖는 복문의 사용

2세 반에 해당하는 단계 1을 지나면 유아의 언어는 아직도 전보문식이기는 하지만, 성인언어의 기본이 되는 주어－동사－목적어 형식의 세 단어 문장을 사용하기 시작한다. 조명한(1982)의 연구에 의하면, 두 단어 조합이 시작된 지 약 2개월 후에 세 단어 문장이 출현되었다. 엄마 빵줘, 언니 꼬꼬야 줘와 같은 문장이 그 예들이다. 또한 이 시기에 관사, 전치사, 어형변화가 나타나고 불규칙 동사변화를 적용하는 과잉규칙화(overregularization) 혹은 과잉확대(overextension) 현상이 나타난다. 처음에는 정확하게 동사의 불규칙 형태를 사용하였으나 어형변화의 규칙을 발견함에 따라 오히려 혼동을 일으키며, 이같은 혼동은 수개월 혹은 수년 동안 계속되기도 한다. 2세 반~3세의 유아들은 불규칙 동사의 과거시제에 ed를 붙인다거나 복수를 표현하기 위하여 무조건 s를 붙이는 경우 등이 과대규칙화의 예이다 (Marcus et al., 1992).

유아들이 처음에는 came이나 went 같은 불규칙 동사의 과거형을 올바로 사용한다. 그러다가 과거형에는 ed를 붙인다는 것을 알기 시작함에 따라 불규칙 동사에도 규칙동사의 어미인 ed를 붙이기 시작한다. 다시 말해서 유아들은 전에 사용하던 불규칙 과거시제형을 무시하고는 모든 동사를 규칙화하고 동사에 ed를 붙여 과거시제를 표현한다. 따라서 came이 comed로, 그리고 taught가 teached로 되었다. 이러한 과거시제는 성인 영어에서는 절대로 사용되는 법이 없으니 모방이나 지시에 기인했다고 말할 수가 없다. 이러한 과대규칙화 현상은 유아들이 새로운 언어적 원리를 획득해서, 이 언어적 원리를 창의적으로 적용했다는 증거가 된다. 또 2세~2세 반경이 되면 유아들은 서술문을 의문문으로, 부정문 또는 명령문 등으로 변형시킬 수 있는 변형문법을 배워간다(de Villiers & de Villiers, 1992). 의문문의 발달을 보면 우리말은 억양과 물음표만 가지고 '엄마가?' 등으로 되어, 첨가어나 어순의 변화가 없기 때문에 아동들이 배우는 데 큰 어려움이 없다. 반면, 영어는 처음에는 서술문에 억양변화와 물음표만 붙이다가 다음에는 조동사가 첨가되다가, 그 후에 동사와 주어의 순서가 바뀌는 단계로 발달해 간다.

또한 세 단어를 사용하기 시작한 직후부터 문법적 형태소가 출현한다. 유아가 가장 일찍 습득하는 형태소는 '엄마'에서 '엄마야'의 호칭 어미와 '내 거'에서 '내 거야' 혹은 '이리 와'에서 '이리 와라'의 문장 어미이다. 곧 이어 장소격조사 '한테', '에로' 주격조사 '가'와 '는'이 차례로 출현한다.

단계 3에서 간단한 의문문과 부정문장이 사용된다. Wh 단어인 의문문은 2~4세 사이에 발달한다. 두 단어 문장을 말하기 시작할 때 유아들은 이미 부정이나 비존재를 표현할 수 있다. 그러나 이 시기의 유아의 부정표현은 전체부정(No dirty, No shoe)에 한정되어 있으나 3단계에 들어오면 이제 부분 부정이 가능해진다. 수동형의 문장도 출현한다. 능동문과 수동문을 해석하는 유아의 능력을 연구한 결과에 의하면 4세의 유아는 능동문과 수동문을 동일한 의미로 해석할 수는 있었으나 아직도 완전하지는 못하였다.

단계 4, 5에서 유아는 종속절을 포함하는 문장을 말하기 시작하며 4세경에 4, 5개의 절을 한 문장 속에 포함시키는 유아도 있다. 5세경에 이르면 문장구조를 이해할 수 있는 놀라운 능력이 갖추어지기 시작한다. 유아들이 문법적 규칙에 관해 공식적으로 학습한 일이 없음에도 불구하고, 5, 6세경에 이르면 유아의 문장은 성인의 문장과 대단히 유사해진다.

2세 반경에는 멀리 있는 사람과 대화를 하기 위해서는 목소리를 더 크게 해야 된다거나 그 사람 가까이 가야 한다는 것을 알게 된다(Johnson & Smith, 1981). 또한 다른 사람에게 요구할 때는 공손하게 해야 하며, 말을 할 때 무엇이 예의 바르고 예의 바르지 않은지도 구별하게 된다(Baroni & Axia, 1989; Garton & Pratt, 1990). 결국 2세 반경의 유아들은 언어의 여러 가지 문법적인 규칙을 사용하기 전에 의사소통에 필요한 실제적인 방법을 먼저 배워 나간다.

(4) 아동기의 언어발달

6세경의 아동들은 더 정확하게 발음할 수 있고 어휘는 계속해서 빠르게 확장되며 더 길고 더 복잡한 문장을 만들 수 있게 된다. 5~8세 아동들은 모호한 대명사를 사용하는 것 대신에 명확한 지칭을 하기 시작하며(Dale, 1976), 7~9세경에는 수동태 문장을 이해하고 말할 수 있게 된다(Sudhalter & Braine, 1985). 따라서 학령기는 문법적 세련화를 이루어가는 시기라 할 수 있다. 어휘의 발달도 빨라 6세에 이미 1만 단어 정도 이해할 수 있고 10세경에는 4만 단어에 달하게 된다(Anglin, 1993). 형식적 조작기인 사춘기 이후가 되면 추상적인 어휘의 획득이 두드러지면서 계속 어휘 수가 증가하게 된다(McGhee-Bidlack, 1991). 또 학령기 아동들은 독립적으로 주어진 언어적 정보를 통합하여 의미를 추론해 낼 수 있는 의미론적 통합에 점차 능숙해진다(Beal. 1990a; Casteel, 1993). 의미론적 통합이 가능해지면서 발화의 내용에서는 드러나지 않는 숨겨진 의미를 탐지할 수 있게 된다. 이러한 능력의 발달은 아동들이 상위언어 능력인 언어에 대한 지식이 발달하기 때문으로 추정된다. 학령기 초기에는 의사소통 기술이 현저히 발달한다. Krauss와 Glucksberg(1977)는 4~10세 아동을 대상으로 낯선 추상적인 모양이 그려져 있는 나무토막을 여러 개 보여주고, 스크린으로 가려져 그 나무토막들을 볼 수 없는 맞은편에 앉아 있는 또래에게 그 나무토막들 중 하나를 설명하도록 요구하였다[그림 7-2].

상대방 아동은 설명하는 아동의 말만 듣고 나무토막들 중에서 그 특정 나무토막을 찾아내야 하는 것이다. 유아기 아동들은 자신만 알 수 있는 설명을 하기 때문에 상대 또래 아동이 이해할 수도 없었고 그 나무토막을 찾아낼 수도 없었다. 반면 8~10세 아동들은 전달될 수 있는 정보로 설명을 하였다. 즉 이들은 상대 아동이 볼 수 없다는 것을 고려하며 나무토막을 구별할 수 있도록 설명을 하고자 하였다. 이러한 발달은 인지기술의 발달에 기인한다. 어린 아동들은 의사소통을 효율적으로 할 수 있는 방법을 잘 모르고 미숙하다. 학령기에 들어서면서부터 명확한 메시지를 구성하는 것이 중요하다는 것을 알게 되며, 자기중심성이 감소하고 역할수행 기술이

[그림 7-2] 의사소통실험

출처 : 최경숙(2006).

발달하여, 듣는 사람의 요구에 맞출 수 있게 되면서 의사소통 기술이 급격하게 발달하게 된다. 의사소통에서는 듣는 사람 편에서의 인지과정 또한 중요하다. 듣는 사람은 정보의 부적절성이나 모호함에 민감해야 하고, 말한 사람에게 적절한 질문이나 송환정보를 줌으로써 그 정보를 명확히 하는 방법을 알아야 올바른 의사소통이 이루어진다. 6~7세 아동들은 문제가 있는 정보를 처음부터 감지하기가 어려우나 일단 문제라고 지적되면 수정할 수는 있다(Beal, 1987, 1990b). 반면 8~10세 아동들은 자기가 듣는 내용을 추적하여 모호성을 탐지하고 말한 사람에게 명확히 해줄 것을 요구할 수가 있다(최경숙, 2002).

2 학습과 기억발달

1) 학습의 개념

학습이란 Hilgard와 Bower(1981)에 의하면 주어진 환경 속에서 계속적인 경험으로 일어나는 행동의 변화라고 정의하면서 타고난 반응경향, 성숙 또는 피로나 약물에 의한 일시적인 상태의 변화는 행동변화에서 제외한다고 하였다. 또한 학습이란 환경에서의 경험을 통해서 일어나는 과정으로 지식 습득뿐만 아니라 특수한 기능이나 태도 또는 어떠한 정서적 반응까지도 포함하는 학습의 결과라고 볼 수 있다.

학습을 행동주의 관점에서 정의하는 경우는 경험에 의해 일어나는 비교적 영속적인 행동의 변화 또는 변용이라고 한다. 행동이란 걷기, 말하기 등의 외형적인 행동뿐만 아니라 지식, 태도, 가치관 등의 내재적 행동도 포함한다. 행동변화의 원천에 대해서는 성숙의 관점에서 보는 것이 아니라 환경에 중점을 두고 환경과 연합되어 발생한다는 자극－반응(S-R)의 관계로 보는 입장이다.

한편 학습을 개인의 내적 사고과정을 중시하는 인지론적 입장은 문제해결과 같은 복잡한 형태의 학습 또는 학습자의 머릿속에서 인지구조가 형성되고 이 인지구조는 학습상태에서 여러 가지 정보를 체계화한다는 것이다. 즉 학습자의 의식에 실재하는 것으로 보며 개인의 지각된 장 속에서 능동적이고 정상적인 활동을 통하여 일어나는 인지구조의 변화로 본다.

Morgan과 King(1966)은 학습을 경험과 연습의 결과로 일어나는 비교적 지속적인 변화라고 하였으며 Hergenhahn(1976)은 학습이란 경험에 의한 결과이며 질병, 피로, 약품 등에 의한 일시적인 신체상태에 기인할 수 없는 행동 또는 행동잠재력의 비교적 영속적인 변화라고 하였다.

인본주의 심리학자들에 의하면 학습이란 교사가 일방적으로 학습자에게 강의하고 주입하는 과정이 아니라 학습자 편에서 탐구하고 발견하는 사항이라고 한다. 즉 학습은 수동적인 것이 아니라 적극적인 과정이며 학습자 편에서 자발적으로 참여해야 한다는 것이다. 그렇기 때문에 교사 자신이 학습내용을 아무리 잘 가르칠지라도 학습자가 학습과정에 스스로 능동적으로 참여하기 전에는 소기의 성과를 거둘 수 없다는 것이다.

2) 행동주의 학습이론

행동주의 학습이론이 발전하는 데 중요한 공헌을 한 학자는 Watson이다. 그는 인간에 대한 이해가 관찰 가능한 외현적인 행동과 그러한 행동을 이끌어내고 강화시키는 사건들의 과학적 관찰에 근거를 두어야 한다고 주장한다. Watson의 주장은 미국의 행동주의 학습이론의 다양한 연구를 이루게 하였다.

행동주의 학습이론은 인간의 발달을 연속적이고 누적적이며 새롭고 복잡한 행동들을 점진적으로 획득해가는 계층적 과정(Borich & Tombari, 1995)으로 이해하고 있다. 이는 환경을 조성하고 적절한 강화를 제공한다면 어떠한 행동도 학습시킬 수 있다는 것을 의미한다.

여기서 행동이란 밖으로 드러나는 외현적인 행동뿐만 아니라 관찰되지 않는 내면적 행동을 모두 포함하는 것으로 보고 있다. 행동주의 학습이론은 흔히 S-R 이론으로 불려 왔으며 행동주의 심리학의 기본적인 틀을 가지고 학습을 설명하고 있다.

행동주의 이론에 속하는 Pavlov, Skinner, Thorndike 이론을 살펴보고, 사회학습이론에 속하는 Bandura의 이론을 알아보기로 한다.

(1) 고전적 조건형성

고전적 조건형성(Classical conditioning)이라고 불리는 Pavlov의 이론은 인간의 행동을 이해하는 데 크게 공헌하였다.

그의 실험은 다음과 같다.

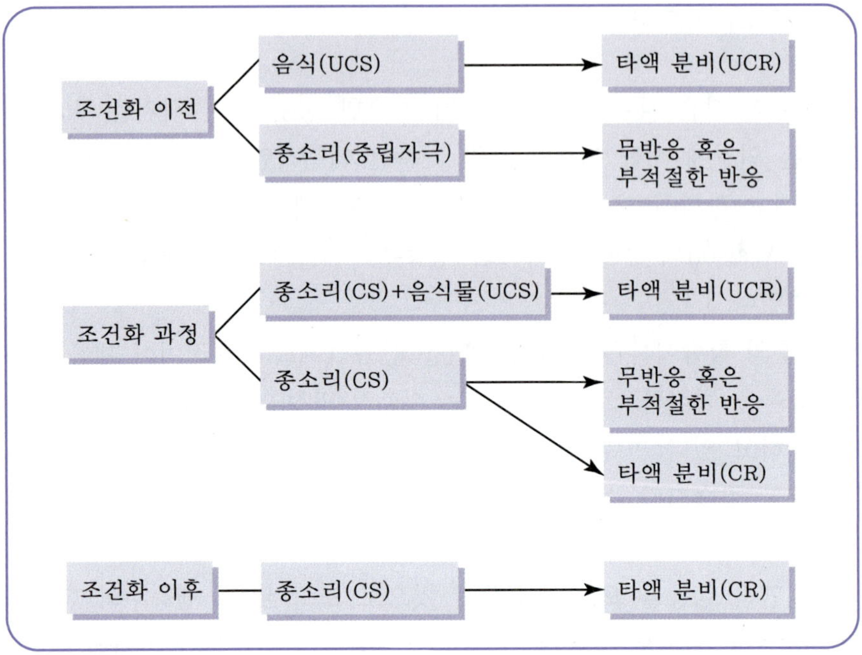

[그림 7-3] 고전적 조건화의 성립과정

개는 종소리를 들려주었을 때 타액을 분비하지 않았다. 종소리를 들은 개는 귀를 세우고 고개를 반사적으로 돌린다. 이 단계에서 먹이(고깃가루)를 제시하였더니 개는 침을 흘렸다. 이렇게 종소리와 먹이를 짝지어 제시하는 것을 여러 차례 반복하였더니 나중에는 종소리만 들려주어도 침이 분비되었다. 이러한 현상을 "조건화"가 성립되었다고 한다.

이때 먹이는 타액을 분비하게 되는 무조건자극(unconditioned stimulus : UCS)이며, 먹이에 의한 타액 분비를 무조건반응(unconditioned response : UCR)이라고 한다. 다음에는 중성자극인 종소리를 들려준 후 곧바로 무조건자극인 먹이를 제공하는 것을 반복하였다. 마침내 개는 종소리만 듣고도 타액을 분비하게 되었다.

여기서 종소리는 처음에는 중성자극이었지만 음식과 짝지어짐으로써 조건자극(conditioned stimulus : CS)이 되고, 개가 종소리만 듣고도 타액을 분비할 때, 그 타액은 조건반응(conditioned response : CR)이다. 조건화

(conditioning) 즉, 학습은 조건자극과 조건반응이 반복적으로 연결됨으로써 발생한다.

2) 고전적 조건화의 주요개념

(1) 자극 일반화와 변별

개가 종소리에 타액을 분비하도록 조건화되었을 때, 종소리가 유사한, 사이렌 소리와 같은 유사한 음향에도 똑같이 타액을 분비하게 된다는 것을 발견하게 되었다. 일단 특정 자극에 대해 조건반응을 유발하는 현상을 자극 일반화(stimulus generalization)라고 부른다.

변별(discrimination)은 두 개 이상의 자극을 구분하는 것이다. 예를 들면 처음에 사용했던 종소리와 조금 다른 북소리 등과 같은 자극에 대해서는 반응을 보이지 않는다. 그러나 이 두 조건 자극 간의 차이가 작으면 작을수록 변별은 어려워진다.

(2) 소거 및 자발적 회복

조건화가 성립된 후에 무조건 자극인 음식물을 주지 않고, 조건자극만 반복해서 제시하게 되면 조건반응이 사라진다. 이러한 현상을 소거(extinction) 또는 소멸이라고 부른다. 그러나 소거가 일어난 후 얼마 동안의 휴식시간을 가진 뒤 조건자극이 다시 제시되면 조건반응이 되살아나는데, 이러한 현상을 자발적 회복(spontaneous recovery)이라고 한다. 소거가 일어난 후에 원래의 조건자극과 무조건자극을 짝지어 제시하면 처음의 조건화보다 신속하게 조건화가 형성되는데 이것을 재조건화(reconditioning)라 부른다.

(3) 시행착오설

Thorndike는 어떤 행동을 한 결과가 어떻게 그 행동을 증가시키는가를 설명하는 이론을 제시하여, 이 이론은 조작적 조건형성설의 기초를 마련하였다.

그는 동물실험을 통해 문제상자(problem box)라는 실험 장치를 사용하여 고양이가 이 문제상자를 탈출하여 먹이를 얻는 실험을 실시하였다. 고양이를 문제상자 안에 가두고서 상자 밖에 먹이를 놓아두면 고양이는 우연히 상자를 탈출하여 음식을 보상받게 되는데 여러 가지 시행착오적 반응들을 반복하다가 마침내 상자 밖으로 탈출하게 된다. 이때, 상자 안의 빗장을 누르는 반응을 지속시키기 위해 고양이가 상자 밖으로 나올 때마다 먹이라는 보상을 주어야 한다. 시행착오적 반응 자체만으로는 자극과 반응의 결합이 불가능하고 먹이와 같은 보상의 강화가 있어야 한다.

(4) 조작적 조건형성설

Skinner는 비둘기를 대상으로 Skinner 상자라고 불리는 실험 장치를 적용하여 실험을 실시하였다. 전형적인 Skinner 상자는 손잡이 레버, 먹이접시, 먹이 방출장치 등이 설계되어 있다. 상자 안에 있는 비둘기는 뛰기도 하고, 상자벽을 긁기도 하는 등의 임의의 반응을 보이다가 우연히 손잡이 레버를 누르게 된다. 그 순간 먹이접시에 먹이가 떨어지면서 동시에 불빛이 반짝인다. 비둘기는 접시에 달려가 재빨리 먹이를 먹는다. 그런 후에 비둘기는 다시 레버 누르게 되고, 다시 먹이가 주어진다. 이러한 과정이 반복되면 비둘기는 레버를 누르기를 학습하게 된다. 즉 조건화가 성립되는 것이다.

비둘기가 처음 레버를 눌렀을 때(반응) 주어진 먹이는 두 번째로 레버를 누르는 반응을 가져오는데 자극으로서 역할을 하면서 중요한 의미를 지닌다. 이와 관련하여 강화라는 개념을 활용하고 있으며 이는 Skinner 학습이론의 핵심으로 "강화이론"이라고 불렀다. 강화(reinforcement)란 '특정 행동이나 반응의 확률 또는 빈도를 증가시키는 현상'을 말하며, 강화물(reinforcer)이란 강화의 수단으로 사용하는 조건이나 자극을 말한다.

강화는 정적강화(positive reinforcement)와 부적강화(negative reinforcement)

로 구분된다. 정적강화란 먹이 · 칭찬 · 돈과 같은 자극을 얻기 위하여 반응이나 행동의 빈도를 증가시키는 것을 말하며, 부적강화는 혐오스러운 자극을 회피하기 위하여 단추를 쪼는 반응을 증가시키는 효과를 말한다. 이에 반해 처벌은 반응빈도를 감소시키는 효과를 가져온다. 처벌에는 불쾌자극을 제공하는 방법과 쾌자극을 박탈하는 방법을 활용할 수 있다. 불쾌자극을 가하는 경우는 어떤 반응 뒤에 혐오 자극을 가하는 것이고, 쾌자극을 박탈하는 것은 어떤 반응 뒤에 정적강화물을 박탈하는 것을 말한다.

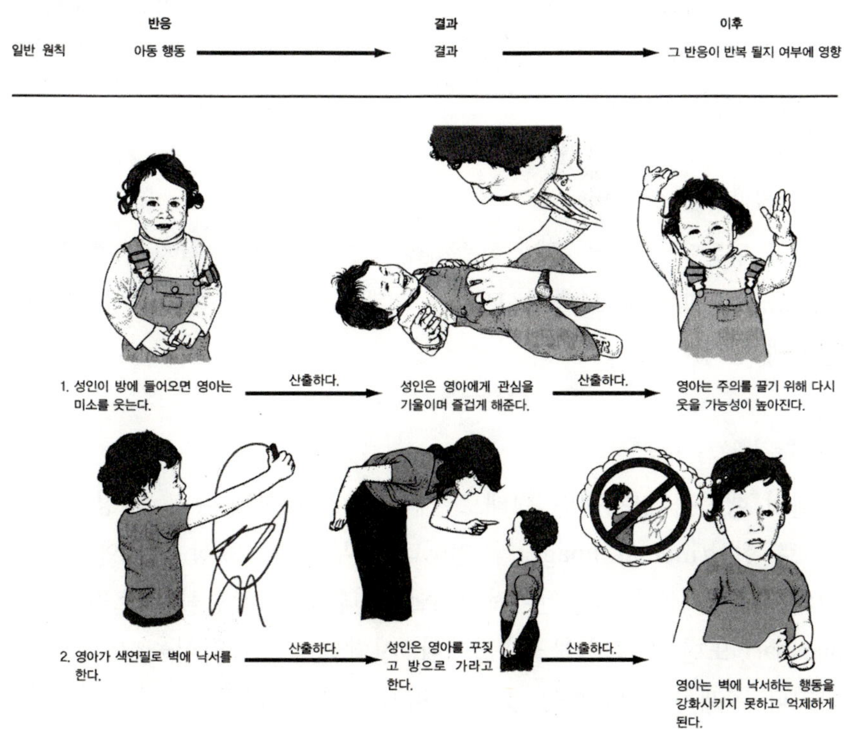

[그림 7-4] 조작적 조건화의 기본원리

출처 : Shaffer(2005).

(6) 관찰학습이론

관찰학습이론(observational learning theory)은 Bandura에 의해 제안되었으며 사회학습이론(social learning theory) 혹은 모델링 학습이론으로도 불려왔다. 사회학습이론에서는 행동을 여러 가지 개인적 요인과 사회적 요인이 상호작용하는 것으로 보며, 그 요인들의 상대적인 영향력은 장면과 행동에 따라 달라진다는 기본적인 관점을 취하고 있다.

인간은 인간이 가지고 있는 종 특유의 순수한 모방능력에 의하여 거의 의식이 없이 부모나 타인의 행동을 모방함으로써 언어와 사회화 과정을 학습한다.

이렇게 Bandura는 관찰을 통한 대리경험으로서의 관찰학습 개념을 주장하였다. 관찰학습의 과정은 주의과정, 파지과정, 운동 재생과정, 동기화 과정의 네 단계로 구성된다.

❶ 주의과정

어떠한 행동을 관찰을 통해 학습하려면 그 행동이 관찰자의 주의를 끌어야 한다. 주의과정은 노출된 모델을 선택적으로 관찰하고 주목할 내용을 결정하게 된다.

❷ 파지과정

모델의 행동을 상징적인 형태로 기억 속에 표상해 두는 과정이다. 파지는 주로 심상(mental image)과 언어라는 두 가지 표상 체제에 의존한다. 모델의 행동이 심상이나 언어적 부호로 변환되어 상징적 부호화되며 시연(rehearsal) 또한 기억의 보조수단이다. 사람들이 반응양식을 마음속으로 시연하거나 실제로 행해 보는 것은 망각을 감소시킨다.

❸ 운동 재생과정

관찰학습의 세 번째 단계는 상징적 표상을 적절한 행위로 변환시키는 과정이다. 관찰자는 모델의 시범 양상에 따라 자신의 반응을 성공적으로 조직함으로써 행동을 재현하게 된다. 이러한 행동의 수행은 반응의 인지적 조직, 반응의 시발 및 피드백에 의한 정교화로 세분화할 수 있다.

④ 동기유발과정

사람들이 학습한 것을 모두 실행하는 것은 아니기 때문에 획득 또는 학습과 수행을 구분할 필요가 있다. 사람들은 가치 있는 모델 행동을 수행하지만 보상이 주어지지 않거나 벌을 받게 되는 결과를 가져오는 행동은 수행하려 들지 않는다. 학습된 반응에 대한 타인 및 자신의 평가가 이러한 동기화 과정에 관련된다.

성인의 공격적인 행동을 관찰한 아동들은 같은 상황에서 공격적인 행동을 그대로 모방하였다.

[그림 7-5] Bandura의 보보인형 실험

출처 : Bandura, Ross & Ross(1963).

3) 인지학습이론

인지학습이론(cognitive learning theory)은 지각 · 기억 · 문제해결과 같은 인간의 내재적 심리과정을 설명하기 위한 접근방법으로써 정보처리의 구조와 과정을 연구한다. 인지학습이론은 Wertheimer의 형태주의 심리학, Köhler의 통찰이론, Tolman의 기호형태설, Lewin의 장이론 등을 들 수 있다.

처벌을 효과적으로 이용하는 방법

행동주의자들은 아동의 행동을 수정하기 위해 정적강화를 사용할 것을 강조하지만, 대부분의 부모는 자녀의 바람직하지 않은 행동을 억제하기 위해 최소한 가끔은 처벌을 사용한다. 연구결과에 의해 발견된 아래의 지침을 따르면 처벌을 더욱 효과적으로 사용할 수 있다.

- 그 자리에서 처벌할 것. 아동이 잘못된 행동을 하려고 준비하거나 잘못된 행동을 하고 있는 동안에 처벌하는 것이 가장 좋다. 처벌을 미루는 것(예컨대, "아빠가 집에 갈 때까지 기다려.")은 좋지 않다. 아동은 자신이 현재 하고 있는 일-예컨대, 장난감을 장난감 상자 안에 도로 정리하는 것-에 대해 아빠가 벌주는 것이라고 생각하게 된다. 처벌을 연기할 수밖에 없다면 아동에게 처벌받는 이유에 대해 신중하게 설명하는 것이 훨씬 효과적이다.
- 단호하게 처벌할 것(과도하게 엄하지는 않을 것). 아동을 대상으로 한 실험결과에 의하면 큰 목소리로 강하게 이루어지는 처벌이 부드러운 처벌보다 효과적이다. 그러나 심한 체벌은 좋은 처벌법이 아니다. 특히 심한 구타는 여러 결점을 안고 있다. 구타는 "교훈의 학습"을 방해할 수 있는 높은 불안감을 아동에게 유발시키고, 아동은 두려움을 학습하게 되어 처벌자를 회피하게 된다. 또한 구타를 심하게 당한 아동은 문제해결방법으로써 공격을 사용하는 법을 학습하게 된다(Weiss, Bates & Pettit, 1992). 따라서 엄한 처벌은 이러한 종류의 부작용을 낳지 않을 정도로 행해져야 효과적이다.
- 일관성 있게 처벌할 것. 어쩌다가 가끔씩 처벌이 가해지는 행동은 고쳐지지 않는다. 왜냐하면 아동이 금지된 행동을 즐기고 있는 상황에서 그 행동이 처벌을 받지 않고 지나가는 경우가 있다면 실제로 그 행동은 강화되기 때문이다.
- 그 외의 경우에는 온화하고 수용적이 될 것. 아동은 차갑고 거리를 두면서

자신을 거의 받아준 적이 없는 처벌자보다는, 온화하고 상냥하면서도 자신이 바르게 행동하면 자신을 받아주는 사람이 가하는 처벌에 대해 더 잘 반응한다.

- 체벌 이 외의 대안을 생각해 볼 것. 아동이 잘못된 행동을 했을 때 대부분의 부모가 생각해내는 최초의 벌은 아동을 찰싹 때리는 것이지만, 그것 말고도 처벌 방법에는 아동이 이미 가지고 있으며 아동이 좋아하는 물건(예컨대, 사탕)이나, 별다른 일이 없을 경우 주어졌던 특권(다음 주 토요일의 영화 관람)을 빼앗는 것도 있다. 체벌 말고 다른 효과적인 처벌법으로는 잘못된 행동이 긍정적으로 강화되어 있는 상황으로부터 아동을 빼내는 것으로서, 이를 타임아웃(time out)이라고 부른다. 예컨대, 여동생을 괴롭히는 것을 즐기는 아이를 빈방에 보냄으로써 그 아이가 괴롭히는 행위로부터 받는 즐거움을 차단시키는 것이다. 잘못된 행동이 더 이상 강화되지 않을 때 이는 소거라는 과정을 통해 약화된다.
- 대안 행동을 강화할 것. 처벌 자체만으로는 아동에게 무엇을 해야 할지를 가르치는 것이 아니라, 무엇을 하지 말아야 할지를 가르치는 것이므로, 잘못된 행동에 대해 용납될 수 있는 대안 행동을 강화해 주어야 한다. 영아가 값비싼 화병을 가지고 놀지 못하게 하려면 부모는 영아의 행동을 처벌하면서도 깨지지 않는 플라스틱 화병과 놀도록 강화해 주어야 한다.
- 이유를 설명할 것. 여기서 추천하고 싶은 "가장 중요한" 사항은 이것이다. 실제로, 모든 형태의 처벌은 특정 행동이 왜 잘못된 것인지를 설명해주고 앞으로 그 행동을 자제할 수 있도록 도와줄 때 더욱 효과적으로 작용한다. 특히 좀 더 성장한 아동과 청소년은 잘못된 행동이 가지고 올 해로운 결과를 지적해 주는 이러한 인지적 근거/이유(cognitive rationale)를 듣고 싶어 하고 또 이것을 통해 행동을 수정한다(학령 전 아동도 이들이 이해할 수 있을 정도로 쉽게 이유를 설명해주면 행동을 수정할 수 있다).

(1) 형태주의 학습이론

인지학습이론에 중요한 기초를 제공한 것은 형태주의 심리학(gestalt theory)이다. 형태주의이론에서 형태라는 말은 전체를 의미하는 것으로 인간의 지각내용은 현상 그 자체이지 현상을 구성하는 요소가 아니다. 형태주의자들은 현상을 단순한 요소로 분해하는 것이 아니라고 주장한다. 즉 인간은 환경을 지각할 때 낱낱의 자극제로 지각하는 것이 아니라 요소들 간의 관계를 기초로 전체를 지각한다는 것이다.

Wertheimer는 인간은 개별적 부분의 조합을 인식하기보다는 전체로 인식하려는 존재라는 믿음을 뒷받침하기 위하여 게슈탈트(Gestalt)라는 말을 사용하였다. 게슈탈트 심리학에서는 "전체는 부분의 합이 아니다."라고 단언하였고, 존재하는 것은 전체이며, 부분은 구조 속에서 갖는 일정한 관계에 의하여 그 성질이 결정된다. 학습은 통찰을 통해 전체 관계를 파악함으로써 이루어지고 행동의 변화가 아니라 인지구조의 변화라고 말한다.

Wertheimer는 인간 자신은 지각과정에 의해 하나의 통합된 형태로 체제화하는 것이 학습이며, 이러한 체제화 능력은 보편적이고 생득적인 경향성이라고 하였다. 이러한 지각의 경향성을 지각의 법칙(Law of perception) 또는 체제화의 법칙(Law of prägnang)이라 부른다. 지각의 원리에는 시간적으로나 공간적으로 서로 떨어져 있는 자극정보를 하나의 형태로 체제화할 때 서로 근접한 것끼리 지각한다는 근접성의 원리, 유사한 자극정보들을 하나의 형태로 체제화하려는 유사성의 원리, 연속되어지는 자극정보들을 단절된 정보보다 계속된 형태로 체제화하는 연속성의 원리, 공백이 있거나 결손된 부분을 보완하여 완성된 형태로 자극정보를 체제화하는 완결성(closure)의 원리들을 제시하였다. 이와 같은 체제화의 과정은 지각정보의 체제화에 의해 이루어진다고 보았다.

(2) 통찰이론

Köhler(1887-1967)의 학습이론은 흔히 통찰설(insight theory)이라 한다. 이 이론은 1916년 그가 Tenerife 섬에서 침팬지를 대상으로 한 실험으로부터 발전된 이론이다. Köhler는 실험에서 침팬지를 몇 개의 상자들이 들어있는 우리 속에 가두고 침팬지가 좋아하는 바나나를 천장에 매달았다. 침팬지가 이 바나나를 어떻게 따서 먹느냐 하는 것으로, 바나나를 얻기 위해 손을 뻗치거나 발돋움을 하거나 뛰어오르는 행동을 한다. 이러한 시도가 실패하면 침팬지는 맹목적으로 시행착오적인 행동을 하는 대신에 주의 깊게 전체 장면을 관찰하여 수단과 목적 간의 관계라 할 수 있는 전체와 부분의 관계를 파악한 후 막대로 바나나를 따거나, 여러 개의 막대를 연결해

서 사용한다. 또는 주위에 있는 상자를 쌓아 그 위에 올라서서 천장에 있는 바나나를 따는 행동을 발견하였다.

이러한 실험결과는 문제해결과정이 통찰을 통해 이루어진다는 사실을 보여주며, 또한 문제를 하나의 전체로서 지각하는 의식 현상을 중요시하는 형태 심리학적 입장을 뒷받침하는 것이다. 갑자기 깨달음이 오기 때문에 이를 소위 "아하 경험" 또는 "아하 학습"이라고도 한다.

(3) 기호형태이론

Tolman(1886-1956)의 학습이론은 기초－형태이론(sign-gestalt theory), 기대이론(expectancy theory) 또는 목적적 행동주의(purposive behaviorism), 잠재학습(latent learning), 장소학습(place learning) 등으로 불리고 있다.

Tolman에 있어서 학습은 구체적인 행동이 아니라 이들 관계에 관한 사전인지(precognition)이며, 인지도(cognitive map)의 형성인 것이다. 즉 목적과 수단의 관계에 대한 인지도의 형성을 학습이라고 보았다.

그의 이론은 내성(introspection)을 반대하고, 학습을 관찰된 행동에 국한시키는 점에서 행동주의와 맥락을 같이 하고 있으나, 몇 가지 면에서는 인지적인 것으로 생각할 수 있다. 행동은 객관적으로 이해되어야 하되, 그 목적에 따라 조절되고 기대나 의미와 관련됨을 인정하므로 그의 이론에 목적 · 기대 · 의미를 덧붙이게 된 것이다.

구체적인 자극(기호)은 유기체 속에서 볼 때 행동의 결과로서 자극대상(의미체)을 노출한다. 이와 같은 의미체는 어떤 수단이 어떤 결과를 나타내게 할 것이라는 수단－결과 관계의 성립을 의미한다. 이는 수행이 아닌 사전인지이며 인지도가 신경조직 속에 형성되는 것이고, 수단－결과－기대가 성립된다. 이와 같은 과정이 학습이고, 어떤 수단이 이끄는 결과가 학습자의 요구에 부합된 목표라면 그 수단을 통해서 목표에 도달하는 실천행동이 일어난다. 행동주의 이론은 S-R 이론인데 반해, Tolman의 이론은 S-S 이론이라고도 한다.

(4) 정보처리이론

정보처리이론은 인간의 인지작용을 컴퓨터의 기능에 비유하고 있다. 정보처리 모델의 구성요소 중 하나는 정보가 저장되는 정보저장소이며, 다른 하나는 정보의 이동을 의미하는 인지처리과정이다.

❶ 중다저장이론(구조론적 입장)

기억이란 감각기관에 유입된 정보를 기호화하고, 이를 저장하며 반응을 위해 인출하는 일련의 과정으로, 감각기억(등록기), 단기기억(작동기억), 장기기억 등의 세 가지 요소가 포함된다. 이와 같이 3단계의 기억과정을 거치는 것을 구조론적 입장이라고 주장한다(Atkinson & Shiffrin, 1968). Waugh와 Norman(1965)은 단기기억을 일차적 기억(primary memory), 장기기억을 이차적 기억(secondary memory)이라고 불렀다.

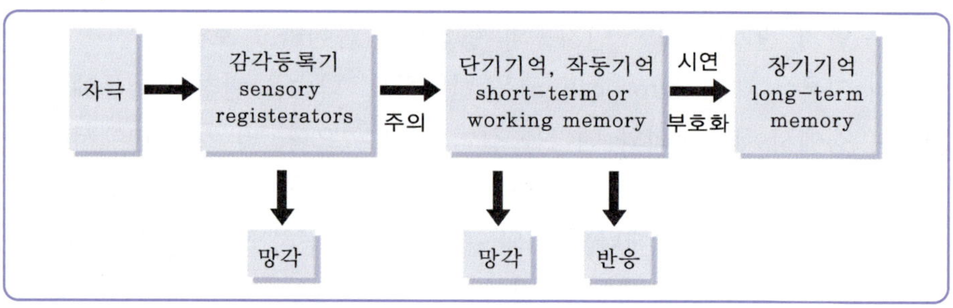

[그림 7-6] 정보처리과정

출처 : Gage & Berliner(1984).

[그림 7-6]과 같이 정보처리과정은 외부로부터 자극을 받아 이를 저장하고 처리하는 것으로 설명한다.

❷ 과정론적 입장(처리수준모형 : level of processing model)

기억의 과정을 중시하는 이론가들은 기억의 다양성과 깊이에 중점을 두고 정보처리의 방향을 강조한다. Craik와 Lockhart(1972)에 의하면 지각적 분석은 여러 가지 수준에 걸친 정보처리과정을 포함하여 자극정보의 구조적, 물리적 속성이 분석되는 초기 단계로부터 의미적 속성의 분석에 주안을 두는 깊이 있는 수준에 이르게 된다고 하였다.

저장은 부호화의 깊이에 따라 연속적 차원으로 다양하게 나타난다. 다시 말해 이론적으로 항목들이 부호화될 수 있는 처리수준은 무수히 많으며 한 수준과 그다음 수준 사이에는 뚜렷한 경계가 없다. 내용이 처리되는 수준이 깊으면 깊을수록 재생될 가능성은 더 높다.

Craik와 Tulving(1975)은 정보처리 수준이론을 지지하기 위하여 일련의 실험을 수행하였다. 참가자들은 단어 목록을 받았고, 각 단어들을 제시하기 전에 질문을 받았다. 그러나 질문들은 동일한 종류가 아니었다. 질문은 물리적, 청각적 및 의미론적 수준이었으며, 이들은 처리수준의 깊이에 있어서 다양하였다. 이 연구의 결과 질문에 의해 요구되는 정보처리 수준이 심층적일수록, 이후에 최상의 수준으로 높게 반응하였다. 단어의 외적인 면(물리적 특성)에 의한 방법은 단지 뇌에서 피상적으로 작용하였다.

단어를 소리로 학습하는 것은(청각적 특성) 단어를 기억 속에 좀 더 깊게 처리되도록 도와주었다. 그러나 단어의 의미(의미론적 특성)에 기초하는 방법은 단어를 기억으로 저장하는 데 가장 효과적인 방식이었다. 지각된 대상이 학생들에게 유의미한 것이 될 때 그러한 대상들을 잘 기억할 수 있게 된다(전윤식 외, 2002).

기억을 처리 수준론의 입장에서 해석한다면 기억체제는 중다구조로서가 아니라 단일구조로서 이해될 수 있으며 이중구조설에서 구분하고 있는 단기기억이란 자극의 특정 속성에 계속 주의를 집중시키는 정보처리 방략에 불과한 것이다.

이들의 주장은 인간의 정보처리 능력이 제한적이라는 현상은 저장용량(storage capacity)의 제약 때문이 아니라 처리용량(processing capacity)의 제약 때문에 나타난다는 것이다. 끝으로 제기된 문제는 단기기억에서 시연(試演 : rehearsal)에 관련된 것이다. 중다저장이론이 단기기억을 독립된 기억장치로 가정했기 때문에 단기기억에서 처리되는 정보가 장기기억으로 전이되는 데에는 어떤 기제가 필요하게 된다. 말하자면 어떤 과정을 거쳐 단기기억의 정보가 장기기억으로 저장되느냐에 관한 것이다.

가장 기본적인 기제로 시연을 생각하였는데 시연의 효과는 특히 중다저장이론이 자유회상에 의한 계열 위치에서 초두효과가 장기기억의 영향이라는 분석에서 확실한 것으로 보았고 이것이 중다저장이론을 성립되게 하는 근거로 생각해 왔다. 그러나 시연이 직접적인 전이 기제가 되지 않는다는 사실이 밝혀지게 된다.

처리수준 이론은 위에서 지적된 중다저장이론의 문제점을 바탕으로 인간의 정보처리과정을 이해하고 있다.

첫째, 세 개의 독립된 기억장치를 가정하지 않고 정보처리의 전 과정이 융통성 있는 양식으로 정보를 처리한다는 것이다. 즉 감각저장, 단기기억, 그리고 장기기억의 처리형태가 융통성 있게 물리적 · 음성적 · 의미적 정보를 처리한다고 가정한다는 것이다.

둘째, 인간은 비교적 짧은 시간에 정보를 처리하게 된다는 것이다. 그러나 처리수준 이론에서는 투입되는 정보가 단계(stages) 또는 수준(level)에 따라 분석되고 처리된다고 보았다. 각기 다른 기억장치를 가정하는 것이 아니라 정보처리 전 과정을 하나의 과정으로 이해하면서 이 과정 속에 처리하는 형태의 몇 개의 관계 또는 수준이 있다는 생각이다. 즉, 정보가 들어오는 처음 단계는 정보를 물리적 또는 감각적 특징으로 분석 처리한다. 정보처리의 중간단계는 형태재인이 일어나며 분석된 정보는 명칭이 붙으며 일반적으로 음성적으로 처리된다. 마지막 수준에서는 정보의 분석으로 의미의 추출이 있게 된다. 처리의 깊이가 가장 깊을 때 의미적 정보로 처리되기 때문에 더 오랫동안 기억하게 된다는 것이다. 그리고 이런 정교화가 높을수록 파지 수준이 크다.

Chapter 08

지능과 창의성

1 지능

1) 지능의 의미

많은 학자들에 의해 지능(Intelligence)의 개념이 다루어지고 있지만 아직도 '이것이 지능이다'라고 말할 수 있는 일치된 정의는 찾아보기 어렵다. 오늘날까지 비교적 폭넓게 받아들여지는 지능의 정의를 살펴보면 다음과 같다.

Terman, Thurstone 등은 지능을 추상적 사상을 다루는 고등정신 기능이라고 정의한다. 그러나 이는 유아나 동물에게서 찾아볼 수 있는 지적 행동을 설명할 수 없다는 단점이 있다. Gates는 '학습능력 또는 광범위한 여러 사실을 파악하는 능력의 복합체'라고 하였으며, Dearbone은 '학습능력 또는 경험에 의해서 획득하는 능력'이라고 하였다. Henmon은 '지식을 획득하고 파지하는 능력'으로 정의한 것으로 이들 정의는 모두 지능을 학습능력으로 규정하였다. Colvin의 '환경에의 적응을 학습하는 능력', Pintner의 '비교적 새로운 생활 장면에 자기를 잘 적응시켜 나가는 능력', Stern의 '새로운 과제와 생활조건에 대한 일반적, 정신적 순응력' 등의 정의를 포함한다. Boring, Freeman 등은 지능에 대해 실증 불가능한 사전적 정의가 아닌 측정 가능한 대상을 중심으로 조작적 정의를 내려야 한다고 주장하였다. Wechsler의 정의에서는 지능은 총합적, 전체적 능력으로 '지능이란 유목적적으로 행동하고 합리적으로 사고하며 환경을 효과적으로 다루는 종합적 능력'이라고 정의하였다(김청자, 2010).

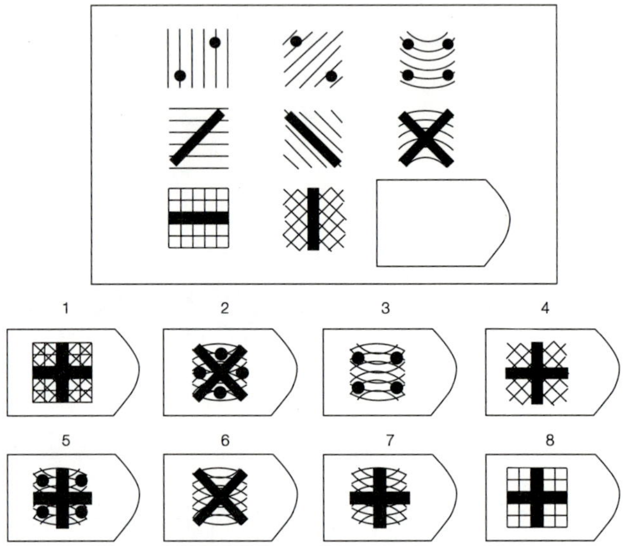

[그림 8-1] Raven Progressive Matrices Test의 예

출처 : Raven(1983).

2) 지능의 이론

Spearman의 2요인설

Spearman은 인간의 지능이 2가지의 주요 요인, 즉 일반 요인(general factor : g 요인)과 특수 요인(specific factor : s 요인)으로 이뤄진다는 지능 2요인설을 제안하였다. 그러나 일반 요인에 의해 대표되는 능력은 모든 지적 과제수행에 관여하는 반면, 특수 요인들에 의해 대표되는 능력은 그렇지 않기에 일반 요인이 심리학적으로 더욱 주목받게 되었다(Sternberg, 1985).

Thurstone의 다요인설

Thurstone(1941)은 21가지 지능검사의 결과를 요인분석하여 요인 7개를 찾아내었다. 이와 같은 지능의 7개 요인이 '기본정신 능력(primary mental abilities : PMA)'이며 유형은 언어요인, 단어유창성요인, 공간요인, 계산능력요인, 기억요인, 추리력요인, 지각요인으로 되어 있다.

Guilford의 지능구조 입체모형설

Guilford는 지능구조에 대한 이론적 모형을 3차원의 입방체로 제시하고 있다.

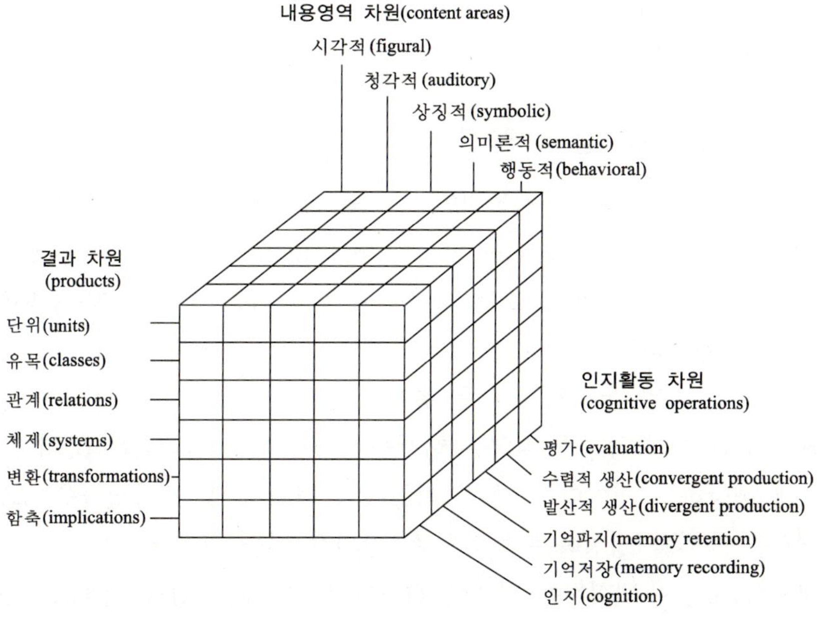

[그림 8-2] Guilford의 3차원 지능구조 모형

출처 : 김청자(2009).

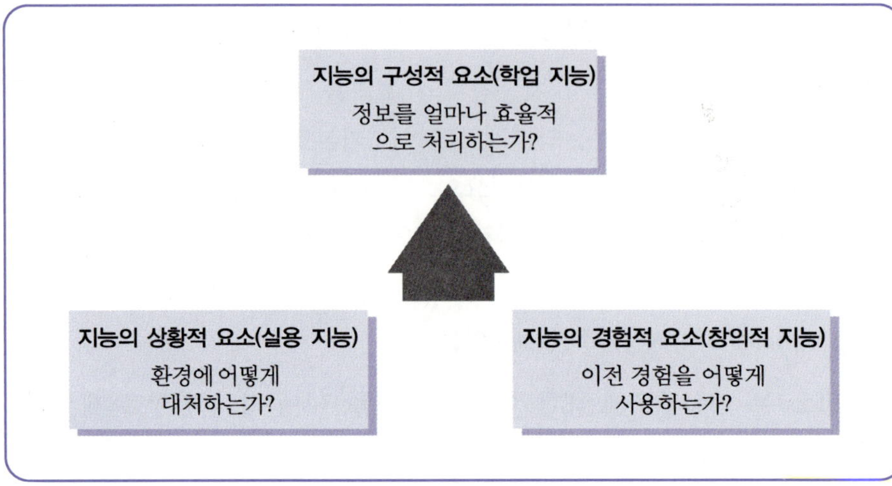

[그림 8-3] Sternberg의 삼원 이론

출처 : Sternberg(1985).

Sternberg의 삼위일체이론

Sternberg(1985, 1990)는 전통적인 지능의 개념에 실제적 지능의 개념을 포괄하는 삼위일체이론(triarchic theory of intelligence)으로 지능에 대한 새로운 접근을 시도하였다. 그는 지능을 구성적 지능, 경험적 지능, 맥락적 지능으로 나누었다.

구성적 지능이란 논리적 유추를 통하여 추상적으로 사고하는 능력을 의미한다. 소위 학교 공부를 잘하는 학생들에게서 높게 나타나는 IQ가 '학업 지능'에 해당하는 것이다. 경험적 지능은 관련되지 않은 사실들을 조합하여 새로운 방법을 생성하는 능력으로 '창의적 지능'을 가리킨다. 마지막으로 맥락적 지능은 변화하는 환경에 적응하고 주어진 상황을 최적화하는 능력으로 '실용 지능'이라고 불린다. 이들 3가지 지능은 각각 분석력, 창의력, 적응력으로 말할 수 있는데 [그림 8-4]에서 보는 바와 같이 연령에 따라 사회에서 요구되는 각 지능의 요소에 대한 요구 정도는 달라진다.

대체로 20대까지는 학습에 주력하게 되므로 현상을 이해하고 논리적으로 추론하는 분석력을 크게 필요로 한다. 그러다가 30대에 접어들게 되면 배운 지식을 활용하여 주어진 문제를 해결해야 할 필요성이 많아진다. 따라서 분석력은 줄어들고 창의력과 적응력이 상대적으로 늘어나게 되면서 분석력, 창의력, 적응력이 상호 간에 균형을 지니게 된다. 더 나아가 40대 이후가 되면 변화하는 상황에 따라 통합적인 관점에서 배운 것을 실천하고 현실적 문제들을 최적화하는 적응력을 가장 필요로 하게 된다. 이 시기에는 20대에 가장 많이 필요로 했던 분석력이 오히려 가장 적게 요구되고, 환경에 적절히 대처하는 적응력이 가장 크게 요구된다는 것을 알 수 있다.

최근에는 20대의 신입사원을 선발할 때 분석력보다는 창의력을 중시하는 경향이 두드러지게 나타나고 있다. 아울러 조직에서의 팀워크를 고려하여 성품과 관련된 감성지수(EQ, Emotional Quotient)를 평가항목에 크게 반영하는 경향도 증가하고 있다. 연령에 따른 지능 요구가 변화되는 것을 그래프로 나타내면 다음과 같다.

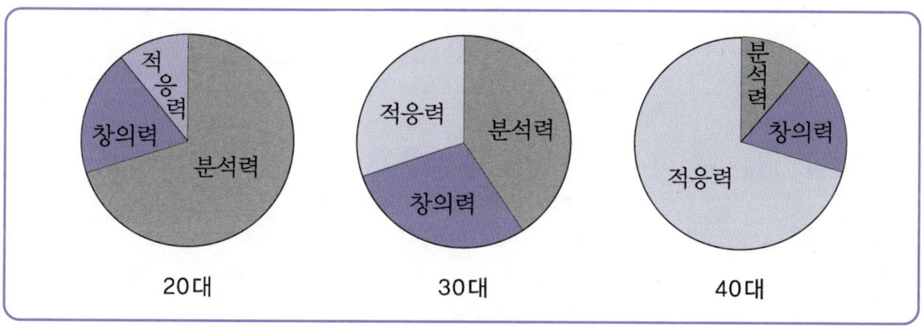

[그림 8-4] 연령에 따른 지능 요구의 변화

출처: 주상윤(2007).

다중지능이론(multiple intelligence)

Howard Gardner(1993)의 다중지능이론은 두뇌의 해부학적 구조와 개인이 속한 문화의 시각에서 지적 능력을 분석하여 이론화되었다. 그는 지능을 여러 문화권에서 가치 있게 인정되는 문제를 해결하거나 산물을 창조해 내는 능력이라고 보았다. 따라서 지능의 개념이 지능검사에 의해 너무 협소하게 정의되는 것과 언어능력 중심과 필답식, 선다형 위주의 측정방식에 대해 비판적인 입장을 보였다. 그는 인간의 지능은 서로 독립적이며 다른 여러 유형의 능력들로 구성되지만 이들은 서로 상호작용하고 있다고 보았다.

Gardner가 제시하는 9개의 지능은 다음 표와 같다.

〈표 8-1〉 **다중지능의 구성요인**

지능의 요인	핵심능력	관련 직업의 예
언어적 지능 (linguistic intelligence)	언어를 효과적으로 구사하는 능력	작가, 정치가, 웅변가, 시인, 극작가, 언론인
논리-수학적 지능 (logical-mathematical intelligence)	숫자를 효과적으로 사용하고 추론하는 능력	수학자, 세무사, 통계학자, 과학자, 컴퓨터 프로그래머
공간적 지능 (spatial intelligence)	시각적·공간적 세계를 정확하게 지각하는 능력과 지각을 통해 형태를 바꾸는 능력	예술가, 건축가, 실내장식가, 발명가, 지리학자, 항해사
음악적 지능 (musical intelligence)	음악적 표현형식을 지각, 변별, 변형, 표현하는 능력	연주가, 작곡가, 음악비평가
신체운동적 지능 (bodily-kinesthetic intelligence)	자신의 신체를 이용해서 생각이나 감정을 표현하는 능력과 자신의 손을 이용해서 사물을 만들거나 변형시키는 능력	배우, 운동선수, 무용가, 조각가, 기계공, 외과의사
대인관계 지능 (interpersonal intelligence)	타인의 기분, 의도, 동기, 감정 등을 지각하고 식별하고 적절하게 반응하는 능력	정치가, 종교인, 교사, 세일즈맨
내성 지능 (intrapersonal intelligence)	자기 자신에 대한 객관적 이해능력 및 그에 기초하여 적절하게 행동할 수 있는 능력	철학자, 소설가, 종교인, 상담가, 임상학자
자연탐구 지능 (naturalistic intelligence)	자연 친화적이며 사물을 구별하고 분류하는 능력, 환경의 특징을 사용하는 능력	생물학자, 과학자, 수의사, 여행가

실존지능 (existential intelligence)	철학적 · 종교적으로 사고할 수 있는 능력으로, 뇌에 해당 부위가 없으며 아동기에는 나타나지 않음	철학자, 종교인

출처 : 김청자(2009).

아인슈타인
(논리적 · 수학적 능력)

베토벤
(음악적 재능)

박찬호
(신체운동 능력)

[그림 8-5] 다중지능별 대표적 인물들

출처 : www.google.co.kr

3) 지능의 유전적·환경적 요인

지능의 유전적 요인

지능발달의 유전적 요인이란 지능은 이미 태어날 때부터 대부분 고정되어 있고 불변하며 비교적 안정되어 있어서 사전결정적(predetermined)이라고 보는 것이다. 지능은 태어날 때 부모로부터 받으며 유전은 지능의 상한선과 하한선을 결정한다. 그 폭에 대해서 Bloom(1964)은 20점 정도(4세까지 10점, 4~8세 6점, 8~17세 4점, 합계 20점)라고 하는데 학자에 따라서는 최대 지능지수가 30점 정도라고 하는 사람도 있다. 지능에 대한 유전의 영향을 밝히는 다음과 같은 연구도 있다. Bouchard와 동료들(1990)의 연구에 의하면 일란성 쌍생아 간의 지능에 대한 상관계수가 가장 높았으며 입양 형제자매간의 상관이 가장 낮은 것으로 나타났다.

〈표 8-2〉 세 연령단계에서 환경차가 지능발달에 미치는 가설적 영향

연령	지능성숙 백분율	결손	평균	풍요	풍요-결손
출생~4	50	-5	0	5	10
4~8	30	-3	0	3	6
8~17	20	-2	0	2	4
계	100	-10	0	10	20

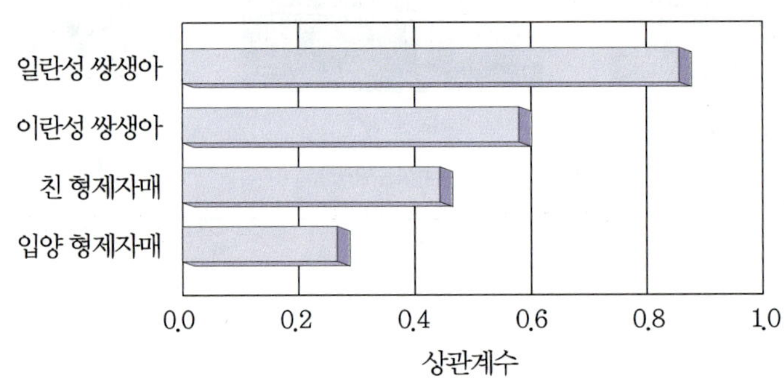

[그림 8-6] 지능과 유전

출처: Bouchard et al.(1990).

지능의 환경적 요인

환경이란 개체를 둘러싸고 있는 사물이나 유기체에 영향을 주는 모든 것이라고 할 수 있으며, 환경요인을 구조적 요인과 기능적 요인으로 구분하여 구조적 요인은 유기체의 기질적인 영향이고 기능적 요인은 환경자극이 직접적으로 행동형성에 미치는 영향을 의미한다. 또한 인간의 행동은 개인이 지닌 특성과 환경의 상호작용의 함수에 의해 결정된다. 환경이란 있는 그대로 존재하지만 어떤 상황에서나 어떤 조건에서나 동일한 사회자극으로 모두에게 영향을 주는 것이 아니라 각각 다르게 개인의 특성에

작용하는 것이다.

가정의 경제적 수입이나, 사회적 지위, 교육적 요인 등 환경적 요인들이 잠재적인 지능의 범위 내에서 지능의 개발에 영향을 미친다. 즉 환경은 유전에 의해 결정된 하한선과 상한선 사이의 어느 한 점수를 결정한다. 지능지수 80～110 사이의 유전을 타고난 아이는 환경에 따라 최하 80도 될 수 있고, 최고 110도 될 수 있으며, 120～150 사이의 유전을 타고난 아이는 120도 될 수 있고 150도 될 수 있다.

지능에 대한 환경의 영향을 밝히는 연구들은 다음과 같다.

Herber(1970, 1972)는 미네소타 주 밀워키 시의 낙후된 환경에 살고 있는 IQ 75 이하인 흑인 여자의 자녀들을 대상으로 생후 1년부터 일주일에 5일간 7～8시간 집중적으로 언어자극, 지적자극을 주었더니 1년 후인 2세는 그런 자극을 받지 못한 아이들에 비해 IQ가 20점 이상 높아졌다.

Altman(1967)은 어린아이는 태어날 때 성인과 같은 숫자의 뇌세포를 가지고 태어나며 출생 후 어린이들의 뇌에 있는 뉴런(neuron)이란 신경세포와 수상돌기가 환경의 자극에 의하여 더 잘 연결되고 발달한다고 주장했다. 이러한 이론은 최근 뇌과학이나 신경망 이론 등에 의하여 과학적으로 밝혀지고 있다(EBS, 2005).

4) 지능의 발달

지능이 발달되려면 어떻게 해야 하는가, 지능은 높아질 수 있는 것인가, 공부를 잘하게 하려면 어떻게 교육해야 하는가, 등의 문제에 대해서 방향을 찾기 위하여 교사와 부모들은 무분별한 지능개발 프로그램에 몰두하고 있는 경우를 볼 수 있다.

또한 유아의 지능과 아동의 지능 간에는 어떤 연속성이 있는가, 다양한 과제들에 대한 추리와 사고에 있어 어떤 공통점이 있는가, 어리지만 지능이 높은 아이와 나이가 많고 지능이 떨어지는 아이와는 어떤 유사점이 있는가, 지능은 언제까지 발달하는 것이며 일정시기 이후엔 중지하거나 쇠퇴하게 되는 것인가 등 아직도 지능에 관한 많은 문제들이 해결되지 않은 것이 사실이다. 지능과 관련된 이러한 질문에 대한 대답은 누구도 어렵겠지만 그동안 밝혀진 몇몇 요소들을 제시함으로써 앞으로의 연구방향에 얼마간의 시사점을 줄 수 있을 것이다(홍순정, 2003).

아주 어린 시기의 지능과 그 후 지능 간의 연속성을 제시하는 증거는 많지 않다. 이는 연속성이 문제를 적절하게 측정할 수 있는 도구와 방법을 개발하지 못하고 있기 때문이기도 하며 또한 서로 다른 과제 간의 추리와 사고력의 유사성에 대해서는 서로 다른 결과들이 나타나고 있기 때문이다. 비네 지능검사를 비롯한 지적기능 평가들의 추론능력의 측정 사이에는 상당히 긍정적인 상관이 나타났으나 높은 상관관계를 나타내지는 못하였다.

기존의 지식과 학습 간의 관계, 즉 어리고 지능이 높은 아동과 나이가 좀 더 들고 지능이 낮은 아동 간의 관계에 대해서도 Binet의 경우 어린이가 자기보다 더 나이 많은 어린이와 같은 수행능력의 정도에 따라 지능이 높음을 평가하였다. 많은 연구들이 어린이들의 학습할 수 있는 능력보다는 즉각적인 수행능력에 보다 많은 초점을 두었기 때문에 이 문제에 대한 분명한 결론을 내리기는 어렵다고 본다. 그러나 지능이 높고 낮은 아동들 간의 주요한 차이는 새로운 정보를 습득할 때의 속도와 완성도에 있다는 점에 대부분 동의한다. 지능은 연령에 따라 질적인 차이를 갖는가의 문제에 대한 Piaget, Bruner 등의 이론가들은 발달단계에서 질적으로 다른 특성을 보인 발달단계 특징들을 근거로 제시하고 있다.

한편, 특정한 시기에 특정한 영역에서 발달에 따른 차이가 다르다는 것을 지지하는 많은 연구들이 있다. 지각과 운동기능은 출생 후 2년 내에 거의 모두 발달한다. 언어의 경우 2~5세 사이에 주로 발달하며, 기억전략, 즉 연습, 정교화, 재구성 등은 5~9세에 일반적으로 활용되기 시작하고, 특히 8, 9세에는 기억 기법의 발달이 두드러진다. 그러나 연령이 높아질수록 보이는 높은 수준의 지적 능력과 성취들의 예를 우리는 많이 볼 수 있다.

Einstein은 77세까지도 그의 이론적 작업을 계속했으며, Russel은 95세까지 뛰어난 기억력을 보여주었고 저술활동을 계속했을 뿐만 아니라 변함

없이 세계정치에 관여했다. Jung, Piaget 역시 그들의 노년기까지 생산적이었으며, Michelangelo도 80세에 대작을 만들었다. Rembrant는 말년의 5년간이 일생의 최정상이었다고 한다. Cezanne, Turner, Picasso 역시 노년까지 그들의 재능을 유지하였다. Gauguin은 35세 이후에 그림을 시작하여 일생을 계속했다고 한다. Bach, Brams, Haydn, Tchaikovsky 등은 그들의 말년에 탁월한 작품을 작곡했으며, Bernard Shaw의 지적 능력은 94세에도 30대와 같았다. Wordsworth, Tennyson, Lawrence도 그들의 말년까지 정신의 쇠락함을 보이지 않았다고 한다.

일정한 시기 이후에도 지능이 지속적으로 발달한다면 어떤 요인들에 의한 것인지에 관한 연구가 필요한 것이다. 인간은 적절한 교육이나 인간적인 접촉이 없이 방치된다면 서서히 노화하는 것이 아니라 급속도로 두뇌기능이 쇠퇴할지도 모른다. 두뇌발달을 위해서는 두뇌를 활용하며 두뇌를 보호하고 배려해야 한다. 두뇌의 내적 잠재력을 충분히 사용하고 지속적으로 발전하게 하려면 가능한 풍부하고 다양하며 자극이 될 수 있는 환경을 주는 것이 필수적이다. 풍부하고 자극적인 환경과는 계속적인 상호작용을 통하여 정신의 훈련, 도전해보기, 자질을 개발하기 등이 도움을 줄 수 있다.

2 정서지능

1) 정서지능의 개념

정서적 지능이란 자기자신을 동기화할 수 있는 능력, 좌절에 직면해서 견디는 능력, 충동을 조절하고 욕망을 자제할 수 있는 능력, 자신의 기분을 조절하고 절망에 빠지지 않도록 생각할 수 있는 능력, 희망을 가지고 또한 사랑의 마음을 가질 수 있는 능력 등이다. 또한 정서지능이란 이성 능력인 사고능력, 즉 기억력, 계산력, 추리력 등을 발휘하거나 또는 그런 능력을 억압하고 제한하기도 하는 감성능력을 말한다.

정서적 지능은 Thorndike의 사회적 지능, Sternberg의 사회적 적응능력 지능, Gardner의 대인관계 지능(interpersonal intelligence)이나 개인 내 지능(intrapersonal intelligence)등과 어느 정도 맥락을 같이하고 있는 것으로 볼 수 있다. Gardner에 의하면 대인관계 지능은 다른 사람들을 이해하는 능력이다. 그들의 동기, 그들의 작업방식, 그들과 어떻게 함께 일하는가 등을 이해하는 능력으로 성공한 사람들은 모두 높은 대인관계 지능을 가진 사람들이다. 또 개인 내 지능은 대인관계 지능과 관련된 능력들이 자신의 내면에 대해 작용하는 것이다. 예컨대 자신에 대해 정확하고도 정직한 모델을 형성하고 자신의 삶을 효율적으로 운영하는 데 그러한 목표와 모델을 활용할 수 있는 능력을 말한다.

2) 정서지능의 영역

Goleman(1995)는 우리의 감정 지능을 어떻게 활용할 수 있는지를 구체적으로 설명하고 있다. 그는 정서적 지능을 5개의 영역으로 정의하고 있다.

감정의 인식(self-awareness) : 정서적 인식, 정확한 자기평가, 자신감

자신의 감정 상태를 인식할 수 있는 능력으로 대부분의 다른 감성 능력들은 여기에 바탕을 두고 있다. 왜 느끼고, 어떻게 느끼는지를 아는 사람만이 의식적으로 자신의 감정을 다룰 수 있고 억제할 수 있으며 또한 정돈할 수 있다.

감정의 조절과 통제(emotion control) : 자제심, 신뢰성, 성실성, 적응성, 혁신

불안, 분노 혹은 슬픔과 같은 감정은 생존의 메커니즘과 관련되어 있으며, 우리는 이러한 감정들 자체를 완전히 중단시키기 힘들다. 그러나 우리의 감정반응을 적절히 조절하고, 즐거움이나 분노와 같은 일차적인 감정 상태로부터 유발되기 쉬운 직설적인 행동을 유머나 반어법과 같은 후천적으로 습득된, 교양 있는 행동양식을 통해 보충하거나 대체하는 것은 가능하다. 감정에 대해 어떤 반응을 보일 것인가, 얼마나 교양 있게 감정을 다룰 수 있는가 하는 것은 그런 면에서 감성지능의 문제이다.

동기유발(motivation) : 성취, 헌신, 솔선수범, 낙천성

'10%의 영감과 90%의 노력'이라는 표어는 감성지능에 대한 맥락을 잘 설명해준다. 지능지수만 높다고 해서 누구나 학교에서 최우수상을 받고 노벨상 수상자가 될 수 있는 것은 아니다. 진정한 성공은 항상적인 끈기, 낙관적 인식, 자신감, 그리고 패배를 잊고 다시 도전할 수 있는 긍정적 사고를 갖는 능력 등이 그 바탕에 깔려 있다.

공감능력(empathy) : 타인, 이웃의 감정이해, 타인에게 감정표현

의사소통에 대한 연구의 결과, 감성적 소통의 약 90% 정도는 언어와는 거의 무관하게 이루어진다는 사실이 밝혀졌다. 다른 사람에 대한 감정이입은 상대에게 집중하여 경청하려는 자세, 말로 표현되지 않은 생각과 감정까지도 파악하려는 노력으로부터 비롯된다.

관계의 형성(interrelationship ability) : 갈등조절, 지도력, 연대감 구축, 협력

고객과의 거래, 직장에서의 단체생활, 급우들과의 교제, 구내식당이나 휴게실에서의 짧은 대화 등 여러 사람과의 갖가지 만남에서는 사회적 능력이 요구된다. 타인과의 관계를 어떻게 형성하고, 갈등이 생겼을 때 이를 얼마나 잘 인식하고 해결할 수 있는가 하는 것은 다른 사람과 더불어 잘 지낼 수 있는 능력이며 거의 전적으로 감성적 능력과 관계된다.

Salovey와 Mayer는 여기서 한 걸음 더 나아가 자신들이 서술한 이런 감성적 능력들이 후천적으로 습득되고 발전될 수 있다고 주장한다. 이러한 능력은 무엇보다도 자신의 감정과 다른 사람의 감정을 보다 잘 인지하려는 노력을 통하여 발달한다고 주장한다. 특히 감정에 대해 주의를 두고 인식하고 통제하는 과정에 대한 훈련은 자신의 감정을 좀 더 잘 다루고, 다른 사람과의 교제를 보다 잘 해나가기 위한 토대가 된다. 감성적 능력은 삶의 모든 중요한 부분에 영향을 미치기 때문에 이러한 노력은 필수적이라 할 수 있다.

3) 정서지능의 영향 및 증진방법

감성지능이 우리 일상생활에 미치는 영향은 다음과 같다.

- 성공을 결정하는 것은 IQ라기보다는 감성지능이다.
- 정서적으로 불안하면 제대로 사고할 수 없다.
- 우울을 조절하면 좌절을 극복하게 되어 최고의 창의력이 발휘된다.
- 낙관적인 사고는 위대한 동기촉진제이다.
- 분노를 억압하지 말라. 그러나 그것에 따라 행동하지도 말라.
- 미래의 지도자는 감성지능이 높은 사람이다.

우리나라에서도 정서지능을 측정하는 검사와 함께 정서지능이 개발될 수 있다는 이론에 따라 정서지능 훈련 프로그램이 개발되고 있다. 문용린(1997)은 정서지능을 기르기 위한 방법으로 다음과 같이 제안을 하였고, 항목들을 제시하였으며 이는 교사나 부모에 의해 실행되어야 한다고 하였다.

- 스스로 정서지능적 생활의 모범을 보여준다.
- 아이의 감정을 인정해주고 공감해준다.
- 충동적인 욕구를 참을 수 있도록 해준다.
- 분노를 조절할 수 있는 능력을 키워준다.
- 성취의 즐거움을 알게 한다.
- 상대방의 입장이 되어 생각해보는 습관을 갖도록 한다.
- 타인의 기분과 감정에 공감할 수 있게 한다.
- 자신의 기분을 솔직하게 표현할 수 있도록 격려한다.

3 창의성

1) 창의성의 개념

Guilford(1967)는 창의성을 지적인 능력으로 보고, '아이디어의 생성'이라고 정의했으며, 창의성을 기존의 지능에서 강조하는 수렴적 사고와는 달리 확산적인 사고를 필요로 하는 사고과정이라고 하였다. 그는 창의적인 개인들 사이에서 공통적으로 발견되는 지적 특성을 요인 분석한 결과, 문제에 대한 민감성(sensitivity to problem), 유창성(fluency), 독창성(originality), 정교성(elaboration), 재정의 및 재구성(redefinition) 요인을 제시하였다.

Torrance는 '창의적인 사고능력이란 창의적인 성취를 할 때 작용한다고 생각하는 일반화된 정신능력의 집합'이라고 정의하였으며, 창의성의 구성 요인을 민감성, 문제와 곤란을 규명하는 것, 해결되어야 할 문제점에 대한 추측, 문제해결책을 찾는 것, 가설을 검증하고 수정·재검토하여 결과를 얻어내는 것이라고 하며 이러한 창의적 사고를 구성하는 하위요인으로는 유창성, 융통성, 독창성, 정교성을 들고 있다.

한편, 창의성을 정의하는 데 창의적 인간의 인성을 강조하는 학자들이 있다. 창의적인 사람의 인성에 관한 연구에서 Amabile(1983), Barron과 Harrington(1981) 등은 창의적인 사람은 비창의적인 사람과 구별되는 뚜렷한 특정 인성을 갖는다는 것에 주목하고, 여러 분야에서 뛰어나게 창의적인 사람들의 인성 특성을 연구하였다. 한 예로, Wycoff와 Pryor(2002)의 창의성과 유머와의 관계 연구에서 유머와 관련된 검사의 결과가 창의적 인성과 .30의 정적인 상관이 있는 것으로 나타나 유머요인이 창의적 인성과 밀접한 관련이 있다고 주장하였다.

2) 창의성이론

창의성의 개념들을 이론적인 접근방식에 따라 살펴보면 인지적 접근, 성격 특성 및 동기적 접근, 사회심리학적 접근, 통합적 접근이 있다.

(1) 인지적 접근

창의적 사고와 관련된 인지능력과 사고과정을 설명하고자 하는 인지적 접근은 이전까지 소홀히 되어 왔던 창의성을 가치 있는 능력으로 평가하고 창의성과 관련된 인지적 능력을 구체화하는데 기여했다. 인지적 접근으로는 심리 측정적(psychometric) 관점과 인지적(cognitive) 관점이 있다. 심리 측정적 관점은 창의성을 개개인이 가지고 있는 능력이라고 생각하여 지필검사를 활용한 심리측정법을 통해서 평범한 사람들을 대상으로 창의성을 연구할 수 있다는 것에 주목하였다.

(2) 정의적 접근

정의적 접근은 창의성의 근원을 개인이 지니고 있는 성격 특성 및 동기적 특성에서 보고자 하였다. Amabile(1983), Barron(1997), Mackinnon(1962), Csikszentmihalyi(1996) 등은 창의적인 사람은 비창의적인 사람과 구별되는 성격 특성을 갖는다는 것에 주목하고, 여러 분야에서 뛰어나게 창의적인 사람들의 성격 특성을 연구하였다. 창의성이 발현되기 위해서는 그 사람이 어떤 성격 특성과 동기성향을 가졌는지가 중요하다고 보았다.

(3) 사회심리학적 접근

사회심리학적 접근은 창의성에 대한 환경적 결정요인의 중요성을 강조한다. 특히, 창의성의 원천으로서 사회·문화적 환경 변인에 관심을 두고 특정 환경 요인들이 개인의 창의적 행동에 어떻게 영향을 미치는가를 이해하고 설명하는 것을 추구한다(Amabile, 1983; Lubart, 1994).

(4) 통합적 접근

최근에 대두되고 있는 통합적 접근모델들을 살펴보면 Wehner,

Csikszentmihalyi와 Magyari-Beck(1991)은 지금까지의 창의성 연구를 장님과 코끼리 우화에 비유하여 창의성에 대한 이해가 다원적 접근을 필요로 함을 주장한 바 있다(김정희, 2004). 이에 따라 최근에는 창의성이 발현되기 위해서는 인지적 요소는 물론 정의적, 환경적 요소 등 다양한 요소들이 함께 상호작용해야 하며, 창의성을 지능, 지식, 성격, 동기, 환경 등의 요소들이 복합적으로 상호작용하여 발현되는 특성으로 보는 다원적, 통합적 접근이 창의성이론의 주류를 이루고 있다(Csikszentmihalyi, 1989). 따라서 아동의 창의성 발달을 연구함에 있어서도 개인의 특성뿐만 아니라 환경요소들이 창의성 발달에 어떻게 영향을 주는가를 종합적으로 고려해야 한다는 주장이 대두되고 있다(Sternberg & Lubart, 1996; Urban, 1996).

3) 창의성 개발방법

(1) 브레인스토밍

Osborn(1965)이 전통적인 회의방식에 불만을 품고 이것을 개선하기 위하여 고안한 방법이 브레인스토밍이다. 브레인스토밍은 창의적인 아이디어나 해결책의 산출을 위한 자유로운 집단토의 방법이다. 효과적인 브레인스토밍을 위한 기법은 다음과 같다.

① 평가 금지 : 산출되는 아이디어에 대해서는 끝날 때까지 평가하지 않는다.

② 다양한 아이디어의 산출 : 질에 관계없이 가능한 한 많은 아이디어를 산출하도록 한다.

③ 결합과 개선 : 제한된 아이디어에 새로운 아이디어를 결합하여 개선 방안을 모색한다.

④ 자유로운 사고 : 과거의 지식, 경험, 전통 등에 구애됨이 없이 새로운 아이디어를 산출하도록 한다.

(2) 시네틱스

이 방법은 Gordon이 창안한 것으로 그 어원을 서로 관련이 없는 요소들 간의 결합을 의미하는 희랍어의 synetics에 두고 있다.

문제에 대한 광범위한 접근으로 시작하여 얻어진 해결책을 직접 문제에 관련하여 구체적인 해결방법을 강구하는 방법이다. 발견적 문제해결의 절차는 다음과 같다.

① 참가자 구성 : 문제해결에 필요한 지식과 기술 분야의 전문가를 참여시킨다.
② 문제 제시 : 광범위하고 추상적인 문제를 제시한다.
③ 문제 축소 : 문제의 범위를 점진적으로 축소해 나간다.
④ 결론 : 산출된 아이디어를 결합하고 개선하여 문제와 관련된 새로운 아이디어로 산출한다.

(3) 속성 열거법

문제의 대상이나 아이디어의 다양한 속성을 목록으로 작성하여 세분된 각각의 속성에 주의를 돌리는 방법이다. 각각의 속성을 분석하면서 그 속성에 대한 집중적인 생각을 통하여 개선 수정 발전의 탐색을 구한다(Crawford, 1951). 각 속성에 관한 아이디어를 산출할 때는 브레인스토밍 방법이 적용된다.

(4) 육색모자 사고기법(Six Thinking Hat)

6가지 색깔의 모자를 바꿔 쓰면서 각 색깔이 표상하는 유형의 사고를 하도록 함으로써 다양한 유형의 사고를 하도록 유도한다.

개별 활동을 하거나 여러 명으로 구성된 모둠활동을 할 경우 모두 사용할 수 있다. 문제나 상황이 주어지는 도입 이후 문제해결을 탐색하는 과정에서 사용하는 것이 적절하다. 여섯 가지 사고를 순서대로 실시하는 것을 의미하는 것이 아니므로 주제, 소재의 성격에 따라 그 순서를 달리할 수 있다. 다만 하얀 모자의 경우는 정보를 확인하는 단계이기 때문에 첫 부분에, 파란색 모자의 경우 다른 색 모자에 따른 생각을 충분히 나눈 뒤 마무리하는 부분에서 생각하도록 하는 것이 보다 자연스러운 흐름을 형성할 수 있다.

하얀 모자 (information)	흰색은 어느 쪽으로 치우치지 않는 중립적이고 객관적인 사고나 자료 및 정보를 상징한다.
빨간 모자 (feelings)	빨간색은 감정을 상징한다. 주어진 주제, 상황, 사물에 대한 자신의 감정, 떠오르는 느낌, 육감, 직관을 이야기하도록 한다.
노란 모자 (strengths)	노란색은 밝고 긍정적이고 건설적인 생각을 상징한다. 주어진 문제, 상황, 소재에서 어떤 점이 장점, 강점, 좋은 점인지를 생각하도록 한다. 또한 주어진 아이디어가 어떤 점에서 실현 가능한지를 이야기하도록 한다.
까만 모자 (weakness)	검은색은 부정적이고 비판적인 생각을 상징한다. 학생들에게 주어진 상황, 문제 또는 아이디어가 어떤 점에서 어려운 점이 있는지, 잘못되었거나 고쳐야 할 점이 있는지를 평가하도록 한다.
녹색 모자 (new ideas)	녹색은 새로움의 상징이다. 학생들은 대안이나, 다른 가능성, 보다 독특하고 톡톡 튀는 창의적이고 다양한 해결방안 아이디어를 제시해야 한다.
파란 모자 (thinking about thinking)	파란색은 침착하고 냉정한 생각을 상징한다. 파란 모자 생각을 할 차례가 되면, 다른 색깔의 관점에서 나온 이야기들을 정리, 평가한다는 관점을 취한다. 즉 토론 내용을 요약하고, 결론을 내리거나 앞으로의 전개를 위해 어떤 생각이 더 필요한지를 제안하도록 한다. 또한 중간중간에 파란 역할을 맡은 학생의 판단 아래 다른 색 모자 담당 학생의 생각을 요약해줄 수 있다.

(5) SCAMPER

Bob Eberle에 의해 고안된 이 기법은 물건의 새로운 용도나 변화를 위하여 사고하는 방식의 질문들로 구성된 체크리스트이다. 이러한 핵심 질문들을 기억하기 쉽게 스캠퍼라는 영어로 구성하여, 각각 해당사항에 맞는 아이디어를 제안하거나 고안하는 체크리스트 기법이다.

① 대치하기(Substitute)

② 조합하기(Combine)

③ 적응하기(Adapt)
④ 수정, 확대, 축소하기(Modify, Magnify, Minify)
⑤ 다른 용도로 사용하기(Put to other uses)
⑥ 제거하기(Eliminate)
⑦ 재배열하기, 뒤집기(Rearrange, Reverse)

4 창의적 아이디어와 우뇌사고

1) 우뇌식 사고로의 전환

좌뇌식 사고로 상당한 시간 동안 집중하며 생각하여도 문제가 해결되지 않는 경우에는 사고를 확산시켜 전혀 다른 관점에서 아이디어를 찾아보아야 한다. 이는 창의적 발상을 위하여 다양한 상상력을 제공하는 우뇌식 사고로 가능해진다. 이처럼 상상력이 요구되는 경우에는 사고활동을 좌뇌식에서 우뇌식으로 전환시켜야 한다.

다음에 열거된 내용들은 우뇌활동으로 사고를 전환시키는 방법들이다.

- 아무 생각 없이 창밖을 내다본다.
- 목욕이나 반신욕을 한다.
- 천천히 산보를 한다.
- 혼자 산을 오른다.
- 사람들과 자유롭게 잡담을 한다.
- 혼자 공상을 한다.
- 명상을 한다.
- 잠을 잔다.
- 편안한 자세로 몸의 긴장을 풀어 이완시킨다.
- mantra 명상(특정하게 선택한 단어를 만트라라고 함)
- 매 호흡을 내 쉴 때마다 암송하면 다른 잡념이 일어나는 것을 막을 수

있다.

- 마음을 안정시키는 음악을 듣는다.
- 그림을 그린다.
- 여행을 한다.

2) 창의력 검사

(1) Torrance의 창의적 사고검사

TTCT(Torrance Tests of Creative Thinking)는 Torrance(1974)가 제작한 창의적 사고능력 검사를 말한다. 국내에서는 TTCT를 김영채(2002)가 편역하여 한국식으로 규준을 제작하고 표준화한 검사가 있다. Torrance의 창의적 사고능력 검사는 도형검사(TTCT-Figura)와 언어검사(TTCT-Verbal)로 구분된다.

[그림 8-7] 확산적 사고 검사의 예

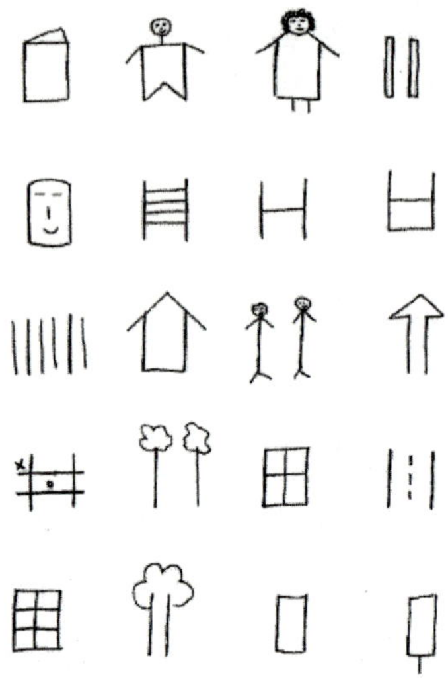

[그림 8-8] TTCT 도형 검사요강

출처 : 김영채(2002).

(2) 이경화, 이신동(2002)의 유아용 통합창의성 검사

이경화, 이신동(2002)에 의해 개발된 검사로 영재유아들을 판별하기 위한 창의성 검사도구로 제작되었으며 그림검사, 언어검사, 성격검사가 포함되어 있다.

(3) 한국교육개발원의 '초등학교용 간편 창의적 문제해결력 검사'

조석희(2001) 등이 개발한 이 검사는 초등학교 저학년, 중학년, 고학년용의 세 단계로 나누어 편성한 검사이다. 창의적 문제해결력 검사는 언어, 수 논리, 공간영역에 대한 문항들을 하나의 검사지에 포함시켜 특정 영역 지식과 기능을 기반으로 확산적 사고와 논리적 사고를 발휘하여 문제에 대해 적절하면서도 새로운 해결책을 만들어 내는 능력을 측정하고 있다.

(4) 창의인성 검사

창의적 인성을 측정하기 위한 창의인성 검사는 GIFT(Group Inventory for Finding Creative Talent)(Davis, 1982)와 GIFFI I, II(Group Inventory for Finding Interest)(Davis & Rimm, 1982), CAP(Creative Personal)(Williams, 1980) 등의 검사가 있으며 이 검사들을 토대로 하주현(2001)에 의해 개발되고 타당화된 창의인성 검사(CPS; Creative Personality Scale)가 있다. 이 검사는 유아에서 성인까지의 창의인성을 측정하는 도구로 개발됐으며 8개의 하위요인(호기심, 자기확신, 상상력, 인내/집착, 유머, 독립심, 모험심, 개방성)으로 구성되어 있다. 이외에도 Domino(1970)의 Creative Scale, Gough(1979)의 Creative Personality Scale for the Adjective Check List, Rimm과 Davis(1976, 1982a, 1982b)의 Group Inventory for Finding Creative Talent(GIFT)와 Group Inventory for Finding Interests I, II(GIFFI I & II), Willimas(1980)의 Test of Divergent Feeling, 김종안(1998)의 창의적 인성검사, 임현수(1998)의 창의성 정의적 성향검사 등이 있다.

3) 창의성 발달의 경험적 접근

(1) 유아기의 창의력(0~6세) : 놀이로서의 창의력

많은 연구자들이 창의적 사고의 원천은 전조작적 단계에 있다고 믿었다. 유아기의 창의적 사고는 놀이의 형태로 나타난다. Vygotsky(1986)는 "아동의 놀이활동은 단순히 과거 경험의 재집합이 아니라, 아동의 필요에 부응하는 새로운 실체를 형성하는 구성 작업이자 창의적인 재작업이다."라고 주장했다. 전조작적 사고의 특징인 상상적 놀이는 이후의 창의적 사고의 전조로 보여진다.

(2) 아동기의 창의력(7~12세) : 창의력의 부화기

이 시기는 학생들이 교육적 변화, 형식적 교육환경, 사회화 압력, 신체적 변화, 그리고 인지적 발달을 경험하는 시기이다. 모든 에너지가 사회적이고 인지적인 활동에 집중되어 있다. 성적인 충동이나 창의적 욕구는 잠재되거나 억압되어 있다.

그러나 비록 창의적 증후가 보이지 않는다고 하여서, 창의력이 사라졌다고 믿기에는 너무 빠른 판단이다. 아마도 아동들이 인지적이고 사회적인 기술 등 많은 것을 배워야 하기 때문에 잠시 동안 잠재되어 있는 것일 수 있으며 이러한 현상은 아동이 성장하면서 겪는 질적인 변화일 뿐이며, 성숙의 기능이기 때문이다.

(3) 청소년기의 창의력(13~20세) : 창의력의 질적인 변화의 시기

이 시기 동안 신체적인 변화에 대한 적응, 성적인 충동조절, 독립성과 자율성의 성취 등을 이룬다. 많은 연구가들은 이 시기 동안의 창의력의 질적인 변화를 언급하고 있다. Smith와 Carlsson(1990)는 취학 전 아동들의 창의적 활동에 대한 시도는 미성숙한 것이며, 창의력은 청소년기에 비로소 처음으로 나타난다고 결론내렸다. 청소년기의 창의력은 그 이전의 창의력과 질적으로 다르다. 새로운 인지적, 정서적, 사회적 능력의 변화만이 아니라, 전문적인 지식의 습득 또한 그 이전에 가능하지 않았던 창의적 산물에 기여한다.

(4) 성인기의 창의력(20대 후반~50대 후반) : 창의적인 산물 생산

Erikson에 따르면 성인기의 과업은 생산성을 성취하는 것이다. 이 시기는 인생에 있어서 가장 창의적이며 생산적인 시기이다. Lehman(1953)은 창의력의 정점은 30대이며, 이후에는 감소한다고 하였다. Dennis(1966)는 예술과 과학의 창의력은 40대가 정점이며, 학문 종사자들은 50~60대가 정점이며 그 이후에는 서서히 감소한다고 하였다. 그러므로 창의력이 질적으로 변화하는 시기는 청소년기이지만, 자신의 전문 분야에서 가장 생산적인 시기는 성인기인 듯하다.

(5) 노년기의 창의력(60대 이후) : 높은 수준의 인지와 정서적 기능으로 창의력 유지

창의력은 어느 정도의 연령이 지남에 따라 점점 감소하는 것으로 보여지기 때문에, 노년의 창의력에 대한 연구는 거의 없다(Lindauer, 1992). 그러나 최근의 연구들은 창의력은 노년기에서도 양에서만이 아니라 질적으로도 유지된다는 제안들을 하고 있다.

노년이 되어서도 높은 수준의 인지적 기술과 정서적 상태를 유지한다면, 연령은 그들의 창의력을 감소시키는데 영향을 끼칠 수 없다고 보는 것이 타당하다.

학자에 따른 창의성 발달이론의 내용을 표로 요약하면 다음과 같다.

〈표 8-3〉 **창의적 발달단계이론 일람표**

<table>
<tr><th>단계</th><th>Taylor(1973)</th><th>Lesnar와 Hillman(1983)</th><th>Dacey(1989)</th></tr>
<tr><td>유아기</td><td>표현적 자발성
(출생~6세)</td><td rowspan="3">창의적 내적 충만
출생~청년기 초기(출생~11세)</td><td>출생~5세
미세신경원 발달</td></tr>
<tr><td rowspan="2">아동기</td><td rowspan="2">기술적 효율성
(6~12세)</td><td></td></tr>
<tr><td>10~14세
자아개념 수반된 창의성</td></tr>
<tr><td rowspan="3">청년기</td><td rowspan="3">발명적 재능
(13~20세)</td><td rowspan="3">창의적 외적 충만
청년 후기~중년기
(12~60세)</td><td>창의적 결정기(18~20세)</td></tr>
<tr><td>비약적 독창성
부모 되기 학습(29~31세)</td></tr>
<tr><td>휴면상태의 창의성 실현(40~45세)</td></tr>
<tr><td>성인기</td><td>혁신적 융통성
(20대 후반~30대 후반)</td><td rowspan="2">창의적인 자기평가
노년기~죽음
(60세~사망)</td><td rowspan="2">자아개념의 적응
(60~65세)</td></tr>
<tr><td>노년기</td><td>비약적 독창성
(50대 후반~80대 후반)</td></tr>
</table>

Chapter 09

사회성 및 공격성 발달

유아들의 자기에 대한 인식의 최초 증거는 생후 2, 3개월경에 나타나며 여기서부터 자기에 대한 이해가 시작된다. 자기와 관련된 개념에는 자기인식 외에도 자기개념, 자기존중감 등이 생기기 시작하며 이와 함께 타인의 개념과 사회인지가 발달하기 시작한다. 사회인지(Social cognition)란 자기에 대한 이해는 물론 타인의 사고와 의도, 정서, 사회적 행동 및 그들의 일반적 견해를 이해하는 능력이다. 이 장에서 대인지각, 조망수용과 관계 있는 타인에 대한 이해와 관련된 내용도 고찰하기로 한다.

1 자기이해

1) 자기인지

자기인식은 행위의 주체로서의 자기에 대한 인식과 다양한 특성 즉, 신체적, 심리적 및 사회적 특성을 지니고 있는 평가 대상으로서의 자기에 대한 인식으로 구분될 수 있다.

Kopp에 의하면 영아들도 출생 초기에 이미 그들의 각성수준을 증가시키고 감소시킴으로써 자아통제를 시작한다고 한다.

또한 영아는 과도한 자극에 저항하기 위하여 몸을 돌리기도 하고 울거나 잠들기도 한다. 생후 3개월부터 9개월까지 이루어지는 운동발달은 영아 통제능력을 증가시킨다. 팔다리를 뻗는 행동과 기는 행동은 방향에 대한 감각적 경험을 제공해주고, 행동의 결과를 실험해 볼 수 있도록 해준다.

일상생활에서 영아는 자신의 행동이 양육자를 포함한 다른 사람이나 사물에 영향을 주고 다른 사람들은 거기에 대해 예측 가능한 방식으로 반응한다는 것을 경험하기 때문에 행위 주체로서의 자기인식은 대단히 일찍 발달한다. 즉 영아는 자기와 타인에 대한 구별이 생후 3개월부터 가능하다고 해석하고 있다(Bahrick, Moss & Fadil, 1996).

그러나 다양한 특성을 갖는 자기에 대한 인식은 더 이후에 발달하며 보통 신체적 특성에 대한 인식으로부터 시작된다. 9~24개월의 영아들을 거울 앞에 앉히고 어머니에게 얼굴을 닦아주는 척하면서 아기의 코 위에 붉은 물감을 칠하도록 요구하였다. 어린 영아들은 붉은 물감과 자신과는 전혀 상관없는 것처럼 행동하였으나 15개월 이후의 영아들은 거울을 보면서 자신의 코를 문지름으로써 자신의 독특한 신체모습을 인식하고 있음을 나타내었다(Bullock & Lutkenhaus, 1990).

이처럼 9개월부터 18개월 사이의 영아들은 타인의 요구에 반응하는 능

[그림 9-1] 거울에 비친 자신의 모습 인식

력을 나타낸다. 그들은 스스로 껴안을 수 있고, 장난감을 다른 아이에게 줄 수 있으며, 만약 부모가 "안 돼."라고 말하면 뻗었던 손을 오므릴 수 있다. 또한 그들은 자신의 행동을 스스로 제지시킬 수 있다.

18～24개월에 대상 영속성 개념이 생기고 감각 운동적 도식이 정신적 표상으로 내면화되어 가는 시기라고 볼 때, 자아인지의 발달은 영아의 인지발달 수준과 밀접하게 관련되어 있는 것으로 볼 수 있다. 대부분의 영아들은 사진으로 동성의 영아와 자신을 구별하며, 독특한 모습을 갖는 신체적 자기로서 그리고 특정한 연령과 성별 범주에 속하는 범주자적 자기로서 누구인가를 인식한다.

자아인지와 범주적 자기의 발달은 어느 정도 수준의 인지발달이 요구되지만 사회적 경험 또한 매우 중요하다. 어떤 종류의 사회적 경험이 자아인지에 영향을 미치는지를 연구하기 위해 Pipp, Easterbrooks, Harmon(1992)은 2～3세 유아를 대상으로 자기에 대한 지식을 광범위하게 조사하였다. 그 결과 안정애착된 2세아가 불안정애착된 또래보다 자기에 대한 인식이 높았으며 이러한 차이는 3세가 되었을 때 더 커졌다. 또한 안정애착된 유아들이 불안정애착된 유아보다 자신들의 어머니에 대해서도 더 많이 알고 있었다. 따라서 안정애착은 자기인식을 성장시킬 뿐 아니라 다른 측면의 사회적 인지에도 중요한 영향을 미친다.

이러한 결과들은 개인의 인지발달 수준과 사회적 경험 및 양육조건 등이 자기에 대한 인식의 발달에 차이를 가져온다는 것을 나타내준다.

2) 자아개념 발달

자기인식능력이 확장됨에 따라 자아개념(Self-concept)이 구성되기 시작한다. 자아개념이란 자신의 특성에 대해 가지고 있는 체계화된 내적, 개인적 생각으로 그 속에는 자신의 신체적 특성은 물론 정서적 특성, 성별, 능력, 태도, 흥미, 가치관 등이 포함된다.

유아기의 자아개념은 구체적이고 신체적인 것에 한정되어 있고, 심리적 자아 인식은 없다고 믿었다. 3～5세 된 유아들에게 자기를 말로 표현해 보라고 했을 때 자기의 신체적 특성, 자기가 잘하는 활동을 말하고 심리적 특성인 내가 누구를 좋아한다는 것은 나타내지 못하였다(Damon & Hart, 1982). 또한 이 연령의 유아들은 정서나 태도를 나타내는 단어를 사용하여 자신을 기술할 수 있다. 예를 들면 3세 반의 유아는 "친구들과 놀면 나는 행복하다."와 같은 전형적인 정서로서 자신을 기술한다. 이러한 행동은 유아기에 대단히 일관성 있게 나타난다.

유아기에 아이들은 비교적 간단하고 구체적 방식으로 자신을 기술하던 경향이 아동기로 성장해 가면서 점점 더 추상적 방식으로 자신을 기술하기 시작한다. 그들은 구체적 행동 대신에 자신의 능력을 강조하고 심리적 특성을 바탕으로 자신의 성격을 기술한다.

8～11세 아동은 자기 서술에서 중요한 변화가 일어난다. 이 시기는 자기를 서술할 때 점점 더 심리적 특성을 사용하게 되는데, 이 시기는 이러한 특성을 절대적 개념 즉, 변하지 않고 지속되는 특성으로 생각하는 경향을 보인다. 예를 들어 8～13세 아동들이 자신이 친절하다고 말하였을 때, 이들은 친절은 다른 사람하고의 관계에서 항상 나타나며 변하지 않고, 지속되는 특성으로 보는 경향이 있다(Harter, 1986; Mohr, 1978). 반면 15세경이 되면 자기가 모든 상황에서 똑같은 사람이 아니라는 것을 알고 이러한 불일치에 대하여 혼란스러워할 수 있다. Harter와 Monsour(1992)는 13, 15, 17세 청소년들에게 부모, 친구, 이성과 같이 있는 상황과 그리고 학습상황에 있을 때의 자기 자신을 서술하도록 하였다. 이러한 네 가지 상황에서의 자기 서술을 통하여 이들 청소년들로 하여금 불일치가 있는지, 있다면 어떤 불일치가 가장 혼란스러운지를 지적하도록 하였다. 그 결과 13세 아동들은 불일치를 인식하지 못하였으며 혼란스러워하지도 않았다. 반면 15세 청소년들은 상황에 따라 많은 불일치를 열거했고 이러한 불일치에 대하여 불편해 하였다. 이들 15세 청소년들은 자신 속에 몇 개의 다른 자아가 있다는 것으로 느끼는 듯 보였으며 진정한 자신을 발견하는 데 관심이 있었다.

3) 자아존중감

자아존중감이란 자아개념의 평가적 측면으로 자기 가치에 대한 판단과 이러한 판단과 연합된 감정을 포함한다. Rosenberg(1979)에 의하면 높은 자아존중감을 지니고 있는 사람들은 현재의 자신에 만족하고 자기의 결점을 그 자체로서 수용하면서도 그것을 극복할 수 있기를 희망한다.

자신의 능력에 대한 평가는 개인의 정서경험과 미래행동 그리고 장기적인 심리적 적응에 영향을 주기 때문에 자기존중감은 자기발달(Self-development)의 가장 중요한 측면이다.

2세의 유아들도 성인이 제시한 과제에 성공하면 미소 짓고 실패하면 찡그림으로써 자신에 대해 평가하고 있음을 보여준다(Stipek, Recchia & McCleintic, 1992).

2세경에 나타나는 자랑스러움이나 수치심과 같은 자기존중감은 인생 초기에 나타나고 연령과 함께 점점 정교해진다.

4~6세 유아들도 사회적 비교를 하고 그것을 자기평가의 기초로 활용하기는 하지만, 그들의 비교는 대단히 단순하고 단지 친구 한 사람의 수행과 비교할 수 있을 뿐이고 자기존중감의 하락을 초래하지는 않는다. 그러나 아동 중기에 이르면 여러 요인들을 바탕으로 여러 명의 아동들을 동시에 고려할 수 있으므로 아동은 객관적이고 타인의 견해와 조화를 이루는 현실적 수준의 자기존중감을 형성할 수 있다. 따라서 초등학교 저학년에서의 자아존중감 하락은 그렇게 크지 않으며 4학년 정도에서 아동의 자기존중감은 다시 상승하기 시작한다(Zimmerman 등, 1997).

높은 수준의 자아존중감을 지니고 있는 아동들은 기본적으로 다른 아동들보다 더 유능하므로 보다 긍정적인 사회적 피드백을 받기 때문이다(Shirk & Hart, 1996). 이러한 아동들은 그들에게 중요한 영역에서 더 많은 성공을 경험하고 타인과 비교되는 상황에서 더 잘 수행한다. 일반적으로 높은 자아존중감을 지니고 있는 아동들은 따뜻하고 민주적인 부모를 두고 있다(Lamborn 등, 1991). 이런 아동들은 부모와 안정된 애착을 형성하며, 아동을 수용하는 부모를 두는 경향이 있다(Verschueren, Marcoen & Schoefs, 1996).

아동이 성장함에 따라 또래와 교사 및 유의미한 타인들의 반응은 부모와 유사한 방식으로 아동의 자아존중감에 영향을 준다. 특히, 또래의 영향은 아동의 성장과 함께 점점 더 커진다(Thorne & Michaelieu, 1996).

4) 자아정체감의 형성

Erikson(1963)에 의하면 정체감은 자기 자신의 독특성에 대한 비교적 안정된 느낌을 갖는 것으로 정의하였다. 즉, 그것은 행동이나 사고 혹은 느낌의 변화에도 불구하고 기본적으로 자신에게 친숙한 것으로서 내가 누구인가를 아는 것이며 타인이 나를 보는 방식과 일관성이 있어야 한다.

정체감 형성은 아동기의 경험과 동일시에 그 뿌리를 두고 있긴 하지만 실제적인 발달은 청년 후기에서부터 성인기까지 계속적으로 이루어진다. 정체감 형성은 세계와 자신에 대한 추상적 사고의 발달과 함께 시작되기 때문에 청년 전기보다는 청년 후기에서 보다 중요한 문제로 대두된다. 급격한 신체적 변화를 경험하는 청년 전기의 청소년들은 자신의 신체상(Body image)에 대한 강한 관심과 또래집단의 수용이나 인정을 중요시하기 때문에 개인적 정체감 확립에는 관심이 없다. 따라서 안정된 정체감을 형성하기 위해서는 신체적 성숙과 성적 성숙, 추상적 사고 능력의 발달, 그리고 정서적 안정성이 선행되어야 하며 동시에 부모나 또래집단의 영향으로부터 어느 정도 자유로울 수 있어야 한다.

Erikson(1959)은 정체감이 확립되기 이전의 실험기간을 심리사회적 유예기간(Psycho-social moratorium)이라고 명명하였다. 청년들은 유예기간 동안 그들의 개인적 힘과 능력을 기르고 지역사회로부터 인정을 받기 위하여 새로운 역할이나 가치 혹은 신념체제에 대해 반복적으로 시행한다. 어떤 젊은이들은 대학 진학이나 직업선택 이전에 일 년 정도의 기간 동안 방랑하거나 자원봉사활동에 참여함으로써 개인의 정체감을 효과적으로 확립하기 위하여 외부적 요구로부터 일시적으로 해방되는 기간을 의미한다.

Marcia(1980)는 Erikson의 개념을 사용하여 위기와 수행의 범주를 근거로 개인의 정체감 확립 상태를 평정하였다. Marcia가 분류한 4가지의 정체감 발달상태는 다음과 같다.

❶ 정체감 유실

정체감 유실(Identity foreclosure)로 분류된 사람들은 그들의 부모와 대단히 유사한 직업이나 신념을 선택함으로써 위기를 경험하지 않고 쉽게 결정을 내린 사람들이다. 예를 들면 유실 상태에 있는 청년들은 그들의 부모가 민주주의 신봉자이면 자신도 민주주의 신봉자라고 생각한다.

❷ 유예

현재 정체감 위기상태에 처해 있는 사람으로서 다양한 역할 실험을 수행하고 있는 사람들은 유예(Moratorium)로 분류하였다. 유예상태에 처해 있는 대부분의 청년들은 정체감 성취 상태에 도달할 수 있으나 일부는 역할 혼란 상태에 빠지기도 한다.

❸ 정체감 혼란

위기를 경험한 유무를 떠나 확고한 신념체계를 확립하지도 못하였으며 직업역할을 수행하지도 못하는 사람들은 정체감 혼란으로 분류한다. 그들은 안정되고 통합된 자아개념을 획득하지 못하고 자기를 의심하게 되며 자신의 상황을 변화시키기 위한 어떠한 노력도 시도하지 않는다.

❹ 정체감 획득

Marcia의 분류체계에 의하면 정체감 획득과 정체감 유실은 모두 정체감 위기를 해결한 상태로 간주된다. 일반적으로 대부분의 중, 고등학교 학생들은 정체감 유실상태에 처해 있다. 특히 성 역할에 대한 태도, 종교 그리고 직업선택 영역에서 정체감 유실의 징후가 현저하게 나타난다. 청년 후기의 많은 고등학교 3학년 학생들이 정체감 획득을 경험하는 것은 사실이나 연령증가가 반드시 정체감 성취를 보장하는 것은 아니다(Meilman, 1979;

Pormerantz, 1979).

Waterman 등(1977)의 연구에 의하면 대학 1학년 시기는 많은 학생들에게 있어서 위기의 시기였다. 대부분의 학생들은 위기를 긍정적이고 의미 있는 수행으로 해결하는 경향을 나타내었으며, 직업선택보다는 종교문제나 정치적 이념에 대한 정체감 혼란으로 인해 심각한 갈등을 겪게 된다.

❺ 부정적 정체감

부정적 정체감은 부모의 가치관이나 사회적 가치관과 정반대가 되는 자아개념을 의미한다. 부정적 정체감은 개인적 성공에 대한 부모나 사회의 지원을 받지 못한 결과로서 형성되며 Marcia는 정체감 유실의 특수한 경우로서 간주하였다.

2 타인이해의 발달

사회인지(Social Congition)란 자기에 대한 이해는 물론 타인의 사고와 의도, 정서, 사회적 행동 및 그들의 일반적 견해를 이해하는 능력이다. 타인에 대한 이해는 자기에 대한 이해의 발달과 밀접하게 연결되어 있다. 예를 들면 자기인식이 가능하고 범주적 자기가 발달하는 2세경에 타인이 지니고 있는 특징에 따라 범주화하는 능력이 출현한다. 자기에 대한 이해능력과 마찬가지로 타인에 대한 이해능력도 연령에 따라 점차 분화되고 조직화된다(송길연 외 3인, 2005).

이타성은 인간본성의 한 부분인가?

Darwin의 적자생존 개념은 이타성을 선천적 동기로 보는 것을 반대하는 것으로 보인다. 많은 사람들이 Darwin의 생각은 자신의 욕구를 다른 사람의 것보다 우선시하는 강하고 이기적인 개인들이 가장 잘 생존한다는 의미로 해석해 왔다. 만약 그렇다면, 진화는 기본적 인간본성으로서 이타성이 아닌 이기심과 자기중심주의 발달을 선호할 것이다.

Martin Hoffman(1981)은 적자생존 개념이 왜 실제로 이타성을 시사하는지에 대한 여러 가지 이유의 목록을 작성해 이런 입장에 도전했다. 그의 주장은, 만약 협동적인 사회적 단위 내에서 함께 살면 인간은 천적으로부터 보호받기가 더 쉽고, 다른 기본적 욕구를 충족하고, 성공적으로 자손을 낳을 수 있다는 가정에 달려 있다. 만약 이 가정이 맞는다면, 협동적이고 이타적인 사람들은 자기들의 "이타적 유전자"가 자손에 전달될 때까지 충분히 오랜 기간을 생존할 가능성이 가장 높은 사람이 될 것이다. 혼자 다니는 사람은 혼자서는 극복할 수 없는 기근, 약탈자, 기타 다른 자연재해에 굴복하게 된다. 그렇게 수많은 세대를 거치며, 자연도태는 이타성 같은 선천적인 동기를 선호할 것이다. 아마 "사회적인 경향"이 되는 것이 갖는 엄청난 생존가치는 이타성, 협동, 기타 다른 사회적 동기를 인간본성의 요소로서 경쟁, 이기심 등보다 더 타당한 것으로 만든다.

영아가 일상적으로 타인을 돕는다고 주장하는 것은 분명히 조리에 맞지 않는다. 그러나 Hoffman은 신생아조차도 타인의 정서를 인지하고 경험할 수 있다고 믿는다. 공감이라고 알려진 이 능력은 이타성에 중요한 기여자이다. 왜냐하면 남을 돕기 전에 타인이 고통 받고 있다는 것을 인지해야 하기 때문이다. 그래서 Hoffman은 적어도 이타성의 한 측면인 공감이 출생 시 나타난다고 주장한다.

Hoffman의 주장은 출생 후 36시간 미만인 영아들이 (1) 다른 영아의 울음 (2) 우는 영아와 똑같이 큰 목소리의 컴퓨터 시뮬레이션 (3) 소리 없음(침묵)을 듣는 실험(Sagi & Hoffman, 1976)에 근거한다. 실제 영아 울음소리를 들은 영아들은 곧 발차기와 같은 흥분의 신체적 표시를 보이고 얼굴을 찡그리면서 울기 시작했다. 흉내 낸 울음을 들은 영아나 울음소리를 듣지 않은 영아는 적게 울었고 대단히 불편하게 보이지 않았다(Martin & Clark의 2차 연구, 1982는 이런 관찰을 확인해 주었다.).

Hoffman은 인간 울음에는 무엇인가 매우 독특한 것이 있다고 주장한다. 그의 논지는, 영아가 울음소리를 듣고 울고 있는 다른 영아의 불편을 경험하면서 자신들이 불편해진다는 것이다. 물론 이 발견은 인간이 천성적으로 이타적임을 결론적으로 보여주지는 않는다. 그러나 이것은 공감능력이 출생 시에 나타나며 이타행동 발달에 대한 생물학적 기초로 작용한다는 것을 시사한다.

1) 대인지각

대인지각(person perception)이란 우리가 자주 접촉하는 친숙한 사람의 속성을 판단하는 방식을 의미한다. 대인지각 연구에서는 아동에게 아는 사람들(부모, 친구, 싫어하는 급우 등)을 기술하라고 요구하거나 행동으로부터 특정인의 특성을 추론하게 한다.

7, 8세경에 이르면 아동은 눈에 보이지 않는 개인의 특성이나 지속적인 심리적 특성을 추론할 수 있다. 대인지각 시에 아동은 자신과 타인은 물론 사람들을 서로 비교한다. 11, 12세경에 이르면 누가 누구보다 더 멋있다거나 더 수줍어한다고 지적함으로써 중요한 심리적 차원에 대한 사회적 비교가 가능하다.

타인의 행동을 정확하게 해석하고 그것에 대해 어떻게 반응할 것인가를 결정하기 위해서는 의도적인 행동과 우연적인 행동을 구별할 수 있어야 한다. 2세경의 유아들은 "나는 지금 놀려고 한다."고 말함으로써 행동하기 전에 그들의 의도를 표현할 수 있고, 자신을 방어하기 위하여 고의가 아니라도 항변할 수도 있다. 3세의 유아는 타인이 어떤 행동을 할 것이라고 말한 후 그것을 수행하면 의도적이라고 판단하고 말과 행동이 일치하지 않으면 의도적이 아니라고 판단함으로써 아직도 제한된 의도 이해능력을 나타낸다(Abbott, Lee & Flavell, 1998). 그러나 4세경에 이르면 의도와 행동을 정확하게 구별할 수 있다. 5세 유아들은 의도를 판단하기 위하여 다양한 정보를 활용할 수 있다. 그들은 타인이 일에 집중하고 있는가, 그 일이 긍정적 결과를 가져올 것인가, 그가 자신의 행동결과에 대해 실망하는가 당황하는가 아니면 놀라는가를 인식할 수 있다(Smith, 1978). 더 나아가 5세와 9세 사이의 아동은 마음속에 포함된 의도의 진실성을 평가하기 위하여 언어적－비언어적 일관성 규칙이란 말과 행동의 일관성으로, 어떤 사람이 의도적으로 행동을 억제했음에도 불구하고 행동하는 것을 잊어버렸다고 이야기하는 것으로 적용될 수 있다.

일반적으로 어른이나 또래들과 잘 지내는 아동들은 보다 쉽게 타인의 의도를 판단할 수 있다. 그러나 높은 수준의 공격성을 보이는 아동들은 공격적 의도가 존재하지 않는 상황에서도 공격성이나 적개심을 지각함으로써 의도 추론의 왜곡을 나타낸다(곽금주, 1998 : Dodge & Price, 1994).

2) 조망수용능력의 발달

조망수용능력(Perspective taking ability)이란 타인의 조망을 추론하고 자기 자신과의 관계에서 타인의 생각과 감정을 이해하는 능력이다. 조망수용능력은 의사소통과 대인지각 그리고 타인의 의도나 정서를 추론할 때는 물론 도덕적 문제에 대해 생각하고 행위에 결과를 평가할 때 필수적으로 요구되는 능력이다.

Piaget의 세 개의 산 실험에서 해결해야 하는 과제가 공간문제일 때는 공간조망수용능력(Spatial perspective taking ability)이라고 명명되나 과제가 사회적 문제일 때는 사회적 조망수용능력이라고 불린다.

Selman의 조망수용능력발달단계

Selman(Selman, 1980 ; Yeates & Selman, 1989)에 의하면 아동들은 자신의 관점과 다른 사람의 관점을 변별하는 능력과 다른 관점들 간의 관계를 볼 수 있는 능력을 획득해감에 따라 자기 자신과 다른 사람들을 더 잘 이해할 수 있게 된다. Selman은 한 사람을 알기 위해서는 그 사람의 관점에서 그의 사고, 감정, 동기, 의도 및 행동을 이해해야만 한다고 믿었다.

Selman은 역할 수행능력을 다음과 같이 5단계로 제시하였다.

• 0수준 : 자기중심적 또는 미분화된 관점(3～6세경)

이 기간의 아동들은 다른 사람의 관점을 인식하지 못한다. 아동들은 자신이 옳다고 생각하는 것을 다른 사람들도 모두 똑같이 생각할 것이라고 믿는다.

• 1수준 : 사회적, 정보적 역할 수행(6～8세경)

아동들은 사람들이 자기와 다른 관점을 가질 수 있다는 것을 알게 되나 그것은 단지 사람들이 다른 정보를 들었기 때문이라고 믿는다.

• 2수준 : 자기 사려적 역할 수행(8 ~ 10세경)

아동들은 자기 자신과 다른 사람이 같은 정보를 갖고 있을 때라도 자신의 견해와 다른 사람의 견해가 일치하지 않을 수 있다는 것을 안다. 다른 사람의 관점을 고려할 수 있게 되고 다른 사람이 자신의 입장에 서서 생각할 수 있게 된다. 그러나 아직 아동은 자신에 대한 관점과 다른 사람의 관점을 동시에 고려할 수 없다.

• 3수준 : 상호 역할 수행(10 ~ 12세경)

아동은 자신의 관점과 다른 사람의 관점을 동시에 고려할 수 있고 다른 사람 또한 그렇게 할 수 있다는 것을 안다. 또한 아동들은 자신과 다른 사람이 상대방의 관점에 어떻게 반응할 것이라는 것을 예측할 수 있다.

• 4수준 : 사회적 역할 수행(12 ~ 15세경 이후)

청소년들은 다른 사람의 관점을 그 사람이 속해 있는 사회적 체계의 관점과 비교하여 이해하려고 시도한다. 다시 말해서 청소년들도 그 사회의 거의 대부분이 사람들이 갖고 있는 관점을 다른 사람들이 갖고 있을 것이라고 기대한다.

Selman의 이야기 제시 방법으로 40명의 소녀와 41명의 소년들을 대상으로 역할 수행능력을 5년 간격으로 반복해서 측정하였을 때 0수준에서 4수준까지 단계를 모두 거치며 발달한다는 것을 발견하였다(Gurucharri & Selman, 1982).

아동들은 역할 수행능력을 획득해감에 따라 인간관계에 대한 의미와 특성을 이해하는 것이 변화되었다. 또한 아동의 역할 수행능력은 또래집단 내에서의 지위에 영향을 미칠 수 있다.

Kurdek & Krile(1982)는 초등학교 3학년에서 8학년까지의 아동들 중에서 가장 인기 있는 아동들의 역할 수행능력이 잘 발달된 아동들이란 것을 발견하였다. 더욱이 사회성이 높은 아동과 깊은 우정관계의 친구를 가진 아동들은 그렇지 못한 또래들에 비하여 역할 수행점수가 높았다(Lemare & Rubin, 1987; McGuire & Weisz, 1982).

또래들과의 사회적 접촉은 역할 수행능력이 발달을 도와 타인에 대한 이해에 간접적으로 영향을 미칠 뿐만 아니라 다른 사람들이 어떤가를 배울 수 있는 직접적인 경험의 양이 아동의 사회인지적 판단에 영향을 미친다면 인기 있는 아동들이 인기 없는 아동들보다 사회적 이해가 높을 것이다. Gnepp(1989)은 이러한 가정을 입증하기 위해 아동들로 하여금 낯선 아동을 평가하도록 하였다. 8세 된 인기아와 비인기아를 비교하였을 때, 인지능력에는 차이가 없으면서도 인기아들의 낯선 아동에 대한 이해가 높았다. 따라서 인기도에 반영된 사회적 경험과 인지적 능력인 역할 수행능력이 모두 함께 아동의 다른 사람들에 대한 이해 발달에 영향을 미친다.

3 공격성

1) 공격성의 발달

공격적 행위란 자신을 해치거나 부상을 입히려는 조치를 피하려고 동기화된 생명체를 해치거나 부상을 입히기 위해 마련된 모든 형태의 행동을 말한다(Baron & Byrne, 1994).

공격적 행동을 규정하는 것은 행위의 결과가 아니라 행위자의 의도라는 것이다. 이와 같은 의도성에 초점을 맞춘 정의는 의도는 있지만 상해를 끼치지 못한 모든 행위를 공격적인 것으로 분류하는 반면, 우발적으로 발생한 상해 혹은 참여자들이 서로 해치려는 의도 없이 즐기는 거칠고 짓궂은 놀이는 제외된다.

영아기에 이미 분노와 좌절의 원인을 인지하는 것이 가능하고 그것을 공격할 수 있는 운동기술이 발달한다.

2세 유아들은 장난감에 대하여 1세 된 유아들만큼 장난감에 대한 갈등을 가지고 있지만 이들은 1세 유아들보다 이런 갈등을 싸움이 아닌 타협이나 나누는 방식으로 해결할 가능성이 더 많으며 특히, 장난감이 부족할 때에 그러한 경향을 보인다(Caplan et al, 1991). 따라서 생후 초기에 보이는 갈등은 공격성에 근거하여 훈련될 필요는 없으며 또한 적응적일 수 있고, 유아들, 걸음마기의 아동들 및 유치원 아동들은 협상을 하고 힘에 의존하지 않고 성인이 개입하여 갈등의 해결책으로 조화로운 방법을 격려했을 때 목표를 획득하는 것을 배울 수 있다(Perlman & Ross, 1997).

Goodenough는 2세에서 3세 사이의 아동들은 분명한 대상 없이 짜증 내는 경우는 점점 줄어들고 대신 놀이 친구가 자신을 좌절시키거나 공격했을 때(치거나 혹은 차는 행동으로써) 신체적인 보복을 하는 것이 늘어나기 시작한다.

신체적 공격성은 3세에서 5세 사이에 점점 감소되며 대신 괴롭히기, 고자질하기, 이름 부르기, 그리고 다른 여러 가지 형태의 언어적 공격성으로 대치된다. 이들 공격적 행동은 장난감이나 기타의 소유물을 가지고 싸운다는 것을 발견하였으며 이것은 일반적으로 특성상 도구적이라고 보았다. 비록 나이가 위인 4세에서 7세 정도의 아동들의 싸움은 대부분 여전히 물건을 소유하려는 것으로 다투지만 경쟁자를 해치려는 적대적 공격이 증가한다. Hartup(1974)는 그들의 공격적인 표출 행동들 가운데 점차 증가하는 것은 일차적으로 상대방에게 해를 입히려는 의도를 가진 적대적인 행동이라는 것을 발견하였다.

2) 공격성의 발달에 영향을 주는 요인들

부모의 훈육 기법 중 애정철회기법이나 물리적 방법에 의한 훈육 혹은 일관성 없는 훈육은 아동 초기부터 청년기까지 그리고 남녀 모두의 반사회적 행동과 높은 상관이 있고, 도덕성의 내면화와 자기 중재의 발달을 방해한다(Coie, Dodge & Kupersmidt, 1990).

특히 독재적 부모들은 아동의 바람직하지 못한 행동을 억제하기 위하여 신체적 처벌을 가하고 소리를 지르며 위협한다. 독재적 부모의 강압적 행동은 부모－아동 간의 적대적 반응연쇄를 불러일으킨다. 이와 같이 반복되는 분노와 처벌은 가족구성원 모두에게로 퍼져 나가고 결국 갈등적 가족 분위기와 통제 불능의 아동을 생성한다.

소년들은 소녀들보다 더 활동적이고 충동적이며 통제하기 어렵기 때문에, 분노와 일관성 없는 훈육의 표적이 되기 쉽다. 특히 극단적인 성격 특성을 지니고 있는 소년이 부적절한 부모 역할에 노출되면, 청년기에 반사회적 행동을 할 가능성이 많다. 더욱이 공격적인 아동은 전형적으로 자신과 유사한 반사회적 친구를 선택함으로써 공격적 행동을 일삼는다. 반사회적 친구와의 상호작용은 적대적 행동을 강화하는 또 다른 맥락을 형성한다(Dishion, Andrews & Crosby, 1995).

아동이 지니고 있는 사회 인지적 결함도 공격적 행동을 촉진시킨다. 갈등적 가족 내에서 성장한 아동들은 사회를 냉담하고 폭력적이라고 지각한다. 공격적인 아동은 친구의 의도가 불분명하거나 우연히 상해가 발생했을 때 혹은 친구가 도움을 주려고 하는 상황에서조차도 적대적 의도를 발견하고 공격적 행동을 일삼는다(Dodge & Somberg, 1987; Dodge, 1985).

공격적 아동들은 공격적 행동이 손해보다는 더 많은 이익을 가져온다고 생각한다. 그들은 공격적 행동이 타인들의 놀림이나 조롱과 같은 불유쾌한 행동을 감소시키고 확실한 보상을 생성한다고 지각한다. 타인을 공격하려고 할 때 그들은 희생자의 고통은 말할 것도 없고 또래들의 혐오반응이나 부정적인 평가를 생각하기보다는 타인을 제압하고 통제하는 데 더 많은 관심을 갖는다(Boldizar, Prrey, & Perry, 1989).

따라서 그들은 공격적으로 행동한 후에조차도 자신을 긍정적으로 평가함으로써 예외적으로 높은 자기존중감을 갖는다. 학업에서 그리고 사회적 관계에서의 실패에도 불구하고 그들은 자신이 우수하고 유능하다고 지각하고 이러한 자기상을 손상시키는 일이 일어날 때는 서슴지 않고 타인을 공격한다.

또래 집단의 분위기가 우호적이고 협조적이기보다는 긴장이 많고 경쟁적일 때 적대적 행동이 더 많이 나타난다(DeRosier 등, 1994).

블록으로 가장 높은 탑을 만든 아동이 상을 받는 경쟁적 조건에서 유치원과 초등학교 1학년 아동들의 공격성 수준은 높아졌으며 상이 매력적일수록 아동들의 공격성은 더 많이 증가하는 양상을 나타내었다. 또한 가족의 낮은 사회 경제적 수준과 가난한 이웃은 아동이나 청소년들을 일탈된 또래와 쉽게 접촉하게 하고 반사회적 또래집단에 가담하도록 하므로 공격적 행동을 증가시킨다.

3) 공격성을 감소시키기 위한 중재기법

예방적 중재방법

아동의 공격성을 감소시킬 수 있는 예방적 중재방법들이 사용될 수 있다.

첫째, 부모는 자신이 아동의 중요한 행동모델이라는 사실을 인식하고 신체적 처벌의 사용을 제한해야 한다.

둘째, TV나 컴퓨터 혹은 인터넷의 폭력장면 노출을 엄격히 제한하고 아동이 불가피하게 폭력장면에 노출될 때에는 폭력을 사용해서는 안 된다는 것을 아동에게 주지시켜야 한다.

셋째, 아동이 공격적 행동을 할 때, 부모는 단호히 금지시켜야 한다. 만약 그렇게 하지 않는다면 아동은 공격행동을 은연중에 승인하는 것으로 해석할 수 있다.

넷째, 부모는 아동이 공격행동을 하고 있거나, 막 시도하려고 할 때, 비폭력적인 대안적 행동을 발견할 수 있도록 도와주어야 한다.

다섯 째, 부모는 아동의 신체적 공격을 억제하기 위해 유도 기법에 의한 훈육과 생략훈련(Omission training)을 실시할 수 있다. 생략훈련이란 바람직하지 못한 행동을 하지 않았을 때 보상을 주는 방법으로 바람직하지 않은 행동을 계속하면 보상을 제거하는 소거(Extinction)와는 구별된다. 생략훈련은 부모가 일정 기간(예를 들면 24시간 등)을 정해놓고 아동이 싸우지 않으면 보상을 주기 때문에 소거보다는 더 장기간 동안 바람직하지 못한 행동을 억제할 수 있다.

치료적 중재기법

아동의 공격적 행동을 완화시키기 위해서는 부모의 양육기법이 중요하다.

부모는 비행을 통제하기 위해 아동에게 강압적 행동을 하지 않아야 한다는 것을 학습하도록 한다. 또한 그들은 명령하기보다는 이유를 설명하며 언어적으로 모욕을 주거나 때리는 대신에 Time out이나 특권의 박탈(Withdrawal of privileges)과 같은 더 효과적인 처벌을 사용하도록 한다.

많은 공격적인 아동들은 언어지체를 보이고 자기 통제능력의 결함을 보인다. 이 중재기법은 강한 부정적 정서를 어떻게 조절하는가에 대해 부모와 아동이 대화하도록 함으로써 아동을 내재화된 통제를 발달시키고 더 나아가 그들의 언어지체를 완화시킬 수 있도록 한다.

놀랍게도 훈련실시 수주 내에 아동의 반사회적 행동이 감소되고 부모는 아동을 더 긍정적으로 지각하였으며 그 효과는 1년 이상 지속되었다(Patterson, 1982).

한편 사회인지적 중재는 공격적 아동이 지니고 있는 사회 인지적 결함과 왜곡에 관심을 갖는다. 조망수용능력의 훈련도 반사회적 행동을 완화시키기 위해 활용될 수 있다. 공격적인 아동이 지니고 있는 저조한 조망수용능력이 개선되면 희생자에 대한 공감적 관심이 증가하고 사회적 단서에 대한 보다 정확한 해석이 가능해지므로 공격적 행동은 감소될 수 있다(Guerra & Slaby, 1990).

그러나 Kazdin(1995)과 같은 연구자는 반사회적 아동과 청소년들을 위한 효과적인 처치는 부모훈련, 사회적 이해의 증진, 타인과의 관계 형성 및 자기 통제의 발달을 모두 포함하는 포괄적, 중다차원적 접근방법이어야 한다고 주장한다. 지금까지 극히 소수의 포괄적 중재노력들이 이루어지기는 하였지만 이 접근의 타당성을 입증하는 결과들이 계속 제시되는 추세에 있다(Gibbs, Potter & Goldstein, 1995).

Chapter 10

도덕성 발달

1 도덕성 발달

도덕성이란 개인이 옳고 그름을 구별할 수 있는 내면화된 일련의 규범이며 이 원리에 따라 옳은 행동을 했을 때 죄책감과 수치심을 느끼는 것을 의미한다(Quinn, Houts & Graesser, 1994; Shafter, 1994). 따라서 도덕성은 옳고 그름에 대해 생각하는 인지적 측면과 그것을 바탕으로 행동하는 행동적 측면 그리고 죄책감을 포함하는 정서적 측면으로 구성되며, 이 세 가지 측면들은 각기 상이한 이론적 조망을 기초로 한다.

도덕성은 내면화(Internalization) 과정을 통하여 발달한다. 내면화란 다른 사람의 표준을 자신의 것으로 만드는 과정으로 아동 초기부터 시작된다. 아동 초기 유아들은 다른 사람의 규칙과 표준을 자신의 행동을 위한 지침으로 사용하기 시작하므로 올바른 행동에 대한 가치관과 원리를 확립하기 시작한다.

도덕적 정서를 설명하는 정신분석적 이론, 도덕적 행동에 관한 사회학습이론 그리고 도덕적 인지나 추론을 설명하는 인지발달이론을 살펴보기로 한다.

1) 도덕성 발달이론

(1) 정신분석이론

우리는 타인을 속이거나 거짓말을 했을 때 어떤 종류의 정서를 경험하는가? 보통 수치심이나 죄책감 혹은 불안이나 공포를 경험할 것이다. 또 다른 도덕적 정서로서 감정이입이 있다.

Freud(1960)에 따르면 인간의 인성은 원본능, 자아와 초자아의 세 부분으로 구성되어 있다. 충동적인 원본능의 목적은 본능적인 욕구를 충족시키는 것이고, 자아는 욕구를 충족시킬 수 있는 현실적인 수단을 찾을 수 있을 때까지 원본능을 억제하는 기능을 한다.

초자아는 아동의 도덕적 중재자 혹은 내적 검열자로서 자아 생각과 행동이 수용될 수 있는 것인지를 감시한다. 따라서 잘 발달된 초자아는 자아가 도덕적 규범을 위반했을 때 죄책감, 수치심 또는 자존심의 손상과 같은 정서적 반응을 일으켜 벌을 주는 엄격한 주인 기능을 한다. 도덕적으로 성숙한 아동은 이러한 부적인 도덕적 정서를 피하기 위하여 도덕규범을 위반하고 싶은 유혹을 뿌리치게 된다는 것이다.

Freud에 의하면 도덕적 정서는 Oedipus complex와 Electra complex를 경험하는 3~6세 때에 나타난다. 이 시기에 이성의 부모를 소유하려는 유아의 수용 불가능한 욕구는 처벌이나 부모의 애정상실을 초래할 위험이 있으므로 불안을 야기한다. 유아는 불안을 제거하고 처벌을 회피하며 부모의 애정을 유지하기 위하여 동성의 부모를 동일시함으로써 초자아(양심)를 형성한다.

동일시의 결과로 소년은 아버지의 도덕적 표준을 채택하고 소녀는 어머니의 도덕적 표준을 수용한다. 이전에 동성의 부모에 대한 아동의 적개심은 초자아를 위반했을 때 경험하는 고통스러운 죄책감으로 전환된다. 결국 아동은 거칠고 엄격한 초자아로부터 받게 될 처벌적 죄책감을 회피하기 위하여 도덕적 규칙에 따라 행동하게 된다.

정신분석이론은 정서가 도덕성의 중요한 부분이라는 것을 강조하는 동시에 부모가 도덕성 발달에 중요한 역할을 한다고 주장한다. 즉 부모가 아동에게 충동의 억제를 가혹하게 요구하면 할수록 더 강한 도덕성 발달이 이루어진다는 것이다. 동시에 Oedipus 갈등을 해결하기 위한 남아의 동기는 거세불안에 기초하기 때문에 강력하고 극적인 반면, 여아의 남근선망은 보다 더 약한 동기를 유발하므로 여아의 초자아는 더 약하다고 가정하였다.

후속 연구자들은 다음과 같은 상이한 결과를 제시하고 정신분석이론의 문제점을 분명하게 지적하였다.

첫째, 도덕성 발달은 남근기 이전부터 시작될 뿐 아니라 Oedipus 갈등을 해결한 6, 7세 아동들도 아직 도덕적 성장을 이루지 못한 상태에 있다.

둘째, 남성은 여성보다 더 강한 초자아를 지니고 있지 않다. 오히려 여성들은 남성들보다 더 큰 자아통제능력을 지니고 있고 비행 후 더 큰 죄책감을 경험한다.

셋째, 차갑고 위협적이며 처벌적 부모의 자녀들은 도덕적으로 오히려 더 미성숙하다. 현대 정신분석이론가들이 주장하는 것처럼 온정적이고 반응적인 부모에게 안정되게 애착될 때 아동은 강한 초자아를 형성할 수 있다 (Kochanska, 1997).

(2) 인지발달이론

인지발달이론가들은 행위의 옳고 그름을 판단하는 도덕적 추론(Moral reasoning)능력을 고찰함으로써 도덕성을 연구한다. 도덕적 추리는 일정한 순서의 단계에 따라 발달하는데 각 단계는 도덕적 문제들에 대하여 공통적이고 일관된 도덕적 추리를 하는 특성을 나타낸다. 도덕성에 대한 인지발달이론은 크게 Piaget 이론과 Kohlberg의 이론을 들 수 있다.

❶ Piaget 이론

Piaget(1932/1965)에 의하면 도덕적 성숙이란 규칙에 대한 존중과 사회적 정의의식으로 사회적으로 규정된 규칙 아래서 모든 사람들이 공평하고 정당하게 대우받고 있는가에 대한 관심이다.

Piaget는 세 가지 도덕단계를 이론화하였다.

전 도덕단계

Piaget에 의하면 유아들은 규칙을 의식하고 있지 않거나 관심이 없다. 공기놀이 게임에서 이들 전 도덕단계의 유아들은 이기려는 의도를 갖고 체계적으로 놀지 않는다. 대신 이들은 자기들 나름대로의 규칙을 만드는 것으로 보이며, 게임에서 중요한 점은 서로 번갈아하고 재미있게 노는 것이라고 생각한다.

타율적 도덕단계

타율적(Heteronomous)이라는 의미는 다른 사람의 권위하에 있다는 것을 뜻한다. 이 용어가 의미하는 것처럼 4~7세의 아동들은 규칙을 신성하고 변화불가능하며 신이나 아버지와 같은 인물에 의해 만들어졌다고 생각한다.

규칙에 일치하는 행위는 착한 행동, 그리고 규칙에 어긋나는 행위는 나쁜 행동이라고 지각한다. 어린아이들은 규칙을 모르는 사람이 반드시 지켜야 하는 원칙일 뿐 아니라 결코 변할 수 없는 것으로 인식하기 때문에 Piaget는 이와 같은 절대주의적인 도덕적 사고를 도덕적 실재론(Moral realism)이라고 명명하였다.

타율적 도덕성을 획득한 아동들은 개인의 동기나 의도를 고려하지 못하고 행위의 결과를 바탕으로 판단한다.

<이야기 A>

철호라는 소년이 TV를 보고 있다가 어머니가 바빠서 설거지를 하시지 못한 것이 생각났다. 그래서 부엌에 가서 설거지를 하다가 그만 쟁반에 올려놓았던 컵 15개를 떨어뜨려서 모두 깨뜨리게 되었다.

<이야기 B>

영수라는 이름의 소년이 있었다. 하루는 어머니가 나가시고 안 계신 틈에 영수는 찬장에서 몰래 잼을 꺼내 먹으려 하였다. 그는 의자 위에 올라가서 팔을 뻗었다. 그

러나 잼은 너무 높이 있어서 손이 닿지 않았다. 잼을 잡으려고 애를 쓰다가 컵 하나를 건드려 굴러 떨어져 깨뜨리게 되었다(Piaget, 1965).

이 이야기를 듣고 아동들은 "철호와 영수가 똑같이 나쁘냐?"라는 질문을 받았고 만약 그렇지 않다면 "누가 더 나쁘냐?", "왜 나쁘냐?"에 답해야 했다. 또 "더 나쁜 아동은 어떤 벌을 받아야 하느냐?"라는 질문도 받았다

타율적인 도덕단계의 아동들은 행동의 나쁜 정도를 행동한 사람의 의도가 아니라 객관적인 결과에 의해서 판단한다. 예를 들어 Piaget는 5~9세 된 대부분의 아동들은 좋은 의도를 갖고 행동했으나 15개의 컵을 깨뜨린 철호가 잼을 몰래 먹으려다 하나의 컵을 깨뜨린 영수보다 더 나쁘다고 판단한다는 것을 발견하였다. 또한 타율적 단계의 아동들은 금지된 행동의 특성과는 관계없이 벌이 주어져야 된다고 생각한다. 예를 들어 6세 아이가 유리창을 깨뜨렸을 때 자기 용돈에서 유리창 값을 물어내게 하는 것보다는 그 아동을 때리는 것이 더 옳다고 생각한다. 더욱이 타율적 도덕단계의

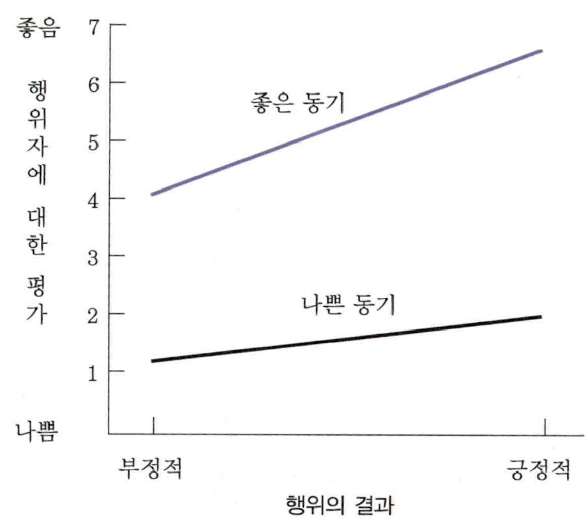

[그림 10-1] 동기와 결과에 대한 평가

출처: Nelson, S. A.(1980).

아동들은 사회적 규칙을 위반했을 때는 항상 어떤 방법이든 벌이 따르게 된다는 내재적 정의를 믿는다. 따라서 만약 6세 남아가 과자를 몰래 꺼내 먹으려다 넘어져서 무릎을 다쳤다면 이 아동은 무릎을 다친 것이 자기가 잘못한 것에 대한 마땅히 받아야 할 벌이었다고 믿는다.

과도기

7세부터 10세까지는 일종의 과도기적인 단계로서 타율적 도덕성과 자율적 도덕성이 함께 나타나는 시기이다.

자율적 도덕성(약 10, 11세 이후)

10, 11세 이후의 아동들은 컵을 한 개 깬 아동이 15개를 깬 아동보다 더 나쁘다고 판단하고 결과가 아닌 동기나 의도를 기초로 도덕적 사고를 할 수 있다. 처벌의 양을 결정할 때에도 정상참작이 가능하다. 그들은 더 이상 규칙을 신성불가침한 것으로 생각하지 않으며 모든 사람들이 동의한다면 규칙은 변화될 수 있다는 것을 인식한다. Piaget는 이와 같은 도덕적 사고를 도덕적 상대론(Moral relativism)이라고 명명하였다.

아동의 인지발달과 성인의 통제로부터의 점차적인 독립, 그리고 또래와의 상호작용은 아동이 자율적 도덕성의 단계로 이동하도록 한다. Piaget는 특히 또래들 사이의 불일치나 갈등이 자율적 도덕성의 발달을 촉진시킨다고 가정하였다. 또래들은 서로 동등한 관계에 있을 뿐 아니라 불일치를 해결하기 위하여 서로의 조망을 고려하지 않으면 안 되기 때문이다.

타율적 단계에서 자율적 단계로의 이행

인지적 요소는 자기중심성의 감소와 역할수행 기술의 발달로서 도덕적 문제를 여러 가지 각도에서 조망해 볼 수 있게 해준다. 사회적 경험은 또래들과의 대등한 지위에서의 상호작용이다. 또래들은 친구들과 싸우지 않고 사이좋게 놀고, 공동의 목표를 달성하기 위해서는 다른 사람의 입장에서 보아야 하며 갈등이 있을 때에도 어떻게 해야 서로 이익이 되는 방식으로 해결하는지를 배워야만 한다. 따라서 대등한 지위에서의 또래와의 접촉은 좀 더 융통성 있고 자율적인 도덕성의 발달을 돕는다.

왜냐하면 또래와의 접촉은 성인의 권위에 대한 아동의 무조건적인 존중을 줄여주고, 자아존중과 또래들에 대한 존중을 증가시켜 주며 규칙은 사람들의 동의가 있을 때 변경될 수 있는 임의적인 협약이라는 것을 알게 해주기 때문이다.

Piaget는 부모가 자녀에 대한 자신의 통제를 일부 포기하지 않는다면 아동의 규칙과 권위에 대한 존중에 대하여 강화를 계속하게 됨으로써 아동의 도덕발달을 늦추는 결과를 가져올 수 있다고 주장한다. 예를 들어 부모가 "내가 하라는 대로 해."라고 하면서 아동에게 강요한다면 아동은 규칙이란 절대적이라고 생각하는 단계에서 벗어나기 어려울 것이라는 것을 쉽게 이해할 수 있다.

Piaget 이론에 대한 평가

Piaget의 도덕 갈등 이야기의 두 가지 문제점은 다음과 같다.

첫째, 이야기 속의 아동이 나쁜 의도로 적은 손상을 가져온 경우와 좋은 의도를 가졌으나 많은 손상을 가져온 경우를 비교한 것이다. 따라서 의도와 결과가 혼합되어 있다.

둘째, 행동결과에 대한 정보가 의도에 대한 정보보다 더 명확하게 제시되고 있다는 점이다.

Nelson(1980)은 문제점을 보완할 수 있도록 3세아를 대상으로 실험을 실시하였다. 이야기에는 4가지 상황이 있었는데 행위자의 동기가 좋으면서 결과가 긍정적인 경우, 행위자의 동기가 좋으면서 결과가 부정적인 경우, 또 행위자의 동기가 나쁜데 결과는 긍정적인 경우, 동기도 나쁘고 결과도 부정적인 경우 4가지였다.

Nelson은 행위자의 의도를 이해할 수 있도록 이야기와 함께 그림을 보여 주었다. 그 결과 3세 아동들이 긍정적인 결과를 가져온 행위를 부정적 결과를 가져온 행동보다 더 호의적으로 평가하였다. 또한 행위의 결과에 관계없이 나쁜 의도를 가졌던 행위보다 좋은 의도를 가졌던 행위를 더 호의적으로 평가하였다는 점이다(Bussey, 1992; Nelson-Legall, 1985). 따라서 유아들은 도덕적 판단에서 행위자의 의도를 고려하고 있다는 것을 알 수 있다. 그러나 어린아이나 나이 든 아동이 다른 사람의 행위를 평가할 때 의도와 결과를 둘 다 고려하지만 어린 아동들은 나이 든 아동들보다 의도보다는 결과에 더 비중을 둔다(Olthof, Ferguson & Luiten, 1989; Surber, 1982).

셋째, 어린이들은 규칙을 권위적인 인물에 의해서 만들어진 신성하고 의무적인 명령으로 이해하고 의문시되거나 변경될 수 없는 것으로 생각한다.

Turiel(1983)은 아동들이 실재로 부딪히게 되는 규칙은 두 종류가 있다고 보았다. 하나는 도덕적 규범으로 개인의 권리와 특권에 초점을 둔 것이다. 도덕적 규범은 때리고, 훔치는 다른 사람의 권리를 위반하는 것을 막기 위한 규칙이다. 다른 하나는 사회규칙적인 규정으로 특정 사회구성원들의 합의에 의해서 결정된 것들이다. 이것은 사회적 예의범절로 학교에서 수업시간에 간식을 먹을 수 없다는 것이다. 아동들은 이 두 가지 종류의 규칙을 같은 것으로 보지 않고 다르게 다룬다. Smetana(1981, 1985; Smetana, Schlagman & Adams, 1993)은 2세 반～3세 된 유아들도 때리는 것이나 도덕적 위반이 수업 시간에 어기는 사회적 규칙보다 더 심각한 것으로 간주하여 벌을 받아야 마땅하다고 생각한다. 또한 도덕적 위반은 항상 나쁘고 사회적 규범을 위반하는 것은 괜찮다고 생각하였다.

이처럼 Piaget가 제시한 연령보다 훨씬 이른 2세 반～3세의 유아들도 도덕규칙의 필요성이나 중요성을 이해하고 있는 것으로 생각된다.

❷ Kohlberg의 도덕발달이론

Kohlberg(1963, 1984; Colby & Kohlberg, 1987)는 Piaget의 도덕발달이론을 확대해서 10, 13, 16세 남아들에게 일련의 도덕 갈등을 제시하고 해결할 수 있는 방법을 답하도록 하였다.

각 도덕 갈등 상황은 규칙이나 법을 따르거나 또는 규칙이나 법과는 갈등이 되는 행동을 하거나 둘 중 하나를 선택해야 되는 상황이었다.

Kohlberg의 도덕 갈등 상황으로 잘 알려진 Heinz 씨 이야기이다.

> 유럽에서 한 부인이 암으로 거의 죽게 되었다. 의사가 생각하기에 이 부인을 살릴 수 있는 약은 한 가지였다. 그것은 한 약사가 최근에 발견한 레디움의 한 유형이었다. 약사는 약을 만드는 값의 10배인 2,000달러로 그 약을 팔고 있었다. 부인의 남편인 Heinz 씨는 여기저기 돈을 꾸었으나 그 약값의 반만을 마련할 수 있었다. Heinz 씨는 약사에게 내 부인이 죽어가고 있으니 약을 싸게 팔거나 후에 지불할 수 있도록 해달라고 요청하였다. 그러나 약사는 "안 됩니다. 내가 그 약을 발견하였고 그 약으로 나는 돈을 벌어야 합니다."라고 말하였다. 따라서 Heinz 씨는 실의에 빠졌고 드디어 부인을 위해서 약국의 유리창을 부수고 들어가 그 약을 훔쳐가지고 나왔다. Heinz 씨는 약을 훔쳐야만 했을까?

Kohlberg가 제안한 3수준 6단계 중 전 인습적 수준(Preconventional Level)의 도덕적 추론을 하는 9세 이전의 아동들은 기쁨을 얻고 고통을 회피하려는 이기적 소망에 기초한 판단을 한다. 특히 1단계의 아동들은 외부적인 보상과 처벌에 의해 그리고 2단계의 아동들은 자신과 가족을 만족시켜주는 정도에 의해 행동을 판단한다. 수준 2는 인습적인 수준(Conventional Level)으로서 권위적 인물의 승인이나 불승인을 바탕으로 행동을 판단하는 3단계와 사회가 정한 법률이나 규칙에 따라 행동을 판단하는 4단계로 구성된다. Kohlberg는 10세 이상의 아동과 청소년 및 대다수의 성인들이 인습적 수준의 도덕적 추리를 한다는 것을 발견하였다. 수준 3은 후인습적 수준(Postconventional Level)으로서 개인의 권리를 존중하고 사회계약을 유지하는 정도에 따라 행동을 판단하는 5단계와 시간과 문화를 초월한 보편적 원리를 바탕으로 행동을 판단하는 6단계로 구성된다. 수준 3의 도덕적 판단을 하는 개인들은 대중적 도덕과 그들 자신이 스스로 선택한 윤리적 원리를 구별한다. 도덕적 추론은 이제 추상적이고 이타적이며 보편적 규칙을 기초로 한다.

〈표 10-1〉은 각 단계별 답변의 예를 제시한 것이다. 개인의 도덕적 추론 수준은 주인공이 약을 훔쳐야 하는가 아닌가에 대한 "예", "아니요."의 답

변으로 결정되는 것이 아니라 사건의 의도나 결과, 인습적 규칙 및 추상적 원리에 대한 답변자의 추론의 질에 따라 판단된다.

Kohlberg는 아동의 도덕적 판단능력은 불변적인 순서로 진행되며 한 단계라도 건너뛰거나 후퇴하는 일이 없다고 제안하였으나, 발달속도는 개인의 경험에 따라 서로 다를 수 있다고 주장하였다. 일반적으로 도시에 거주하는 사람들이 시골에 거주하는 사람보다 더 빠른 도덕성 발달을 나타내며 최종적인 발달 수준도 더 높다. 또한 5단계와 6단계의 도덕적 판단은 드물며 특히 6단계의 판단은 슈바이처 박사, 킹 목사, 테레사 수녀와 같은 역사적 인물에 제한된다. 그러나 Colby 등(1983)에 의해 수행된 20년 동안의 종단 연구 결과, 6단계의 추론을 경험적으로 확인하지 못함으로써 6단계의 추론은 특별한 사람들의 생애와 저술을 바탕으로 콜버그가 제안한 이론적 개념이라는 결론이 내려졌다.

Kohlberg의 이론은 다음과 같은 몇 가지 이유 때문에 비판을 받는다.

첫째, 갈등 상황에 대한 피험자들의 반응을 분석할 객관적 척도가 없다.

둘째, Kohlberg는 도덕성 발달이 불변적 순서로 이루어지고 이전 단계로 후퇴하는 일은 없다고 주장하였다. 그러나 개인에 따라 앞 단계로 후퇴하거나 단계를 건너뛸 수도 있었다(Walker, L. J., 1989).

셋째, Kohlberg는 미국의 중·하류 계층의 남성들만을 대상으로 연구하였기 때문에 여성의 특성을 전혀 고려하지 못하였다. Kohlberg의 도덕적 갈등 상황은 개인적 관리와 사회적 정의의 실현과 관련된 갈등이기 때문에 대인관계와 책임을 중요시하는 여성들에게는 다소 불리한 경향이 있다.

넷째, Kohlberg의 이론은 문화적 차이를 반영하지 못하고 정치적으로 자유주의적인 조망에서 위계를 가정하였다는 비판을 받는다. 보수주의적인 정치이념을 중요시하는 사회에서는 수준 3의 도덕적 추론은 나타나기 어렵기 때문이다.

〈표 10-1〉 Kohlberg가 제안한 도덕적 추론의 6단계와 답변의 예

<table>
<tr><th colspan="2">수준 1 : 전 인습적 수준</th></tr>
<tr><td colspan="2">1단계 : 벌과 복종지향, 처벌받지 않기 위하여 규칙에 복종한다.</td></tr>
<tr><td>〈예〉 : 하인츠는 약을 훔쳐야만 한다. 그는 나중에 약값을 지불하겠다고 했다. 처음부터 약을 훔치려던 것과는 다르다. 그리고 그가 훔친 약값은 2,000달러가 아니라 실제로 200달러짜리이다.</td><td>〈아니요〉 : 하인츠는 약을 훔쳐서는 안 된다. 그것은 큰 범죄다. 그는 허락을 받지 않고 강제로 침입했다. 그는 가게를 부수고 들어가서 매우 비싼 약을 훔치고 큰 피해를 입혔다.</td></tr>
<tr><td colspan="2">2단계 : 쾌락주의 지향, 자신에게 이익을 가져올 때 규칙을 따른다. 타인의 욕구를 충족시켜 주는 것은 나에게 그 대가가 돌아오기 때문이다.</td></tr>
<tr><td>〈예〉 : 하인츠가 약을 훔치는 것은 괜찮다. 그는 그의 아내를 살리기를 원하고, 그러기 위해서 약을 훔치는 것은 어쩔 수 없는 일이다. 그냥 도둑질하는 것과는 다르다.</td><td>〈아니요〉 : 하인츠는 약을 훔쳐서는 안 된다. 약사가 그리 나쁜 것도 아니다. 그는 다른 사람들과 마찬가지로 이윤을 남기려고 한 것뿐이다. 그것은 사람들이 돈을 벌기 위해 사업을 하는 것과 마찬가지다.</td></tr>
<tr><th colspan="2">수준 2 : 인습적 수준</th></tr>
<tr><td colspan="2">3단계 : 착한 소년소녀 지향, 타인의 인정을 받고 사회적 규범에 동조하는 것이 선한 행동이다. 이 단계의 중요한 도덕적 가치는 대인 간의 신의, 충성심, 감사의 표시 등이다.</td></tr>
<tr><td>〈예〉 : 하인츠는 약을 훔쳐야 한다. 그는 좋은 남편으로서 마땅히 해야 할 일을 했을 뿐이다. 우리는 그가 아내를 사랑하는 마음에서 한 행동에 대해 그를 비난할 수 없다. 약을 훔쳐서라도 그녀를 살리고 싶을 정도로 아내를 사랑하지 않는 것이 비난받을 일이다.</td><td>〈아니요〉 : 하인츠는 약을 훔쳐서는 안 된다. 만약 하인츠의 부인이 죽는다 해도 그를 비난해서는 안 된다. 약을 훔치지 않았다고 해서 그가 무정한 사람이거나 아내를 사랑하지 않는 것은 아니다. 하인츠는 그가 할 수 있는 최선을 다했다. 약사가 이기적이고 무정한 사람이다.</td></tr>
<tr><td colspan="2">4단계 : 법과 질서지향, 규칙은 사회질서 내에 고정된 것이며 선한 행동이란 사회가 정한 규칙이나 역할을 그대로 따르는 것이다.</td></tr>
<tr><td>〈예〉 : 하인츠는 약을 훔쳐야 한다. 아내를 죽게 내버려두어서는 안 된다. 아내를 살리는 것은 하인츠의 의무이다. 나중에 갚을 생각으로 약을 훔치는 것은 괜찮다.</td><td>〈아니요〉 : 하인츠가 그의 아내를 살리고 싶어 하는 것은 당연하다. 그러나 남의 물건을 훔치는 것은 나쁜 일이다. 어떤 상황에서도 법을 준수해야 한다.</td></tr>
</table>

수준 3 : 후인습적 수준	
5단계 : 사회계약 지향, 공동사회의 복지를 바탕으로 한 사회계약이나 규칙을 존중하며, 삶, 자유, 행복의 추구를 인간의 기본원리로 간주한다.	
〈예〉 : 절도가 도덕적으로 잘못된 것이라고 말하기에 앞서 모든 상황을 고려해야 한다. 물론 약국을 무단침입해서 약을 훔치는 것이 옳은 일은 아니지만 그러한 상황에서 약을 훔치는 것은 정당화될 수 있다.	〈아니요〉 : 하인츠가 약을 훔친 것이 전적으로 잘못된 일이라고 말할 수는 없지만, 아무리 극한 상황이라도 범법행위가 정당화될 수는 없다. 아무리 절박한 상황에서도 모든 사람이 다 도둑질을 하지는 않는다. 목적이 수단을 정당화할 수는 없다.
6단계 : 보편적 원리 지향, 최고의 선은 자신이 선택한 보편적인 원리를 따르는 것이다.	
〈예〉 : 법을 어기는 것과 한 사람의 생명을 구하는 것 사이에서 선택을 해야 할 때 생명을 구하려는 도덕적으로 더 높은 원리가 약을 훔치는 행위를 정당화한다. 하인츠는 생명을 보존하고 존중하는 원리에 따라 행동해야 한다.	〈아니요〉 : 하인츠는 그의 아내만큼 그 약을 절실히 필요로 하는 다른 사람도 생각해야 한다. 그는 아내에 대한 특별한 감정에 의해 행동해서는 안 되고 다른 모든 사람의 생명의 가치도 생각하면서 행동해야 한다.

출처 : Kohlberg. L.(1969).

2) 자기 통제의 발달

도덕적 추리나 사고가 도덕적 행동으로 옮겨질 수 있을 때 아동은 완전한 도덕성 발달을 이루었다고 할 수 있다. 그러나 도덕적 사고와 통제라는 또 다른 요인을 필요로 한다.

자기 통제란 자신의 행동을 조절하고 통제하는 능력을 의미한다. 자기 통제가 가능하기 위해서는 자신을 자율적으로 행동할 수 있는 분리된 존재로 인식할 수 있어야 하고 동시에 양육자의 명령을 회상하고 그것을 자신의 행동에 적용하는 표상기술과 기억기술을 지니고 있어야 한다(Kopp, 1987). 특히 도덕적 영역에서의 자기 통제(Self-control)는 도덕적 표준을 위반하고 싶은 충동을 억제하는 것으로 때로 유혹에 대한 저항(Resistance to temptation)이라고 불리기도 한다.

(1) 자기 통제

최초의 자기 통제는 순종의 형태로 나타난다. 생후 12개월과 18개월 사이에 영아는 양육자의 소망과 기대를 분명히 인식하기 시작하고 간단한 요구와 명령에 자발적으로 복종할 수 있다(Kaler & Kopp, 1990). 물론 그들은 부모의 요구와 명령과는 정반대로 행동할 수도 있다. 유아들은 자신의 자율성을 주장하는 하나의 방법으로 성인의 명령에 저항한다. 그러나 따뜻하고 민감한 양육과 성숙한 행동에 대한 합리적인 기대를 경험하는 유아들은 훨씬 더 적은 빈도의 반항적 행동을 나타낸다(Kochanska, Aksan & Koenig, 1995).

유아의 순종은 사회생활의 규칙을 학습할 준비가 되어 있음을 의미하기 때문에 부모를 기쁘게 한다. 2세 유아의 행동통제는 학습한 행동표준을 그들의 사적언어(Private speech) 속에 통합시키고 그것을 자신을 가르치기 위하여 자주 사용한다.

유아는 날카로운 칼에 손을 대거나 소파에서 뛰어내리기 전에 "안 돼, 그만둬."라고 말하면서 자신의 행동을 통제한다.

사회적으로 승인된 행동에 가담하고 바람직하지 못한 행동을 억제하는 능력이 개선됨에 따라 양육자는 유아에게 점점 더 많은 것을 요구한다. 생후 13개월과 30개월 사이에 어머니의 행동통제 요구는 안전문제, 소유물, 가족의 일상적인 일, 독립적 행동 등 다양한 과제로 점차 확대된다. 어머니의 행동통제 요구는 보통 아동의 증가하는 자기 통제능력과 잘 조화를 이룬다(Gralinski & Kopp, 1993).

아동의 인지발달은 유혹에 저항할 수 있는 여러 가지 효과적인 전략을 사용할 수 있도록 하므로 만족의 지연도 아동기 동안 크게 개선된다. 그러나 대부분의 유아들은 성인들이 유혹에 저항하는 방법을 가르쳐 주지 않으면 만족지연을 위한 효과적인 전략을 사용하지 못한다. Mischel(1996)은 유혹적인 대상물이 지니고 있는 자극적 특성을 변형시키도록 가르치는 것이 만족지연을 증진시킨다는 것을 발견하였다. 예를 들면 아동 초기 유아들에게 솜사탕을 보여주고, 한 집단에게는 "부풀어 오른 흰 구름"을 상상하게 한 반면, 다른 집단에게는 실제 자극을 구름으로 변형시킨 상상집단이 보상으로 솜사탕을 받기 위하여 더 오랫동안 기다릴 수 있었다.

초등학교 1, 2학년 아동들은 성인이 전략을 제공하든 아니든 상관없이 만족을 지연시킬 수 있으며 이때부터 자신의 감정 상태나 보상의 형태를 스스로 변형시킴으로써 유혹에 저항할 수 있는 효과적인 전략들을 생성해 낸다. 11세의 아동은 오랫동안 기다려야 좋아하는 사탕을 먹을 수 있으며 "나는 사탕을 싫어한다. 사탕에서 이상한 냄새가 난다."라고 중얼거렸다.

만족지연 아동들은 사회적 단서를 정확하게 해석하기 위해 기다릴 수 있으며, 효과적인 사회문제해결이 가능하고 긍정적인 또래관계를 형성할 수 있다(Gronau & Waas, 1997). 만족지연의 개인차는 개인의 기질은 물론 아동 양육기법과 높은 상관이 있다. 생각 없이 행동하고 원하는 것을 갖지 못할 때 화를 내는 충동적인 유아들은 자기 통제능력에서 결함을 보이는 반면(Barkley, 1997), 높은 수준의 행동억제 능력을 지니고 있는 유아들은 초등학교 저학년에서 더 발달된 도덕적 추론능력을 지니고 있었다(Kochanska, Murray & Coy, 1997).

(2) 훈육

자기 통제능력은 주로 부모가 실시하는 훈육에 의해 획득된다. 아무리 모범적인 아동이라고 할지라도 때때로 싸우고 폭력적이고 불복종적일 때가 있다. 통제를 받지 않고 독립적으로 수용될 수 있는 행동을 한다는 것은 아동들에게 용이한 일이 아니다.

❶ 훈육기법

부모가 사용하는 훈육기법에는 물리적인 방법에 의한 훈육(Power assertion), 애정철회(Love withdrawal)기법, 그리고 유도기법이 있다.

물리적 방법에 의한 훈육

물리적인 힘에 의해 아동을 통제하려고 한다. 이 방법을 사용하는 부모들은 아동에게 화를 내고 언어적 혹은 물리적으로 아동을 학대한다. 즉 신체적 처벌을 가하거나 어떤 특혜를 제거하겠다고 위협한다. 지나친 물리적 처벌은 아동의 분노를 자극하고 폭력적으로 행동을 불러일으키기 쉽다.

일반적으로 물리적 방법에 의해 통제되는 아동들은 유혹에 저항하는 힘이 약하고, 비행을 저지른 후에 죄책감을 느끼거나 잘못을 고백할 가능성이 적다. 빈번하고 극단적으로 가혹한 처벌은 유해하지만 때때로의 적절한 물리적 처벌은 효과적일 수 있다.

애정철회기법

애정철회기법은 아동의 바람직하지 못한 행동에 대해 애정이나 관심의 제공을 거부하고 무시하여 의사소통을 거절하는 훈육방법이다. 애정철회기법은 버림받을 것이라는 위협에서부터 아동과의 놀이나 의사소통을 거절하는 침묵의 처치까지 대단히 다양하다. 비물리적 형태의 처벌방법인 애정철회는 분노의 표현을 억압하게 하지만 아동의 불안을 자극하기 때문에 아동에게 지나치게 위협적일 수 있다. 일반적으로 애정철회기법에 의해 훈육되는 아동들은 왜 그와 같은 행동을 하지 않아야 하는가를 알지 못한 채 무조건 성인의 권위에 일치하려고 한다.

유도기법

왜 어떤 행동을 할 수 있고 어떤 행동을 할 수 없는가를 추론하게 하고 설명해줌으로써 아동을 훈육하는 방법이다. 유도기법은 행위의 결과가 다른 사람에게 주는 영향을 설명하기 때문에 아동의 감정이입을 불러일으키고 공정한 상황과 정신에 호소한다.

세 가지 유형 중 어떤 기법이 도덕성 발달에 가장 효과적인가는 유도기법이 애정철회나 물리적 방법에 의한 훈육보다 아동의 도덕적 성숙과 더 높은 상관이 있다. 대조적으로 물리적 방법에 의한 훈육은 도덕적 성숙보다는 도덕적 미성숙과 연합되고, 애정철회기법은 연구에 따라 긍정적 효과를 나타내기도 하고 부정적 효과를 나타내기도 한다.

유도기법이 특별한 효과가 있는 이유는 무엇인가? 행동이 왜 나쁜가를 설명할 수 있다. ① 아동이 자신의 행동을 평가하기 위하여 사용할 수 있는 표준과 인지적 원리를 제공한다. ② 아동이 괴로움을 당하는 개인들과 감정이입을 하도록 하고 죄책감이나 수치심 같은 도덕적 정서와 비행을 연합시킨다. ③ 아동이 해야만 하는 일이 무엇인가를 지적한다.

요약하면 유도기법은 도덕성의 인지적, 정서적 그리고 행동적 측면에 주의를 기울이도록 하고 아동이 그것들을 통합시킬 수 있도록 돕는다.

〈표 10-2〉 세 가지 훈육기법과 아동의 도덕적 발달관계

(훈육기법과 아동의 도덕적·정서적 추론 혹은 행동과의 연합된 사례들의 수)

	훈육의 기법		
	물리적 방법에 의한 훈육	애정철회기법	유도기법
긍정적 상관	7	8	38
부정적 상관	32	11	6

출처 : Brody & Shaffer(1982).

❷ 훈육의 효과에 영향을 주는 요인들

훈육의 효과는 사용된 훈육기법의 종류뿐 아니라 몇 가지 요인들의 영향을 받는다. 우선 부모와 아동 간의 긍정적 협조적 관계는 긍정적 훈육방법의 사용을 격려하고 아동의 도덕성 발달을 돕는 역할을 한다. 부모-영아 간에 상호적으로 반응적인 유아를 형성한 아동들은 부모와의 관계유지를 중요시하고 부모의 요구에 귀 기울이며 부모가 원하는 행동을 하려고 노력한다.

훈육기법의 효과는 아동의 기질에 따라서 달라진다. 일반적으로 두려움이 많은 아동들은 처벌을 받으면 적절하게 불안해지기 때문에 쉽게 비행을 중지한다. 정서성은 높으나 충동성이 낮은 아동들이 유도기법과 같은 긍정적 훈육방법에 노출될 때 바람직한 사회화를 이룰 수 있다. 그들은 처벌을 받을 것이라고 생각하면 과민해지기 때문에 비행을 멈추는 것이 가능하다 (Kochanska, Murray & Coy, 1997).

대조적으로 비행과 죄책감 혹은 비행과 다른 부정적 정서를 연결짓지 못하는 충동적 아동들에게는 어떤 유형의 훈육기법도 효과가 없다. 그들은 자주 물리적 방법에 의한 훈육과 같은 비효과적인 훈육방법을 사용한다 (Lytton, 1990). 훈육의 효과에 영향을 주는 또 다른 중요한 요인으로 훈육의 일관성의 문제가 있다(Acker & O'leary, 1996). 아동의 동일한 비행이 때로는 처벌받고 때로는 묵인된다면 아동은 어떻게 행동해야 하는가를 이해할 수 없기 때문에 바람직하지 못한 행동이 계속되기 쉽다. 부부 사이의 훈육의 일관성도 또한 중요하다.

❸ 처벌의 효과

처벌에는 때리거나 어떤 물리적 행위만을 가정하는 경향이 있으나 그 외에도 언어적 책망과 타임아웃(Time-out) 그리고 특권의 박탈(Withdrawal of privilege)과 같은 방법들이 있다. 타임아웃이나 특권의 박탈은 실제 생활에서 빈번하게 사용되는 훈육방법들이다. 타임아웃은 아동들이 좋아하는 활동을 할 수 없도록 시간을 박탈시키는 것이다. 한편 특권의 박탈은 규칙의 위반에 대해 벌금을 지불하는 것과 같이 아동이 좋아하는 물건을 빼앗는 처벌방법이다.

훈육의 목표는 바람직하지 못한 행동을 억압하는 것이 아니라 수용 가능한 행동으로 대치할 수 있도록 아동을 도와주는 것이다. 처벌은 바람직하지 못한 행동을 효과적으로 억압할 수 있는 훈육방법임이 분명하다. 특히 비행 후 즉시적으로 주어지는 처벌은 아동의 행동을 성공적으로 억제시킬 수 있다. 그러나 처벌은 단지 바람직하지 못한 행동을 즉시적으로 억제할 뿐 아동의 행동경향성까지 제거하지 못하는 단점을 지닌다.

독재적 부모나 교사에 의해 빈번하게 사용되는 물리적 처벌도 잠재적으로 아동에게 유해한 다음과 같은 부작용을 초래할 수 있다.

첫째, 신체적 처벌은 아동의 공격성을 조장시킨다. 처벌하는 부모의 행동을 모방하는 신체적 공격은 개인이 원하는 것을 얻을 수 있는 효과적 수단이라는 것을 학습한다.

둘째, 아동은 불유쾌한 처벌의 경험과 부모를 연합시키기 때문에 신체적 처벌은 부모-아동관계를 손상시킨다. 부모로부터 가혹한 처벌을 받은 아동은 점차적으로 부모를 회피하게 되며 함께 있을 때에도 적대적이고 의견의 일치를 보지 못한다. 아동은 어릴수록 자신의 비행과 상관없이 부모가 나를 미워하기 때문에 때린다고 생각한다.

셋째, 처벌은 아동의 비행을 일시적으로 중단시키므로 성인들에게 즉시적인 위안을 주며 그것은 또다시 거친 처벌을 사용하게 한다. 따라서 처벌적 성인들은 시간 경과와 함께 점점 더 빈번하게 아동을 처벌하게 되며 결국 아동학대를 초래한다.

처벌이 요구되는 상황에서는 신체적 처벌을 제한하고 타임아웃 방법이나 특권의 박탈과 같은 방법을 사용함으로써 처벌의 부작용을 감소시키는 것이 바람직하다.

Chapter 11

성 역할 발달

1 성 개념과 성 역할 발달

1) 성 개념 발달

성 정체성 발달의 첫 단계는 남성과 여성을 구분하는 것이고 자신을 이런 범주 중 하나에 위치시키는 것이다. 단순한 성 변별은 다소 일찍 시작된다. 영아는 4개월이면 감각 간 지각 검사에서 여성이나 남성의 목소리를 얼굴과 짝짓기 시작했다(Walker-Andrew 등, 1991). 첫해 말경이면 유의하게 여성과 남성의 사진을 구분할 수 있고, 2~3세 아동들은 성에 대해 알고 있는 것을 말하기 시작하고, '어머니', '아버지', '남자아이', '여자아이'라는 명칭을 습득하고 정확하게 사용한다. 2.5~3세면 거의 모든 아동이 자신을 남자아이이나 여자아이로 정확하게 명명할 수 있다(Thompson, 1975). 정상적으로 5~7세 아동들은 성은 변할 수 없는 속성임을 이해하기 시작하며, 대부분의 어린 아동들은 학교에 들어갈 때면 남아나 여아로서 확고한 미래지향적인 정체성을 갖는다.

2) 성 유형화

성 유형화(gender typing)는 아동들이 성 정체성과 자신의 문화에서 생물학적 성에 적절하다고 여겨지는 동기 · 가치 · 행동들을 습득하는 과정이다. 성 유형화의 발달적 경향을 살펴보고, 어린 유아들이 성 역할 고정관념을 인식하고 성 유형화된 행동패턴을 보인다. 어떻게 아동들이 그렇게 어린 나이에 성과 성 역할들을 학습하게 되는가? 생물학적 힘, 사회적 기대, 인지적 발달이 조합되거나 작용하여 성 유형화 과정에 영향을 미치는 방법을 상술하겠다.

3) 남성과 여성의 범주화 : 성 역할 기준

사회의 성 역할 기준들은 남성과 여성에게 기대하는 행동을 기술하며 우리가 각 성의 성원으로 범주화하고 반응하는 고정관념을 반영한다. 여아는 전형적으로 친절하고, 양육적이고, 협동적이고 타인의 필요에 대해 민감한 표현 역할을 하도록 격려받는다. 이런 심리적 특징들은 여아에게 아내와 어머니 역할을 준비시키고, 가족기능을 유지하고 성공적으로 아동들을 양육하게 한다. 반대로 남아들은 도구적 역할을 하도록 격려받는다. 전통적인 남편과 아버지로서 남성은 가족을 부양하고 위험으로부터 보호할 과제에 직면하기 때문이다. 따라서 남아들은 주도적이고 주장적이고 독립적이고 경쟁적이기를 기대한다. 모든 사회에서는 아니지만 많은 사회에서 유사한 규준과 역할 규정이 발견된다(Williams & Best, 1990).

문화적 규준들이 명확하게 여아는 표현적 역할을 남아들은 도구적 역할을 가정하기 때문에, 여아와 성인여성이 실제로 표현적 특질들을 표출하고 남아들과 남성들은 도구적 특질을 소유한다고 가정하는 경향이 있다(Broverman 등, 1972; Williams & Best, 1990). 여성의 권리에 주목하고 더 많은 여성이 노동시장에 들어가면서 이런 고정관념들이 사라지고 있지만, 그럼에도 불구하고, 청소년과 청년들은 여전히 남성과 여성에 대한 많은 전통적 고정관념을 지지한다.

[그림 11-1] 성 역할 고정관념

4) 성차에 관한 사실과 허구들

남성과 여성은 해부학적으로 차이가 있다. 성인남성은 전형적으로 성인 여성보다 더 키가 크고 체중이 더 무겁고 더 근육질이다. 비록 신체적 차이가 분명할지라도, 심리적 기능 면에서 성차에 대한 증거는 생각하는 것만큼 분명하지 않다.

5) 실제적인 심리적 성차

남성과 여성을 비교하는 1,500개 이상의 연구들을 개관하면서, Eleanor Maccoby와 Carol Jacklin(1974)은 실제로 전통적인 성 고정관념의 기초는 매우 드물다고 결론지었다. 그들은 연구에서 일관적으로 지지되는 단지 네 가지의 작지만 신뢰로운 성차를 지적했다.

❶ 언어능력

여아들은 남아들보다 언어능력이 뛰어나다. 여아들은 남아들보다 더 이른 연령에 언어를 습득하고 언어적 기술들을 발달시키고, 아동기와 청소년기 동안 읽기 이해와 언어 유창성 검사에서 작지만 일관성 있는 언어적 우위를 보인다(Feingdd, 1994).

❷ 시/공간능력

남아는 회화적 정보를 심적으로 조작하거나 추론하는 능력인 시/공간능력 검사에서 여아보다 뛰어나다.

❸ 수리능력

청소년기가 시작되면서, 남아들은 여아들보다 산술적 추론 검사들에서 작지만 일관적인 우위를 보인다(Halpern, 1997; Hyde Fennenma & Lamon, 1990). 실제로 여아들은 계산 기술에서 남아를 능가했으나 남아들은 보다 많은 수리 문제해결 책략을 습득했으며, 이로 인해 SAT의 복잡한 단어 문제들, 기하학, 수학영역에서 여아를 능가했다(Byrnes & Takahira, 1993; Casey, 1996).

❹ 공격성

남아는 여아보다 물리적으로나 언어적으로 공격적이고, 2세에 시작되어 청소년기에 반사회적인 행동과 폭력적 범죄에 가담할 가능성이 여아보다 10배 정도 높다(U.S. Department of Justice, 1995). 그러나 타인을 냉대하고 무시하거나 혹은 관계나 사회적 지위를 평가 절하함으로써 타인들에게 품은 적의를 외현적 형태도 표출할 가능성은 여아들이 남아들보다 높다(Crick 등, 1997; Crick & Grotpeter, 1995).

❺ 다른 가능한 성차

활동수준 : 태어나기 전부터, 남아는 여아보다 신체적으로 활동적이다(DiPietro 등, 1996). 특히 아동기 동안 또래들과 상호작용할 때 보다 활동적이다(Eaton & Enns, 1986; Eaton & Yu, 1989). 남아들의 높은 활동성은 비공격적인 거친놀이를 시작하고 받아들일 가능성이 여아보다 높은 이유를 설명한다(Pellegrini & Smith, 1998).

- 공포, 소심함, 위험감수 : 생의 첫해에 여아는 불확실한 상황에서 남아보다 공포를 더 많이 느끼고 소심하다. 여아들은 이런 상황에서 남아들보다 조심스럽고 덜 주장적이고 위험을 덜 감수하려고 한다(Christophersen, 1989; Feingold, 1994).
- 발달적 취약성 : 수정되면서부터, 남아는 여아보다 태내 혹은, 분만 위험과 질병의 효과에 더 취약하다(Raz 등, 1994; 1995). 남아들은 또한 읽기 장애, 말하기 결함, 과활동성, 정서적 장애, 정신지체와 같은 다양한 발달적 문제를 보일 가능성이 높다(Halpern, 1997; Henker & Whalen, 1989).
- 정서 표현성/민감성 : 여성은 남성보다 정서적으로 표현적인 듯하다. 실제로 정서표현에 대한 사회적 지지는 여아와 성인여성이 남아나 성인남성보다 자신의 정서를 더 깊이 있고 더 강력하다고 특징짓고, 더 자유롭게 정서를 표현하는 이유를 설명하는 데 도움이 된다(Diener, Sandvik & Larson, 1985; Fuchs & Thelen, 1998; Saarni, 1993). 양육과 감정이입의 성차에 대한 증거들은 혼합적이다. 여아와 성인여성은 일관되게 남아나 성인남성보다 양육적이고 감정이입적이라고 자신을 평정하고 타인에 의해서도 그렇게 묘사된다(Cohen & Strayer, 1996; Feingold, 1994).
- 순종 : 학령전기 초부터, 여아는 남아보다 부모, 교사 및 다른 권위적 인물의 요구나 명령에 더 잘 순종한다(Feingold, 1994; Maccoby, 1990). 타인들을 설득할 때, 여아들은 재치 있고 공손한 제안들을 더 많이 하는 경향이 있는 반면, 남아들은 요구적이거나 통제적인 책략을 사용하는 경향이 있다(Leaper, Tennenbaum & Shaffer, 1999; Strough & Berg, 2000).

문화적 신화들

대부분의 발달학자들이 확증하는 또 다른 결론은 많은 혹은 대다수의 성 역할 고정관념들이 사실에 기초하지 않은 "문화적 신화들"이라는 Maccoby와 Jacklin의 명제이다. 가장 광범위하게 받아들여지는 신화들은 여성은 남성에 비해 사교적이고 암시를 받기 쉽고 비논리적이며 덜 분석적이고 덜 성취지향적이라는 것이다.

성 역할 고정관념들이란 남성과 여성의 행동을 이해하고 왜곡하는 데 사용하는 아주 뿌리 깊은 인지도식이다(Martin & Halverson, 1981). 사람들은 영아의 행동을 범주화할 때조차 이런 도식들을 사용한다. 발견되지 않았거나 부정확한 성 역할 고정관념들의 지속은 남아와 여아 모두에게 중요한 결과를 갖는다.

문화적 신화들은 능력과 직업적 기회의 성차에 기여하는가?

유치원과 초등학교 일학년 여아들은 이미 수학에서 남아만큼 잘할 수 없다고 믿는다. 학령기 동안, 독서, 예술, 음악은 여아의 영역이고 수학, 육상, 기계적 과제는 남아에게 적당한 과제라는 것을 점차 당연하게 여기게 된다(Eccles 등, 1990, 1993; Entwisle & Baker, 1983). 직업에서도 여성은 언어적 능력을 요구하는 영역들(예 : 도서관학, 초등교육)에 집중되어 있으며, 수학/과학적 배경을 요구하는 학문이나 다른 기술적 영역(예 : 공학)과 같은 영역에서의 전문가는 매우 적었다(Smith, 2000). 이런 극적인 성차는 언어, 수학, 시/공간 수행에서의 성차 때문인가? 성 역할 고정관념들이 인지수행에서 성차를 촉진하는 자기－충족적 예언을 창출하고 여아와 남아가 서로 다른 경력 경로를 따르도록 하는가? 오늘날 많은 발달학자들은 후자의 관점을 선호한다.

• 가정의 영향

부모들은 때로 아들과 딸을 다르게 취급하는 것으로 능력과 자기지각의 성차에 기여할 수 있다. Jacquelynne Eccles와 동료들(1990)은 여아가 수학이나 과학과정에서 멀어지고 수학이나 과학이 포함되는 직업에서 드문 이유를 설명하기 위한 연구를 수행했다. 수학적 능력에서의 성차에 대한 부모의 기대가 자기 충족적 예언이 되었다. 즉 딸이 수학에서 문제가 있을 것이라고 기대하는 부모는 그들이 기대하는 것을 갖게 된다.

• 학교의 영향

교사들은 특정한 주제에서 남아와 여아의 상대적인 능력에 대한 정형화된 신념을 갖고 있다. 예를 들면, 6학년 수학교사들은 남아들이 수학에 능력이 있으며 여아들은 노력한다고 믿는다(Jussin & Eccles, 1992). 비록 이런 교사들이 남아와 같거나 혹은 더 높은 점수를 주는 것으로 여아의 노력을 보상할지라도, 여아는 수학에서 성공하기 위해 더 많이 노력해야 한다는 그들의 메시지는 여아들에게 자신의 재능을 자신에게 더 적합한 음악이나 영어와 같은 다른 비약적 성취영역으로 향해지는 것이 최선이라는 확신을 갖게 된다.

6) 성 정체감 발달

성 정체감은 자신을 상대적으로 남성적 또는 여성적으로 특징짓는 한 개인의 지각을 말한다. 아동 중기의 아동을 대상으로 성 정체감을 측정한 연구에서 남성적 정체감을 가진 아동은 전통적으로 남성성을 표현하는 문항에서는 높은 점수를 나타내고, 여성성을 표현하는 문항에서는 낮은 점수를 나타냈다. 여성적 정체감을 지닌 아동은 그 반대의 점수를 나타냈다. 비록 대다수가 자신의 성 유형화된 정체성을 지니지만 상당수의 소수자들(특히 여성들)은 남성과 여성의 성격 특성 모두에서 높은 점수를 보이는 양성성으로 일컬어지고 있는 성 정체감을 가지고 있기도 했다.

성 정체감은 개인의 심리적 적응과도 연관이 있는데, 남성적 및 양성적 아동이나 성인은 높은 수준의 자존감을 지니고 있는 반면에 여성적인 사람들은 자신을 낮게 평가하곤 한다(Alpert-Gillis & Connell, 1989; Boldizer, 1991).

사회학습이론에 의하면 아동은 자기지각에 의해 처음에 모방과 강화를 통해 성 유형화된 반응들을 획득하고 이러한 행동을 자신들의 성과 연결된 개념으로 조직화함으로써 성 정체감을 발달시킨다. 대조적으로 인지발달이론에서는 유아기가 지나면서 아동들은 성은 영속적인 것임을 인지적으로 이해하고 성의 항상성을 발달시킨다고 보고 있다. 정신분석이론에서는 초자아가 완성되고 오이디푸스 콤플렉스가 해결되기 시작하는 시점인 만 6세 이후부터 점차로 성 정체감 발달이 시작된다고 보고 있다.

7) 성 역할 고정관념 발달

걸음마기 아동들은 남아나 여아로서 기본적 정체성을 인식하는 것과 거의 같은 시기에 성 역할 고정관념을 습득하기 시작한다. 성 고정관념에 대해 알고 있는 2~3세 아동은 다른 아동들의 사진을 보고 여자와 남자로 정확하게 명명할 수 있다.

학령전기와 학령 초기 동안, 아동들은 남아와 여아에 적절한 장난감, 활동에 대한 성 역할 고정관념 속에서 많은 것을 학습한다(Serbin, Powlishta & Gulko, 1993; Welch-Ross & Schmidt, 1996). 결국 학령기 아동들은 심리적 영역에서 성차를 명백하게 구분하고, 자신의 성을 특징짓는 특질들에 대해 학습한다(Serbin 등, 1993). 10~11세가 되면 아동들의 성격 특질에 대한 고정관념은 성인의 것에 필적하기 시작한다.

아동들은 성 역할 고정관념을 심각하게 받아들이고 이런 규정들을 따라야 한다고 믿는다. 많은 3~7세 아동들은 성 역할 기준을 어길 수 없는 총괄적인 규칙으로 여기는 어린 맹신주의자 같다(Biernat, 1991; Martin, 1989). 성과 관련된 주제는 3~7세 아동들에게 매우 중요하기 때문이다. 이 시기는 자기-이미지에 따라 행동하기 위해 성 역할 고정관념을 과장함으로써 '그것들을 인지적으로 분명하게 만들' 수 있다(Maccoby, 1998). 그러나 8~9세가 되면, 아동들은 성에 대한 생각이 보다 유연하고 덜 맹목적이게 된다(Damon, 1977; Levym Taylor & Gelman, 1995; MaHale 등, 2001).

그러나 학령기를 거쳐 남성과 여성이 보이는 특질들과 그들이 추구하는 취미와 직업에 대한 생각은 초등학교에서 중학교로 전환되는 시기인 청소년 초기 동안 점차 유연해진다(Alfieri, Ruble & Higgins, 1996; Sigelman, Carr & Begley, 1986; Signorella 등 1993).

〈표 11-1〉 **남성과 여성의 성격 특성에 대한 고정관념**

	남성과 여성의 성격 특성에 대한 고정관념
남성적 특성	활동적이다. 지도자로서 행동한다. 모험을 한다. 공격적이다. 적극적이다. 야망이 있다. 경쟁적이다. 쉽게 포기하지 않는다. 지배적이다. 우월하다고 느낀다. 압박감을 잘 견딘다. 독립적이다. 쉽게 결정을 한다. 쉽게 영향을 받지 않는다. 거침이 없다. 거칠다. 자신감이 있다. 당당하다.
여성적 특성	타인의 감정을 잘 알아챈다. 사려 깊다. 쉽게 눈물을 흘린다. 타인에게 헌신적이다. 정서적이다. 위기에 흥분을 잘한다. 정서적으로 쉽게 상처를 입는다. 얌전하다. 가정적이다. 친절하다. 아이를 좋아한다. 깔끔하다. 승인욕구가 크다. 수동적이다. 미적 감각이 있다. 타인을 잘 이해한다. 타인과의 관계가 원만하다.

출처 : Berk, L. E.(2006).

8) 성 유형화된 행동의 발달

아동 행동의 성 유형화된 행동을 평가하는 가장 일반적인 방법은 그들이 누구와 노는지 그리고 무엇을 갖고 노는지를 관찰하는 것이다. 장난감 선호에서의 성차는 초기에 발달하며, 아동이 분명한 성 정체감을 형성하거나 정확하게 장난감을 "남자아이 것" 혹은 "여자아이 것"이라고 명명하기 이전에 이미 나타난다.

성 유형화된 행동에서의 성차

많은 문화에서 남성 역할에 더 높은 지위가 주어졌으며, 남아들은 여아보다 성에 적합한 행동을 하라는 더 강한 압력을 받는다(Bussey & Bandura, 1992; Lobel & Menashri, 1993). 남아들은 여아들보다 더 빨리 성 유형화된 장난감에 대한 선호를 보인다. 2세 남아는 성에 적합한 장난감을 선호하고, 3~5세가 되면 여아들보다 이성의 장난감을 싫어한다고 말할 가능성이 더 높다.

4~10세 사이의 여아와 남아 모두 다른 사람들이 그들에게 무엇을 기대

하고 있는지를 인식하게 되고 이런 문화적 규정을 따른다(Huston, 1983). 그렇지만 남아에 비해 여아는 이성의 장난감, 게임 활동들에 대한 흥미를 유지할 가능성이 더 높다(Ruble & Martin, 1998).

아동 중기 동안 여아가 남성적 활동들과 역할에 끌리는 것은, 여아들이 점차 남성적 행동이 더 가치가 높다는 것을 인식하게 되고, "최고"이기를 원하는 자연스러운 일이기 때문이다. 게다가 여아는 이성의 활동에 참가하는 데 있어서 남아보다 여유롭다.

남성적 활동에 대한 초기 흥미에도 불구하고, 대부분의 여아들은 청소년 초기에 여성 역할에 대한 사회적 규정들을 선호하거나 따르게 된다. 일단 사춘기에 들어가고 신체가 보다 여성적인 외양을 갖게 되면(생물학적 성장), 여아들은 이성에게 매력적이기를 원한다면 보다 "여성적"이 될 필요가 있음을 느낀다(Burn 등, 1996; Katz, 1979).

[그림 11-2] 성 유형화된 행동

2 성 유형화 이론들

1) Money와 Ehrhardt의 생물사회적 이론

생물학을 지향하는 이론가들도 생물학적 영향과 사회적 영향이 상호작용해서 개인의 행동과 역할 선호를 결정한다고 주장한다. 이런 상호작용에 대한 강조는 John Money와 Anke Ehrhardt(1972)에 의해 제안된 생물사회학적 이론에서 매우 분명하다. 초기 생물학적 발달이 다른 사람의 반응에 따라 아동발달에 영향을 준다는 것을 인식하고, 이런 사회적 힘이 아동을 특정한 성 역할로 향하도록 하는 데 중요한 역할을 하고 있음을 제안하고 있다.

Money와 Ehrhardt의 생물사회적 이론은 부모와 다른 사회적 대리인이 출생 시 아동을 명명하는 방법에 영향을 미치고 또한 보다 직접적으로 행동에 영향을 미칠 가능성이 있는 초기 생물학적 발달의 중요성을 강조한다. 그러나 이 이론은 아동이 남아나 여아로 사회화되는지가 성 역할 발달에 강력하게 영향을 미친다는 입장이다. 간단히 말해, 생물학적 힘과 사회적 힘은 상호작용한다.

Diane Halpern(1997)은 천성과 양육이 어떻게 공동으로 성 유형화된 속성에 영향을 미치는가를 설명하기 위해 심리생물사회적 모델을 제안하였다. 이 모델에 따르면, 남성이나 여성호르몬에 대한 태내 노출은 여성 혹은 남성 뇌의 조직화에 영향을 미친다. 인지 신경과학 영역에서 최근 발전에 근거하여, Halpern은 남아와 여아의 서로 다른 초기 경험은 미숙하고 아주 유연한 뇌의 신경통로에 영향을 미치게 될 수 있다고 제안했다. 비록 유전적 코드가 뇌 발달에 어떤 제약을 가할지라도, 이것은 세부적인 "배선(writing)" 지시를 하는 것은 아니며 뇌의 정확한 건축물은 경험에 의해 영향을 받는다(Johnson, 1998). 심리생물사회적 관점에서, 천성과 양육은 서로 다른 면에 양분을 제공하는 이분법은 아니다.

생물사회적 이론과 심리생물사회적 모델 모두 아동의 성 정체성과 성 유형화된 행동패턴에 기여하는 정확한 사회적 과정을 분명하게 설명하지 않았다.

2) Freud의 정신분석이론

Freud는 성(성본능)을 타고나는 것으로 생각했다. 그는 성 정체성과 성 역할에 대한 선호는 남근기 동안 나타난다고 믿었다. 이 시기는 동성 부모와 겨루고 동일시하기 시작하는데, 특히 Freud에 의하면 3~6세 남아는 어머니에 대한 근친상간적 욕망을 단념하고, 거세불안을 감소하고, 오이디푸스 콤플렉스를 해결하는 수단으로써 아버지와 동일시하라는 압력을 받았을 때 남성적 속성과 행동을 내면화한다. 성 유형화는 여아에게 더 어려운데, 그들은 음경이 없으며 이미 거세되었다고 느끼고, 어머니와 동일시하고 엘렉트라 콤플렉스를 해결하는 압력으로 작용하는 공포경험이 없기 때문이다. 여아는 아버지를 기쁘게 하려는 시도로써 어머니의 여성적 속성을 통합하려는 동기를 갖게 되고 마침내 성 유형화된다(Freud, 1924/1861a).

성 유형화에 대한 정신분석이론의 문제점

많은 4~6세 아동들은 남성과 여성 생식기의 차이를 모르기 때문에 Freud가 말한 것처럼 어떻게 남아가 거세 공포를 갖게 되었는지, 어떻게 여아가 거세되었다고 느끼는지를 알기 어렵다(Bem, 1989; Katcher, 1955). Freud는 남아의 아버지에 대한 동일시가 공포에 기초하고 있다고 가정하지만, 다른 연구자들에 따르면, 남아는 전적으로 처벌적이고 위협적인 아버지보다 따뜻하고 양육적인 아버지와 더 강하게 동일시한다(Hetherington & Frankie, 1967; Mussen & Rutherford, 1963). 또한 학령기 아동들은 심리적으로 동성부모와 유사한 것은 아니다(Maccoby & Jacklin, 1974).

3) 사회학습이론

Albert Bandura(1989; Bussey & Bandura, 1999)와 같은 사회학습 이론가에

따르면, 아동들은 두 가지 방식으로 성 정체성과 성 역할 선호를 습득한다. 첫째, 직접지도(혹은 차별 강화)를 통해, 아동은 성에 적합한 행동들을 격려받거나 보상받으며 이성에게 적합한 행동은 처벌받거나 단념해야 한다. 둘째, 관찰학습을 통해, 아동은 다양한 동성 모델의 태도와 행동을 받아들인다.

(1) 성 역할의 직접지도

부모들이 남아가 되는 법과 여아가 되는 법을 가르치는데 적극적으로 개입하면, 아동들은 부모가 제공하는 성 커리큘럼의 영향을 받는다. 아동의 성 유형화된 장난감과 활동에 대한 초기 선호는 이런 흥미를 강화하는 부모들의 시도가 성공한 결과이다.

학령전기 동안, 아동들의 성 유형화된 활동들을 주의 깊게 모니터하고 차별적으로 강화하는 부모들의 경향은 점차 줄어든다(Fagot & Hagan, 1991; Lytton & Romney, 1991). 이 시기 형제와 또래의 행동에 영향을 받는데 특히 또래 영향은 강력하다. 부모들은 아동들에게 성 유형화된 흥미와 활동을 하라고 주장할 가능성은 점차 줄어들지만 또래들이 성 유형화된 태도와 행동을 차별적으로 강화하기 시작하고, 아동기 내내 그렇게 계속될 것이다(Martin & Fabes, 2001).

(2) 관찰학습

Bandura(1989)에 따르면, 아동은 다양한 동성 모델들을 관찰하고 모방함으로써 많은 성 유형화된 속성과 흥미를 습득한다. 어머니나 아버지뿐 아니라, 또래, 교사, 나이 든 형제자매, 대중매체의 등장인물을 포함하는 다양한 동성 모델을 선택적으로 주목하고 모방하는 것으로, 남아는 "남자아이를 위한" 장난감, 활동 및 행동을 여아는, "여자아이를 위한" 활동과 행동을 학습하게 된다.

아동은 자신과 상호작용하는 다른 아동들이나 성인 모델들을 관찰하는 것으로 학습할 뿐 아니라, 이야기를 읽거나 TV를 보면서 성 역할을 학습한다. 아동들은 남녀 차별적인 대중매체의 인물들로부터 영향을 받는다. TV를 많이 보는 아동들은 TV를 적게 보는 아동들에 비해 성 유형화된 활동을 더 선호하고 남성과 여성에 대한 보다 전형화된 관점을 갖게 될 가능성이 높다(McGhee & Frueh, 1980; Signorielli & Lears, 1992).

3) Kohlberg의 인지발달이론

Kohlberg의 주요 주제는 (1) 성 역할 발달은 인지발달에 달려 있다. 아동들은 사회적 경험의 영향을 받기 전에 성에 대해 어느 정도 이해하고 있음에 틀림없다. (2) 아동들은 스스로를 능동적으로 사회화한다. 그들은 단순하게 사회적 영향력의 수동적인 담보물이 아니다.

Kohlberg는 아동들의 우선 안정된 성 정체성을 확립한 다음 남아와 여아가 어떻게 행동하는가를 학습하기 위해 능동적으로 동성 모델과 정보를 찾는다고 제안하였다. Kohlberg의 관점은 "나는 남자아이야. 고로 나는 남자아이처럼 행동하는 법을 알아낼 수 있는 모든 것을 해야 해."(인지－자기－사회화 입장)와 유사하다.

Kohlberg는 다음 세 단계를 거쳐 남성과 여성이 되는 것의 의미에 대한 성숙한 이해를 하게 된다고 제안했다.

① 기본적 성 정체성 : 3세가 되면, 아동들은 스스로 남자아이 혹은 여자아이로 확고하게 명명한다.

② 성 안정성 : 얼마 후, 성은 시간적으로 안정적인 것으로 지각된다. 남아는 반드시 성인남자가 되고 여아는 성인여자가 된다.

③ 성 일관성 : 성 개념은 아동이 자신의 성이 상황적으로 안정적이라는 것을 깨달았을 때 완성된다. 이 단계에 도달한 5～7세 아동은 더 이상 외양에 속지 않는다.

아동들은 언제 스스로 사회화하려는 동기를 갖는가? 자기－사회화는 아동이 성 안정성에 도달한 후 시작된다. 성에 대한 성숙한 이해는 진실한 성 유형화의 시작이다.

Kohlberg 이론에 대한 비판

Kohlberg 이론의 주요 문제는 성 유형화가 아동들이 성숙한 성 정체성을 획득하기 전에 이미 진행되고 있다는 것이다. 성에 대한 성숙한 이해는 성 유형화가 시작하는 데 필수적이라고 주장하면서 Kohlberg는 그 사례를 지나치게 과장하였다.

4) 성 도식 이론

Carol Martin과 Charles Halverson(1981; 1987)은 성 유형화에 대한 인지 이론을 제안하였다(정보처리이론). 아동들이 자신들의 남아 혹은 여아 자기-이미지에 일치하는 흥미, 가치 및 행동을 습득하도록 동기화된다는 점에서 Kohlberg와 마찬가지이지만, 그와 달리 "자기-사회화" 아동은 2.5세나 3세에 기본적 성 정체성을 획득하자마자 시작되며, 아동이 성 일관성을 획득하는 6, 7세까지 진행된다고 주장했다.

Martin과 Halverson의 성 도식이론에 따르면, 기본적 성 정체성의 확립은 아동이 성에 관해 학습하고 이 정보를 성 도식에 통합하는 동기가 된다. 즉, 아동이 주의하고 정교화하고 기억하는 정보에 영향을 미치는 남성과 여성에 대한 신념과 기대에 대한 조직화된 집합이다. 아동은 어떤 사물, 행동 및 역할을 "남아를 위한 것"으로, 그리고 다른 것을 "여아를 위한 것"으로 분류하도록 하는 단순한 내집단/외집단 도식을 습득한다.

아동들은 자기-성 도식을 구성하라는 말을 들었다. 이 도식은 성에 일치하는 다양한 행동을 수행할 때 필요한 상세한 정보로 구성되어 있다. 따라서 기본적 성 정체성을 갖고 있는 여아는 처음에 바느질은 여아를 위한 것이고 비행기 모델을 만드는 것은 남아를 위한 것이라고 배웠다. 자신은 여아이고 자신의 성 도식과 일관되게 행동하기 위해 바느질에 대한 정보를 모으는 반면, 비행기 모델을 만드는 정보는 무시할 것이다.

성 도식은 일단 형성되면 사회적 정보를 처리하기 위한 각본이 된다. 아동들은 성 도식과 일치하는 정보를 부호화하고 기억하며 성과 일치하지 않는 도식을 망각하거나 왜곡할 가능성이 높다(Liben & Signorella, 1993; Martin & Halverson, 1983). 따라서 자신의 정형화된 지식과 선호성이 결정화되고 강화되는 6~7세에 도달하면, 자신의 고정관념과 더욱 일치하게 된다(Welch-Ross & Schmidt, 1996).

Martin과 Halverson의 성 도식이론은 성 역할 고정관념이 어디에서 기원된 것인지와 시간적으로 얼마나 지속되는지를 보여줄 뿐 아니라, 아동이 성은 변하지 않는 속성임을 인식하기 오래전에, 성 도식이 강력한 성 역할 선호와 성 유형화된 행동의 발달에 기여하는 방식을 보여준다.

5) 통합이론

〈표 11-2〉 통합이론의 관점으로부터 성 유형화 과정에 대한 개관

발달시기	사건과 결과들	관련 이론들
태내기	아기가 태어나면 타인들이 반응할 남성 혹은 여성의 생식기가 발달.	생물사회학/심리생물사회학
출생~3세	부모와 다른 동료들은 영아를 남아나 여아로 명명하고, 빈번하게 영아에게 자신의 성을 상기시키고, 성과 일치하는 행동은 격려하며 이성의 활동은 포기하도록 만듦. 이런 사회적 경험과 매우 기본적인 분류기술의 발달결과로서, 어린 아동은 몇 가지 성 유형화된 행동 선호와 지식을 획득(기본 성 정체성)	사회-학습(차별강화)
3~6세	일단 아동들의 기본적 성 정체성을 획득하면, 성 차에 대한 정보를 찾고, 성 도식을 형성하고, 내재적으로 자신의 성에 "적절한" 것으로 여겨지는 행위들을 수행하도록 동기화된다. 일단 성 도식이 잘 형성되면, 이 연령의 가장 어린 아동들도 모델의 성이 아니라 자신의 성에 적절하다고 생각되는 행동을 모방할 가능성이 높다.	성 도식

7세~사춘기	아동들은 마침내 성 일관성을 획득-남아는 필연적으로 남성이 되고 여아는 여성이 된다는 확고하고 미래지향적인 자기 이미지. 이 시점에서, 아동들은 남성 혹은 여성으로서의 자기 범주화와 일치하는 매너리즘과 속성들을 획득하기 위해, 도식에 덜 의존하기 시작하고 동성 모델의 행동을 보기 시작.	인지발달 Kohlberg
사춘기 이후	새로운 사회적 기대(성 강화)와 일치하여, 청소년기의 생물학적 격변은 십 대들에게 성 정체성을 형성하는 자기개념을 재검사하도록 만듦.	생물사회학/심리생물사회학 사회학습 성 도식 인지발달

통합모델에서 발달들을 요약하는 것이 출생 후 생물학적 힘이 더 이상 역할을 하지 않는다거나 혹은 일단 아동이 기본적인 성 정체성을 획득하게 되면 생물학적 힘이 발달에 영향을 미치지 않는다는 의미는 아니다. 그러나 통합이론가는 아동들이 3세부터 남성이나 여성 자기-이미지와 일치하는 남성적 혹은 여성적 속성들을 획득하기 위해 매우 열심히 노력하는 능동적인, 스스로-사회화하는 사람임을 강조한다.

모든 성 역할 발달이론들은 아동이 남성과 여성에 관해 실제로 학습한 것은 사회가 "성 커리큘럼"의 방식으로 제공하는 것에 주로 의존한다는 것에 동의한다. 다른 말로 하면, 우리는 생태학적 렌즈를 통해 성 역할 발달을 보고, 오늘날 우리 사회에서 보는 남성과 여성 발달패턴이 피할 수 없는 것은 아니라는 점을 이해해야 한다. 다른 시대 다른 문화에서, 성 유형화 과정은 서로 다른 남아와 여아를 만들어 낼 수 있다.

6) 심리적 양성성

수년 동안 심리학자들은 남성성과 여성성이 단일 차원의 양극이라고 가정했다. Bem(1974)은 남성과 여성은 심리적 양성성, 바람직한 남성-전형적인 특성들(예를 들면, 주장적이고 분석적이고, 강력하며 독립적인)과 바람직한 여성-전형적 특성들(예를 들면, 애정적이고 동정적이고 부드럽고 이해심 많은) 모두의 균형 혹은 혼합으로 특징지을 수 있다고 주장함으로써 이런 가정에 도전했다. Bem의 모델에서, 남성성과 여성성은 성격의 분리된 두 차원이다. 바람직한 남성-전형적 특질이 많고 여성적 특질이 적은 남성이나 여성은 남성 유형화된 사람이다. 그리고 여성 전형적 특질이 많고 남성 전형적 특성이 적은 사람은 여성 유형화된 사람이다. 양성적인 사람은 남성적 특질과 여성적 특성을 모두 소유하고 있는 반면, 미분화된 개인은 이런 속성들 모두가 부족하다.

Bem(1975, 1978)은 양성적인 남성과 여성은 전통적으로 성 유형화된 사람보다 더 유연하게 행동한다고 하였다. 그러나 양성성이 모든 사람들이 추구하는 것이라는 결론을 내리기는 어렵다. 이성에게 더 적절한 것으로 여겨지는 특질을 너무 열심히 그리고 너무 많이 표현하려는 아동들은 또래에 의해 거부될 위험이 있고 낮은 자존감을 경험한다(Lobel, Slone & Winch, 1997). 많은 사회에서 사람들은 여성적 특성보다 남성적 특성을 더 가치 있게 평가하기 때문이다(Turner & Gervai, 1995).

7) 변화하는 성 역할과 행동에 대하여

Bem(1983, 1989)은 부모가 (1) 어린 아동들에게 생물학적 성은 생식 영역 외에는 중요한 것이 아니라는 보다 큰 교훈의 일부로서 생식기의 해부학을 가르치거나 (2) 동성이나 이성과의 놀이를 격려하고 집안일을 공평하게 나눔으로써 아동이 성 고정관념에 노출되는 것을 지연시키는 역할을 해야 한다고 믿는다. 양성적인 부모가 양성적인 아동을 키운다는 것을 보여주는 연구들은 변화에 대한 Bem의 생각과 일치한다(Orlofsky, 1979). 따라서 부모가 성에 대해 비전통적인 태도를 갖고 있거나 아버지가 일상적으로 여성적인 가사일과 양육을 하는 아동은 성 역할 태도와 행동에서 보다 전통적인 부모의 아동과 비교해서, 성 고정관념을 덜 인식하고 성 유형화된 흥미와 능력 프로파일을 보일 가능성이 적다(Mchale 등, 1999; Turner & Gervai, 1995).

성 역할 태도를 변화시키려는 이런저런 연구들(Katz & Walsh, 1991)과 노력은 나이 든 아동보다 어린 아동에게 그리고 남아보다 여아에게 보다 효과적임을 제안하고 있다. 많은 연구자들은 고정관념을 직접적으로 공격하거나 혹은 엄격한 성 도식을 구성하게 하는 아동들 사고의 제약성을 제거하는 인지적 중재를 선호한다.

Chapter 12

가족발달

1 변화하는 가족

인간은 태어나면서 대부분 적어도 한 명의 생물학적 부모 혹은 다른 친척들이 있는 가정에서 성장한다. 실제로 인간은 가족들과 묶여 있다. 결국 인간은 가족 안에서 성장한다고 볼 수 있겠다. 발달적 관점에서, 모든 사회에서 가장 중요한 기능은 자녀들을 돌보고 사회화하는 것이다. 특히 가족은 아동을 사회화하는 데 가장 중요한 기능을 담당하고 있다고 볼 수 있다. 따라서 가족은 복잡한 사회적 체계이며 3명 이상의 성원이 있는 가족은 상호작용 및 영향을 주고받는 복잡한 조직망이다. 또한 모든 가족구성원이 발달하고 있는 개인이고, 남편과 아내, 부모와 자녀, 형제와 형제간의 관계가 변화하면서 각 가족구성원들의 발달에 영향을 주고 있다(Klein & White, 1996).

1) 변화하는 가족체계

사회가 점차 복잡해지고 다원화되면서 가족은 전통적 가족구성에서 가족 삶의 특성에 따라 변화하고 있다. 과거에 비해 성인들이 독신으로 살고 있는 경우가 점차 늘어나고 있으며 독신자들의 결혼 평균연령이 점차 높아지고 있다. 결혼한 부부들은 자녀 없는 부부로 지내거나 출산시기를 늦추고 있다. 따라서 자녀 수가 급격히 감소하고 있다. 우리나라의 경우 1980년대 들어서면서 이혼이 증가하고 있으며 이로 인한 편부모 가족의 수가 증가하고 있다. 이와 더불어 재혼가족의 수도 증가추세에 있다.

2) 이혼가족

이혼한 가족 대부분은 일 년 이상 가족 모두의 삶이 심각하게 방해받는 위기단계를 경험한다(Booth & Amato, 1991; Hetherington, 1989). 양쪽 부모 모두 정서적 어려움을 경험하며 스트레스를 과도하게 받을 가능성이 높게 나타났다. 가족해체로 인해 불안하고 화나고 우울해하는 이혼가정 아동들은 짜증이 많고 반항적이며 논쟁적으로 반응하는 것으로 나타났다. 즉 아동의 정서적 혼란 및 문제행동이 야기된다. 특히 학령 전 아동과 초등학교 저학년 아동들은 부모의 이혼으로 인해 가장 눈에 띄는 스트레스 징후를 보인다. 가족해체에 대한 책임을 스스로에게 느끼기 때문에 성격발달에 부정적 영향을 미치게 된다(Hetherington, 1989). 부모가 이혼한 이유를 더 잘 이해하고 이혼을 유발한 것에 대한 책임감을 덜 느끼는 나이 든 아동들과 청소년들 역시 스트레스 상황에서 부적응 행동이나 고통을 경험한다(Amato, 1993).

2) 재혼가족

부모의 이혼 후 양육권이 있는 부모가 재혼하거나 혹은 결혼하지 않고 동거하게 될 때 아동들은 의붓부모나 새로운 형제를 갖게 되는데 이는 새로운 변화에 적응해야 하는 문제가 발생한다. 최근 연구들은 초등학교 아동들이 경험하는 가족의 변화가 많을수록 학업수행이 더 떨어지고 적응을 더 못 한다고 밝혔다(Kurder, Fine, Sinclair, 1995).

3) 입양가족

입양부모의 대다수는 입양아들과 강한 정서적 결속을 발전시키며 부모가 되고 싶어 하는 욕구가 아동의 발달결과에 훨씬 더 중요하게 작용한다고 보고하고 있다(Golombok 등, 1995; 2000). 그럼에도 불구하고 입양부모가 제공하는 양육환경이 입양되기 전에 거부되거나 학대받거나 혹은 장애가 있었다면 긍정적 영향을 미치지 못하는 것으로 나타났다(Kirchner, 1998). 이는 입양아들이 입양되지 않는 또래들에 비해 이후 아동기나 청소년기 동안 더 많은 학업문제, 정서적 문제, 더 높은 비율의 품행장애를 보이는 이유로 설명되고 있다(Deater-Deckard & Plomin, 1999; Miller 등 2000).

2 가족생활주기에 따른 가족발달과업

가족생활주기란 남녀의 결혼으로 새로운 가족을 형성하고, 자녀를 출산하여 양육, 교육하면서 가족이 확대되며, 자녀가 성장한 후 각자 독립하면서 가족이 축소되기 시작하여, 부부가 사망함으로써 소멸되는 가족의 변화과정을 말한다. 가족생활주기의 단계는 학자에 따라 약간씩 다른 분류 형태를 가지고 있다. Duvall(1977)은 여러 가지 양상들, 첫 번째 자녀의 나이와 첫 번째 자녀의 교육상태, 자녀가 가족에 포함되기 전과 후의 가족의 기능과 상태에 따라 ① 결혼한 부부(자녀가 없음), ② 양육기 가족(첫 자녀 출산~30개월), ③ 학령전기 가족(첫 자녀 30개월~6세), ④ 학령기 가족(첫 자녀 6~13세), ⑤ 청소년기 가족(첫 자녀 13~20세), ⑥ 진수기 가족(첫 자녀가 떠날 때부터 마지막 자녀가 떠날 때까지), ⑦ 중년기 가족(부부만이 남은 가족~은퇴기까지), ⑧ 노년기 가족(은퇴한 후 두 부부의 사망까지)의 8단계로 구분하였다.

우리나라 실정에 맞는 가족생활주기 모형이 유영주(1984)에 의해 ① 형성기(결혼에서 첫 자녀 출산 전까지 약 1년간(23~24세), ② 자녀 출산 양육기(첫 자녀 출산에서 첫 자녀가 초등학교 입학 때까지(24~30세), ③ 자녀교육기(첫 자녀의 초등학교, 중학교, 고등학교 교육시기(30~42세), ④ 자녀성년기(첫 자녀가 대학에 다니거나 취업, 군복무, 가사를 협조하는 시기(42~46~48세), ⑤ 자녀결혼기(첫 자녀 결혼에서 마지막 자녀 결혼까지(42~46~57세), ⑥ 노년기(마지막 자녀 결혼에서 배우자 사망 또는 본인의 사망까지(57세 이후)로 제시되기도 하였다.

1) 자녀 독립기(독립된 젊은 성인 단계)

자녀 독립기는 미혼자녀(젊은 성인자녀)가 원 가족(family of origin)을 떠나 결혼을 하고 자녀를 낳아 자신의 가족을 형성하기 이전까지의 기간을 말한다. 대상은 ① 지리적으로 원 가족과 떨어져 살고 있고(단기간 집에 머무는 경우가 있더라도), ② 유학 또는 입대 중이거나, 만 21세 미만으로 직업이 있어서 부모와 떨어져 살고 있으며, ③ 대부분 경제적으로 독립한 20대를 대상으로 한다. 그 외 ④ 일찍 결혼을 하였으나 1~2년 후 이혼한 사람과, ⑤ 결혼하지 않고 동거 중인 사람도 포함된다.

이 시기 개인의 주 과업은 삶의 목적을 설정하고, 자아정체성, 친밀감, 자율성을 발달시켜 타인과 결합하기 전에 원 가족과 정서적 독립을 적절히 성취하는 것이다. 또한 정서적 분리와 독립이 이루어져야 한다. 이 시기 가족의 주요 과업은 부모가 성인자녀의 독립적인 생활을 허용하며, 여기에 기초하여 지금까지와는 다르게 상호 간에 덜 의존적이어야 한다. 이 시기 부모가 성인자녀의 재정문제, 주거문제, 직업문제, 이성문제, 친구문제 등 전반적인 생활양식에 관해서 서로를 존중하고 이해하는 태도가 필요하다. 이때 부모가 자신의 생활주기 가운데서 얼마나 만족하고 성공적으로 대처하는가가 현재 자녀의 생활주기에 중요한 영향을 미친다.

2) 신혼기

신혼기는 서로 다른 환경에 있던 두 개인이 하나가 되어 적응해 나가는 과정이므로 지속적이고 끈기 있는 노력이 필요하다. 서로의 장점은 더욱 발전시키고 서로의 결점들과 차이점들에 대해서는 이해를 넓히고 보완해주려는 의지가 중요하다.

3) 부모기(아동기 가족)

첫 자녀 출산으로 이루어지는 부모로의 전환은 전 인생발달주기에서 매우 중요한 경험이 된다. 자녀의 입장에서는 살아가는 데 필수적인 부모와의 관계를 맺는 것이고 부부는 부모기를 맞음으로써 개인의 성장과 발달기회를 맞는다. 부모가 된다는 것은 하나의 생물학적인 사건이지만 동시에 심리적이고 사회적인 변화를 초래하며, 두 세대 간의 결속 이상의 의미를 지닌다. 부모가 되면 일, 친구, 형제자매 그리고 부모와의 균형에 변화를 경험하게 된다. 더욱이 이 시기는 남성과 여성에게 있어 본질적으로 다르다. 젊은 부모는 직장의 책임과 가정의 만족이 요구하는 상호 대립성과 싸우며, 스트레스에 효과적으로 대처하지 못해 큰 혼란을 겪기도 한다. 또한 부모 됨의 의미를 자녀출산이라는 생물학적 측면에 초점을 두었던 과거와 달리 오늘날 부모가 된 성인들은 심리적, 경제적, 사회적으로 매우 다양한 역할들을 수행해야 한다. 더욱 중요한 것은 이 시기에 태어난 아이는 결국 부모의 모습을 통해서 성장하게 된다는 것이다. 즉 부모 됨은 개인과 가족체계의 두 가지 차원에서 큰 변화를 가져오는 사건으로 부부의 새로운 적응을 요구한다. 부모 됨은 인간(자녀)이 학습하는 최초의 경험의 대상이다. 즉 자녀는 부모와의 관계에서 세계에 대한 지식을 얻고 대인관계의 기초를 형성하며 기본적인 사회적응에 필요한 훈련을 받는다.

4) 청소년기

자녀가 청소년이 되면 가족은 어린 자녀를 양육하고 보호하던 역할에서 벗어나 성인의 주된 역할이 되는 책임감을 가질 수 있도록 가족의 구조와 조직을 변화시켜야 한다. 또한 이 시기는 세대 간의 가족관계에 전체적인 변화가 나타나는 때이기도 하다. 즉 청소년은 신체적으로 성숙하고, 부모 세대는 중년기에 접어들며, 조부모 세대는 고령화로 인해 여러 가지 문제에 직면한다. 청소년기 자녀는 여러 가지 개인적인 관심사와 씨름하며 그들 자신의 성적 정체성을 정하고 신체의 외모와 기능에서 변화를 경험한다. 이것은 부모가 자신들의 성적 정체성에 관심을 가질 때 온다. 아내는 폐경기를 경험할 수 있고, 결혼의 작은 관계들이 무엇인지를 궁금해한다. 남편은 자신의 청소년기 아이가 성적 매력이 증가하는 동안 자신은 대머리가 되고 체중이 늘어나는 것을 목격한다. 요컨대 청소년기는 가족 규칙이나 가족구조가 변하는 때이며, 친밀감의 양식이 분열되는 때이며, 성적 정체성과 일의 정체성에 대한 개인적인 관심이 자녀들과 어른 모두에게 가장 중요한 때이다. 어느 정도의 혼란과 붕괴가 있고 난 후, 대부분의 가족은 규칙과 허용범위를 변화시키며, 청소년 자녀에게 자율성과 독립심을 부여하기 위해 재조직한다. 그러나 이러한 변화에 관련된 일상적인 문제들이 가족의 역기능을 유발하며 청소년이나 다른 가족 성원들에게 증상을 유발시킬 수 있다.

5) 자녀 진수기

이 단계는 자녀를 출가시킨 후부터 은퇴단계에 있는 가족으로 '빈 둥지 시기'(empty nest)로 불리어 왔으며, 특히 일차적 양육자인 여성에게는 대체적으로 부정적인 전환기로 알려져 왔다. 이 전환은 첫 자녀가 독립하면서부터 시작되지만, 부모로서의 기능뿐 아니라 개인적 발달과업과 다양한 가족 전환이 포함된다. 이 단계의 가족에게 기본적인 과제는 부모 자녀의 끈을 단절하지 않으면서 부모와 자녀가 분리하는 것이다. 이때 분리에 동반되는 상실감을 인내하지 않으면 안 된다. 또한 서로가 물리적으로 떨어져 생활함으로써 서로가 좋은 관계를 계속 유지하고 각자의 생활이나 일을 충분히 자립적으로 수행할 수 있는 능력이 있어야만 한다.

이 단계의 가장 중요한 특징은 가족생활주기의 전 단계들 중에서 가장 많은 수의 가족구성원들의 나감(exits)과 들어옴(entries)을 처리가게 되며, 이것은 성장한 자녀가 집을 떠나는 것으로부터 시작해서 그들 배우자와 자녀들의 들어옴으로 진행된다.

6) 노년기 가족

결혼으로 출발한 가족생활주기가 부부의 노년을 맞이함으로써 가족발달의 마지막 단계로 접어들게 된다. 이 시기는 모든 가족들이 여러 가지 의미에서 상실을 경험하게 된다. 나이가 들면서 부모들의 노화현상이 나타나며 의사소통이나 운동능력을 상실하게 되고 경제적인 능력도 저하된다. 더욱이 배우자, 형제, 친구 등의 가까운 사람의 죽음에 직면하게 될지도 모른다. 자녀 역시 언젠가는 부모의 죽음을 받아들이지 않으면 안 된다. 따라서 이 단계의 과제는 어떻게 하면 지금까지 쌓은 신뢰관계가 손상당하지 않으면서 이러한 상실경험을 수용하느냐 하는 것이다.

이 단계에서 성공적인 전환을 위해 가족이 다루어야 할 문제는 은퇴, 배우자 상실, 조부모 역할, 질환 및 의존성 등을 들 수 있겠다.

3 부모의 양육태도

1) 양육 형태

Erikson과 동료들(예 : Maccoby & Martin, 1993)은 양육의 두 가지 측면이 특히 아동기와 청소년기 동안 중요하다고 주장한다.

- 수용/반응성 : 부모들이 지지적이고, 자녀의 요구에 민감하고, 자녀들이 자신들의 기대와 일치할 때 애정을 주고 칭찬하려는 의지의 정도를 말한다. 수용적이고 반응적인 부모들은 비록 아동이 잘못된 행동을 할

때 매우 비판적이 될 수 있을지라도 자주 자녀들에게 미소 짓고 칭찬하고 격려한다. 덜 수용적이고 덜 반응적인 부모들은 자주 자녀들을 헐뜯고 비판하고 처벌하고 무시하며 그들이 가치 있고 사랑받을 만하다는 것에 대해 자녀들에게 말하지 않는다.

- 요구/통제 : 부모들이 떠맡는 조절과 통제의 정도를 말한다. 통제적이고 요구적인 부모들은 규칙을 세우고, 자녀들이 순종하기를 기대하며, 자녀들의 활동이 이런 규칙을 따르고 있는지에 대해 엄격하게 모니터한다. 통제와 요구가 적은 부모들은 아동 자신들의 흥미를 추구하고 자신들의 활동을 결정할 수 있는 상당한 자유를 허용한다.

따뜻하고 반응적인 양육은 안전한 정서적 애착, 친사회적 지향, 좋은 또래관계, 높은 자존감, 강한 도덕감 및 다른 많은 선행과 같은 긍정적인 결과물과 일관되게 연합되어 있다.

수용/반응성과 통제/요구의 네 가지 조합에 근거해서 부모를 구분할 수 있다(Baumrind, 1991).

		수용/반응성	
		높음	낮음
요구/통제	높음	권위적 합리적인 요구 일관적인 강요 민감성과 아동에 대해 수용적	독재적 많은 규칙과 요구 설명이 없음 아동의 요구나 관점에 대해 민감하지 못함.
	낮음	허용적 규칙과 요구가 없음 아동에게 많은 자유를 허용 관대한 부모	방임적 규칙과 요구가 없음 관여하지 않음 아동의 요구에 대해 둔감

2) 양육패턴

Baumrind의 초기 연구(1967, 1971)에서 표집된 아동들은 유아원과 집에서 몇 가지 상황에서 관찰되었다. 이 자료들은 사회성, 자기－신뢰, 성취, 기분 및 자기－통제와 같은 행동 차원들에서 아동들을 평정하는 데 사용되었다. 부모들을 면담하고 가정에서 아동들과 상호작용하는 동안 관찰하였는데, 독재적 양육, 권위적 양육 그리고 허용적 양육의 세 가지 양육패턴을 분류하였다.

(1) 독재적 양육

부모가 많은 규칙을 세우고, 엄격한 복종을 기대하고, 이런 규칙을 따라야 하는 이유를 설명하지 않으며, 복종하도록 만들기 위해 자주 처벌적이고 강압적 책략에 의존하는 제약이 많은 양육패턴이다. 독재적 부모들은 아동들의 다른 관점에 민감하지 않으며, 대신에 자신의 말을 법으로 받아들이고 자신들의 권위를 존중할 것을 기대한다.

(2) 권위적 양육

부모들이 아동들에게 많은 합리적인 요구를 하는 통제적이지만 유연한 양식이다. 그들은 주의 깊게 자신들이 세운 제한을 따라야 하는 것에 대한 합리적인 이유를 제시하고, 아동들이 이런 안내지침을 따를 것이라고 확신한다. 권위적인 부모는 지배적이기보다는 자녀들의 관점을 인식하고 존중하는 합리적이고 민주적인 방식으로 통제한다.

(3) 허용적 양육

성인들은 상대적으로 요구가 적으며 자녀들의 감정과 충동을 자유롭게 표현하도록 하며, 아동들의 활동을 엄격하게 모니터하지 않고, 아동들의 행동에 대한 확고한 통제를 거의 하지 않는 허용적이지만 모호한 양육패턴이다.

Baumrind(1967)가 이 세 가지 양육방식을 각 양식에 노출되었던 학령 전 아동의 특성들과 연결하였을 때, 권위적 부모의 자녀들이 잘 발달하고 있음을 발견했다. 그들은 유쾌하고, 사회적으로 책임 있고, 자기-신뢰적이고, 성취지향적이고, 성인과 또래들과 협력적이었다. 독재적 부모의 자녀들은 침울하고 행복하지 않은 듯하고, 쉽게 적대적이고 불친절하게 되며, 상대적으로 목표가 없고, 일반적으로 활동하는 것을 즐거워하지 않았다. 허용적 부모의 자녀들은 자주 충동적이고 공격적이었으며, 으스대고 자기중심적이며, 자기 통제력이 부족하고 독립성과 성취는 아주 낮았다.

자녀양육패턴과 아동기 중기 및 청소년기에서의 발달적 결과 간의 관계

Baumrind는 연구에 참여했던 아동들이 8~9세가 되었을 때 다시 그들과 그들의 부모들을 관찰했는데, 권위적 부모의 자녀들을 여전히 인지능력과 사회기술에서 상대적으로 높았다. 권위적 부모들에 의해 양육된 십 대들은 상대적으로 자신감 있고 성취지향적이고 사회적으로 숙련되어 있으며, 약물남용이나 다른 문제행동들로부터 벗어난 경향이 있다(Baumrind, 1977; 1991).

〈표 12-1〉 **자녀양육패턴과 아동기 중기 및 청소년기에서의 발달적 결과 간의 관계**

자녀양육 유형	아동기	청소년기
권위적	높은 수준의 인지적·사회적 능력	높은 자아존중감, 뛰어난 사회적 기술, 강한 도덕적/친사회적 관심, 높은 학업성취
독재적	평균 수준의 인지적·사회적 능력	평균 수준의 학업성취 및 사회적 기술, 허용적인 부모들의 청소년 자녀들보다 나은 적응 수준
허용적	낮은 수준의 인지적·사회적 능력	저조한 자기 통제 및 학업성취, 권위 있는 부모들 혹은 권위주의적인 부모들이 청소년 자녀들에 비하여 약물을 사용하는 경우가 더 많음

출처 : Baumrind.(1977; 1991); Steinberg(1994).

권위적 양육의 효과에 대한 설명

권위적 양육이 긍정적인 사회적·정서적·지적 산물들과 일관되게 연합되는 이유가 있다. 권위적 부모들은 따뜻하고 수용적이다. 그들은 자녀들이 지시에 따르도록 자녀들을 동기화하는 배려적인 관심을 보인다. 권위적인 부모들은 자녀들을 합리적인 방식으로 통제한다. 즉 자녀들의 관점을 고려하여, 자신의 관점을 주의 깊게 설명한다. 따뜻하고 수용적인 부모로부터 나온 이성적인 요구는 불평이나 저항보다 헌신적인 복종을 유발할 가능성이 높다(Kochnaska & Murray, 2000). 권위적인 부모들은 현실적으로 성취할 수 있는 기준을 세우고, 자녀들이 이런 기대에 따른 최선의 방법을 선택할 자유와 자율성을 허용한다. 이런 대접은 "너는 자기-신뢰를 갖고 중요한 목적을 성취할 수 있는 능력 있는 사람이야."와 같은 메시지를 준다.

절제되고 합리적인 부모의 통제와 연합된 따뜻한 양육방식은 긍정적인 발달과 가장 일관되게 연합된 양육양식이다. 아동들은 분명히 사랑과 제약이 필요하다. 자신의 행동을 구조화하고 평가하는 데 도움이 되는 규칙들이다.

3) 그 외의 양육형태

(1) 방임적 양육

가장 성공적이지 못한 양육양식이 방임적 양육이다. 자신의 자녀들을 거부하거나 혹은 자신들의 스트레스와 문제에 압도되어 자녀의 양육에 투자할 시간과 에너지가 많지 않은 부모들에게서 보이는 극단적으로 모호하고 요구가 전혀 없는 방식이다(Maccoby & Martin, 1983). 이들은 아동들에게는 무관심하고 냉담한데, 그들의 행동은 "난 너나 네가 하는 일에 대해 관심 없어."라고 말한다. 3세가 되면 아동들은 외현화 행동을 많이 보이고(Miller 등, 1993), 아동 후기에는 품행장애를 보이는 경향이 있다(Eckenrode, Laird & Davis, 1993; Kolgore 등 2000). 의미 있는 장기적인 목표가 없으며 다양한 범죄와 반사회적이고 비행적인 행동에 가담하는 경향이 높은 적대적이고 이기적이고 반항적인 청소년이 된다(Kurdek & Fine, 1994; Patterson 등, 1992; Weiss & Schwarz, 1996).

(2) 학대적인 양육

최근 아동학대에 대한 사회적 인식수준이 높아지고 관련 연구가 활발하게 진행되면서 아동들을 대상으로 학대의 직접적인 영향을 검토하고 있는 연구들(전영실, 2000; 조미숙, 2002)과 청소년기에 나타나게 되는 학대의 지속적이고 간접적인 영향(김헌수, 1998; 엄명용, 2001)에 관한 관심이 주로 보고되고 있다. 더 나아가 아동기 학대 경험의 영향은 청소년기를 거쳐 성인기 정신건강 및 사회적 기능에 장기적으로 부정적인 영향을 미치기 때문에 연구의 중요성이 점점 강조되고 있다(Dube et al., 2001). 아동기 학대경험에 관련된 선행연구들은 약 14～50%의 성인들이 아동기에 심각한 수준의 학대를 받은 경험이 있다고 보고하였으며, 학대경험이 있는 아동들은 아동기에 행동적 문제를 더 자주 보였거나 성인이 되면 가정폭력의 가해자 또는 피해자가 되는 경우가 많이 나타났다(Kalmus, 1984). 또한 아동기의 학대 및 방임은 성인기 알코올중독, 약물중독 그리고 범죄행동 등과 관련이 있음이 보고되었다(Giles, 2002; Dube et al., 2004). 이처럼 아동기의 학대경험은 아동의 신체적 건강과 안전뿐 아니라, 심리・사회적 적응에 많은 문제를 일으키는데, 그에 따른 부정적 영향은 아동기에 국한되지 않고, 성인기에 이르기까지 여러 영역에서 상호작용하며 지속된다고 볼 수 있겠다(Cynthia, 2002).

아동학대라는 개념은 '피학대아동 증후군(battered baby syndrome)'이란 용어와 더불어 아동학대에 관한 개념을 사회에 소개했던 Kempe(1974)에 의해서 주로 신체적 학대를 의미하는 것으로 개념화되었다. 그러나 이후에 아동학대에 대한 사회적 관심이 증가하면서 단순한 신체적 학대를 넘어서 정서적 학대, 성적 학대 그리고 방임 등을 포함하는 개념으로 확장되어 갔다. 우선 신체적 학대의 경우는 부모나 양육자가 자녀에게 고의적인 또는 우발적인 공격을 하거나 폭력을 사용하여 가해하는 것을 의미한다(Kempe,

1974). 정서적 학대는 직접적인 신체손상을 초래하지는 않으나 아동의 심리적 자아에 상처를 입히는 행위로 언어적 또는 비언어적 정서학대가 포함된다(고성혜, 1992). 성적학대는 성인의 만족을 위해 아동의 신체에 접촉을 강요하며, 아동에게 성적 수치심을 주는 성희롱, 성폭행을 포함한다(아동복지법 29조). 마지막으로 방임은 좁은 의미로 부모나 보호자가 아동에게 의식주와 의료적 보호 등 적절한 보호를 하지 않거나 거부하는 경우로 자녀에게 해를 끼치거나 위협을 줄 수 있는 환경에 방치 또는 허용하는 행위를 포함한다(허남순, 1993). 넓은 의미로는 아동에 대한 적절한 지도감독의 결여를 의미하는데 무관심, 애정소홀 등의 행위들이 포함된다(윤혜미, 1997).

4) 형제관계

비록 가족이 점점 적어짐에도 불구하고, 대다수는 적어도 한 명의 형제와 함께 성장한다. 형제들 간의 경쟁, 질투, 미움을 나타내는 형제간 경쟁심은 어린 동생이 태어나자마자 곧 시작된다. 실제로 Judy Dunn(1993)은 매우 어린 형제들 간의 충돌이 시간당 56건 이상이라고 보고했다. 그러나 아동기 동안의 형제간 경쟁적 행동은 나이가 들면서 줄어들게 된다. 이는 나이 든 형제들이 보다 지배적이 되고 어린 형제들이 보다 복종적일 때 가능해진다(Abramovitch 등, 1986). 또한 부모가 잘 지낸다면 형제들도 잘 지낼 가능성이 높다(Dunn, 1993). 부부갈등은 적대적인 형제간 상호작용을 예측한다. 게다가 방임적 양육으로 인한 강력한 형제간 싸움은 집 밖에서 일어나는 공격적이고 반사회적인 행동으로 야기될 가능성이 매우 높은 것으로 나타났다(Garcia 등, 2000). 일반적으로 편애는 형제간 갈등을 일으키는 주요한 요인으로 알려져 있다.

형제간 경쟁에도 불구하고 형제와 자매는 서로를 신뢰하고 힘든 시기에 서로를 보호하고 편안하게 한다. 예를 들어 심각한 선천적인 문제가 있는 아동들과 알코올이나 정신적인 문제가 있는 부모가 있는 아동들은 만일 그들이 형제들과 견고하고 지지적인 관계를 맺고 있다면 행동문제를 거의 보이지 않고 보다 긍정적인 발달결과를 보인다고 보고하였다(Vandell, 2000).

따라서 형제와의 결속은 또래들과의 관계에서 생겨난 갈등이나 적응문제를 예방하는 데 도움이 된다(Stromshak 등, 1996).

반면에 형제 없이 성장하는 외둥이들은 평균적으로 자존감과 성취동기가 높고 형제가 있는 아동들에 비해 고분고분하고 지적으로 약간 더 경쟁적이며 또래들과 좋은 관계를 형성할 가능성이 높다는 것을 발견하였다(Falbo, 1992).

Chapter 13

또래발달 및 미디어의 영향

1 또래발달

또래란 사회적으로 동등한 사람으로 동등한 지위의 사람들 또는 적어도 또래로 있는 동안에는 유사한 행동수준에서 상호작용하는 사람들을 가리킨다. 따라서 나이는 조금 다르지만 공통의 관심이나 목표를 추구하면서 서로의 능력이나 요구에 서로의 행동을 맞춰간다면 이러한 관계도 또래로 간주될 수 있다.

1) 동년배 상호작용

동년배들의 상호작용은 덜 지시적이고, 덜 비판적이며 새로운 역할이나 생각과 행동을 시도하는 데 보다 자유롭다. 또래관계는 동등한 입장에서의 상호작용이기 때문에 자신과 똑같은 다른 사람들의 견해를 이해하고 평가할 수 있게 해주며, 가정의 위계적 관계 속에서는 배우기 어려운 사회적 능력의 발달에 기여하게 된다.

[그림 13-1] 또래관계

2) 혼합연령 또래 간의 상호작용

다른 연령 간 상호작용 과정에서 아동들은 또 다른 사회적 능력을 배우게 된다. 나이 든 아동들은 어린 아동들을 돌보고 도와주는 친사회적 행동과 자기주장과 지도력을 발달시킨다. 나이 어린 아동들은 나이 든 또래들로부터 여러 가지 새로운 기술, 도움을 얻는 방법을 배우고 나이 든 또래들로부터의 지시와 요구를 충돌 없이 거절하는 방법들을 학습하게 된다.

혼합연령 또래 간의 상호작용에는 돌보고 돕는 친사회적 행동이 더 자주 나타나는 반면, 동년배 상호작용에서는 공격성 같은 반사회적 행동과 대화 같은 가벼운 사회적 행동이 더 많이 나타났다(Whiting & Edwards, 1988). 초등학교에 들어갈 때쯤 되면 아동들은 동년배 또래의 상호작용과 혼합연령 또래의 상호작용이 서로 다르다는 것을 이해하고 추구하는 목표에 따라 동년배 또는 나이 든 또래나 나이 어린 또래에 대한 선호를 달리하게 된다(French, 1984).

3) 또래관계의 중요성

성장과정에서 또래와의 접촉이 없었다면 비정상적으로 되는가? Harlow

와 그의 동료들(Alexander & Harlow, 1965; Suomi & Harlow, 1978)은 원숭이 새끼들을 또래들과는 접촉할 기회를 주지 않고 어미와의 관계 속에서만 성장하도록 하였다. 이들은 정상적 유형의 사회적 행동을 발달시키지 못하였고, 또래들과 접하게 되었을 때 또래들을 피하였고, 접근하는 경우에는 매우 공격적이거나 반사회적인 경향을 보였다. 또 어미 없이 또래들과의 관계 속에서만 원숭이 새끼들을 키워보았는데, 그 결과 이들은 집요하게 서로 매달리며 서로 간에 강한 애착을 형성하였고, 다 자라서도 또래집단 이외의 원숭이에게는 비정상적으로 공격적이었다.

인간에게 있어서도 Harlow의 연구와 같은 증상이 Freud와 Dann(1951)에 의해 보고된 바 있다. 1945년 자기들끼리 살고 있는 6명의 3세아들이 나치 강제수용소에서 발견되었다. 이들은 1세경에 부모들이 모두 죽음을 당해서 자기들끼리 자랐다. 전쟁 후 영국으로 옮겨져 재활치료를 받았는데, 치료를 시작하였을 때 거의 모든 장난감을 부수고 가구를 손상시켰으며, 직원에 대하여 차가운 무관심으로 대하거나 적개심을 나타냈다. 이들은 격리되었을 때 강한 불안과 괴로움을 나타내고 서로 강한 친사회적인 유대관계를 나타냈다. 후에는 성인 양육자와 긍정적인 관계가 형성되었고, 35년 후에 이들은 중년의 성인으로서 상당히 생산적인 삶을 살게 되었다(Hartup, 1983).

Harlow와 Freud와 Dann의 관찰결과 부모와 또래는 아동의 사회적 발달에 각기 다르게 영향을 미친다는 것을 시사한다. 민감하고 반응적인 부모와의 일상적인 접촉은 영아가 기본적인 상호작용 기술을 습득하게 할 뿐 아니라 환경을 탐색할 수 있게 하는 안정감을 제공한다. 반면에 또래들과의 접촉은 아동들 자신이 그들의 기본적인 상호작용 틀을 다듬도록 해주며 유능하고 적응적인 사회적 행동을 발달시켜 준다.

4) 또래영향기제

아동들은 또래관계를 통해서 적응적인 사회적 행동유형을 배우기 때문에 좋은 또래관계를 형성하는 것이 중요하다. 그러나 정확하게 또래들은 어떻게 영향력을 발휘하는가? 부모가 아동에게 영향을 미치는 방법과 똑같은 방법인 강화, 모델링, 토의 또는 따르도록 압력을 가하는 방법 등이 또래관계에서도 모두 동일하게 나타난다.

5) 또래의 강화와 모델링

부모나 교사와 똑같이 또래도 강화원이 된다. 놀이상황에서 3~5세 된 아동들은 서로의 반응을 보고 성에 적절한 행동을 하면서 친구를 강화해주나, 놀이친구가 반대 성에 적합한 활동을 하면 비판하거나 중단시키려 한다. 이들 아동들은 또래들의 강화나 비판으로부터 강한 영향을 받는다. 또래는 중요한 상호적 강화원으로 아동의 행동은 또래들이 하는 반응에 의해서 증가될 수도, 유지될 수도 또는 감소하거나 없어질 수도 있다.

또래들은 또한 서로가 서로에게 사회적 모델이 되어서 영향을 미친다. 또래가 모델을 관찰함으로써 쉽게 배우게 되는 바람직한 특성과 행동은 사회적으로 숙달된 행동(Cooke & Apolloni, 1976), 성취행동(Sagotsky & Lepper, 1982), 도덕적 판단(Kruger, 1992)과 만족지연 능력(Stumphauzer, 1972), 그리고 성 유형화된 태도와 행동(Ruble, Balaban & Cooper, 1981)들이다.

아동들은 자신의 행동과 성취수준을 또래들의 행동과 성취수준에 비교함으로써 자신의 능력과 인성특성들을 평가한다. 또래들은 나이가 비슷하기 때문에 또래집단이 이러한 사회적 비교를 위해서는 가장 합리적인 선택이 된다.

6) 또래집단의 규준적 기능

또래가 사회화의 대행자로서 중요한 이유는 아동기 이후에는 집단성원들이 어떻게 옷을 입고, 생각하고, 행동해야 하는가에 대한 자체 규준이 있어 이것이 아동에게 영향을 미치게 된다는 점이다. 그리고 아동들 자신도 나이가 들어가면서 규준적 또래압력에 점점 더 반응적으로 되어간다.

Berndt(1979)는 조사를 통해 친사회적 행동이 연령이 증가하면서 또래의 압력에 대한 동조성이 크게 변화하지 않았음을 발견했다. 그러나 반사회적 행동에 대해서는 또래의 압력에 대해 연령의 증가와 함께 동조성이 크게 증가하였다. 일반적으로 13～15세가 되면 청소년들은 어떤 종류의 행동이든 또래의 압력을 특히 강하게 받고(Gavin & Furman, 1989), 고등학교에 가서 동조성이 감소하는 이유는 이 시기 자율성이 어느 정도 확립되어 스스로 결정할 수 있게 되기 때문이다.

Steinberg와 Silverberg(1986)는 청소년 초기에 또래의 압력에 대한 강한 동조성은 자율성 발달에 필요한 단계라고 보았다. 즉 부모로부터 독립하려는 노력을 하고 있는 청소년들은 완전한 독립성이 확립되기 전에 또래수용에 의한 안정감을 필요로 하기 때문이다.

2 연령별 또래관계

1) 영아기의 또래관계

아기들은 출생 후 첫달부터 다른 아기들에 대하여 관심을 보이지만 약 6개월이 되기 전까지는 진정한 상호작용이 나타나지 않는다. 이때쯤 영아들은 또래에게 웃고 옹알이를 하며 장난감을 주기도 하면서 몸짓으로 상호작용한다. 처음에는 상대방에게는 무시된 채 상호작용으로 이어지지 않고 지나가 버리지만, 12～18개월경이 되면 영아들은 상대방의 행동에 좀 더 적절하게 반응하기 시작한다. 18개월경이 되면 거의 모든 영아들은 동년배 또래들과 분명한 협응과 상호작용을 보이기 시작한다. 23개월경이 되면 술래잡기 놀이에서 한 아동은 숨고 다른 아동은 찾아다니는 경우에서와 같이 서로 보완적인 역할을 한다. 그리고 생후 첫 2년 동안 영아의 사회적 발달과 인지발달이 또래관계 발달에 기여를 하게 된다. 일반적으로 양육자에게 안정애착된 유아들이 불안정애착된 유아들보다 더 사교적이고 또래들 사이에서 더 인기가 있다.

2) 유아기의 또래관계

2~5세의 유아들은 점차 사교적으로 될 뿐만 아니라 사교의 범위가 점차 넓어진다. 2~3세 유아들은 사교범위가 또래보다 부모 주변일 가능성이 높은 반면, 4~5세 유아들은 성인들보다는 또래들의 관심과 인정을 얻고자 노력한다(Harper & Huie, 1985; Hartup, 1983). 유아기 동안에 유아들이 점차 또래관계가 증가하면서 유아들의 또래 상호작용 특성 또한 변화한다. 서로 보완적인 역할을 수행하는 것뿐 아니라 하나의 목표를 달성하기 위해서 어떻게 수행해야 할지에 대하여 서로 의논하는 것이 점차 증가한다. 유아기를 지나면서 놀이는 점차 사회적으로 되어갈 뿐만 아니라(Parten, 1932), 인지적으로도 복잡해진다. Howes와 Matheson(1992)는 영아기부터 유아기에 이르는 동안 사회적 상호작용과 인지적 복잡성에 기초를 둔 유아놀이의 발달과정을 제안했는데, 이 놀이유형이 순서대로 발달함을 발견했다. 영아들은 첫 생일 바로 후에 단순한 사회적 놀이를 나타내며, 19~24개월경에 보완적 상호작용놀이를 보였다. 2세 반과 3세 사이에는 협력적인 사회적 가상놀이로 발달하며, 3세 반에서 4세 사이의 아동의 거의 반수가 복잡한 사회적 가상놀이를 나타냈다. 어느 연령에서든 좀 더 복잡한 놀이를 하는 아동들의 더 사교적이고 친사회적인 경향이 있었으며, 덜 공격적이고 덜 위축된 것으로 평가되었다.

〈표 13-1〉 영아에서 학령전기까지의 놀이활동이 갖는 인지적 복잡성의 변화

놀이유형	출현연령	기술
병행놀이	6~12개월	두 아동이 서로에게 어떠한 주의도 기울이지 않고 유사한 활동을 한다.
병행인식놀이	1세경	아동들은 가끔 다른 아동을 쳐다보거나 다른 아동이 하는 활동을 모니터링하면서 병행놀이를 한다.

간단한 가상놀이	1~1.5세	아동들은 말하고, 미소 짓고, 장난감을 나누어 놀거나 다른 상호작용을 하면서 유사한 활동을 한다.
상보적 및 상호적인 놀이	1.5~2세	아동들은 잡기놀이나 까꿍놀이 같은 사회적 게임에서 행동에 근거한 역할 바꾸기를 보여준다.
협동적인 사회적 가상놀이	2.5~3세	아동들은 상보적인 비사실적 혹은 '가상' 역할(예를 들면, 엄마와 아기)놀이를 하지만, 이러한 역할의 의미나 놀이의 형태에 대해서는 어떠한 계획이나 논의도 없다.
복잡한 사회적 가상놀이	3.5~4세	아동들은 그들이 할 가상놀이를 능동적으로 계획한다. 놀이하는 아동들 각자에게 이름을 붙이고 역할을 분명하게 정해주며 놀이 각본을 제안한다. 그리고 만약 놀이가 잘 안 되면 각본을 수정하기 위해서 놀이를 중단시킨다.

출처 : Howes & Martheson(1992).

3) 아동기 · 청소년의 또래관계

또래의 상호작용은 초등학교에 들어가면서 점차 정교해진다. 복잡한 사회적 가상놀이의 협동형태가 나타나고, 6~10세경에는 일련의 공식적인 규칙에 의해 이루어지는 게임에 적극적으로 참여하게 된다(Hartup, 1983; Piager, 1965). 아동기 또래 상호작용의 또 다른 변화는 6~10세 아동 간의 또래 접촉이 진정한 또래집단 내에서 많이 일어난다는 점이다. 또래집단이란 단순히 놀이친구라기보다는 정기적으로 상호작용하며 소속감을 공유하고 있다. 어떻게 행동해야 할지를 규정하는 암묵적 또는 명시적 규준을 수용하며, 공동의 목표를 달성하기 위해 함께 일할 수 있도록 해주는 계층적 조직구조를 발달시켜나가는 집단이다. 초등학생들은 집단에 자신을 동일시하며 소속 또래집단이 자긍심의 근원이 되기도 한다. 또래 집단과의 상호작용 속에서 집단작업의 가치를 발견하며, 몰입감과 공유된 목표에 대한 충성을 발달시키며 사회적 조직이 어떻게 목표를 추구해 가는가를 배우게 된다(Hartup, 1983; Sherif et al., 1961).

청소년 초기에 이르면 청소년들은 부모 · 형제보다도 친밀한 친구로 구성된 도당이라는 소집단에서 더 많은 시간을 보내게 된다(Berndt, 1989;

Medrich et al., 1982). 초기 또래 도당들은 보통 유사한 가치관과 활동 선호도를 갖고 있는 4~8명의 동성의 또래들로 구성된다. 청소년 중반쯤 되면 소년 도당과 소녀 도당이 자주 상호교류가 이루어져 결국에는 이성 도당을 형성하게 된다. 도당이 구성되면 자기들만의 독특한 옷 입기, 언어와 행동 등 다른 도당과 구별되려고 하며, 도당 성원들이 강한 집단 동일시와 소속감을 갖는데 도움이 될 수 있는 규준을 발달시킨다. 청소년이 정체감을 형성해 가는 과정에서 또래집단은 청소년들이 가치관을 표현하고 새로운 역할을 시도할 수 있을 뿐만 아니라 이성관계를 설립해 가는 기반이 되기도 한다(Brown, 1990; Dunphy, 1963).

4) 또래관계에 대한 부모의 영향

또래관계의 기본 틀은 가정에 의해서 영향받기 때문에 어느 의미에서는 부모가 또래관계를 증진시키거나 억제할 수가 있다. 또래 접촉을 촉진하거나 부모가 아동들이 또래와 접하는 시간을 조절할 수 있는 방법에는 여러 가지가 있다. 그중 하나가 거주지의 선택인데, 놀이터가 있고 아동들이 많은 동네를 선택한다면 또래와 상호작용할 수 있는 기회를 많이 갖게 될 것이다. 또한 아동이 또래들과 접하는 접촉의 양은 또래들끼리 상호작용할 수 있는 기회를 얼마나 제공해주느냐에 달려 있다. 친구들이 집에 올 수 있도록 해주느냐의 여부와 다른 또래와 만날 수 있는 활동에 참여하도록 격려하느냐가 또래와의 상호작용에 영향을 주게 된다. 아동들 놀이에 부모가 직접적으로 관여하여 놀이에 참여하거나 침입하기보다는 가끔 점검하는 것이 아동들 간의 상호작용을 방해하지 않고 성공적으로 이끄는 바람직한 방법이다(Ladd & Golter, 1988). 부모들의 직접적인 감시를 받아온 유아들보다 부모들이 또래들과의 상호작용을 간접적으로 지켜봐 준 유아들을 주위의 또래들이 더 좋아하였다(Ladd & Golter, 1988). 유아들의 부모들은 따뜻하고 수용적이어야 되며 유아에게 자신의 놀이활동을 구조화하고 작은 충돌들은 스스로 해결할 수 있도록 자유를 허용하는 반면, 사회적 규칙을 지키며 놀고 있는가를 보기 위해 또래의 상호작용을 간접적으로 지켜보는 것이 바람직하다.

5) 또래수용과 인기도

또래수용이란 한 아동에 대하여 다른 또래들이 받아들이고 존경하거나 호감을 느끼는 정도를 가리킨다. 또래수용은 사회측정법이라는 자기 보고법을 통해서 평가된다. 사회측정법이란 아동들에게 자신들의 좋아하는 또는 싫어하는 또래들을 지명하도록 요구하고 사회적 친구로 함께 놀고 싶은 정도를 평가하도록 하는 방법이다(Terry & Coie, 1991). 이 방법으로 자료를 분석했을 때 아동들은 다음과 같은 몇 가지로 분류된다.

1. 인기 아동 : 대부분의 아동들이 좋아하고 싫어하는 아동들은 적다.
2. 거부하는 아동 : 대부분의 아동들이 싫어하고 좋아하는 아동들은 적다.
3. 무관심 아동 : 싫다, 좋다로 지명되는 경우가 거의 없으며 이 아동들은 또래들에게 거의 보이지 않는다.
4. 인기 · 거부가 모두 높은 아동 : 많은 아동들이 좋아하기는 하나 싫어하는 아동들도 많다.

거부하는 아동과 무관심 아동은 또래수용이 낮은 아동들이다. 특히 거부하는 아동들은 반항적이고 반사회적 행동과 다른 심각한 적응문제를 일으킬 위험의 소지가 크다.

또래들에 의해 수용, 거부 또는 무관심의 대상이 되는 이유는 무엇일까? 또래들 사이의 아동의 인기도에 영향을 미치는 요인으로 우선 부모 양육유형을 들 수 있다. 권위 있는 부모는 아동을 지도하는 데 힘을 사용하기보다는 설명에 의존하여 따뜻하고 민감하게 양육하며 자녀를 성인이나 또래가 좋아하는 아동으로 키우는 경향이 높다.

체격이나 성숙속도와 같은 신체적 요인 또한 또래수용에 영향을 미친다. 강건하고 운동가 같은 체격을 갖춘 아동들이 인기가 더 높은 경향을 보이고, 남아들은 일찍 성숙한 아동들이 인기가 있다. 또한 매력 있는 아동들이 일반적으로 더 인기가 있다.

인지능력도 영향을 미쳐 인기 있는 아동들은 역할수행 기술이 잘 발달되어 있으며 동시에 학업성취가 높고 지능검사에서도 높은 경향을 보인다. 출생순위가 아래 있는 아동들은 형제들과 협상하는 것을 배워야 하기 때문에 인기가 더 높은 경향이 있다.

신체적 특성과 인지적 능력, 학업성취 및 체격 등이 또래수용에 영향을 미치지만 아동의 행동을 또래들이 적절하지 않거나 반사회적이라고 생각한다면 그 아동이 아무리 머리가 좋고 매력적인 아동이라도 인기가 없을 수 있다(Dodge, 1983).

어떤 행동적 특성이 아동의 인기도에 영향을 미치는가? 대체로 친사회적 행동을 보이는 따뜻하고 협동적이며 관용적인 특성을 많이 보이고, 공격적이고 파괴적인 특성은 거의 보이지 않는 아동들이 그러하다(Hart et al., 1992; Parkhurst & Asher, 1992).

6) 우 정

아동들은 많은 또래들과 만나고 관계를 맺지만 놀이친구로서 일반적인 접촉보다 특정 또래와의 긴밀한 관계를 선호하는데, 유아기를 전후해서 서로의 동료가 되길 원하는 밀접한 관계를 바탕으로 우정을 키우기 시작한다. 아동에게 우정은 즐거운 활동에 기반을 둔 좀 더 현실적인 개념으로 변화해 간다(Damon, 1988; Hartup & Abecassis, 2004).

(1) 우정에 대한 인식 3단계 발달과정

- 놀이친구로서의 우정(4～7세) : 취학 전후의 아동은 우정과 친구관계의 독특성에 대해 이해하기 시작한다. 친구들과 함께 놀고, 장난감을 함께 이용하여 시간을 보내며, '나를 좋아하는 누군가'로 인식한다.
- 상호신뢰와 지원관계로서의 우정(8～10세) : 이 시기 아동에게 우정은 상호신뢰와 협력적 관계를 의미하며, 좀 더 복잡하고 미묘한 심리적

근거를 바탕으로 한다. 따라서 학령기의 아동들은 좋은 친구랑 상호간에 도움을 주고받고, 기댈 수 있는 존재로서 정의되는 친절한 행동에 근거를 두어야 한다고 생각한다.

- 친밀, 상호이해, 충성관계로서의 우정(11~15세 혹은 그 이상) : 우정의 의미에 대해 질문할 경우, 10대들은 서로의 믿음, 느낌, 가치체계에 대한 이해를 바탕으로 하는 친밀감 또는 심리정서적 근접성이 가장 중요하다고 대답한다. 아동기에 비해 이 시기 아동·청소년은 우정을 형성하기 위해 친구관계에서의 신의가 매우 중요하다고 생각한다.

친구에 대해 항상 친사회적으로 생각하고 행동하는 것은 아니며 친구의 의견에 동의하지 못하거나 경쟁심을 갖기도 한다. 하지만 아동 중기에 이르면 친구관계는 상대와 다른 의견을 가질 수 있으며 의견이 일치하지 않더라도 그 관계가 유지된다는 것을 깨닫게 된다. 그리고 우정이 아동발달에 주는 영향력은 친구의 본질에 달려 있다. 친구에게 친절함과 동정을 보이는 아동은 상대방의 친사회적 성향을 더 강화시키는 반면, 공격적인 아동이 친구를 사귈 때 관계는 종종 반사회적 행동을 극대화하기도 한다.

온정적이고 만족스러운 아동기와 청소년기의 우정은 심리정서적 건강과 성인기 개인 역량에 다음과 같은 이유로 매우 중요한 영향을 줄 수 있다(Bagwell et al., 2001).

- 진정한 친구관계는 스스로를 성찰하고 타인에 대해 깊게 이해할 수 있는 기회를 제공한다.
- 진정한 친구관계는 미래의 친밀한 관계 형성의 기초를 마련해준다.
- 진정한 친구관계는 일상생활의 스트레스를 적절히 관리할 수 있도록 도와준다.
- 진정한 친구관계는 학교에 대한 태도 및 학교생활 참여도를 증진시킬 수 있다.

3 미디어 환경

1) 텔레비전이 공격성에 미치는 영향

텔레비전 시청시간과 일상생활에서의 공격적 행동이 정적 상관을 나타낸다는 사실은 유아, 아동, 청년과 성인에서 모두 보고되어 왔다(Liebert & Sprafkin, 1988; Parke & Slaby, 1983). 폭력물을 다룬 텔레비전 시청이 아동의 공격성향을 증가시키고, 증가된 공격성향이 공격적 프로그램에 대한 관심을 증가시키고 이것이 더욱 공격성을 촉진하는 결과를 초래한다. 텔레비전 폭력물에 장기간 노출되면 폭력에 대하여 아동들은 둔감해질 수 있다. 실생활에서 폭력적 행동에 대하여 정서적으로 둔감해지고 참을 수 없게 된다.

2) 사회적 고정관념에 미치는 영향

텔레비전의 또 다른 바람직하지 않은 영향은 해로울 수 있는 사회적 고정관념을 아동에게 심어줄 수 있다는 점이다. 예를 들어, 성 역할 고정관념적 내용은 텔레비전에서 흔히 볼 수 있으며 텔레비전을 많이 시청한 아동들이 텔레비전을 적게 보는 아동들에 비해 남자, 여자에 대하여 전통적인 고정적 견해를 갖고 있을 가능성이 높다. 미국에서는 텔레비전 프로그램 속의 소수민족에 대한 고정관념적 내용이 문제가 되기도 했다.

(1) 상업광고로 인한 영향

아동들은 텔레비전 시청을 통해 수많은 광고를 접하게 된다. 장난감, 과자, 즉석식품 등 아동들에게 반드시 바람직한 것만이 아닌 광고를 보게 되고, 이것을 부모에게 요구함으로써 갈등이 야기되곤 한다(Atkin, 1978; Kunkel & Roberts, 1991). 아동과 청소년들은 광고에 의해 설득된다. 특히 제품이 유명인에 의해서 광고되거나 광고가 과장되거나 거짓으로 소개될 경우에도 영향을 받는다(Huston & Wright, 1989).

(2) 교육적 도구로써의 텔레비전

❶ 교육적 텔레비전과 아동의 친사회적 행동

친사회적 프로그램을 시청한 아동들은 친사회적 경향을 나타낸다. 그러나 아동이 친사회적 프로그램을 단순히 시청하는 것만으로는 효과가 별로 없고 성인이 텔레비전 프로그램에서 학습한 내용을 직접 해보도록 격려하고 실제 상황에서 행동하도록 이끌어 갈 때 효과를 볼 수 있다(Friedrich & Stein, 1975; Friedrich-Cofer et al., 1979).

❷ 인지발달에 미치는 영향

3~5세 아동을 대상으로 한 Sesame Street는 숫자와 글자를 인지하고 변별하며 사물의 수 세기, 순서배열과 분류하기 그리고 간단한 문제해결과 같은 중요한 인지기술을 가르치고자 노력한다. 이 프로그램을 정기적으로 시청한 유아기 아이들이 어휘와 읽기 준비도가 상당한 수준으로 향상되었다(Rice et al., 1990).

이러한 긍정적인 영향에도 불구하고 텔레비전의 교육 프로그램에 대해 가장 자주 지적되는 비판 중의 하나는 시청자가 된 아동이 지식을 능동적으로 구성하는 입장이라기보다는 정보를 일방적으로 그리고 수동적으로 수용하는 입장으로 되기 쉽다는 점이다. 따라서 텔레비전을 너무 많이 시청하는 경우, 오히려 아동의 호기심을 둔하게 만들 수 있기 때문에 성인의 지도를 받아서 능동적으로 상상활동을 하면서 시청할 때 긍정적인 결과를 가져올 수 있다(Singer & Singer, 1990).

(3) 교실에서의 컴퓨터 사용

학교에서 이제 교육을 목적으로 개인용 컴퓨터를 사용한다. 컴퓨터는 교실에서 많은 기능을 한다(Roschelle et al., 2000). 하나는 가정교사이다. 컴퓨터는 아동과 개별적으로 상호작용하면서 지도할 수 있다. 컴퓨터는 경험학습에도 도움을 준다. 영상 프로그램은 아동이 위험하거나 불가능한 방식으로 세상을 탐험할 수 있도록 도와준다. 컴퓨터는 학생들이 전통적인 학문적 목표를 완수할 수 있도록 도와준다(Steelman, 1994).

(4) 가정에서의 컴퓨터 사용

미국 청소년의 80% 이상이 가정에 컴퓨터를 가지고 있으며(Roberts et al., 2005) 매우 어린 나이에 컴퓨터를 시작한다. 아동과 청소년은 어떻게 컴퓨터를 사용할까? 대부분 컴퓨터를 사용하여 인터넷에 접근하는데 인터넷을 사용할 때 무엇을 하는가? 첫째, 숙제를 한다. 둘째, 대화를 한다. 셋째, 오락을 한다. 빈번한 용도는 남아의 경우 게임이다. 아동과 청소년들은 컴퓨터 게임의 내용에 의해 영향을 받는다. TV 폭력물이 아동을 더욱 공격적으로 만드는 것처럼 폭력적인 비디오 게임은 아동을 더욱 공격적으로 만든다(Anderson et al., 2003).

가정 컴퓨터와 인터넷 서비스 확산으로 아동과 청소년들이 감독받지 않고 웹에 접속할 수 있게 되었다. 웹상에서 가능한 정보에의 노출은 학교과제에 관한 주제를 조사하는 학생들에게 이익이 될 수 있지만, 그럼에도 불구하고 도덕적으로 불미스러울 가능성이 있어서 웹의 영향에 대해 논란이 많다.

TV처럼 컴퓨터는 어떻게 쓰느냐에 따라 발달에 긍정적이거나 부정적인 힘이 된다는 것이 입증될 수도 있다. 만약 어린 아동들의 주된 컴퓨터 사용이 온라인에서 바람직하지 않은 주제에 대한 채팅을 하면서 공부시간을 허비하는 것이거나 아니면 우주에서 온 돌연변이 외계인을 죽이면서 혼자서 숨어지내는 거라면, 결과들은 결코 긍정적이지 않을 것이다. 그러나 뉴스는 배우고, 창조하고, 형제와 또래와 함께 우호적으로 협력하는데 컴퓨터를 사용하는 어린 아동들에게는 실제로 더 긍정적이다.

(5) 인터넷 중독

인터넷 중독의 정의는 광범위하다. Goldberg는 DSM-Ⅳ의 기준을 인용하여 '12개월 연속 인터넷 사용에서 부적응적 행동을 보여, 임상적으로 유의미한 장애 혹은 고통을 유발하는 경우'라는 정의로 제시했다. 인터넷 중독은 학자들마다 견해 차이가 나는데, "인터넷의 지나친 사용으로 인하여 일상생활 장애, 내성, 금단, 일탈행동, 인터넷에 대해 자동화된 중독적 사고, 가상적 대인관계 지향성, 현실구분 장애가 나타나는 상태(김청택 외, 2002)"라고 합의하고 있다. 많은 학자들은 인터넷에 대한 강박적 사용과 집착, 내성, 금단, 조절불능, 일상생활에서의 부적응 등을 인터넷 중독의 주요 구성요소로 지적하고 있다. 자기 통제력 저하, 대인불안감 증대, 우울감 증대, 현실감각 저하, 자존감 저하, 스트레스 대처능력 저하 등은 인터넷 과다사용에 수반되는 심리적 양상이다.

한국 청소년상담원에서 집계한 최근 5년간 전국 청소년상담지원센터의 인터넷 중독 관련 상담통계를 보면 2005년 29,784건을 시작으로 해마다 증가추세를 보이다가, 2009년에는 335,570건으로 5년 사이 무려 10배 이상의 높은 수치를 기록했다. 보건복지부 질병관리본부에서 실시한 청소년 건강행태온라인 조사결과에 따르면, 우리나라의 청소년 인터넷 이용자 중 13%(530천 명)가 인터넷 중독 위험성이 높은 것으로 나타났고, 동 조사에서 청소년의 3.3%(135천 명)은 고위험상태인 것으로 나타났다. 이들은 실제 건강악화, 일상생활 장애, 성격변화, 스트레스 증가, 인터넷과 가상현실의 혼동, 경제적 손실 등의 부작용을 경험한다고 보고하였다(보건복지가족부, 2009).

청소년이 학교생활에서 경험하는 스트레스가 클수록 인터넷 중독 정도가 심하고, 역으로 인터넷 중독이 심화될수록 스트레스 대처능력이 저하되어 사회적인 문제를 야기하는 것으로 드러났다. 인터넷은 자기들만의 사적인 공간을 만들고 현실과 거리를 두게 하기 때문에, 현실의 스트레스에 대한 대처를 어렵게 한다. 또 인터넷을 밤늦게까지 사용함으로 인해 학교수업에 지각하거나 학업에 집중하지 못하는 청소년들이 늘어가면서 과도한 인터넷 사용으로 인해 발생하는 문제가 심각해지는 추세이다(두진영, 2010).

인터넷 중독의 양상이 더욱 세분화되어 게임중독, 쇼핑중독, 채팅중독 등으로 나타나는데, 각 양상별로 접근할 필요가 있다. 또한 중독적 요소로 쾌락추구, 대인관계, 자아정체감의 변화, 도박수준과 경제력에 대한 제안이 치료적 접근에서 중요한 요소가 된다. 청소년에게 건강한 스트레스 발산법, 스트레스 관리 능력을 키울 수 있는 교육, 건전한 인터넷 사용 교육, 다양한 놀이문화를 제공하는 것이 필요하다. 최근에 인터넷 중독의 효과적 개입방법으로 가족치료적 접근을 유용하게 본다(홍혜영, 2010). 인터넷 중독에 대한 접근은 단일 병리현상이 아니라 개인적, 사회적, 환경적 차원에서 심리정서적 개입, 가족치료적 개입, 사회적·정책적·행정적 개입이 체계적으로 수행되어야 한다.

Chapter 14

노년기 발달

1 노인의 개념

노인의 명확한 정의는 개인의 신체적 특성이나 사회-문화적 차이에 따라 그 기준이 서로 다르지만 대체로 나이에 따라 분류하는 것이 보편적이다. 즉 노인의 개념을 규정할 때 가장 일반적인 것이 연령에 의한 개념의 정의이며, 그 외에 개인의 자각에 의한 정의, 법정 정의로 나누어 설명할 수 있을 것이다.

Peterson(1983)은 노인을 '55세 이상의 혹은 그 이하라도 연령과 관련된 요인의 어려움을 경험하고 있는 이들'로 정의하였다. 유엔에서는 노인의 기준을 65세로 규정하고 있다. 우리나라에서도 한 조사에 의하면 조사대상의 30% 이상이 노인의 대상을 65세로 보고 있어 그 인식이 시대에 따라 변화함을 알 수 있었다(한정란, 2001).

노인의 개념을 연령으로 설명하고자 하는 성인학자 Neugarten(1974)은 미국 노인을 연령에 따라 다음의 세 집단으로 분류하여 설명하고 있다.

첫째, 연소노인(young-age)은 55~64세로 아직 사회적으로 일을 하고 있으며 그들의 삶과 사회에서 절정기에 있는 노인이라 했으며, 둘째, 중고령노인(middle-age)은 65~74세로, 퇴직한 사람이 대부분이며 건강상태가 양호하고 취미생활을 할 풍부한 시간을 가지고 있는 노인을 말하며, 셋째, 고령노인(old-age)은 75세 이상으로 일을 하기가 어렵고 신체적으로 노쇠하고 질병에 걸린 경우가 많으며, 빈곤하며 외롭고 약한 존재가 노인이라고 정의하였다. 한편 국제노년학회(International Association of Gerontology : IAG)에서는 개인의 주관적 자각과 기능의 정도, 사회적 역할의 변화에 따라 노인의 개념을 정의하였는데, "노인이란 노화과정에서 나타나는 생리적-심리적-환경적 변화가 상호작용하여 발생하는 복합적 과정이며, 나이의 증가에 따른 환경변화의 적응에 어려움이 있는 사람으로, 자신을 통제하고 통합하는 능력이 결핍된 사람"으로 정의하였다.

개인적 자각에 대한 정의로 Birren(1959)은 노인을 첫째, 생리적 및 생물학적인 면에서 퇴화기에 있는 사람, 둘째, 심리적인 면에서 정신기능과 성격이 변화되고 있는 사람, 셋째, 사회적인 면에서 지위와 역할이 상실된 사람으로 보고 있다(장인협 · 최성재, 2006). 한편, 법적 정의로서 한국의 노인복지법에서는 노인을 65세 이상인 자를 말하고, 국민연금 수급 연령으로 볼 때 노인은 60세를 기준으로 분류하고 있으며, 기초노령연금제도나 각종 경로우대 제도 또한 65세를 기준으로 하고 있다. 종전의 생활보호법에서는 65세 이상의 노인을 대상으로 하였으나 국민기초생활보장법이 시행되면서 나이에 의한 구분은 철폐되고 빈곤의 여부와 부양의무자 기준을 중심으로 선정하게 되었다.

2 노화의 특성

1) 신체적 변화

인간은 일정한 나이를 넘으면 노화에 의해서 신체활동이 서서히 완만해지고 작업능률이 저하되기 시작한다. 이러한 신체적 상태 자체는 자연적 변화로 정상적인 것으로 받아들여져야 한다. 또한 나이가 들어감에 따라 신체 내부의 기능에서도 이러한 변화를 수용해야 한다. 노화현상은 신경계통 및 혈액순환, 호흡, 소화, 배설, 생식과 같은 모든 기능에 영향을 미치고 수면시간 또한 감소하게 된다. 이러한 변화에 대하여 노인들이 미처 인식하고 수용할 준비가 되어 있지 않다면 노인의 불안, 욕구불만 및 스트레스와 같은 심리적 반응을 가져오고, 노인의 행동과 적응력 등 모든 부분에 부정적 영향을 미칠 수도 있다.

(1) 일반적 변화

뼈와 근육이 위축하여 신장이 약간 감소하며 등이 굽어지고 피하지방이 감소하여 마르고 주름이 많아지는 특징이 있다. 근육조직의 능력이 저하되어 일상생활의 적응력이 떨어져 힘든 상황이 발생할 수 있다. 또한 병에 대한 회복능력이 저하되어 잠재적으로 가지고 있던 질병이 나타나거나 악화되며 급작스런 질병으로 악화되어 사망하는 경우도 있다. 만성적 질환의 경우는 다른 합병증도 쉽게 올 수 있어 사소한 원인으로도 위험한 경우에 처하기도 한다.

(2) 소화기계 변화

소화기계는 입에서 시작하여 항문으로 끝나는 기관으로 구강, 인후, 식도, 위, 소장 및 대장을 포함한다. 침샘, 간, 담낭, 췌장과 같은 기관은 위장관의 외부에 위치한 분비샘으로 소화에 필요한 소화효소를 분비하고 저장한다. 노인은 소화기계와 관련하여 많은 불편감을 호소하는데, 그들을 보살피는 전문가들은 노인의 상황과 이들의 호소를 제일 처음 확인할 수 있으므로 소화기계의 변화에 관한 지식이 필요하다. 노인에게 영양소의 흡수 및 소화기능과 관련된 변화는 소화기계 자체라기보다 심혈관계 및 신경계의 변화에 기인할 수 있고 다른 부위의 질병, 식이습관, 환경적 요인 및 약물의 효과도 고려해야 한다.

(3) 호흡기계 변화

호흡기계는 크게 두 영역으로 나누어지는데 윗부분은 비강, 구강, 인후로 구성되고, 아랫부분은 기관, 폐 등으로 구성된다. 노년기에 이르면 폐의 여러 가지 구조적 생리적 변화가 생기고 지난 성장발달기간 중의 일상생활 양식에 따라 만성 호흡기계 질환이 발생하여 노인의 사망률을 늘리는 원인 중의 하나가 된다. 정상적 노화현상으로 호흡기계 근육의 위축과 근력감소, 폐 순환량 감소, 폐 기능 저하, 기도저항 증가, 섬모운동 저하 등이 나타나고 공기오염, 흡연, 스트레스, 운동부족, 비만 등의 문제가 늘어나 노인의 건강을 악화시키고 있다.

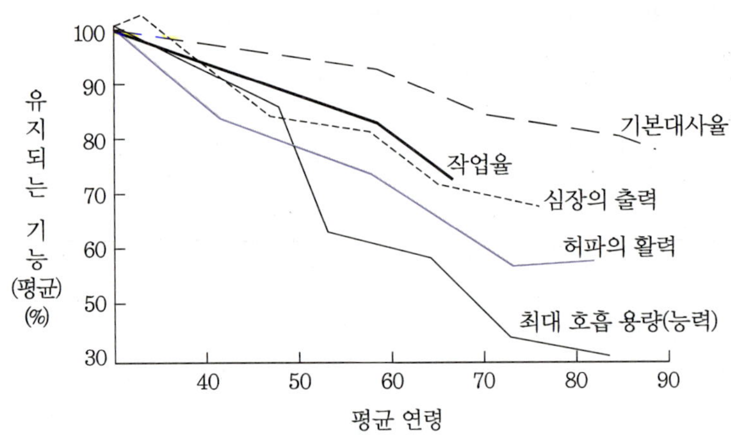

[그림 14-1] 연령에 따른 기본기능의 감소

출처 : Inses and Roth(1976).

(4) 심혈관계의 변화

심장은 노화에 따라 심근섬유의 탄력성 반동 작용이 감소되어 에너지 잠재력이 감소하고 심실분출과 심실충만의 속력도 감소한다. 감염, 환경오염 물질, 좋지 못한 생활습관 등에 의해 심장이 쉽게 손상받으며 동맥경화증 발생률도 높다. 노화에 따른 심혈관계의 변화는 심박출량 감소, 심박동 수 감소, 혈압 상승, 말초혈관 내성 증가 등을 들 수 있다. 심혈관계의 변화는 인체의 모든 장기에 산소와 영양소의 공급에 차질을 주므로 노화의 가장 중요한 원인이 된다. 65세 이상 노인의 가장 큰 사망원인은 심혈관계 질환으로 인하여 병원에 입원하는 비율이 점차적으로 증가되고 있다.

(5) 근골격계의 변화

근골격계의 변화는 겉으로 현저하게 나타난다. 전형적인 노인의 모습은 굽은 허리, 가는 팔과 다리, 다리를 넓게 벌리고 비틀거리는 걸음 등 근골격계의 구조와 기능상의 변화를 지표로 하여 그려져 왔다. 근골격계의 노화는 이와 같은 외모의 변화는 물론 일상생활 기능에 크게 영향을 미칠 수 있다. 노화가 진행됨에 따라 이러한 변화는 골다공증, 낙상, 골관절염 등의 건강문제의 원인이 되며, 사망이나, 장기간 재활의 필요성을 요구하게 되는 상황을 초래할 수 있다. 노인에게 적당하고 규칙적인 운동은 피로 감소, 신체적 기능 향상뿐만 아니라, 관절질환, 폐렴, 변비, 우울과 같은 다양한 건강문제도 감소시킬 수 있다. 따라서 운동을 시작하기 전에 먼저 노인의 건강력과 신체검진을 실시하여, 운동의 형태, 강도, 빈도, 시간을 고려한 개별적 적정 수준에 맞는 운동을 실시해야 한다. 노인에게 적합한 운동의 유형에는 유연성 신장 운동, 근력 증진 운동, 걷기, 지구력 운동, 수중 운동, 고무 밴드를 이용한 운동 등이 있다.

(6) 생식 및 비뇨기계의 변화

노인은 성호르몬의 감퇴로 성적 흥분 시 일어나는 심혈관계의 급격한 반응이 둔화되고 속도도 느려진다. 테스토스테론, 에스트로겐이나 프로게스테론과 같은 순환 호르몬의 감소로 인해 성적 흥분, 오르가슴, 주변 생식기 등에 변화가 오는데 이는 정신적 요인과 상호작용하여 노인의 성기능에 영향을 미친다.

노화에 따라 신장 기능은 다른 어떤 조직이나 기관에 비해 그 변화가 현저하다. 노인의 신장 기능은 전체적으로 감소하는 가운데 외상이나 질환이 발생하면 변화가 가중되어 취약성이 증가한다. 잔뇨량이 늘어나고, 방광용량이 250ml 정도로 감소되어 자주 소변을 보게 된다. 또한 방광근력이 저하되어 방광이 완전히 비워지지 않아 요류의 힘을 감소시킨다. 요실금은 특히 노인에게 매우 중요한 문제로 신체적 문제뿐만 아니라 심리적, 사회적, 재정적으로 어려움을 겪게 한다.

(7) 피부계의 변화

노인에게 피부장애는 흔하게 나타나며 때로는 정상적 노화과정과 구별하기가 매우 힘들다. 노인은 노화로 인하여 피부가 얇아져 쉽게 손상되는 경향이 있으며 피하조직의 감소로 인하여 저체온이나 오한, 압박에 대한 손상 등의 위험이 높다. 피부장애를 일으키는 주요 원인은 햇볕에 장시간 노출이며, 각화증, 피부암, 피부염, 착색, 건선 및 소양증 등이 흔하게 발생한다. 피부는 나이가 들어가면서 주름이 생기고 늘어지며, 흰머리가 생기고 머리숱이 적어지면서 머리가 벗어지기도 한다.

(8) 신경계 변화

신경계의 구조와 기능의 변화는 개인의 유전적 특성과 외상이나 질환에 의한 특정 뇌 부위에 따라 여러 요인의 복합적 작용에 의해 일어난다. 노화와 더불어 신경계는 노인에게 경미한 기억력 손상, 인지능력 감퇴를 초래하고, 수면 양상, 시각, 청각, 걸음걸이, 자세의 변화를 일으킨다. 뇌 조직은 대사 혹은 산소공급의 변화에 민감하고 뇌와 같은 신경계의 기능손상은 질병과 환경변화에 의한 대사 혹은 산소공급의 변화로 인해 나타난다. 신경계 변화는 주로 나이에 따른 신경세포인 뉴런의 퇴화에 의한 것이며, 주로 신경계의 외상, 허혈, 기타 병리적 상태의 축적결과이다.

(9) 내분비계 변화

갑상선 질환과 당뇨병과 같은 내분비계 질환은 노인에게 흔하게 발병하지만 증상이 확실하지 않으므로 진단을 내리는 것은 어려운 경우가 많다. 또한 노인에게서는 생화학적 변화와 생리학적 변화가 복합적으로 일어나므로 관찰된 증상을 호르몬 분비 장애만으로 설명하기 힘들다. 따라서 호르몬의 생리적 변화와 질병의 병적 변화는 엄격하게 구분해야 한다. 노인의 기초대사율은 감소할 수 있는데, 젊은 사람과 비교하여 볼 때 근육질량의 감소에서 기인한다.

(10) 감각의 변화

❶ 시각

나이가 들면서 지방이 감소하면 눈꺼풀이 처지게 되고 눈이 깊게 들어간다. 눈썹은 회색으로 변화하고, 남녀 모두 눈썹은 가늘어진다. 결막은 얇아지고 누렇게 변하며 눈물의 양은 감소하여 건조해지고 불편감이나 자극을 주게 되는데 이는 인공 눈물의 사용에 의해 완화될 수 있다. 각막에는 갈색점이 생길 수 있고 각막의 민감성은 감소되어 손상이나 감염 시 둔감해진다. 각막반사가 저하되어 각막 주변에 누르스름한 노인환이라고 부르는 지방 침적물을 관찰할 수 있다. 노화와 관련된 노인의 시각체계 변화는 눈부심의 증가, 시력 저하, 빛 순응의 어려움 등으로 이들은 백내장, 녹내장 등 안질환의 원인이 된다.

❷ 청각

노화에 따라 귓바퀴는 연골형성이 계속되고 피부 탄력성이 없어지고 늘어진다. 외이도의 가려움과 건조증이 증가하고 귀지가 건조해져서 외이도를 폐쇄시킬 수 있다. 중이에서는 고막이 두꺼워지고 다른 질환으로 손상을 받을 수 있는데, 중이의 이소골 관절이 퇴행하여 단단해지거나 위축되어 음의 전달능력을 감소시킨다.

노화로 인하여 가장 심하게 변화가 나타나는 것은 내이의 소리의 감수성, 말의 이해, 평형유지에 문제를 일으킨다. 나이에 따라 소리의 고저, 강도에 대한 감지능력은 큰 변화가 없으나 노화로 인한 노인성 난청은 50세 이후에 두드러지며 여성보다 남성에게 흔하다. 노화에 따른 변화 외에도 환경적-유전적 요인으로 청각상실을 초래하는 경우가 증가하고 있는데, 이는 시끄러운 환경이 청신경세포에 해를 주거나 귀의 염증, 사고, 독소 혹은 약품이 원인이 된다.

❸ 미각

성인은 약 10,000개의 미뢰를 가지고 있고 이 미뢰의 수는 여성인 경우 40세에서 50세 사이에, 남성인 경우는 50세에서 60세 사이에 감소되기 시작하나 60세가 될 때까지는 영향을 미치지는 않는다. 미각은 미뢰와 유두 변화에 기인하는데 신경말단, 유두, 미뢰 등이 모두 나이가 증가함에 따라 감소하며 재생산은 느려진다. 미각에서 혀 뒤쪽의 신맛과 쓴맛을 감지하는 미뢰는 나이가 들어갈수록 더 기능을 잘하고, 앞쪽의 단맛을 감지하는 미뢰는 점차 기능이 떨어진다. 또 입술 근육의 탄력이 떨어지고 침의 분비량도 줄어들어 미각의 변화와 대사율의 감소로 식욕의 변화가 온다. 따라서 노인은 맛에 대한 감지능력이 저하되어 맛이 강한 음식을 좋아한다.

❹ 후각

나이 증가에 따른 변화가 거의 나타나지 않는 부분으로 노인의 신체적 변화 중에서 가장 변화가 적게 일어난다.

❺ 촉각

신체 부위에 대한 접촉의 민감성이 현저히 감퇴하는 경향이 있다. 그러므로 노인은 접촉의 강도가 높아야 쉽게 촉감을 느낄 수 있다. 노인이 되면 통증을 호소하는 정도는 증가하지만 통증에 대한 민감성이 감소하여 둔감한 반응을 보인다.

2) 인지적 발달

(1) 노년기 인지발달 관점의 변화

노년기 인지발달 연구가 본격적으로 시작된 것은 1950년대부터이다. 1950년대와 1960년대 연구들은 주로 노년기 인지적 능력이 성인 전기와 비교하여 어떻게 감퇴되는가를 확인해내는 연구가 주를 이루었다. 이 시기의 연구결과를 보면 노년기는 지능, 기억, 언어, 문제해결 등 거의 모든 영역에서 지적 능력의 감퇴가 일어나는 것으로 보고하고 있다. 따라서 아동기 인지발달의 특징이 지적 능력의 증가에 있다면 노년기에는 결코 부정할 수 없는 인지적 감퇴(cognitive decline)가 일어난다는 증가와 감퇴의 도식이 자연스럽게 받아들여졌다(Botwinick, 1977).

1970년대에 들어서면서 노년기 인지발달에 관한 획일적인 증가와 감퇴의 도식에 의문이 제기되기 시작하였다. 노인들이 인지과제에서 낮은 수행수준을 보이는 것은 지적 능력 자체의 감퇴보다는 각종 검사에서 지적 능력을 표현해내는 것을 방해하는 여러 요인들에 기인한다는 능력-수행구분(competence performance distinction) 모형이 제시되었다. 따라서 70년대의 연구는 노년기 인지적 수행을 낮추는 요인들을 식별해내는 데 관심을 기울였다. 건강의 악화로 인한 주의력 결핍, 높은 점수를 받고자 하는 동기의 결핍, 오랜 기간 동안의 교육경험 부재, 지나친 조심성으로 인한 수행기피, 검사 상황의 경험부족과 비친숙성, 반응속도의 둔화 등이 노년기에 인지적 능력이 있으면서도 수행이 낮아지는 현상을 설명하는 이유로 제시되었다(Reese & Rodeheaver, 1985).

1980년대부터 최근까지의 노년기 인지발달 연구의 특징은 노년기 인지발달을 인지기능의 감퇴를 논의하는 소극적인 관점에서 벗어나 노년기 특유의 긍정적인 인지적 능력을 식별해내려는 데 목적이 있다. 70년대의 능력-수행구분 모형이 노년기와 성인 전기 인지능력이 양적으로 동등하다는 것을 입증하려는 데 있었다면, 최근의 연구들은 성인 전기와 질적으로 다른 노년기 특유의 유능성을 주장하는 데 그 특징이 있다(Datan et al., 1987). 노년기 인지발달의 질적 유능성을 강조하는 연구자들은 한결같이 아동기와 청년기의 인지발달과정을 설명하는 Piaget(Inhelder & Piaget, 1958; Piaget, 1983)의 추상적이며 가설연역적인 형식적 조작사고 모형은 노년기 인지발달을 설명하는 데에 적합하지 않다는 사실을 지적하고 노년기 인지적 능력의 풍요함과 가치 및 중요성을 설명해줄 수 있는 모형을 제시하고 있다.

노년기 인지발달에 대한 최근의 관점과 연구동향들을 살펴보면 노년기 인지발달을 단순히 실험실에서 제시하는 과제의 수행수준에 의해 진단하는 데서 벗어나 노인들이 몸담고 있는 일상의 삶이라는 사회문화적 맥락 내에서 고려해야 한다는 결론을 얻을 수 있다. 이렇게 볼 때 노년기는 인지적으로 매우 풍요하며 보다 발전된 문제해결 사고를 갖는 단계이다.

노년기 인지발달 양상을 일반적인 지능과 기억발달로 나누어서 감퇴를 중심으로 하는 초기 연구와 지속적 발달을 주장하는 후기 연구로 나누어 살펴보기로 하겠다.

(2) 노년기 인지발달 양상

❶ 지능변화

노년기 지능변화를 가장 잘 보여주는 대표적인 연구로서 Schaie(1983, 1989)의 시애틀 종단적 연구(Seattle longitudinal study)를 들 수 있다 이 연구에서는 1959년에 20세 남녀 500명을 대상으로 지능검사를 실시하고 7년마다 재검사를 실시하였다. Schaie의 연구결과에 의하면 노년기 언어능력은 대체로 70세까지 지속되거나 증가한다. 독해능력은 큰 개인차가 있으나 대체로 50~60세경부터 감퇴하기 시작하며 수리능력은 50세경까지 유지되다가 이후부터 감소한다. 특히 공간능력은 가장 빨리 감퇴되는 영역으로 성인 전기부터 시작된다. 그러나 남아의 공간능력의 우수성은 전 생애를 걸쳐 일관성 있게 지속되어 노년기에도 마찬가지로 남성의 공간능력이 높다. 이들 결과를 종합하여 Schaie와 Hertzog(1983)는 노년기 지능변화는 큰 폭의 개인차가 있으나, 대체로 60세 이전까지는 지능검사 점수에 감퇴가 없지만 70세경부터는 인지능력이 감소된다고 결론지었다.

노년기 인지적 변화에서 관심을 가져야 할 현상이 최종 급강하(terminal drop) 현상이다. 최종 급강하는 Kleemeler(1972)가 노인들의 지능을 일정한 간격을 두고 네 번 반복하여 진단하는 과정 중에서 네 번째 검사에서 큰 폭으로 지적 감퇴를 보인 노인들이 검사 후 곧 사망하는 현상을 목격하고 제시한 개념이다. 최종 급강하 현상은 그 후 여러 노년기 연구자들이 검토한 결과 지능뿐 아니라 지각능력, 정신운동기능, 성격영역에서도 마찬가지로 나타났다(Lieberman, 1983).

노년기 지적 능력의 변화양상은 큰 폭의 개인차를 보이는데 개인에 따라 규칙적으로 빠른 감퇴가 나타나기도 하고, 감퇴 속도가 매우 느린 경우도 있다. 이러한 개인차가 나타나는 것은 건강, 성격, 교육수준, 문화적 환경, 검사에 임하는 태도 등 여러 가지 개인적 특성에 의해 결정된다.

❷ 기억력의 변화

대부분 노인들은 기억의 어려움을 호소한다. 물건을 둔 장소, 사람 이름, 날짜, 전화번호 등을 잊거나 혼동하는 것은 노년기에 흔히 경험하는 기억 장애이다. 몇 개의 낱말이나 문장을 제시하고 재인능력이나 회상능력을 진단하는 실험실 연구에서도 노인들은 20대에 비해 수행능력이 60% 이상 감소한다(Guttentag, 1985). 노인들이 실험실 검사에 친숙하지 않은 데서 오는 검사 실시상의 문제를 감안한다 해도 노년기에 기억감퇴가 일어나는 것은 명백해 보인다.

노년기 일상경험과 밀접하게 관련되어 있는 생태적 타당성이 높은 과제에서도 기억능력의 감퇴는 마찬가지로 나타난다. 예를 들어 소설의 단락, 오래 살아온 도시의 건물 이름, 물건 이름, 자신이 한 활동, 사람 이름이나 얼굴 등 친숙한 사물이나 상황에 대한 기억능력도 성인 전기에 비해 명백하게 감소된다. 노년기에 기억감퇴가 일어나는 원인은 대체로 세 가지 요인으로 설명된다(Poon, 1985). 첫째, 생물학적인 가설에서는 중추신경계의 손상 등 생물학적 요인으로 인해 기억능력의 쇠퇴가 일어난다고 믿는다. 둘째, 정보처리가설(information processing hypothesis)에서는 관련정보에 주의를 기울이며, 중요한 정보에 주의를 할당하는 주의능력의 결함과 정보를 처리하는 전반적인 인지적 역량의 감소를 노년기 기억능력의 감퇴의 원인으로 보고 있다. 마지막으로, 맥락적 가설에서는 경험 · 동기 · 성격 · 문화적 요인들이 미치는 영향을 중시하고 있다.

노년기 기억감퇴가 일어나는 양상을 정보처리과정에 비추어 살펴보자.

(3) 노인성 치매

노년기 인지적 변화와 관련해서 많은 관심의 대상이 되고 있는 현상이 노인성 치매(dementia)이다. 치매는 노년기에 인지적 기능을 상실하는 병리현상이다. 기억상실, 대화의 산만성, 장소와 시간의 인지상실, 성격변화 등 치매는 여러 측면에서의 심리적 기능의 파괴를 수반한다. 〈표 14-1〉은 미국, 일본을 포함하여 세계 6개국의 노년기 연령집단별 치매 발병률을 보여준다.

〈표 14-1〉 노년기 연령집단별 치매 발병률

연령집단(세)	발병률(%)
65～69	2
70～74	3
75～79	6
80～84	12
85～89	22
90 이상	41

출처 : Preston(1986).

모든 치매는 대체로 세 단계를 거쳐 진행된다. 첫째 단계는 사람 이름이나 장소를 잊거나 혼동하는 가벼운 망각(benign forgetfulness) 증세를 보이는 단계이다. 이 단계 정도의 망각은 대부분의 노인들이 경험하는 것이며 그 이상 진행되지 않는 경우도 많다. 다음 단계는 일반적 혼돈(general confusion)이 찾아온다. 이 단계에서는 뚜렷한 단기기억 결함이 나타나고 집중력의 결여, 같은 말을 반복하거나 서성이고 다니는 등의 징후들이 나타난다. 우울증과 사람과의 접촉을 피하려는 경향이 함께 보이게 된다. 셋째 단계는 기억력 파괴(memory destruction)로 인해 생명을 위협하는 사태가 초래되기도 한다. 분노와 편집증세가 나타나며 의사소통이 불가능하고 친척들의 얼굴을 알아보지 못한다.

3) 심리·사회적 변화

인간의 신체적 노화와 함께 자신의 의지와는 다르게 점차적으로 사적 위치나 성격도 변화해 간다. 따라서 같은 말과 같은 상황 아래에서도 젊은이에 비하여 노인은 더 노여워하고 서러워할 수 있다. 그러므로 노인의 심리적 특성을 잘 알아 두어 노인과 대화를 나눌 때에는 주의해야 한다.

노인은 각기 자신을 지각하는 방식, 문제해결 방식, 활동하는 방식, 상황에 대응하는 방식이 있고, 평소 생활양식에 따라 생각하고 행동하며 반응한다. 청년기나 중년기에 문제에 적절이 대처했던 사람은 노인이 되어서도 많은 문제에 직면하면 그 대처기술을 그대로 사용하는 경향이 높다.

(1) 노년의 가족생활

많은 노인에게 있어 가족은 가장 커다란 만족감을 느끼게 하는 원천이다. 노년의 배우자와의 관계는 보다 개선되며 조부모 노릇도 큰 기쁨을 준다. 추상적 의미에서 노인은 인생의 가장 의미 있는 노력의 일환으로 완전성을 느낀다. 즉 배우자와의 관계가 좋아지며 자녀들이 성장하여 그들의 자녀를 보게 되는 것이다. 자녀들, 손자녀들은 이 세상에 공헌한 그들의 유산의 일부이고 일종의 사후의 생명으로 생각할 수 있을 것이다.

한편 어떤 노인들은 그들의 가족이 끊임없는 좌절의 원천이라 느낀다. 배우자와의 관계는 여전히 불만스럽고 갈등에 차 있다. 또한 많은 노인들이 배우자를 사별하고 고독감과 경제적 곤란에 직면한다. 자녀와의 관계도 긴장될지 모른다. 노인의 생활에 가족은 가장 깊은 만족과 행복을 줄 가능성도 그리고 깊은 좌절과 불행을 줄 가능성도 가지고 있다.

❶ 부부관계

노년기에 남편과 아내 관계는 더욱 중요해진다. 자녀들이 물리적, 심리적으로 떠나고 형제들, 친구들이 죽을 때 개인의 생각과 감정을 친밀하게 표현할 수 있는 유일한 대상은 배우자일 경우가 많다. 결혼의 동료애적 측면이 연령과 함께 더욱 중요하게 되어간다. 즉 인생의 반려자로서의 의미가 그 어느 때보다 절실해진다.

자녀로부터 배우자 서로에게로 초점을 이동하는 곳이 노년의 결혼에서 주요한 발달적 사건의 하나라면 또 다른 것은 은퇴에 의해 야기되는 재적응이다. 남편이 은퇴하고 대부분의 시간을 가정에서 보내게 될 때 남편과 아내는 비교적 상호 동등한 권위와 과업을 공유하게 되는데 가정활동의 책임을 흥미, 능력, 육체적 힘을 기초로 적절히 배분하는 것이 바람직하다. 이 시기의 결혼 조화는 배우자가 서로에게 가지는 관심과 존중의 수준에 따라 나타나기 때문이다(Medley, 1977).

은퇴기 이후 만족스러운 결혼생활을 보고한 연구는 많다(Stinnett, Carter, Montgomery, 1972; Rollins and Feldman, 1970). 어떤 의미에서 말년의 결혼적응은 보다 초기에 이룩된 적응의 반영일 수 있다. 결혼생활 초기부터 어려움을 가졌던 부부들은 은퇴와 더불어 문제가 복합되기도 한다. 서로 같이 있는 시간을 피했거나 그나마 유지되었던 결혼이라면 심각한 위기를 맞게 된다. 낮은 교육수준, 신체적 무능력, 부적당한 수입을 가진 부부들은 노년기 동안 결혼에 불만족하기 쉽다(Duvall, 1977).

❷ 조부모 노릇

전통적으로 할머니, 할아버지는 자애롭고 너그러운 모습으로 묘사된다. 대부분의 조부모가 손자녀를 좋아하고 그들을 돌보는 것을 기뻐한다. 조부모에 대한 종합적 연구(Neugarten & Weinstein, 1968)에서 2/3가량이 조부모 역할에 만족을 표시했다. 불평을 말한 소수의 노인은 손자녀의 부모와 갈등이 있다고 말했다. 그러나 50대 조부모들은 그들의 역할을 좋아하지 않았다. 노인의 사회적 위치를 갖는 것이 그들이 나이 들었다는 느낌으로 자아개념이 낮아질 수 있다.

위의 연구에서 조부모의 보편적 역할은 일반적으로 전통적 조부모 역할을 따른다. 익애적이고, 아기 돌보기 같은 서비스로 손자녀의 부모를 도와주며 손자녀의 복지에 관심을 가지면서도 부모의 의무에는 간섭하지 않도록 조심한다. 다음으로는 기쁨추구형이다. 손자녀와의 관계는 사적이고 장난 어린 관계이며 놀이친구 같은 관계이다. 또한 원거리형은 공휴일, 생일에 의례적 선물들을 가지고 방문하는 그림자 같은 모습이다. 그들은 손자녀를 좋아하지만 대개 멀리 살기 때문에 상호작용이 거의 없다. 한편 대리부모형은 대개 어머니가 직장을 가지고 있어 조모들이 양육을 담당하는 경우이며 가족 지혜 보유형은 구식의 부권가족에서 보이는 형으로 권위를 가능한 한 오래 보유했다.

조부모의 연령이 조부모 역할의 형태를 결정하는 데 유의한 요인으로 작용한다. 일반적인 유형은 65세 이상 조부모들에서 흔히 보이고 50대의 조부모들은 기쁨추구형이거나 원거리형이기 쉽다.

❸ 배우자와의 사별

생애에서 경험하는 가장 고통스러운 사건 중의 하나는 배우자와의 사별이며 노년기는 그러한 가능성이 높은 시기이다. 죽은 사람과의 친밀도 정도와 비례하여 자신의 죽음과 거의 다를 바 없는 정서적 공허감, 슬픔, 불행, 고독을 느낀다. 사별한 사람 가운데는 인생이 더 이상 살 가치가 없는 것처럼 보여 자신의 죽음이 빨리 오기를 기다리기조차 한다. 애도기간 동안 80% 이상의 사별한 사람들에게 나타나는 증상들은 울음, 우울, 수면장애, 집중의 곤란, 식욕감퇴, 수면제나 진정제와 같은 약물에의 의존 등이다 (Insel, 1976).

Engel(1964)은 사별에 뒤따르는 애도과정의 3단계를 제시하는데 첫째는 충격과 반신반의로써 그 상황의 실제를 부정하며, 일어난 일을 이해할 수 없는 단계이다. 둘째는 지각의 발달이다. 상황의 실재를 받아들이고 슬픔, 죄의식, 수치, 무력감 등 정서적 반응을 보인다. 마지막 단계는 회복으로 어느 정도 내적인 평화와 안정을 되찾는다. 보통 이 기간은 1년 정도 걸린다. 애도의 완전한 해소는 상실한 관계에 대한 슬픔과 편안한 마음의 양면을 현실적으로 편안하게 기억할 수 있는 능력으로 헤아려진다.

Parks(1970)도 유사한 4단계를 제시한다.

- 1단계 : 마비, 무감각으로 인해 밖으로 표현되는 정서적 반응의 결여이며 며칠 지속된다.
- 2단계 : 그리워하는 단계로 죽은 이에 사로잡혀 그를 생각나게 하는 물건들, 사건들, 사람들을 볼 때 극심한 슬픔의 감정이 유발된다.
- 3단계 : 낙담과 실의의 단계이다. 슬픔의 강도는 감소되나 생의 의미가 공허한 상태로 우울, 무관심, 수동성을 경험한다.
- 4단계 : 회복단계로 죽은 사람이 되살아오리라는 비현실적인 소망은 완전히 사라지고 자신을 위한 새로운 생활을 구축하기 시작한다.

이와 같이 죽은 사람에 대한 애도가 장례식이 끝날 때 끝나는 것은 아니다. 반대로 가장 고통스러운 공허감은 장례식 이후 참석한 사람들이 떠나간 이후에 느껴진다. 애도과정 동안 만족스러운 적응이 이루어져 에너지를 새로이 분배하여 새로운 생활구조를 만들어갈 필요가 있다. 이에 가족원들, 친구들, 친척들과의 지속적인 교류와 의사소통이 도움을 줄 수 있다.

(2) 은퇴와 제2의 삶

직업세계로부터의 은퇴는 노년기에 대처해야 하는 또 하나의 발달과업이다. 이는 특정연령에 도달했다는 것 때문에 요구되는 사회적 역할의 변화이자 노인으로 인정되는 눈에 보이는 증거이기도 하다(Madison, 1976).

따라서 은퇴는 개인 권리의 축소이자 노화의 첫 번째 모독으로 생각되기도 한다. 그러나 은퇴를 기다리는 사람도 있다. 매일 일하러 가지 않아도 되고 자유롭게 원하던 일을 할 수 있는 날을 기다려 온 사람들은 은퇴가 없다면 매우 당황할 것이다(Kalish, 1985). 최근에는 은퇴 이후에도 신체적으로나 심리적으로 건강을 유지하며 제2의 삶을 계획하여 새로운 인생을 사는 노인들도 많이 늘어나고 있는 경향이다.

❶ 은퇴의 시기

은퇴는 직업주기의 종결을 짓는 단계다. 과거의 근로자들은 자신의 은퇴 연령을 스스로 정할 수 있었으며 자손이나 젊은 동료에게 가게나 농장에 대한 상당한 책임을 이양하고 덜 힘든 일의 형태로 전환하는 것도 가능했다. 오늘날도 자영업의 근로자들은 이렇게 할 수 있지만 대부분의 공장노동자, 공무원, 교사, 회사원, 관리자와 같은 근로자들은 은퇴에 관한 조직의 운영을 따른다.

우리나라의 많은 기업들은 55세 정년제를 채택하고 있으나 바람직한 퇴직연령에 대한 조사를 보면 만 60세를 선호하는 것으로 나타났다(한국갤럽조사연구소, 1984). 사회보장제도가 잘되어 있는 영국, 프랑스는 역시 60세를 선호하며 일본과 미국은 65세가 가장 많다. 미국에서는 1979년 법 개정으로 일할 의욕과 능력이 있는 한 70세까지 일할 수 있게 되었다.

먼 단계	근접 단계	밀월 단계	환멸 단계	적응 단계	안정 단계	종결 단계
은퇴 전		은퇴		은퇴 후		

[그림 14-2] 은퇴의 7단계

출처: Atchley, R. C.(1976).

❷ 은퇴에 대한 심리적 반응

직업은 개인의 자아개념에 중심적인 것으로써 은퇴는 자신을 가치 있고 유용한 존재로 보는 데에 대한 하나의 도전이다. 일에 대해 헌신하며 자아 정체감의 주요 원천을 눈에 보이는 업적에 의존하는 사람들이 많은 사회에서 은퇴는 더욱 심각한 심리적 어려움을 갖는다. 이런 사람들은 대개 사회의 중상류층에 속하며, 높은 지위의 직업들은 그들에게 존경을 얻게 하고 힘을 주고 책임을 갖게 하였다. 그들은 개인적 정체감을 주로 직업에 의해 규정해 왔다. 따라서 그들은 은퇴 후 생활을 즐길 자원들을 더 많이 가지고 있음에도 불구하고 마지못해 은퇴한다.

한편, 대부분의 근로자들은 일을 그만둘 때 행복감을 느끼는데, 상실감이라면 오직 경제적인 것에 대한 것뿐이다. 그들은 직업만족이 주로 금전에 있는 낮은 직종의 사람들이다.

3 노년의 경제 및 여가생활

은퇴가 가져오는 실제적 문제 중에 주된 것은 경제적인 것이다. 경제적 안정은 성인기의 모든 단계의 적응에서 가질 수 있는 대안의 범위를 결정하지만 특히 노인에게는 중요하다.

우리나라에서는 정년퇴직이 대개 50～60세 초반에 이루어지고 있어 아직 일할 수 있는 나이임에도 경제활동의 일선에서 밀려나고 있다. 현재 우리나라의 실정으로서는 여러 명 자녀의 계속되는 대학교육 및 결혼준비로 가계지출이 절정에 달해 있는 이 시기에 퇴직을 강요당함은 가정의 경제적 안정을 크게 위협하는 것이며 노후준비를 어렵게 하는 것이다.

1984년 한국갤럽조사연구소의 전국표본조사(만 60세 이상 노인 1,427명)에 의하면 노인의 취업률은 20%밖에 안 되고 이들 중 대부분이 농업, 자영업에 종사하고 있다. 이들 노인의 생활 정도는 유, 무직자를 막론하고 응답자의 2/3가 어렵다고 했으며, 특히 남자 노인의 가장 큰 근심거리는

'경제적 불안정'으로 나타나고 있다. 압도적 다수가 현재 생활비를 자식들에 의존하고 있고(78.2%), 응답자 중 약 반수의 노인이 용돈이 부족하다고 말한다. 우리나라 노인들은 대체로 무직상태에서 자식들에게 얹혀살며 경제적 불안정 속에 살고 있다 하겠다. 이것은 노화와 여러 문제들을 보다 악화시킬 것이다.

노인에게 있어 생활의 대부분이 여가라고 해도 과언이 아니기 때문에 노인의 여가활동은 그들의 생활만족도와 직접적으로 관계된다. 경제적 또는 건강상의 이유로 여가활동에 참여하지 못하고 무료하게 보낼 수도 있고, 또한 여가활동 및 여가수단에 대한 지식, 경험, 훈련 부족으로 여가를 잘 활용하지 못하는 경우도 많으므로 다양한 정보제공 활동이 필요하다.

(1) 노인의 여가 유형

노인의 여가 형태는 개인의 성격이나 습관, 처해진 환경조건에 따라 다르나 다음과 같이 노인의 여가 유형을 다음의 5가지로 구분한다(김태현, 1994).

① 단독충실형 : 미술, 음악 감상, 서예, 다도, 사진촬영, 우표나 고서수집 등 취미생활로 시간을 보내는 형이다.

② 우인교류형 : 친구들과 어울려 회식을 하거나 대화를 나누기를 좋아하며 관혼상제에도 적극적으로 참가한다.

③ 독서형 : 서재에서 독서를 하거나 문집을 정리하고 신문, 잡지기사를 스크랩하고 새로운 문헌을 수집하는 등으로 시간을 보내는 형이다.

④ 가족충실형 : 정원손질, 주거의 미화작업, 가구를 수시로 옮겨놓아 보는 일, 가족동반 외식이나 여행 등 가족 중심적 생활에 시간을 보낸다.

⑤ 사회참여형 : 지역사회를 위한 봉사활동이나 동창회, 향우회, 친목회, 종친회, 때로는 정치단체에 적극 참여하는 형이다.

이러한 노인의 여가 유형들은 경제력 또는 학력수준과 관계가 있어 경제능력이 없는 노인은 단독충실, 우인교류, 사회참여 등의 여가활동에 제약을 받을 수밖에 없고 저학력 노인은 독서나 사회참여에는 취미를 느끼지 못할 수 있다.

만 60세 이상 전국 노인의 생활실태와 의식구조 조사에 의하면(한국갤럽조사 연구소, 1984) 우리나라 노인들의 취미활동은 ① TV 시청(69.9%)과 라디오 청취(52.3%), ② 바둑, 장기, 화투 등의 놀이(27.1%), ③ 산책(20.1%) 및 여행(18.6%), ④ 별로 하는 게 없다(13.7%), ⑤ 독서(12.8)의 순이며 그 밖의 취미활동은 미미한 비율이다. 일본, 영국, 미국, 프랑스, 태국과의 6개국 비교에서 한국이 가장 낮은 것은 독서, 뜨개질, 요리, 정원손질, 예술작품 감상 등으로 나타나고 있다.

한편 우리나라 노인들의 사회참여는 대체로 저조한 편이나 종교활동(33.2%), 노인 단체활동(29.3%), 기타 사교모임(26.3%)에의 참가율이 정치활동이나 스포츠 활동 참가율보다 높다. 이웃과의 접촉 빈도는 평균 주 4회 정도이고 매일 접촉하는 사람은 43.4%이다. 연령이 낮고 교육수준, 생활수준이 높을수록 접촉 빈도가 높다.

이와 같이 우리나라 노인들의 취미생활이나 사회활동은 그리 다양하거나 활발하지는 않음을 알 수 있다.

4 죽음의 수용

죽음은 생명체의 생물학적 종말이지만 그러나 실은 그 이상의 것이다. 그것은 죽은 개인에게만 단순히 영향을 주는 사회적 사건이 아니라 배우자, 자녀, 친구들이 심각하게 영향을 받을 뿐 아니라 만일 죽은 사람이 지도자라면, 그의 죽음은 한 정치적 시대의 종말을 고하게 할지도 모르고 또는 항거의 시작이 될지도 모른다.

많은 사람은 성인 중기에 자신의 부모의 죽음을 맞게 되고, 성인 후기가 되면 배우자, 동년배의 죽음을 보게 된다. 이러한 사태는 성인을 슬픔이나 애도와 같은 정서적 과정의 경험과 더불어 죽음을 받아들이고 이해하고자 하는 심리적 스트레스의 원천이 된다. 죽음을 둘러싼 상황 역시 매우 큰 두려움을 갖게 한다. 장기간의 투병 끝에 고생하다 죽어가는 사람, 건강한 생활을 하다가 돌연히 죽음을 맞는 사람, 하찮고 무의미한 사고로 죽는 사람을 본다. 어떤 경우에도 남은 사람은 그들의 인생의 가치에 대해, 그리고 자신의 인생의 가치에 대해 자문하게 된다.

죽음에 대한 직면은 인생의 마지막 발달과제이기도 하다. 인생의 마지막 과업을 성취하기 위해서는 죽음을 이해하고 받아들이기를 배워야 한다. 이제까지 죽음은 흔히 대화에서 회피되고 억압되는 민감한 화제였으며 그에 대한 반응도 다양했다.

노인들은 젊은 사람들보다 죽음에 대하여 더 잘 알고 덜 두려워하며 공허해지는 인생에 대해 받아들일 수 있는 하나의 대안으로 지각하기조차 한다고 밝혔다. 일반적인 관념과는 달리 죽어가는 환자들은 대개 그들의 임박한 죽음에 대해서 공공연히 이야기하기를 원한다고 한다. 그러나 친지나 의료진들은 그러한 화제를 입에 담는 것을 피하여 죽어가는 환자를 침묵하도록 강요하게 될 수도 있다. 그러나 전문가들은 죽어가는 환자들이 그들의 임박한 죽음을 감지할 때, 그들의 감정을 언어로 표현할 필요를 느낀다고 말한다(Turner & Helms, 1994). 이러한 죽음에 대한 언어적 표현은 죽음에 대한 수용을 도울 수 있다.

또한 자신의 수의, 관, 묘지의 선정, 관례를 생전에 준비하는 것도 불가피한 죽음을 정서적으로 수용하는 것뿐 아니라 사후의 일을 예측 가능하게 함으로써 죽음에 대한 불안이나 두려움을 어느 정도 조절, 대응하고자 하는 심리적인 효과가 있다고 하겠다. 정중한 장례식의 절차와 까다로운 규정을 따르는 것은 같은 맥락에서 의미를 지닐 것이다.

참고문헌

강문희 외 4인(2004). 아동발달. 교문사.

곽금주(1998). 사회인지발달적 관점에서 공격성의 평가와 중재에 대한 탐색, 심리과학, 서울 대학교 심리과학 연구소.

김광웅 외 5인 역(2003). 놀이와 아동발달. 시그마프레스.

김정희 · 김현주 · 손은경 · 송연숙(2007). 아동발달. 동문사.

김제한(1987). 발달심리학. 양서원.

______(1998). 발달심리학. 양서원.

김청자 외 1인(2004). 교육심리학. 동문사.

김청자(2009). 교육심리학의 이해. 동문사.

김태련 외(1987). 발달심리학. 박영사.

뇌과학(2005). EBS.

두진영(2010). 청소년 인터넷 중독 예방 및 치료관련 논의. 한국청소년시설환경학회 토론회 논문집.

박귀영 · 안우상 · 오현숙 · 정왕용 · 허영숙 · 황동섭(2010). 노인복지론. 양서원.

송길연 외 3인 공역(2000). 발달심리학. 시그마프레스.

______________(2005). 발달심리학. 시그마프레스.

송명자(1995). 발달심리학. 학지사.

_____(1998). 발달심리학. 학지사.

윤운성 · 정정옥(1998). 영아 · 유아 · 아동발달심리. 양서원.

윤진(1985). 성인 · 노인심리학. 중앙적성출판사.

이종숙 외 4인 역(2008). 아동발달. 시그마프레스.

장인협 · 최성재(2006). 노인복지학, 서울대학교 출판부.

장휘숙(2000). 청년심리학. 학지사.

_____(2001). 아동발달(아동의 심리적 세계). 박영사.

정옥분(2004). 발달심리학(전생애 인간발달). 학지사.

_____(2000). 성인발달의 이해. 학지사.

_____(2002). 아동발달의 이해. 학지사.

주상윤(2007). 창의적 발상의 원리와 기법. UUP.

최경숙(2000). 발달심리학(아동, 청소년기). 교문사.

_____(2006). 아동발달심리학. 교문사.

_____(2010). 발달심리학(전 생애 : 아동 · 청소년 · 성인). 교문사.

한정란(2001). 교육노년학. 학지사.

홍혜영(2010). 청소년 인터넷 중독의 치유를 위한 관점의 변환. 한국청소년시설환경학회 토론회 논문집.

Abbott, K., Lee, P., & Flavell, J. H.(1998). Young children's understanding of intention. unpublished manuscript.

Achenbach, T. M., & Edelbrock, C. S., & Howell, C. T.(1987). Empirically based assessment of the behavioral/emotional problems of 2-and 3-year-old children. *Journal of Abnormal Child Psychology*, 15, 629-650.

Acker, M. M, & O'Leary, S. G.(1996). Inconsistency of mothers' feedback and toddlers' misbehavior and negative affect. Journal of abnormal child psychology, 24. 703-714.

Ainsworth, M. D. S.(1973). The development of infant-mother-infant interaction. In J. G. Rosenblatt, R. A. Hinde, C. beer, & M. Busnel(Eds). *Advances in the study of behavior*, 9. Orlando, FL.; Academic press.

____________________(1979). Attachment as related to mother-infant interaction. In J. S. Rosenblatt, R. A. Hinde, C. Beer, & M. Busnel(Eds.), *Advances in the study of behavior*(Vol. 9). New York : Academic press.

Ainsworth, M. D. S., Blehar, M., Waters, E. & Wall, S.(1978). *Patterns of attachment*, Hillsdale, NJ : Erlbaum.

Albert, M. S., Heller, H. S., & Miberg, W.(1988). Changes in naming ability with age. *Psychology and Aging, 3,* 173-178.

Alessandri, S. M., Sullivan, M. W., & Lewis, M.(1990). Violation of expectancy and frustration in early infancy. *Developmental psychology* 26, 738-744.

Alexander, B. K., & Harlow, H. F.(1965). Social behavior in juvenile rhesus monkeys subjected to different rearing conditions during the first 6 months of life. *Zoologische Jarbucher Physiologie*, 60, 167-174.

Alfieri, T., Ruble, D. N., & Higgins, E. T.(1996). Gender stereotypes during adolescence : Developmental changes and the transition to junior high school. *Developmental Psychology*, 32, 1129-1137.

Anderson, C. A., Berkowitz, L., Donnerstein, E., Huesmann, R., Johnson, J. D., Linz, D., Malamuth, N. M., & Wartella, E.(2003). The influence of media violence on youth. *Psychological Science in the Public Interest, 4*(3), 81-106.

Arsenio, W., & Kramer, R.(1992). Victimizers and their victims : children's conceptions of the mixed emotional consequences of moral transgressions. *Child development*, 63, 915-927.

Atchley, R. C.(1976). *The Sociology of retirement.* Cambridge, MA : Schenkman.

Atkin, C.(1978). Observation of parent-child interaction in supermarket decision-making. *Journal of marketing*, 42, 41-45.

Bagwell, C. L., Schmidt, M. E., Newcomb, A. F., & Bukowski, W. M.(2001). Friendship and peer rejection as predictors of adult adjustment. In D. W. Nangle & C. A. Erdley (Eds.), *The role of friendship in psychological adjustment* (pp.25-49). San Francisco : Jossey-Bass.

Bahrick, L. E., Moss, L., & Fadil, C.(1996). Development of visual self-recognition in infancy. *Ecological psychology*, 8, 189-208.

Baltes, P. B.(1987). Theoretical Propositions if life-span developmental psychology : on the dynamics between growth and decline. *Developmental psychology*, 23, 5, 611-626.

Bandura, A.(1977). *Social learning theory*. Englewood Cliffs, NJ: Prentice-Hall.

__________(1989). Social cognitive theory. In R. Vasta (Ed.), *Annals of Child Development : Revised formulations and current issues.* Greenwich, CT : JAL Press.

Barkley, R. A.(1997). Behavioral inhibition, sustained attention, and executive functions : Constructing a unifying theory of ADHD, *Psychological Bulletin*, 121, 65-94.

Baron, N. S.(1992). *Growing up with language: How children learn to talk*, Reading, MA: Addision Wesley.

Baron, R. A. & Byrne, D.(1994). *Social psychology* : understanding human interaction(7th ed.) Newton, MA : Allyn & Bacon.

Bates, E.(1993, March). Nature, nurture, and language. Incited address presented at the biennial meeting of the Society for research in Child Development, New Orlens.

Bates, J. E., Viken, R. J., Alexander, D. B., Beyers, J., & Stockton, L.(2002). Sleep and adjustment in preschool children : Sleep diary reports by mothers relate to behavior reports by teachers. *Child Development*, 73, 62-74.

Baumrind, D.(1967). Child care practices anteceding three patterns of preschool behavior. *Genetic Psychology Monographs,* 75, 43-88.

__________(1971). Current patterns of parental authority. Developmental *Psychology Monographs*, 4 (1, Part 2).

__________(1991). *Effective parenting during the early adolescent transition*. In P. A. Cowan & M. Hetherington (Eds.), Family transitions. Hillsdale, NJ : Erlbaum.

Beal, C. R. & Belgard, S. L.(1990). The development of message evaluation skills in young children. *Child Development*, 61, 705-712.

Beal, C. R.(1987). Repairing the message: Children's monitoring and revision skill. *Child Development*, 58, 401-408.

Belmont, J. M, & Butterfield, E. S.(1971). Learning strategies as determinants of memory deficiencies. *cognitive psychology*, 2, 411-420.

Belsky, J. & Steinberg, L. D.(1978). The effects of daycare : A critical review. *Child Development*, 49, 929-949.

Bem, S. L.(1974). The measurement of psychology androgyny. *Journal of Consulting and clinical Psychology,* 42, 155-162.

__________(1978). Beyond androgyny : Some presumptuous precriptions for a liberated sexual identity. In J. A. Sherman & F. L. Denmark (Eds.), *The*

Psychology of women : Future directions in research. New York : Psychological Dementions.

Bem, S. L.(1983). Gender schema theory and its implications for child development : Raising gender aschematic children in a gender-schematic society. *Signs : Journal of Women in Culture and Society.* 8, 598-616.

__________(1989). Genital knowledge and gender constancy in preschool children. *Child Development*, 60, 649-662.

Berndt, T. J.(1979). Developmental changes in conformity to peers and parents. *Developmental Psychology*, 15, 608-616.

__________(1989). Friendships in childhood and adolescence. In W. Damon (Ed.), *Child development today and tomorrow*. San Francisco : Jossey-Bass.

Biernat, M.(1991). Gender stereotypes and the relationship between masculinity and ferminინity : A developmental analysis. *Journal of Personality and Social Psychology*, 61, 351-365.

Block, J. H., & Block, J.(1980). The role of ego-control and ego-resiliency in the organization of behavior. In W. A. Collins(Ed.), *Minnesota symposia on child psychology*(Vol. 13, pp.39-101). Hillsdale, NJ : Erlbaum.

Bloom, L., Hood, L., & Lighbrown, P.(1974). Imitation in language development: If when and why. Cognitive Psychology, 6, 380-420.

Bohannon, J. N., & Warren-Leubecker, A.(1989). Theoretical approaches to language acquisition. In J. B. Gleason(Ed.). The development of language. columbus, OH : Merrill.

Bornstein, M. H.(1995). Parenting infants. In M. H. Bornstein(Ed.). *Handbook of parenting*(pp.3-41). Mahwah, NJ : Erlbaum.

Bouchard, T. J. et al.(1990). *Sources of human psychological differences : The Minnesota study of twins reared apart*. Sctence, 250, 223-228.

Bouchard. T. J., Jr, & Mcgue. M(1981). Familial studies of intelligence : *A Review. Science*. 211, 1055-1058.

Bowlby, J.(1958). The nature of the child's tie to his mother. *International journal of psychoanalysis*, 39, 35.

_________(1980). Attachment and Loss(Vol.3). *Loss, Sadness, and Depression*. New york : Basic books.

_________(1969). *Attachment and loss*(Vol.1) Attachment. New York : Basic Books.

Braine, L. G., & Schauble, L., Kugel-Mass, S., & Winter, A.(1993). Representation of depth by children; Spatial strategies and lateral biases. *Developmental Psychology*, 29, 466-479.

Bretherton, I.(1984). Representing the social world in symbolic play : Reality and fantasy. In I. Bretherton(Ed.), *Symbolic play; The development of social understanding* (pp.3-41). New York : Academic Press.

Bretherton, I., Fritz, J., Zahn-Waxler, C., & Ridgeway, D.(1986). Learning to talk about emotions : A functionalist perspective. *Child Development*, 57, 529-548.

Bretherton. I.(1992). The origins of attachment theory : John Bowlby and mary Aimsworth, *Developmental psychology*, 28, 759-775.

Brody, G. H., & Shaffer, D. R.(1982). Contribution of parents and peers to children's moral socialization developmental review, 2, 31-75.

Bronfenbrenner, U.(1979). *The ecology of human development* : Experiments by nature and design. Cambridge, Massachusettes Harvard university press.

Brown, B. B.(1990). Peer groups. In S. Feldman & G. Elliott (Eds.), At the threshold : *The developing adolescent*. Cambridge, MA : Cambridge University Press.

Brown, J. R. J & Dann, J.(1992). Talk with your mother or your siblings? Developmental changes in early family conversation about feelings. *Child development*, 63, 336-349.

Bruce, P. R., Coyne, A. C., Botwinick, J.(1982). Adult age differences in metamemory, *Journal of Gerontology*, 37, 354-357.

Bruner, J. S.(1983). *Child's talk* ; Learning to use language. New York : Norton.

Bryden, M. P.(1982). Laterality : *Functional asymmetry in the intact brain*. New York : Academic Press.

Bryden, M. P., Saxby, L.(1986). Developmental aspects of cerebral lateralization. In J. E. Obrzat & G. W. Hynd (Eds.), *Child neuropsychology, Vol. 1 : Theory and research.* Orlando, FL : Academic Press.

Bullock, M., Lutkenhaus, P.(1990). Who am I? *The development of self-understanding in toddlers*. Merrill-Palmer Quarterly, 36, 217-238.

Burns, S. M. & Brainerd, C. J.(1979). Effects of constructive and dramatic play on perspective-taking in very young children. *Developmental Psychology*, 15, 512-521.

Buss, A. H., & Plomin, R.(1984). *Temperament early developing personality trait*s. Hillsdale, NJ : Erlbaum.

Bussey, K.(1992). Tying and Truthfulness; children's definitions, standards, and evaluative reactions, *Child development*, 63, 129-137.

Bussey, K., & Bandura, A.(1992). Self-regulatory mechanism governing gender development, *Child Development,* 63, 1236-1250.

Byrnes, J. P., & Takahira, S.(1993). Explaining gender differences on SAT-math items. *Developmental Psychology*, 29, 805-810.

Cairns, R. B.(1998). The making of developmental psychology, In R. M. Lorner(Ed.), *Handbook of child psychology* : vol.1 Theoretical models of human development (5th ed., pp.25-105). New York : wiley.

Camras, L. A.(1992). Expressive development and basic emotions. *Cognition and Emotion*, 6, 267-283.

Carskadon, M. A.(2002). Factors influencing sleep patterns of adolescents. In M. A. Carskadon (Ed.), Adolescent sleep patterns : Biological, social, and psychological influence (pp.4-26). New York : Cambridge University Press.

Casey, M. B.(1996). Understanding individual differences in spatial ability within females : A nature/nurture interactions framework. *Developmental Review*, 16, 241-260.

Cassidy, J.(1988). Child-mother attachment and the self in six-year-olds. *Child Development*. 59, 121-134.

Cassidy, J., & Berlin, L. J.(1994). The insecure/ambivalent pattern of attachment : Theory and research. *Child Development*. 65, 971-991.

Ceci, S. J.(1991). How much does schooling influence general intelligence and its cognitive components? A reassessment of the evidence. *Developmental Psychology*, 27, 703-722.

Cervantes, C. A., & Callanan, M. A.(1998). Labels and explanations in mother-child emotion talk : Age and gender differentiation. *Developmental psychology*. 34, 88-98.

Chase-Lansdale, P. L. & Own, M. T.(1978). Maternal employment in a family context : Effects on infant-mother and infant-father attachments. *Child Development*. 58, 1505-1512.

Chomsky, N.(1975). *Reflections on Language*. New York: Pantheon.

Christophersen, E. R.(1989). Injury control. *American Psychologist*, 44, 237- 241.

Cohen, D., & Strayer, J.(1996). Empathy in conduct disordered and comparison youth. *Developmental Psychology*, 32, 988-998.

Cohen, G. D.(1988). *The brain in human aging*. New York : Springer.

Cohn, D. A.(1990). Child-mother attachment of 6-year-olds and social competence at school. *Child Development*. 61, 152-162.

Coie, J. D., Dodge, K. A., & Kupersmidt, J. B.(1990). Peer group behavior and social status. In S. R. Asher & J. D. Coie(Ed.). *Peer rejection in childhood*. Cambridge, England : Cambridge university press.

Colby, A., & Kohlberg, L.(1987). The measurement of moral judgement. (vol. 1) Theoretical foundations and research validation. Cambridge, England : Cambridge university press.

Cooke, T., & Apolloni, T.(1976). Developing positive social-emotional behavior : A study of training and generalization effects. *Journal of Applied behavior Analysis*, 9, 65-78.

Corballis, M. C.(1983). *Human Laterality*. New York : Academic.

Corbin, C.(1973). *A textbook of motor development.* Dubuque, IA : William C.

Brown.

Crick, N. R., & Grotpeter, J. K.(1995). Relational aggression, gender, and social-psychological adjustment. *Child Development*, 66, 710-722.

Crick, N. R., Casas, J. F., & Mosher, M.(1997). Relational and overt aggression in preschool. *Developmental Psychology,* 33, 579-588.

Csikzentmihalyi, M. & Larson, R.(1984). *Being an adolescent.* New York : Basic Books.

Cunningham, W. R.(1989). Intellectual ablilties, speed of response, and aging. In v. L. Bengston & K. W. Schaie(Eds.). *The course of later life : Research and reflections*. New York : Springer.

Dale, P. S.(1976). *Language development: Structure and function*. New York: Holt, Rinehart & Winston.

Damon, W.(1977). *The social world of the child.* Sanfrancisco : Jossey-Bass.

_________(1983). *Social and personality development.* New York : Norton.

_________(1988). *The moral child.* New York : Free Press.

Damon, W., & Hart, D.(1982). The development of self-understanding from infancy through adolescence. *child development*. 53, 841-864.

Dansky, J. L.(1980). Make-believe : A mediator of the relationship between play and associative fluency. *Child Development*, 51, 576-579.

David R. Shaffer, 송길연 · 장유경 · 이지연 · 정윤경 역(2005). 발달심리학. 시그마프레스.

de Villiers, P. A., & de Villiers, J. G.(1992). *Language Development*. In M. E. Lamb & M. H. Bornstein (Eds.), Developmental psychology: An advanced textbook(3rd ed.). Hillsdale NJ: Erlbaum.

Diener, E., Sandvik, E., & Larson, R. J.(1985). Age and sex effects for emotional intensity. *Developmental Psychology*, 21, 542-546.

DiPietro, J. A., Caulfield, L., Costigan, K. A., Merial, M., Nguyen, R. H. N., & Zavaleta, N., et. al.(2004). Fetal neurobehavioral development : A tale of two cities. *Developmental Psychology, 40,* 445-456.

DiPietro, J. A., Hodgson, D. M., Costigan, K. A., & Johnson, T. R. B.(1996). Fetal antecedents of infant temperament. *Child Development*, 67. 2568-2583.

DiPietro, J. A., Hodgson, D. M., Costigan, K. A., Hilton, S. C., & Johnson, T. R. B.(1996). Fetal neurobehavioral development. *Child Development*, 67, 2553-2567.

Dishion, T. J., Andrew, D. W., & Crosby, L.(1995). Antisocial boys and their friends in early adolescence : Relationship characteristics, quality, and interactional process, *Child development*, 66, 139-151.

Dodge, K. A, & Price, J. M.(1994). On the relation between social information processing and socially competent behavior in early school-aged children.

Child Development, 65, 1385-1397.

Dodge, K. A.(1983). Behavioral antecedents of peer social status. *Child Development*, 54, 1386-1399.

Dunham, P. J., Dunham, F., & Curwin, A.(1993). Joint-attentional stated and lexical acquisition at 18 months. Development Psychology, 29, 827-831.

Dunn, J., Brown, J.(1991). Relationships, talk about feelings, and the development of affect regulation in early childhood. In J. Garber & K. Dodge (Eds.), *The development of emotion regulation and dysregulation* (pp.89-108). Cambridge, England : Cambridge University Press.

Dunphy, D. C.(1963). The social structure of urban adolescent peer groups. *Sociometry*, 26, 230-246.

Eaton, W. O., & Enns, L. R.(1986). Sec differences in human motor activity level. *Psychological Bulletin*, 100, 19-28.

Eaton, W. O., & Yu, A. P.(1989). Are sex differences in child motor activity level a function of sex differences in matuational status? *Child Development,* 60, 1005-1011.

Eccles, J. S., Jacobs, J. E., & Harold, R. D.(1990). Gender role stereotypes, expectancy effects, and parents'' socialization of gender differences. *Journal of Social Issues,* 46, 183-201.

Eccles, J. S., Wigfield, A., Harold, R. D., & Blumefeld, P.(1993). Age and gender differences in children's self-and task perceptions during elementary school. *Child development,* 64, 830-847.

Eckenrode, J., Laird, M., & Doris, J.(1993). School performance and disciplinary problems among abused and neglected children. *Developmental Psychology*, 29, 53-62.

Eimas, P. D.(1985). The preception of speech in early infancy. *Scientific American*, 252, 46-52.

Elder, G. H. Jr., & Caspi, A.(1988). *Human development and social change* : An emerging perspective on the life course. In N. Bolger, A. Caspi, G. Downey & M. Moorehouse(Eds.), persons in context : Developmetal processes, NewYork : Campridge university press.

Elicher, J. E., Englund, M., & Sorfe, L. A.(1992). Predicting peer competence and peer relationships in childhood from early parent-child relationship. In R. D. Parke& G. W. Ladd(Eds.), *Family-peer relationship* : Modes of linkage. Hillsdale, NJ : Erlbaum.

Ellsworth, C. P., Muir, D. W., & Hains, S. M. J.(1993). Social competence and person-object differentiation : An analysis of the stilloface effect. *Developmental psychology*, 29, 63-73.

Entwisle, D. R., & Baker, D. P.(1983). Gender and young children's expectations for performance in arithmetic. *Developmental Psychology,* 19, 200-209.

Erikson, E. H.(1959). The problem of ego identity. *psychological Issues*, 1. pp.101-164. With the permission of the society of Authorson behalf of the Bernard Show Estate.

____________(1963). *Childhood and society*, New York; Norton.

Etaugh, C.(1980). Effects of nonmaternal care on children : Research evidence and popular views. *American Psychologist*. 35, 309-319.

Fagot, B. I., & Hagan, R. I.(1991). Observations of parent reactions to sex-stereotyped behaviors : Age and sex effects. *Child Development*, 62, 617-628.

Fagot, B. I., & Kavanagh, K.(1993). Parenting during the second year : Effects of children's age, sex, and attachment classification. *Child Development*. 64, 258-271.

Feingold, A.(1994). Gender differences in personality : A meta-analysis. *Psychological Bulletin*, 116, 429-456.

Fenson, L.(1986). The developmental progression of play. In A. W. Gottfried & C. C. Brown (Eds.), *Play interactions : The contribution of play material and parental involvement to children's development* (pp.53-66). Lexington, MA : Health.

Fernald, A., & Mazzie, C.(1991). Prosody and focus in speech to infants and adults. *Developmental Psychology*, 27, 209-221.

Field, T. M., Woodson, R., Greendberg, R., & Cohen, D.(1982). Discrimination and imitation of facial expressions by neonates, Science, 218, 179-181.

Fink, R. S.(1976). Role dramatic play in cognitive development. *Psychological Reports,* 39, 895-906.

Frankel, K. A., & Bates, J. E.(1990). Mother-toddler problem-solving : Antecedents in attachment, home behavior, and temperament. *Child Development*. 61, 810-819.

Fredriksen, K., Rhodes, R., & Way, N.(2004). Sleepless in Chicago : Tracking the effects of adolescent sleep loss during the middle school years. *Child Development,* 75, 84-95.

French, D. C.(1984). Children's knowledge of the social functions of younger, older, and same-age peers. *Child Development*, 55, 1429-1433.

Freud, A., & Dann, S.(1951). An experiment in group upbringing. *Psychoanalytic Study of the Child*, 6, 127-168.

Freud, S.(1961). Some physical consequences of the anatomical distinction between the sexes. In J. Strachey (Ed.), *The standard edition of the complete psychological works of sigmund Freud* (Vol. 19). London : Hogarth Press.(Originally published 1924).

Freydenberg, E., & Lewis, R.(1993). Boys play sport and girls turn to others : Age, gender, and ethnicity as determinants of coping. *Journal of Adolescence*, 16, 253-266.

Friedrich, L. K., & Stein, A. H.(1975). Prosocial television and young children : The effects of verbal labeling and role-playing on learning and behavior. *Children Development*, 46, 27-38.

Friend, M., & Davis, T. L.(1993). Appearance-reality distinction : Children's understanding of the physical and affective domains. *Developmental psychology*. 29, 907-914.

Frud, S.(1960). *A general Introduction to psychoanalysis*. New York : Washington Square press.(original work published 1935).

Fuchs, D., & Thelen, M. H.(1998). Children's expected interpersonal consequences of communicating their affective state and reported likelihood of expression. *Child Development,* 59, 1314-1322.

Gallahue, K. L.(1989). *Understanding motor development.* (2nd ed.). Carmel, ID : Benchmark Press.

Gavin, L. A., & Furman, W.(1989). Age differences in adolescents' perceptions of their peer groups. Developmental Psychology, 25, 827-834.

Gelman, R., & Shatz, M.(1978). Appropriate speech adjustment: The operation of conversational constraints on talk to two-year olds. In M. Lewis & L. A. Rosenblum(Eds.), *Interaction, conversation, and the development of language*(pp. 27-61). New York: Wiley.

Gerken, L., Landau, B., & Remez, R. E.(1990). Function morphemes in young children's speech perception and production. *Developmental Psychology*, 26, 204-216.

Gesell, A.(1945). *The embryology of behavior*. New York : Harper & Row.

Gnepp, J.(1989). Personalized inferences of emotions and appraisals : Component processes and correlates. *Developmental psychology*, 25, 277-288.

Gottesman, I. I.(1963). Genetic aspects of intelligent behavior. In N. Ellis (Ed). *Handbook of mental deficiency*. New York : McGraw-Hill.

Gottman, J. M., & Mettetal, G.(1986). Speculations about science and affective development : Friendship and acquaintanceship throughout adolescence. In H. C. Triandis & J. W. Berry (Eds.) *Handbook of cross-cultural psychology* (Vol. 2, pp.25-55). Boston : Allyn and Bacon.

Graham, S., Doubleday, C. & Guarino, P. A.(1984). The development of relations between perceived controllability and the emotions of pity, anger, and guilt. *Child development*, 55, 561-565.

Gralinski, J. H., & Kopp, C. B.(1993). Everyday rules for behavior; Mothers' requests to young children. *Developmental psychology*, 29, 573-584.

Greenough, W. T., Green, E. J.(1981). Experience and the aging brain. In J. L. McGaugh, J. G. March, & S. B. Kiesler (Eds.), *Aging : Biology and behavior.* New York : Academic Press.

Grieser, D., & Kuhl, P.(1989). Categorization of speech by infants: Support for speech-sound prototypes. *Developmental Psychology*, 25, 577-589.

Gronau, R. C. & Wass, G. A.(1997). Delay of gratification and cue utilization : An Examination of children's social information processing. Merrill- Palmer Quarterly, 43, 305-322.

Grossmann, K., Grossmann, K. E., Spangler, S., Suess, G., & Unzner. L.(1985), Maternal sensitivity and newborn responses as related to quality of attachment in Northern Germany. In I. Bretherton & E. Waters, Growing points of attachment theory. *Monographs of the society for research in Child development*, 50, (1-2, Serial No.209).

Guerra, N. G., & Slaby, R. G.(1990). Cognitive mediators of aggression in adolescent offenders : 2. Intervention. *Developmental Psychology*, 26, 269-277.

Gurucharri, C., & Selman, R. L.(1982). The development of interpersonal understanding during childhood, Pre-adolescence, and adolescence. A longitudinal follow-up study. *Child Development*. 53, 924-927.

Guttentag, R. E.(1985). Memory and aging : implications for theories of memory development during childhood. *Developmental Review*, 5, 56-82.

Halpern, D. F.(1997). Sex differences in intelligence : Implications for education. *American Psychologist,* 52, 1091-1102.

Harper, L. V., & Huie, K. S.(1985). The effects of prior group experience, age, and familiarity on the quality and organization of preschoolers social relationships. *Child Development*, 56, 704-717.

Hart, B., & Risley, T. R.(1992). American patenting of language-learning children: Persisting differences in family-child interactions observed in natural home environments. *Developmental Psychology*, 28, 1096-1105.

Hart, C. H., DeWolf, D. M., Wozniak, P., & Burts, D. C.(1992). Maternal and paternal disciplinary styles : Relations with preschooler's playground behavioral orientations and peer status. *Child Development*, 63, 879-892.

Harter, S.(1986). Cognitive developmental processes in the integration of concepts about emotional and the self social cognition, 4, 119-151.

Harter, S., & Monsour, A.(1992). Developmental analysis of conflict caused by opposing attributes in the adolescents self-portrait. *Developmental psychology*, 28, 251-260.

Hartley, R. E., Frank, L. K. & Goldenson, R. M.(1952). Understanding children's play. New York : Columbia University Press.

Hartup, W. W.(1974). Aggression in childhood : Developmental perspectives, *American psychologist*, 29, 336-341.

_____________(1983). Peer relations. In P. H. Mussen (Ed.), *Handbook of child psychology : Vol. 4. Socialization, personality, and social development* (pp.103-196). New York : Wiley.

Hartup, W. W., & Abecassis, M.(2004). Friends and enemies. In P. K. Smith & C. H. Hart (Eds.), *Blackwell handbook of childhood social development* (pp.285-306). Malden, MA : Blackwell.

Havighurst, R. J.(1972). Developmental tasks and education(3rd ed). N. Y : Harpen & Row.

Hawn, P. R., Harris, L. J.(1983). Laterality in manipulatory and cognitive related activity. In G. Young, S. Segalowitz, C. Corter, & S. Trehub (Eds.), *Manual specialization and the development brain.* New York : Academic.

Henker, B., & Whalen, C. K.(1989). Hyperactivity and attention deficits. *American Psychologist*, 44, 216-223.

Herkowitz, J.(1978). Sex-role expectations and motor behavior of the young child. In M. V. Ridenour (Ed.), *Motor development : Issues and applications*, Princeton, NJ : Princeton Book Company.

Hertgaard, L., Gunnar, M., Erickson, M. F., & Nachmias, M.(1995). Adrenocortical responses to the strange situation in infants with disorganized/disoriented attachment relationships. *Child development*, 66, 1100-1106.

Herzberger, S. D., & Hall, J. A.(1993). Consequences of retaliatory aggression against siblings and peers: Urban minority children's expectations. *Child Development*, 64, 1773-1785.

Hetherington, E. M. & Parke, R. D.(1993). Child philosophy : A contemporary view (4th ed.) N.Y. : McGraw-Hill.

Hetherington, E. M., & Frankie, G.(1967). Effect of parental dominance, warmth, and conflict on imitation in children, *Journal of Personality and Social Psychology*, 6, 119-125.

Hoffner, C. & Badzinski, D. M.(1989). Children's integration of facial and situational cues to emotion. *Child development*, 60, 411-422.

Howes, C., & Matheson, C. C.(1992). Sequences in the development of competent play with peers : Social and social pretend play. *Developmental Psychology*, 28, 961-974.

Howes, C., Unger, O., Seidner, L. B.(1989). Social paretend play in toddlers : Parallels with social play and with solitary pretend. *Child Development*, 60, 77-84.

Hultsman, W.(1992). Constraints to activity participation in early adolescence. *Journal of Early Adolescence*, 12, 280-299.

Huston, A. C.(1983). Sex-typing. In P. H. Mussen(Ed.), Handbook of child psychology : Vol. 4. *Socialization, personality, and social development.* New York : Wiley.

Huston, A. C., & Wright, J. C.(1989). Television from and children. In G. Gomstock (Ed.), *Public communication and behavior* (Vol. 2) (pp.103-159). New York : Academic.

Hyde, J. S., Fennenma, E., & Lamon, S. J.(1990). Gender differences in mathematics perfirmance : A meta-analysis. *Psychological Bulletin,* 107, 135-155.

Inhelder, B., & Piaget, J.(1958). *The growth of logical thinking : From childhood to adolescence.* New York : Basic Books.

Isabella, R. A.(1993). Origins of attachment : Maternal interactive behavior across the first year. *Child Development.* 605-621.

Isabella, R. A., & Belsky, J.(1991) Interactional synchrony and the origins of infant-mother attachment. *Child Development.* 62, pp.373-384.

Izard, C. E.(1991). The psychology of emotions. New York : Plenum.

__________(1994). Innate and universal facial expressions : Evidence from developmental and cross-cultural research. *Psychological Bulletin,* 115, 288-299.

Jacobson J, L., & Wille D. Z.(1986). The influence of attachment pattern on developmental changes in peer interaction from the toddler to the preschool period. *Child Development.* 57, 338-347.

Johnson, M. H.(1998). The neural basis of cognitive development. In W. Damon (Series Ed.) & D. Kuhn & R. S. Siegler (Vol Eds.), Handbook of child psychology : Vol. 2. *Cognition, perception, and language* (5th ed). New York : Wiley.

Joseph, R.(2000). Fetal brain behavior and cognitive development. *Developmental Review,* 20, 81-98.

Jussin, L., & Eccles, J. S.(1992). Teacher expectations. Ⅱ : Construction and reflection of student achievement. J*ournal of Personality and Social Psychology,* 63, 947-961.

Kagan, J.(1999). Temperament and reaction to unfamiliarity. In K. L. Freiberg(Ed.). *Human Development*(27th ed), 53-57.

Kagan, J., Kearsley, R. B. & Zelazo, P.(1978). *Infancy : Its place in human development.* Cambridge : Harvard university press.

Kail, R. V.(2007). *Children and Their Development* (4th Ed.). Prentice Hall.

Kasdin, A. E.(1995). *Conduct disorders in child-hood and adolescence*(2nd ed.) Thousand Oaks, CA : Sage.

Katcher, A.(1955). The discrimination of sex differences by young children. *Journal of Genetic Psychology,* 87, 131-143.

Katz, P. A.(1979). The development of female identity. *Sex Roles*, 5, 155-178.

Katz, P. A., & Walsh, P. V.(1991). Modification of children's gender- stereotyped behavior. *Child Development*, 62, 338-351.

Kausler, D. H., Salthouse, T. A., & Saults, J. S.(1988). Temporal memory over the adult lifespan. *American Journal of Psychology, 101*, 207-215.

Keough, J., Sugden, D.(1985). *Movement skill development.* New York : Macmillan.

Kestenbaum, J., Farber, E., & Sroufe, L. A.(1989). Individual differences in empathy among preschoolers : Relation to attachment history. In N. Eisenberg(Ed.), Empathy and related emotional responses. *New directions for child development*(No.44). San Francisco : Jossey-Bass.

Klahr, D.(1992). Information-processing approaches to cognitive development. In M. H. Bornstein & M. E. Lamb(Eds), *Developmental psychology* : An advanced textbook(3rd. ed. pp.273-335), Hillsdale. NJ : Erlbaum.

Kliewer, W., Fearnow, M. D., & Miller, P. A.(1996). Coping socialization in middle childhood : Tests of maternal and paternal influences. *Child development*. 67, 2339-2357.

Kochanska, G.(1997). Mutually responsive orientation between mothers and their young : Implications for early socialization. *Child development*, 68, 94-112.

Kochanska, G., & Murray, K. T.(2000). Mother-child mutually responsive orientation and conscience development : From toddler to early school age. *Child Development*, 71, 417-431.

Kochanska, G., Akson, N., & Koenig, A. L.(1995). A Longitudinal study of the roots of preschoolers' conscience : Commited compliance and emerging, Internalization. *Child Development*, 66, 1752-1769.

Kochaska, G. Murray, K., & Coy, K. C.(1997). Inhibitory control as a contributor to conscience in childhood : From toddler to early school age. *Child Development*, 68, 263-277.

Kohlberg, L.(1963). The development of children's orientations toward a moral order : I. Sequence in the development of moral thought, *Vita Human*, 6, 11-33.

___________(1969). Stages in the development of moral thought and action, New York : Holt, Rinehan & Winston.

Kopp, C. B.(1982). Antecedents of self-regulation : A developmental perspective. *Developmental psychology,* 18, 199-214.

______________(1989). Regulation of distress and negative emotion : A development view. *Developmental psychology,* 343-354.

Kopp, C., Krakow, J., & Vaughn, B.(1983). The antecedents of self-regulation in young handicapped children. In M. Perlmutter(Ed.) *Minnesota Symposia on*

Child Psychology (Vol. 17, pp.93-128). Hillsdale, NJ : Erlbaum.

Krauss, R. M., & Glucksberg, S.(1977). Social and nonsocial speech. Scientific American, 236, 100-105.

Kruger, A. C.(1992). The effect of peer and adultchild transductive discussions on moral reasoning. *Merrill-Palmer Quarterly*, 38, 191-211.

Kuczynski, L., & Kochanska, G.(1990). Children's non-compliance from toddlerhood to age five. *Developmental Psychology*, 26, 398-408.

Kunkel, D., & Roberts, D.(1991). Young minds and marketplace value : Issues in children's advertising. *Journal of Social Issues*, 47(1), 57-72.

Kurdek, L. A., & Fine, M. A.(1994). Family acceptance and family control as predictors of adjustment in young adolescents : Linear, curvilinear, or interactive effects? *Child Development*, 65, 1137-1146.

Kurdek, L. A., & Krile, D.(1982). A developmental analysis of the relation between peer acceptance and both interpersonal understanding and perceived social self-competence. *Child Development*, 53, 1485-1491.

Ladd, G. W., & Golter, B. S.(1988). Parents' management of preschoolers' peer relations : Is it related to children's social competence? *Developmental Psychology*, 24, 109-117.

LaFreniere, P. J., & Dumas, J. E.(1995). *Social Competence and Behavior Evaluation, preschool edition*. Los-Angeles : Western Psychological Services.

Lamb, M. E.(1988). Social and emotional development in infancy. In M. H. Bornstein & M. E. Lamb(Eds.). *Social, emotional and personality development*(pp.359-411). Hillsdale, NJ : Erlbaum.

Laura E. Berk, 이종숙 외 4인 역(2008). 아동발달. 시그마프레스.

Leaper, C., Tennenbaum, H. R., & Shaffer, T. G.(1999). Communication patterns in African American girls and boys from low income urban backgrounds. *Child Development*, 70, 1489-1503.

Lemare, L, J., & Rubin, K. H.(1987). Perspective taking and peer interaction : Structure and developmental analysis. *child development*, 58, 306-315.

Lenneberg, E. H.(1967). Biological foundations of language. New York : Wiley.

Lerner, R. M.(1984). *On the nature of human plasticity*. New York : Cambridge University Press.

Lester, B. M., Kotelchuck, M., Spelke, E., Sellers, M. J., & Klein, R. E.(1974). Separation protest in Guate malan infantes : cross-cultural and cognitive findings. *Developmental psychology*. 10, 79-85.

Levine, L. J.(1995). Young children's understanding of the causes of anger and sadness. *Child developmen*t, 66, 697-709.

Levy, G. D., Taylor, M. G., & Gelman, S. A.(1995). Traditional and evaluative aspects of flexibility in gender roles, social conventions, moral rules, and physical laws. *Child Development*, 66, 515-531.

Lewis, M., Alessandri, S. M., & Sullivan, M. W.(1992). Differences in shame and pride as a function of children's gender and task difficulty. *Child Development*. 63, 630-638.

Lewis, M., Stanger, C., & Sullivan, M. W.(1989). Deception in 3-year-olds. *Developmental psychology*, 25, 439-443.

Lewis, M., Sullivan, M. W., Stanger, C., & Weiss, M.(1989). Self-development and Self-conscious emotions. *Child Development*, 60, 140-156.

Liben, L. S., & Signorella, M. L.(1993). Genderschematic processing in children : The role of initial interrpretations of stimuli. *Developmental Psychology*, 29, 141-149.

Liberman, I. Y., Shankweiler, D., Liberman, A. M., Fowler, C., & Fischer, F. W.(1976). Phonetic segmentation and recoding in the beginning reader. In A. S. Reber & D. Scarborough (Eds.), Reading : Theory and practice, Hillsdale, NJ : Erlbaum.

Liebert, R. M. & Sprafkin, J.(1988). *The early window : Effect of television on children and youth* (3rd ed.) New York : Pergamon Press.

Light, L. L., & Caps, J. L.(1986). Comprehension of pronouns ing young and older adults. *Development Psychology*, 22, 580-585.

Lobel, T., & Menashri, J.(1993). Relations of conceptions of gender-role transgressions and gender constancy to gender-typed toy preferences. *Developmental Psychology*, 29, 150-155.

Lobel, T., Slone, M., & Winch, G.(1997). Masculinity, popularity, and self-esteem among Israeli preadolescent girls. *Sex Roles*, 36, 395-408.

Ludemann, P. M.(1991). Generalized discrimination of positive facial expressions by seven-and ten-month-old infants. *Child Development*, 62, 55-67.

Ludemann, P. M., & Nelson, C. A.(1988). Categorical representation of facial expressions by 7-month-old infants. *Developmental psychology*, 24, 492-501.

Luria, A. R.(1980). *Higher cortical functions in man* (2d ed.) New York : Basic Books.

Lyons-Ruth, K., Connell, D. B., Grunebaum, H., & Botein, S.(1990). Infants at social risk : Maternal depression and family support services as mediators of infant development and security of attachment. *Child Development*. 61, 85-98.

Lytton, H.(1990). Child and parent effects in boy's conduct disorder : A reinterpretation. *Developmental psychology*, 26, 683-697.

Lytton, H., & Romney, D. M.(1991). Parents' differential socialization of boys and girls : A meta-analysis. *Psychological Bulletin*, 109, 267-296.

Maccoby, E. E.(1990). Gender and relationships : A developmental account.

American Psychologist, 45, 513-520.

______________(1998). The two sexes : *Growing up apart, coming together*. Cambridge, MA : Harvard University Prcss.

Maccoby, E. E., & Jacklin, C. N.(1974). *The psychology of sex differences*. Stanford, CA : Stanford University Press.

Maccoby, E. E., & Martin, J. A.(1983). Socialization in the context of the family : Parent-child interaction. In P. H. Mussen (Series Ed.) & E. M. Hetherington (Vol. Ed), *Handbook of child psychology :* Vol. 4. Socialization, personality, and social development (pp.1-101). New York : Wiley.

Main, M. Kaplan, N., & Cassidy, J.(1985). Security in infancy childhood, and adulthood : A move to the level of representation. In I. Bretherton, & E. water(Eds.), *Growing points of attachment theory and research. monographs of the society for research in child development*. 50, 66-104.

Main, M.(1973). Exploration play and level of cognitive functioning as related to child-mother attachment. unpublished doctoral dissertation. Johns Hopkins university Baltimore MD.

Main, M., & Solomon, J.(1990). Procedures for identifying infants as disoganized/disoriented during the Ainsworth strange situation. In M. T. Greenberg, D. Cicchetti, I, Z. M. Cummings(Eds.), *Attachment in the preschool years :* Theory, research and Intervention. Chicago : university of Chicago press.

Mandler, J. M., & McDonough, L.(1993). Concept formation in Infancy. *Cognitive Development*, 8, 291-318.

Mangelsdorf, S. C. Shapiro, J. R., & Marzolf, D.(1995). Developmental and temperamental differences in emotion regulation in infancy. *Child Development*, 66, 1817-1828.

Marcia, J. E.(1980). Identity in adolescence; in J. Adelson(Ed.), *Handbook of Adolescent psychology*. New York : wiley. 159-210.

Marcus, G. F., Pinker, S., Ullman, M., Hollander, M., Rosen, T. J., & Xu, F.(1992). *Overregularization in language acquisition*. Monographs of the Society for Research in Child Development, 57(4, Serial No. 228).

Martin, A., & Fedio, P.(1983). Word production and comprehension in Alzheimer's disease : The breakdown of semantic knowledge. *Brain and Language*, 25, 323-341.

Martin, C. L, & Fabes, R. A.(2001). The stability and consequences of young children"s same-sex peer interactions. *Developmental Psychology*, 37, 431-446.

Martin, C. L.(1989). Children's use of gender-related information in making social judgements, *Developmental Psychology*, 25, 80-88.

Martin, C. L., & Halverson, C. F., Jr.(1981). A schematic processing model of sex typing and stereotyping in children. *Child Development*, 52, 1119-1134.

____________________(1983). The effects of sex-typing schemas on young children"s memory. *Child Development*, 54, 563-574.

Maslow, A, H.(1971). *The farther research of human nature*, New York : Viking press.

McConnell, F.(1973). Children with hearing disabilties, In L. M. Dunn(Ed.), *Exceptional children in the schools* : special education in transition(2nd ed)., New York : Holt. Rinehart and winston.

McCune-Nicolich, L. & Fenson, L.(1984). Methodological issues in studying early pretend play. In T. D. Yawkey & A. D. Pellegrini (Eds.), *Child's play : Developmental and applied* (pp.81-104). Hillsdale, NJ : Erlbaum.

McGhee, P. E., & Frueh, T.(1980). Television viewing and the learning of sex-role stereotypes. *Sex Roles*, 6, 179-188.

McGuire, K. D., & Weisz, J. R.(1982). Social cognition and behavioral correlates of preadolescent chumship. *Child Development*, 53, 421-429.

McHale, S. M., Crouter, A. C., & Tucker, C. J.(1999). Family context and gender role socialization in middle childhood : Comparing girls to boys and sisters to brothers. *Child Development*, 70, 990-1004.

Mead, M.(1950). *Coming of age in Samoa*, New York : New American Library. (Originally published 1928).

Medrich, E. A., Rosen, J., Rubin, V., & Buckley, S.(1982). *The serious business of growing up*. Berkeley : University of California Press.

Meilman, P. W.(1979). Cross-sectional age changes in ego identity status during adolescence. *Developmental psychology*, 15, 230-231.

Mellou, E.(1994). The values of dramatic play in children. *Early Child Development and Care,* 104, 105-114.

Meltzoff, A. N.(1988c). Infant imitation and memory: Nine-month-olds in immediate and deferred tests. *Child Development*, 59, 217-225.

Menella, J. A., Jagnow, C. P., & Beaychamp, G. K.(2001). prenatal and postnatal flavor learning by human infants. *Pediatrics,* 107, e88.

Miller, N. B., Cowan, P. A., Cowan, C. P., Hetherington, E. M., & Clingempeel, W. G.(1993). Externalizing in preschoolers and early adolescents : A cross-study replication of a family model. *Developmental Psychology*, 29, 3-18.

Miller, P. H.(1993). *Theories of developmental psychology*(3rd ed), New York : Freeman.

Mischel, W.(1996). From good intentions to Willpower. In P. M. Gollwitzer & J. A. Bargh(Eds.). *The psychology of action*(197-218). New York : Guilford.

Molfese, D. L., Molfese, V. J.(1979). Hemisphere and stimulus difference as reflected in the cortical responses of newborn infants to speech stimuli. *Developmental Psychology,* 15. 505-511.

Money, J., & Ehrhardt, A.(1972). *Man and woman, boy and girl.* Baltimore : Johns Hopkins University Press.

Mussen, P. H., & Rutherford, E.(1963). Parent-child relations and parental personality in relation to young children''s sex-role preferences. *Child Development,* 34, 589-607.

Nelson, C. A.(1987). The recognition of facial expressions in the first two years of life. Mechanisms of development, *Child Development*, 58, 889-909.

Nelson, S. A.(1980). Factors influencing young Children's use of motives and outcomes as moral criteria. *Child development*, 51, 823-829.

Olson, G. M.(1976). *An information processing analysis of visual memory and habituation in infants*. In T. J. Tighe & R. N. Leaton (Eds.), Habituation: Perspective from Child Development, Animal Behavior, and Neuropshysiology. Hillsdale, NJ: Lawrence Erlbaum.

Orlofsky, J. L.(1979). Parental antecedents of sex-role orientation in college men and women. *Sex Roles,* 5, 495-512.

Papalia, D. E. & Olds, S. W.(1989). *Human development*(7th ed.). N. Y : McGraw-Hill.

Parke, R. D., & Slaby, R. G.(1983). The development of aggression. In P. H. Mussen (Ed.), *Handbook of child psychology : Vol. 4. Socialization, personality, and social development* (4th ed., pp.547-641). New York : Wiley.

Parkhurst, J. T., & Asher, S. R.(1992). Peer rejection in middle school : Subgroup differences in behavior, loneliness, and interpersonal concerns. *Developmental Psychology*, 28, 231-241.

Parten, M.(1932). Social participation among preschool children. Journal of *Abnormal and Social Psychology*, 27, 243-269.

_________(1932). Social play among preschool children. *Journal of Abnormal and Social Psychology,* 28, 136-147.

Patterson, S. J., Sochting, I., & Marcia, L. E.(1992). *The inner space and beyond : Women and identity*. In G. R. Adams, T. P. Gullotta, & R. Montemayor (Eds.), Adolescent identity formation (Advances In Adolescent Development, Vol. 4). Newbury Park, CA : Sage.

Pellegrini, A. D., & Smith, P. K.(1998). Physical activity play : The nature and function of a neglected aspect of play. *Child Development,* 69, 577-598.

Perlman, M. & Ross, H. S.(1997). The benefits of parent intervention in children's disputes : An examinations of concurrent changes in children's fighting styles, *Child Development*, 68, 690-700.

Perlmutter, M.(1986). A life-span view of memory. In P. B. Baltes, D. L. Featherman, & R. M. Lerner(Eds.). *Life-span development and behavior.(Vol. 7)*. Hillsdale, NJ : Lawrence Erlbaum.

Petitto, L. A., & Marentette, P. F.(1991). Babbing in the manual mode: Evidence for the ontogeny of language. *Science*, 251, 1493-1496.

Piaget & Inhelder.(1956). *The child's conception of space*. London; Routledge and Kegan Paul.

Piaget, J.(1952). *The Origins of intelligence in children*. New York : International university Press.

________(1962). *Play, dreams, and imitation in childhood.* New York : Norton.

________(1965). *The moral judgement of the child*, New York : Free Press (original work published 1932).

________(1977). *The development of thought; Equilibration of cognitive structures*. New York; Viking.

________(1983). Piaget's theory. In P. H. Mussen(Ed.), *Handbook of child psychology*(Vol. 1). New York : John Wiley & Sons, 103-128.

Pipp, S., Easterbrooks, M. A., & Harmaon, R. J.(1992). The relation between attachment and knowledge of self and mother in one-year-old infants to three-year-old infants. *child development*, 63, 738-750.

Pomerantz, S. C.(1979). Sex differences in the relative importance of self-esteem, Physical Self-satisfaction. and identity in predicting adolescent satisfaction. *Journal of Youth and Adolescence*, 8, 51-61.

Poon, L. W.(1985). Differences in human memory with aging : Nature causes, and clinical implications. In J. E. Birren & K. W. Schaie(Eds.), *Handbook of the psychology of aging*(2nd ed.). New York : Van Nostrand Reinhold.

Poulin-Dubois, D., & Heroux, G.(1994). Movement and children's attributions of life properties. *International journal of Behavioral Development*, 17, 329-347.

Quinn, R. A., Houts, A. C., & Graesser, A. C.(1994). Naturalistic conceptions of morality : A question-answering approach. *Journal of personality*, 62, 260-267.

Raven. J. C.(1983). *Raven Progressive Matrices Test.* San Antonio, TX : Psychological Corporation.

Raz, S., Goldstein, R., Hopkins, T. L., Lauterbach, M. D., Shah, F., Porter, C. L., Riggs, W. W., Magill, L. H., & Sander, C. J.(1994). Sex differences in early vulnerability to cerebral injury and their neurobehavioral implications. *Psychobiology,* 22, 244-253.

Raz, S., Lauterbach, M. D., Hopkins, T. L., Glogowski, B. K., Porter, C. L., Riggs, W. W., & Sander, C. J.(1995). A female advantage in cognitive recovery from early cerebral insult. *Developmental Psychology*, 31, 958-966.

Repacholi, B. M.(1998). Infants' use of attentional cues to identify the referent of another person's emotional expression. *Developmental Psychology*, 34, 1017-1025.

Reznick, J. S., & Goldfield, B. A.(1992). Rapid change in lexical development in comprehension and production. *Development Psychology*, 28, 406-413.

Rice, M. L., Huston, A. C., Truglio, R., & Wright, J.(1990). Words from "Sesame Street" : Learning vocabulary while viewing. *Developmental Psychology*, 26, 421-428.

Riesen, A. H.(1947). The development of visual perception in man and chimpanzee. *Science*, 106, 107-108.

Robert V. Kail, 권민균 · 김정민 · 최형성 역(2008). 아동과 발달. 시그마프레스.

Roberts, D. F., Foehr, U. G., & Rideout, V.(2005). *Generation M : Media in the lives of 8-18 year olds*. Menlo Park, CA : Henry J. Kaiser Family Foundation.

Robins, W. J., Brody. S., Hogan. A. G., Jackson, C. M. & Green. C. W. (Eds.).(1928). Growth. New Haven :Yale University Press.

Rogers, C. R.(1981). *A Way of Being*, Boston : Houghton Mifflin Co.

Roschelle, J. M., Pea, R. D., Hoadley, C. M., Gordin, D. N., & Means, B. M.(2000). Changing how and what children learn in school with computer-based technologies. *Future of Children*, 10, 76-101.

Rosenberg, M.(1979). *Conceiving the self*. New York : Basic Books.

Rosenzweig, M. R.(1966). Environmental complexity, cerebral change, and behavior. *American Psychologist*, 21, 321-332.

Rosenzweig, M. R., & Bennett, E. L.(1970). Effects of differential environments on brain weights and enzyme activities in gerbils, rats, and mice. *Developmental Psychobiology*, 2, 87-95.

Rovner. B. W., Broadhed, J., Spencer, M., Carson, K., & Folstein, M. F.(1989). Depression and Alzheimer's disease. *American Journal of Psychiarty*, *146*, 350-353.

Rubin, K. H., Fein, G. C., & Vandenberg, B.(1983). Play. In P. H. Mussen (Ed.), *Handbook of child psychology* (4th ed., 693-774). New York : Wiley.

Ruble, D. N., & Martin, C. L.(1998). Gender development. In W. Damon (Series Ed.) & N. Eisenberg (Vol. Ed.), *Handbook of child psychology : Vol. 3. Social, emotional, and personality development* (5th ed., pp.933-1016). New York : Wiley

Ruble, D. N., Balaban, T., & Cooper, J.(1981). Gender constancy and the effects of sex-typed televised toy commercials. *Child Development*, 52, 667-673.

Russell, J. A.(1990). The preschooler's understanding of the cuases and consequences of emotion. *Child Development*, 61, 1872-1881.

Rutter, M.(1987). Psychological resilience and protective mechanism. American *Journal of orthopsychiatry*, 57, 316-331.

Saarni, C.(1995). socializaion of emotion. In M. Lewis & J. M. Haviland(Eds.), *Handbook of emotion.*(pp.435-446) New York : Guilford press.

Sachs, J.(1985). *Prelinguistic development*. In J. Berko Gleason (Eds.), The development of language. Columbus, OH: Merrill.

Sadeh, A., Gruber, R., Raviv, A.(2000). Sleep, neurobehavior functioning, and behavior problems in school-age children. *Child Development,* 73, 405-417.

Sagi, A., Van Ijzendoorn, M. H., Aviezer, O., Donnell, F., & Mayseless, O.(1994). Sleeping out of home in a kibbutz communal arrangement : It makes a difference for mother-infant attachment, *Child Development*, 65, 992-1004.

Sagotsky, G., & Lepper, M. R.(1982). Generalization of changes in children's preferences for easy or difficult goals induced through peer modelings. *Children Development*, 53, 372-375.

Saltz, E., Dixon, D., & Johnson, J.(1977). Training disadvantaged preschoolers on various fantasy activities : Effects on cognitive functioning and impulse control. *Child Development*, 48, 367-380.

Santrock, J. W.(1996). *Child Development*(7th ed.). Madison WI: Brown & Benchmark.

Saxby, L., & Bryden, M. P.(1985). Left visual field advantage in children for processing, visual emotional stimuli. *Developmental Psychology*, 20, 72-80.

Scarr, S., & McCartney, K.(1983). How people make their own environment effects, *child Development*. 54. 424-435.

Schaffer, H. R, & Emerson, P. E.(1964). The development of social attachments in infancy. *Monographs of the society for research in child development,* 29.(3. Serial No. 94)

Sears, R. R.(1963). Dependency motivation. In M. Jones(Ed.), Nebraska symposium on Motivation(Vol.11). Lincoln : university of Nebraska press.

Selman, R. L.(1980). The growth of interpersonal understanding. Orlando, FL : Academic press.

Serbin, L. A., Powlishta, K. K., & Gulko, J.(1993). The development of sex typing in middle childhood. *Monographs of the Society for Research in Child Development,* 58 (2, Serial No. 232).

Shaffer, D. R.(1993). *Developmental psychology* : Childhood and Adolescence(3rd Ed.). California : Brooks/cole.

Sharps, M., & Collin. E.(1988). Aging and free recall for objects located in space. *Journal of Gerontology, 43*, 8-11.

Sherif, M., Harvey, O. J., White, B. J., Hood, W. R., & Sherif, C. W.(1961). *Intergroup conflict and cooperation : The Robber''s Cave experiment*. Norman

: University of Oklahoma Press.

Shirk, S., & Harter, S.(1996). Treatment of Low self-esteem. In M. A. Reineke, F. M. Dattilio. & Freeman Eds., *Cognitive therapy with children and adolescents :* A casebook for clinical practice. New York : Guildford.

Siegler, R. S.(1996). *Emerging minds* : The process of change in children's thinking, New York : Oxford university press.

Sigelman, C. K., & Shaffer, D. R.(1991). Life-span Human Development, Books/Cole Publishing Company, California.

Sigelman, C. K., Carr, M. B., & Begley, N. L.(1986). Developmental changes in the influence of sex-role stereotypes on person perception. *Child Study Journal*, 16, 191-205.

Signorella, M. L., Bigler, R. S., & Liben, L. S.(1993). Developmental differences in children''s gender schemata about others : A meta-analytic review. *Developmental Review*, 13, 147-183. (Signorielli & Lears, 1992).

Singer, D. G., & Singer, J. L.(1990). *The house of make-believe : Children''s play and the developing imagination*. Cambridge, MA : Harvard University Press.

Singer, J. L.(1995). Imaginative play in childhood : Precursor of subjunctive thought, daydreaming, and adult pretending games. In A. D. Pellegrini (Ed.), *The future of play theory* (pp.187-219). Albany, NY : State University of New York Press.

Skinner, B. F.(1953). *Science and human behavior*. New York : Macmillan.

Smetana, J. G.(1981). Preschool children's conceptions of moral and social rules, *Child development,* 52, 1333-1336.

____________(1985). Preschool children's conceptions of transgressions : Effects of varying moral and conventional domain-related attributes. *Developmental psychology*, 21, 18-29.

Smetana, J. G., Schlagman, N., & Adams, P. W.(1993). Preschool children's judgements about hypothetical and actual transgressions. *Child development,* 64, 202-214.

Smith, D.(2000). Women and minorities make gains in science and engineering education. *Monitor on Psychology*, 31(10), 32.

Smith, M. C.(1978). Cognizing the behavior stream : Development, The recognition of intentional action, *child development*, 49, 736-743.

Smith, P. K., & Sydall, S.(1978). Play and non-play tutoring in preschool children : Is it play or tutoring which matters? *British Journal of Educational Psychology*, 48, 315-325.

Smith, P. K., Dalgleish, M., & Herzmark, G.(1981). A comparison of the effects of fantasy play tutoring and skills tutoring in nursery classes. *International Journal of Behavior Development*, 4, 421-441.

Smock, T. K.(1999). *Physiological psychology : A neuroscience approach.* Upper Saddle River, NJ : Prentice-hall.

Sokolov, J. L.(1993). A local contingency analysis of the fine-tuning hypothesis. *Developmental Psychology*, 29, 1008-1023.

Solbin, D. I.(1966). *The acquisition of Russian as a native language*. In F. Smith & G. A. Miller (Eds.), The genesis if language: A psychol-inguistic approach. Cambride, MA: MIT Press.

Sroufe, C. A., Egeland, B., & Kreutzer, T.(1990). The fate of early experience following developmental change : Longitudinal approaches to individual adaption in childhood. *Child development*, 61, 1363-1373.

Sroufe, L. A.(1996). *Emotional development* : The organization of emotional life in the early years. Cambridge, England : Cambridge University Press.

Sroufe, L. A., & Waters, E.(1976). The ontogenesis of smiling and laghter. A perspective on the organization of development in infancy. *Psychological Review*. 83, 173-189.

Sroufe, L. A., Carlson, E., & Shulman, S.(1993). The development of individuals in relationships : From infancy through adolescence. In D. C. Funder, R. D. Parke, C. Tomlinson - Keasey, K. Widaman(Eds.). *Studying lives through time* : Approaches to personality and development washington. DC : American psychological Association.

Sroufe, L. A., Fox, N. E., & Pancake, V. R.(1983). Attachment and dependency in developmental perspective, *Child Development*. 54, 1915-1627.

Steelman, J. D.(1994). Revision strategies employed by middle level students using computers. *Journal of Educational Computing Research*, 11, 141-152.

Steinberg, L., & Silverberg, S. B.(1986). The vicissitudes of autonomy in early adolescence. *Child Development*, 57, 841-851.

Stern, D.(1977). *The first relationship infant and mother*. Cambridge, MA : Harvard university press.

Sternberg, R. J.(1985). Beyond the IQ : A triarchic theory of human intelligence. NY : Cambridge University Press.

Stipek, D. J., Recchia, & McClintic, S.(1992) Self-evaluation in young children. *Monographs of the society for research in child development*, 57.(C1, Serial No.226.)

Strough, J., & Berg, C. A.(2000). Goals as a mediator of high-affiliation dyadic conversations. *Developmental Psychology*, 36, 117-125.

Stumphauzer, J. S.(1972). Increased delay of gratification in young inmates through imitation of high-delay peer models. *Journal of Personality and Social Psychology*, 21, 10-17.

Suess, G. L.(1987). Consequences of early attachment experiences on competence in preschool. unpublished doctoral dissertation. unniversitat Regensberg. West Germany.

Suomi, S. J., & Harlow, H. F.(1978). Early experience and social development in rhesus monkeys. In M. E. Lamb (Ed.), *Social and personality development*. New York : Holt, Rinehart & Winston.

Tanner, J. M.(1962). *Growth at adolescence*(2nd ed). exford, England : England : Blackwell.

____________(1981). Growth and maturation during adolescence. *Nutrition Review*, 39, 43-55.

____________(1990). *Fetus into man : Physical growth from conception to maturity.* Cambridge, MA : Harvard University Press.

Taylor, M., & Gelman, S. A.(1989). Incorporatiog new words into the lexicon: Preliminary evidence for language hierarchies in two-year-old children. *Children Development*, 60, 625-636.

Termine, N. T. & Izard, C. E.(1988). Infants responses to their mothers' expression of joy and sadness. *Developmental psychology*. 24, 223-230.

Terry, R., & Coie, J. D.(1991). A comparison of methods for defining sociometric status among children. *Developmental Psychology*, 27, 867-880.

Thomas, A. & Chess, S.(1984). Genesis and evaluation of behavioral : From infancy to early adult life. *American Journal of psychiatry*. 141, 1-9.

Thomas, A. & Chess, S., & Birth, H. G.(1968). *Temperament and behavior disorders in children* New York : New york university press.

Thomas, J. R., & French, K. E.(1985). Gender differences across age in motor perfomance : A meta-analysis. *Psychological Bulletin,* 98, 260-282.

Thompson, R. F.(1981). *The brain*. Unpublished manuscript, Standford University.

Thompson, S. K.(1975). Gender labels and early sexrole development. *Child Development,* 46, 339-347.

Throne, A., & Michaelieu, Q.(1996). Situating adolescent gender and self-esteem with personal memories. *Child development*, 67, 1374-1390.

Tomasello, M., & Farrar, M. J.(1986). Joint attention and carl language. *Child Development*, 57, 1454-1463.

Trevarthen, C.(1984). Emotions in infancy : Regulators of contact and relationships with persons. In K. R. Scherer & P. Ekman(Eds.), *Approaches to emotion* (pp.129-161). Hillsdale, NJ : Erlbaum.

Tronick, E. Z.(1989). Emotions and emotional communication in infants. *American Psychologist*, *44*, 112-119.

Turner, P. J., & Gervai, J.(1995). A multidimensional study of gender typing in preschool children and their parents : Personality, attitudes, preferences, behavior, and cultural differences. *Developmental Psychology,* 31, 759-772.

U.S. Department of Justice(1995). *Crime in the United States*. Washington, DC : U.S. Government Printing Office.

Underwood, M. K., Coie, J. D., & Herbsman, C. R.(1992). Display rules for anger and aggressin in school-age children. *Child development*. 63, 366-380.

Valdez-Menchaca, M, C., & Whitehurst, G. J.(1992). Acceleration language development through picture book reading: a systematic extension to Mexican day care. *Developmental Psychology*, 28, 1106-1114.

Van Ijzendoorn, M. H., & Kroonenberg, P. M.(1988). Cross-cultural patterns of attachment : A meta-analysis of the strange situation, *Child Development*, 59, 147-156.

Verschuern, K., Marcoen. A., & Schoets, V.(1996). The internal working model of self, attachment, and competence in five-year-olds. *Child development*, 67, 2493-2511.

Vygotsky, L. S.(1978). Mind in society : The development of higher mental university press.

______________(1986). *Thought and Language*, A. Kozulin Tras, Cambridge, MA : MIT press(original work published, 1934).

Waddington, C. H.(1996). *Principles of development and differentiation*. New York : Macmillan

Walker, L. J.(1980). Cognitive and perspective-talking prerequisites for moral development. *Child Development*, 51, 131-139.

____________(1989). A Longitudinal study of moral reasoning, *Child Development*, 60, 157-166.

Walker-Andrews, A. S., Bahrick, L. E., Raglioni, S. S., & Diaz, I.(1991). Infants' bimodal perception of gender. *Ecological Psychology*, 3, 55-75.

Walker-Andrews. A. S.(1997), Infants' perception of expressive behaviors : Differentiation of multimodal information. *psychological Bulletin*. 121, 437-456.

Water, E., Wippman, J., & Sroufe, L. A.(1979). Attachment, positive affect, and competence in the peer group : Two studies in construct validation. *Child Development*. 50, 821-829.

Waterman, C. K. & Nevid, J. S.(1977). Sex-differences in the resolution of the identity crisis. *Journal of Youth and Adolescence*, 6(4), 337-342.

Watson, J. B.(1927). What to do when your child is afraid(interview with beatrice black), *Children*, 25-27.

Watson, J. S., Hayes, L. A., Vietze, P., & Becker, J.(1979). Discriminative infant smiling to orientations of talking faces of mother and stranger. *Journal of experimental child psychology*, 28, 92-99.

Weiss, L. H., & Schwarz, J. C.(1996). The relationship between parenting types and older adolescents' personality, academic achievement, adjustment, and substance use. *Child Development*, 67, 2101-2114.

Welch-Ross, M. K., & Schmidt, C. R.(1996). Genderschema development and children''s constructive story memory : Evidence for a developmental model. *Child Development,* 67, 820-835.

Werner, H., & Kaplan, B.(1963). *Symbol formation*. New York : Wiley.

Wertsch, J. V., & Tulviste, P.(1992). L. S. Vygotsky and contemporary developmental psychology. *Developmental psychology*, 28, 548-557.

Whipp, B, J., & Ward, S. A.(1992). Will women soon outrun men? *Nature*, 355, 25.

Whiting, B. B., & Edwards, C. P.(1988). *Children of different worlds : The formation of social behavior*. Cambridge, MA : Harvard University Press.

Wikinson, R. T., & Allison, S.(1989). Age and simple reaction time : Decade differences for 5,325 subjects. Journal of Gerontology : *Psychological Sciences*, 44, 29-35.

Williams, J. E., & Best, D. L.(1990). Measuring sex stereotypes : A multination study (rev. ed.). Newbury Park, CA : Sage.

Wilson, R. S.(1983). The Louisville Twin study, Developmental synchronies in behaviour, *Child Development*, 54, 298-316.

Wittelson, S. F.(1977). Developmental dyslexia : Two right hemispheres and none left. *Science,* 195, 309-311.

Yeates, K. O., & Selman, R. L.(1989). *Social competence in the schools :* Toward an integrative developmental Review, 9, 64-100.

Young, G., Bownabm J. G., Methot, C., Finlayson, M., Quintal, J., & Boissonneault, P.(1983). Hemispheric specialization development : What (inhibition) and how (parents). In G. Young, S. Segelowitz, C. Corter & S. Trehub (Eds.), *Manual specialization and the developing brain*. New York : Academic Press.

Zarabatny, L., Hartmann, D., & Rankin, D.(1990). The psychological functions of preadolescent peer activities. *Child Development,* 61, 1067-1080.

Zelinski, E. M. & Gilewski, M. J. & Thompson. L. W.(1980). Do laboratory memory tests relate to everyday remembering and forgetting?, In Poon et al.(Eds), *New directions in memory and aging : Proceedings of the George A. Talland memorial conference*. Hillsdale. NJ : Lawrence Erlbaum Assoc.

Zeman, J., & Garber, J.(1996). Display rules for anger, sadness, and pain : It depends on who is watching. *Child development*. 67, 957-973.

Zimmerman, M. A., Copeland, L. A., Shope, J. T., & Dielman, T. E.(1997). A Longitudinal study of self-esteem : Implications for adolescent development. *Journal of Youth and Adolescence*. 26, 117-141.

공저자소개

김청자
고려대학교 상담심리 석사
성신여자대학교 교육학 박사, 교육심리 전공
현, 상명대학교 사범대학 교육학과 교수

선우현
연세대학교 상담학 석사
독일 Koeln 대학교 교육학 박사, 아동과 가족심리치료 전공
현, 명지대학교 사회교육대학원 아동심리치료학과 주임교수

유경훈
상명대학교 교육학 석사
상명대학교 교육학 박사, 교육심리 전공
서울대학교 교육연구소 박사후과정 연구원
현, 숭실대학교 교육대학원 유아교육 전공 교수

저 자
인 지

발달심리학의 이해

2012년 3월 5일 초판 인쇄
2012년 3월 10일 초판 발행

공저자 / 김청자 · 선우현 · 유경훈
발행인 / 이 중 수
발행처 / **동 문 사**

서울특별시 서대문구 홍제동 137-8
Tel : (02) 736-3718(대), 736-3710, 3720
Fax : (02) 736-3719
등록번호 : 제9-17호
가격 : 19,000원

ISBN : 978-89-8251-508-8 (93180)
E-mail : dong736@naver.com
www.dongmunsa.com